◎ 湘学研究丛书 ◎

梁焕奎辑

梁晓新　李自强　整理

民主与建设出版社
·北京·

© 民主与建设出版社，2019

图书在版编目（CIP）数据

梁焕奎辑 / 梁晓新，李自强整理. --北京：民主与建设出版社，2019.8
ISBN 978-7-5139-2229-6

Ⅰ.①梁… Ⅱ.①梁… ②李… Ⅲ.①梁焕奎（1868-1931）- 文集 Ⅳ.①C53

中国版本图书馆CIP数据核字（2019）第176634号

梁焕奎辑
LIANG HUANKUI JI

出 版 人	李声笑
整 理 者	梁晓新　李自强
责任编辑	胡　萍
特约编辑	胡雅淳
封面设计	长沙市宏发印刷有限公司
出版发行	民主与建设出版社有限责任公司
电　　话	（010）59417747　59419778
社　　址	北京市海淀区西三环中路10号望海楼E座7层
邮　　编	100142
印　　刷	长沙市宏发印刷有限公司
版　　次	2019年9月第1版
印　　次	2019年9月第1次印刷
开　　本	710毫米×1000毫米　1/16
印　　张	26.25
字　　数	395千字
书　　号	ISBN 978-7-5139-2229-6
定　　价	68.00元

注：如有印、装质量问题，请与出版社联系。

《湘学研究丛书》编委会

主 任：李文才
副主任：李跃龙　陈伏球　刘清君　郭玉平　陈书良
编 委：刘泱泱　弘　征　胡静怡　熊治祁　黄伟民　王沛清
　　　　　郑大华　李治湘　朱汉民　许久文　刘子冬
总编辑：李跃龙　陈书良
编 务：胡智勇　陈荣飞

梁焕奎先生遗像(1868—1930)

1908年,"五橘堂"合影。后排左起:梁焕均、梁焕章、梁焕奎、梁焕彝、梁焕廷。二排左起:梁炳、罗氏、蒋氏、刘老太夫人、曾广勋、曹氏、金氏。

此照片1918年摄于北京。照片右侧原有梁漱溟题字:戊午四月辟园以避兵携眷来京师,与二叔祖家暨吾家合拍此照。坐中展扇者即辟园,立其后者其夫人曾氏,次者其长女培肃字君恪,再次其次女培怿字君悦,席地坐辟园前手抱草帽者其子培伟字君大。

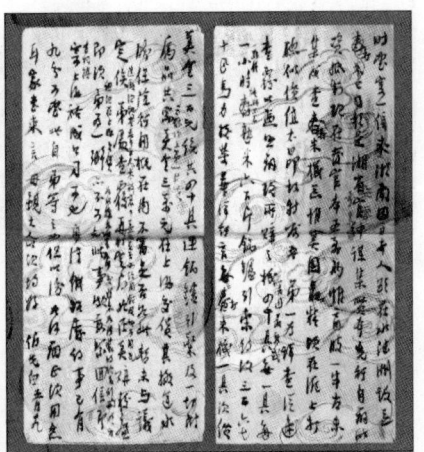

梁焕奎手迹（给三弟信，原件由梁君大捐赠湖南省博物馆馆藏）

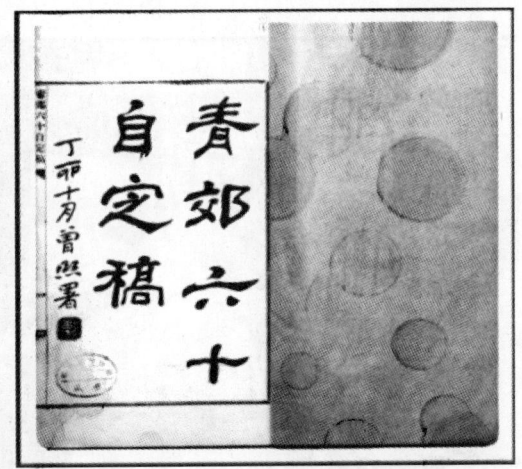

《青郊六十自定稿》封面及扉页（两卷四本，1927年上海刻成 原件由梁君大捐赠湖南省博物馆馆藏）

　　此照片拍摄于宣统二年仲春八日（1910年3月18日），地点是长沙城东郭氏之园。最右侧是谭延闿署"郭园雅集图　第三帧"。在照片画面的正中间题有曾广钧一首七言诗。在第三帧照片的左侧，留下两段文字。前段是梁焕奎作，后段是胡子清跋。辟园公患眼疾，他的文字由胡子清"援笔书之"。当天参加"郭园雅集"的人有：王闿运、廖树蘅、曾广钧、周大烈、梁焕奎、胡元倓、谭延闿、胡子清、杨度、杨钧、龙璋、谢重斋、王莘田、黄忠绩等十四人。（湖南图书馆馆藏"郭园雅集"三张老照片之一）

拍摄于二学园内白石莲花座前

总 序

袁行霈

由中央文史研究馆与全国各地文史研究馆通力合作的文化工程《中国地域文化通览》，在历时六年之后，终于全部完成，陆续出版，这无疑是一件令人振奋的事情。更让我欣喜的是，湖南省文史研究馆在《中国地域文化通览·湖南卷》编撰完成之后，即着手湘学研究，这是对湖南地域文化研究的拓展和深入。因此当"湘学研究丛书"执行主编、湖南省文史研究馆馆员陈书良先生嘱余为丛书作序时，余乐见其成，遂欣然应允。

湘学作为一种极富地域色彩的学术思想，在中国传统学术思想史上有独特的地位，并在历史上对中国的学术思想演变产生了很大的影响。"湘学"的独特品格是儒学地域化的结果。但这一地域化的过程并不是完全被动的，它既有南北的交流与互动，也有东西的冲突与融合。中国传统的学术文化不断对湘学施加影响，湘学也因其自身特质影响了全国的学术发展。其表现最突出的主要是两个时期，一个是南宋的湖湘学派，一个是晚清湖南的经世派。

南宋时期，以胡安国、胡宏父子和张栻为代表的湖湘学派，主张"性本论"和"气本论"，与朱熹的"理本论"和陆象山的"心本论"三足鼎立，朱熹更是深受胡氏父子和张栻的影响。过去我们过多强调张栻接受朱熹的观点，修正师说，而忽视了朱熹所受湖湘学派的影响。实际上，朱熹正是从湖湘学领悟到践履功夫的重要性，并纠正了佛老之弊。刘师培在论朱熹学问的进程时曾指出"考亭早年泛滥于佛老之学，及从延平问道，讲明性情之德皆由发端处施功，乃渐悟佛老之非……乃从南轩于湘南，而治学之方始易以察识为先、以涵养为后，由蹈虚之学加以征实之功。"（《刘申叔遗书》之"南北理学不同论"，江苏古籍出版社，1997年，551页）这一点随着对南宋思想和社会发展的深入研究，已经越来越成为共识。

至于湘学与晚清学术思潮的转变，最突出的就是湖南理学经世派的强势复兴。陶澍、贺长龄、魏源作为晚清理学经世派的第一批领袖人物，在道光年间积弊丛生的时局中崛起，他们因此而有机会将湘学的经世传统付诸实践，湘学也正是在此时再次兴盛。到了咸同年间，中兴名臣曾国藩借由湘军的壮大不断传播其"以礼调和汉宋"的主张，将"经济"一门与"义理、考据、辞章"并举，将经济藏于义理之中，在乾嘉考据之外，大大提升了理学的地位。他强调时务致用，兼收并蓄，以撮合、化解汉宋之争，成为当时经世学风的主流。但曾国藩的这种努力，基于更多的现实考虑，从学术上来说，并没有解决汉宋之争存在的学理问题，事实上影响了清代理学的发展。同时，在对西学的引进上，湘学的思考习惯和学术精神也影响了时人对中体西用关系的理解。对西方器物、制度、文化的次第引进，在湖南本土产生了激进与保守的严重分歧，它不仅使中国传统学术的发展呈现出复杂的局面，也深刻影响了中国社会发展的方向和进程。关于这些，仍有待更多的研究。

作为传承近千年的地域学术思想，湘学的学术内涵极为丰富，一方面随着历史变迁而不断发展，另一方面却保留着学统上的延续性，形成了一种学术精神传统，深刻地影响了湖南的民风民俗和政治、经济、文化的发展。

因此，开展湘学研究，对湖湘地域学术文化和学术群体深入开掘，具有重要的学术史意义。有关湘学的研究，近年来湖南地区的学者已经取得了不少成果，这种学术自觉充分显现了湖湘学人的自信，也非常契合湘学的旨趣与独立精神。但作为一个学术思想史概念，湘学的历史研究和学理研究仍然很薄弱，还有许多工作要做。湖南省文史研究馆作为政府机构，牵头组织部分学有专长的文史研究馆馆员和一些学术界的朋友共同整理、研究、编写"湘学研究丛书"，显示了他们的学术勇气与社会担当，昭示着湘学研究进入一个新的阶段。最后，我希望这套丛书的出版，能成为各省地域学术研究的参照。

（作者系中央文史馆馆长、北京大学教授）

前　言

　　梁焕奎，字璧元（辟园、辟垣、璧园），号青郊。长沙府湘潭县人氏。同治七年（1868）农历十月十二日出生，七岁入塾，长肄业昭潭书院。1884年，随父宦游南京，从邓辅纶先生学诗，为其门下高足弟子。后以诗赋见赏于太仓陆佰癸学使，补弟子员。1893年回湘参加恩科乡试，中举。1895年赴京参加光绪乙未科会试，与杨度等人参加公车上书。1903年经湖南巡抚俞廉三保举，参加经济特科考试，擢二等，奉旨以知县用，加同知衔。1930年1月21日（农历己巳年十二月二十二日）病逝于庐山小天池别墅，享年62岁。梁焕奎先后出任湖南矿务局文案、学务处文案、留日学生监督、创办实业学堂并任首任监督、南京火药局提调、湖南矿务提调等职。后创办湖南华昌炼矿公司。

　　梁焕奎有生之年，时值清末民初，举凡湘省的教育、矿冶、商业……这些关乎国计民生的维新、改革与发展，他都有所参与，并为湖南留下多个"第一次"的创办业绩。他的族弟梁漱溟先生曾在1958年《致湖南省志编撰委员会函》中说："在近代中国史上湖南显然极为重要。1898年的光绪维新运动，湖南实居重镇，众所周知。而说到这一段湖南维新史及此后影响发展，则辟园先兄应是要提到的一个人。"

　　1896年，湖南巡抚陈宝箴创设湘省矿务局，聘梁焕奎为文案，即参与规划湘省矿务。不惮勤劳，深感"无数阿堵物，藏之泥土中……能者探取之，使我民力充"的梁焕奎，开始了终其一生的炼矿事业。

　　1899年，因官办板溪锑矿久未获利，时任湖南巡抚俞廉三招商承办。梁焕奎变卖家产，与人合伙承办板溪中路久通锑矿公司，派二弟焕章为坐办，常驻板溪。其时，湘中锑砂只能由官督同粤商在湘设炉，订约包炼，艰苦经营，仅能维持。1908年，梁焕奎为久通前途计，认为非在矿山内设炉提炼，并采用西法，提高技术，别无良策。遂与杨度等人商议创办华昌炼矿公司。他派三弟焕彝由美赴欧，精求炼锑新法，终访得法国赫伦士米德氏"蒸馏炼锑法"专利。在杨度的游说帮助下，华昌公司求得袁世凯、端方、袁树勋各大员相助，筹得官方补助银十六万两，终能购回专利及炼锑厂机器设备，并呈报农工商部，允准在湘专办十年，不准他人在中国境内仿造冒用的专利权。采用国外专利技术、先进设备，这是湘省冶炼史上的第一次。在华昌公司鼎盛时期，一公司的税额过湘省税额的三分之一。华昌公司对于近代中国从生锑生产向纯锑生产的过渡、极大地推进近代中国炼锑技术的进步所付出的艰辛和做出的杰出的贡献，是近代中国民族工业发展史，特别是稀有金属的发现、开采、冶炼事业的发展史上所不能忽视的一页。

梁焕奎在实业救国的艰难中，深切体会到"近者国权替，厚实委他族。救之靡有他，兴言及教育"。早在1897年，他参与了第一所改革"干部学校"——时务学堂的开办。并送其四弟梁焕均考入了时务学堂。

梁焕奎致力于教育救国，1902年，梁焕奎任湖南学务处文案期间，"建议于省当局，就乡试落第许多试卷中选拔其间可造人才，派赴日本留学。此事既为当局采纳实行，即嘱公经理其事，任为留日学生监督，率同所选拔诸生东渡"（梁漱溟：《梁焕奎事略》）。梁焕奎殚精竭虑，不分昼夜批阅试卷，1903年初，梁焕奎亲率自己精心选拔出来的35名湘省优秀子弟赴日留学。其中有诸如杨昌济、陈天华、刘揆一、朱德裳、石醉六等经国济世之才。

梁焕奎以为"国家富源在尽地利，而地利在矿，开采矿利在得人，非先作育人材，无从阐发地藏"，遂于1903年，"梁焕奎与湘人士议办实业学堂，当道允之，且聘梁焕奎任学堂监督（校长）。后扩为高等实业学校，旋更名为高等工业学校，即今之湖南大学，吾湘最高学府之基础也"（梁漱溟：《代梁君大三姐弟告哀启》）。此即为全国第一次兴办的高等工业学校。

梁焕奎认识到开发民智的重要，于1904年与三弟梁焕彝领衔，邀集湘中名流谭延闿等12人，在《湖南官报》发文，首倡、募捐并呼吁社会各界共襄盛举："凡我同志，共有覆巢之惧，谁无爱国之心,必表同情,成兹盛业,岂惟湘人蒙其幸福,四千年之胄裔,四万万之同胞,咸有赖焉。"获社会各界人士的赞许和资助,并经湖南学务处批准,开风气之先,建成了我国第一家以图书馆命名的省级公共图书馆兼湖南教育博物馆。

1905年后,梁焕奎眼疾加重,遂筑青郊别墅于小吴门外五里牌,奉母养疴,优游林泉,与亲朋故旧,诗词唱和。他的师友圈中,有王闿运、陈三立、八指头陀,以及杨度、杨钧兄弟,谭延闿、谭泽闿兄弟,还有曾广钧、程颂万、周印昆、汪颂年、杨昌济、曹毅亭、曹典球……群星璀璨,唱和诗词为湖湘文化留存的宝贵遗产。唱和诗词充分体现了那一代湖湘文人在国家贫弱、时局动荡、战事频仍的时代,既有忧国忧民、舍我其谁的胸襟和抱负,更有创新务实、勇于担当、不尚空谈之作为,不仅在当时尤为可贵,对今人亦深具启示。

近年来,政府相关部门(诸如湖南省博物馆、湖南省图书馆、湘潭市博物馆、湘潭市档案馆等)以及媒体(诸如湖南省电视台、湘潭市《金湘潭》期刊等),包括相关的历史人文学术研究机构以及对中国近代史特别是湖南近代史感兴趣的人士,对梁焕奎一生的重要业绩及人品、学识、贡献,或进行研究考证,或撰写人物传记,或分别以专题展览、电视专题节目、综评论述等方式,进行了介绍与传播,体现了当今社会对斯人斯事的重视。

湖南省文史馆湘学研究中心,致力于"湘学研究丛书"的出版和推介、传播,以整理出版对于湖湘近代史卓有影响与贡献的湘籍著名人士的生平、事迹、著述为己任,呕心沥血做了大量建树颇丰的工作。感谢"湘学研究丛书"这样一个好的平台,感谢湖南省文史馆湘学研究中心各位专家、学者、老师的悉心指导和热情帮助,得以让《梁焕奎辑》顺利面世。企望读者能通过此辑,对于梁焕奎其人的抱负与追求、人品与胸襟、才情与作为,都能有一个比较全面的、客观的、感性的了解和认识。

是为前言,亦代序。

梁洁雄
2018年6月20日

目 录

诗 集

青郊六十自定稿

- 题辞 ·· (3)
- 自序 ·· (6)
- 稿一 五言上 ··· (7)
  - 述哀诗 ·· (7)
  - 青山冲墓下作 ·· (8)
  - 婢有夫行 ··· (8)
  - 纪游诗五首 ··· (9)
  - 为贺义生千总妻张氏作 ·· (11)
  - 五哀诗 ·· (13)
  - 拟西北有高楼 ·· (16)
  - 拟门有万里客 ·· (16)
  - 拟日出东南隅行 ·· (16)
  - 今从军行 ·· (16)
  - 今别离 ·· (16)
  - 今怨诗 ·· (17)
  - 西市哀 ·· (17)
  - 辽阳篇 ·· (17)
  - 丙午夏由日本还长沙入吴淞口作 ···································· (17)
  - 泛长江溯舟还长沙作 ··· (18)
  - 还家 ·· (18)
  - 杂诗 ·· (18)
  - 卜居青郊 ·· (19)

昔游篇酬润珊 …………………………………………… (19)
二学园 ………………………………………………… (19)
村游 …………………………………………………… (20)
贫妇行 ………………………………………………… (20)
樟木坝 ………………………………………………… (20)
石亭寺 ………………………………………………… (20)
赠妹婿王实平 ………………………………………… (21)
上巳宴游作 …………………………………………… (21)
少日篇 ………………………………………………… (21)
志士行 ………………………………………………… (21)
五月五日步廊下 ……………………………………… (22)
王湘绮丈枉过山庄奉呈一首 ………………………… (22)
寄杨皙子都门 ………………………………………… (22)
与汪颂年谭组安王莘田共饮萱圃 …………………… (23)
赠别胡凡舟 …………………………………………… (23)
饮实业学校赠监督曹籽谷 …………………………… (23)
咏史二首 ……………………………………………… (23)
和陶渊明霭霭堂前林长夏读书酬润珊 ……………… (24)
和陶渊明和泽周三春已酉立秋日作 ………………… (24)
送三弟彝滇游 ………………………………………… (24)
己酉中秋周印昆饮宿山庄因送其吉林之行 ………… (25)
印昆留湘遂罢辽游有赠 ……………………………… (25)
杨华生自苏格兰赋诗见示因寄此篇 ………………… (25)
新树行 ………………………………………………… (25)
庚戌正月王湘绮丈洎曾重伯谭组安王莘田杨皙子周印昆
留饮山庄即席赋诗 …………………………………… (26)
青郊小集辟园有诗奉酬一首 ………………… 王闿运 (26)
答梁辟园 ……………………………………… 曾广钧 (26)
二月菊作花 …………………………………………… (26)
饮郭氏山庄 …………………………………………… (27)
送杨皙子入都 ………………………………………… (27)
落梅引 ………………………………………………… (27)

庚戌三月五日长沙书事 …………………………………… (27)
赠药 ……………………………………………………………… (28)
药答 ……………………………………………………………… (28)
闻日韩合并作 …………………………………………………… (28)
吊朝鲜侠士安重根 ……………………………………………… (29)
庚戌中秋平远楼看月 …………………………………………… (29)
嘲盗 ……………………………………………………………… (29)
周印昆饮别山庄 ………………………………………………… (29)
五橘堂 …………………………………………………………… (30)
九日楼望 ………………………………………………………… (30)
雨中获晚稻 ……………………………………………………… (30)
书怀 ……………………………………………………………… (30)
夜闻猿啼 ………………………………………………………… (31)
寒夜还山居作 …………………………………………………… (31)
追怀先师邓白香先生赠其孙良梅良杞兄弟 …………………… (32)
赠张正旸登寿 …………………………………………………… (32)
国政七首 ………………………………………………………… (32)
娇女诗 …………………………………………………………… (33)
井水吟为长沙师节妇彭氏作 …………………………………… (34)
听友人读诗赠王佩初同年 ……………………………………… (34)
寄怀杨晳子都门 ………………………………………………… (34)
赵竺原督办广西铁路道出长沙见过山庄即送其还桂林 ……… (35)
岭竹 ……………………………………………………………… (35)
旷想 ……………………………………………………………… (35)
答王佩初 ………………………………………………………… (35)
赠邓震生 ………………………………………………………… (36)
斋食 ……………………………………………………………… (36)
有会 ……………………………………………………………… (36)
病中还县作 ……………………………………………………… (36)
辛亥十一月麻塘村店 …………………………………………… (37)
东鹜山 …………………………………………………………… (37)
过宁乡蒋安阳侯故宅 …………………………………………… (37)

罗村……………………………………………………（37）
　　叹翁妪……………………………………………………（38）
　　罗春阁丈辟地种桑诗以美之……………………………（38）
　　游东鹜山和罗玉阶…………………………………………（38）
　　饮南华堂和李次樵送游东鹜山……………………………（38）
　　甲寅仲春和尹白鱼过青郊作………………………………（39）
　　甲寅上巳禊集碧浪湖有作…………………………………（39）
　　归舟入洞庭作………………………………………………（39）
　　登庐山………………………………………………………（39）
　　牯岭…………………………………………………………（40）
　　六月九日为茶陵李文正公生日同人集程子大十发庵展观余所藏公手书落齿诗卷云麓在望悠然有怀酒酣辄与子大及同人各赋一首…………………………………………………（40）
　　题叔父贞端公所藏先曾祖画册……………………………（40）
　　辛酉春饮集青郊别墅雷筱秋廖瓠塘田凤丹傅君剑诸君皆有诗感赋奉酬………………………………………………（41）
　　连理女贞篇…………………………………………………（41）
　　题傅钝安西泠撰杖图………………………………………（42）
　　甲子四月二十二日集碧湖诗社作…………………………（42）
　　红叶与女培肃培怿同作……………………………………（43）
　　孤游篇怀亡妻曾夫人作……………………………………（43）
　　丁卯六月偕陈伯严曾重伯饮上海武胜庙赠寺僧八指头陀法嗣传灯……………………………………………………（43）
　　将入庐山留别沪上朋旧……………………………………（44）
稿二　五言下……………………………………………………（45）
　　上庄拜永安君墓……………………………………………（45）
　　题先叔祖永宁君澹集斋遗诗君讳承光，道光己酉举人内阁中书卒官山西永宁州知州……………………………（45）
　　丙午留日本学生以公愤相约罢课归国诗以止之…………（46）
　　题癸卯上野公园饯别图……………………………………（46）
　　喜吴雁舟见过………………………………………………（46）
　　风琴…………………………………………………………（46）

长沙马王堆 …………………………………………… (47)

大桥谒包孝肃祠 ……………………………………… (47)

夜出城诵古诗感作 …………………………………… (47)

廖笏堂吴子昂陈子美黄宇澄招饮荫园为癸卯同舟会并饯杨华生李侗君欧洲之行予以病不克往赋诗见意 ……… (47)

春夜 …………………………………………………… (48)

答廖笏堂 ……………………………………………… (48)

酬易晦脾 ……………………………………………… (48)

郊居杂诗二十首 ……………………………………… (48)

和赵芷荪峡行见怀二首 ……………………………… (50)

题齐伯常丈家庆图 …………………………………… (50)

戏题六首与明皆同作 ………………………………… (51)

皓月四首山庄秋夜作 ………………………………… (51)

秋怀四首 ……………………………………………… (52)

八指头陀寄示近诗戏效其体赠之 …………………… (52)

秋坐客至有感 ………………………………………… (53)

送唐明皆还山 ………………………………………… (53)

寿朱雨田阁学丈九十 ………………………………… (53)

春闺怨 ………………………………………………… (54)

答盛润珊登楼感赋即以志别 ………………………… (54)

和明皆次韵酬润珊 …………………………………… (54)

叠前韵再和明皆 ……………………………………… (54)

答曹毅亭见寄 ………………………………………… (55)

答曹籽谷春寒见寄 …………………………………… (55)

答彭子敏见赠 ………………………………………… (55)

三弟再游地球归应李仲仙之约经画滇矿赠以此诗兼怀滇中诸君 ………………………………………………… (55)

回廊晚坐 ……………………………………………… (56)

边事 …………………………………………………… (56)

夜闻子规 ……………………………………………… (56)

送曹毅亭桂林之行 …………………………………… (56)

新婚词赠张瑞吾 ……………………………………… (56)

挽黄泽生四首…………………………………………………（57）
杨晳子四十生日奉怀诗一百韵………………………………（58）
小别罗村答罗玉阶见赠………………………………………（59）
答唐明皆………………………………………………………（60）
答曹毅亭………………………………………………………（60）
和曹毅亭读渊明集见怀一首…………………………………（60）
叠前韵答毅亭见赠……………………………………………（60）
答尹白鱼………………………………………………………（60）
酬罗四峰庐山留别……………………………………………（60）
和曹毅亭………………………………………………………（61）
寿熊秉三母吴太夫人八十……………………………………（61）
赠曹毅亭………………………………………………………（62）
答周印昆见寄…………………………………………………（62）
和印昆京寓六十生日之作……………………………………（62）
答印昆寄怀……………………………………………………（62）
湘潭访曹毅庭…………………………………………………（62）
印昆闻湘战寄诗见怀赋答二首………………………………（62）
答印昆雪望见怀………………………………………………（63）
丁卯五月沪上答曹毅亭寄赠…………………………………（63）
八月既望重伯招饮夏剑丞宅为诗钟之会……………………（63）
重阳日钟集俞卓吾同年宅……………………………………（63）
徐园听昆剧作…………………………………………………（63）
秋雀……………………………………………………………（64）
女培怿夜不寐诗以晓之………………………………………（64）
和周稼生杨重子赠答之作……………………………………（64）
示曹甥维汉……………………………………………………（64）
挽吴雁舟………………………………………………………（64）
自题六十岁小像………………………………………………（64）
哭仲弟端甫……………………………………………………（65）
印昆寄诗扇为余寿和谢一首…………………………………（65）
怀张彦云同年都门……………………………………………（65）
挽黄鹿泉………………………………………………………（65）

挽郭复初 …………………………………………… (66)
赠吴觉初即为其母黎太恭人寿 ………………… (66)
杭游杂兴 …………………………………………… (66)
喜凯铭漱溟两弟相约来视即送凯弟还青岛漱弟还番禺 … (68)

稿三 七言上 (69)

朝议府君遗画歌 …………………………………… (69)
五橘并蒂歌 ………………………………………… (70)
为辟园兄弟题五橘并蒂图 ………………… 王闿运 (70)
梁辟园兄弟五橘并蒂图 …………………… 曾广钧 (70)
战渤海 ……………………………………………… (71)
渝关行 ……………………………………………… (71)
燕歌行 ……………………………………………… (71)
长安行官歌 ………………………………………… (71)
癸卯东游放歌 ……………………………………… (72)
悲白鹭行 …………………………………………… (72)
南塘曲 ……………………………………………… (73)
桃花行 ……………………………………………… (73)
赠宁乡张君毓衡 …………………………………… (73)
喜吴子修提学见过并谢惠先集 …………………… (74)
柏树叹 ……………………………………………… (74)
莎湖新柳曲 ………………………………………… (74)
古樟行 ……………………………………………… (74)
刘生行刘君 ………………………………………… (75)
金氏三世节孝诗 …………………………………… (75)
送三弟环游地球第二周 …………………………… (76)
窗中见蝘蜓螳螂二虫和唐明皆 …………………… (76)
桂蠹 ………………………………………………… (76)
湖堤种柳摧失既尽慨然有作 ……………………… (76)
诞日醉歌酬座中亲友 ……………………………… (77)
金塘叹同秉渊作 …………………………………… (77)
过金塘有感 ………………………………… 曾广勋 (78)
赠李诵尧同明皆作 ………………………………… (78)

短歌赠朱仲布……………………………………………………（78）
北舍行………………………………………………………………（78）
伤踝吟………………………………………………………………（79）
岁暮示客……………………………………………………………（79）
辛亥元日作…………………………………………………………（79）
美洲之花行…………………………………………………………（80）
廖笏堂筑瓠尊山馆长沙东门外与予为邻落成之日放歌见赠酬以此篇……………………………………………………………（80）
笏堂和予前诗招饮山馆汪颂年酒酣高歌复作是篇兼赠颂年及谭组安兄弟……………………………………………………（80）
平远楼同汪颂年对酒看雨………………………………（81）
题齐山人璜借山图………………………………………（81）
哀段州判…………………………………………………（81）
张恺陶摹古印歌…………………………………………（82）
空青石歌…………………………………………………（82）
与尹白鱼看荷花有作……………………………………（83）
谢廖苏畹丈惠山轿………………………………………（83）
涉冬久雨新筑不成………………………………………（83）
灰汤行……………………………………………………（84）
李次樵有诗纪浏阳门外血球之异予疑其事戏述此篇……（84）
今昔行和黄鹿泉丈………………………………………（84）
题蹇季常对酒图…………………………………………（85）
寻雪蕉亭遗址即题其图记册子…………………………（85）
饮郭园赠葆生……………………………………………（86）
短歌和尹白鱼唐明皆……………………………………（86）
六月再出汉口遂同罗四峰游庐山饮浔滨李祥卿宅舆行三十里宿莲花洞…………………………………………………（86）
七夕四峰生日饮叠云楼大雨和四峰醉歌…………………（87）
黄龙寺娑罗树行…………………………………………（87）
山行………………………………………………………（87）
题湖西耦耕图……………………………………………（87）

丁巳十二月十三日碧湖诗社为陈恪勤公作生日展览予所藏
公遗像及戴文节画公手植槐图两卷子因题长句 …………… (88)
 兵灾行 ……………………………………………………… (88)
 题贵筑姚女郎画兰册子 …………………………………… (88)
 谢陈师曾惠画兼题其觞庵诗稿 …………………………… (89)
 赠法源寺僧道阶 …………………………………………… (89)
 短歌为汤烈妇作 …………………………………………… (90)
 丁卯夏游半淞园过周子建宅 ……………………………… (90)
 送儿子培伟留学日本 ……………………………………… (90)
 游爱俪园歌 ………………………………………………… (91)

稿四 七言下 ……………………………………………… (92)
 谒江宁湖墅村家庙 ………………………………………… (92)
 重过雨花别业有感 ………………………………………… (92)
 寄巨川从父京师 …………………………………………… (92)
 读先从父贞端公遗著感赋 ………………………………… (92)
 日本玉帘泷 ………………………………………………… (93)
 东京夜出观剧 ……………………………………………… (93)
 望中 ………………………………………………………… (93)
 植物园 ……………………………………………………… (93)
 感赋 ………………………………………………………… (93)
 赠杨晳子 …………………………………………………… (94)
 赠周印昆 …………………………………………………… (94)
 病中示四弟和甫 …………………………………………… (94)
 赠范静生 …………………………………………………… (94)
 晳子往观日皇巡阅海军夜过寓楼有赠 …………………… (94)
 同张润龙望海寄怀三弟美洲 ……………………………… (95)
 寄怀叶揆初奉天 …………………………………………… (95)
 游仙送周伯勋游欧美 ……………………………………… (95)
 寄怀罗训循保定 …………………………………………… (95)
 寄怀廖荪畡长沙 …………………………………………… (95)
 丙午元日 …………………………………………………… (96)
 送周季良归国 ……………………………………………… (96)

浴箱根温泉 (96)
题樱花 (96)
靖国神社 (96)
寄赠陈伯严 (97)
赠熊秉三 (97)
堤上作 (97)
留别东京诸君 (97)
丙午九月同周印昆唐明皆张润龙游麓山憩白鹤泉叹逝伤离凄然有作 (97)
廖苏畡赠蔬笋佐以新诗依韵谢之并索后惠 (98)
苏畡答前诗复以蔬笋见惠赋此奉酬 (98)
丁未五月赵芷荪侍御罢职还里见过山庄有赠 (98)
和盛润珊登楼感赋 (98)
吹笛感赵芷荪罢官事 (98)
弃妇为时相作 (98)
谢谭组安赠桂 (99)
雨 (99)
池荷开一花 (99)
素心兰 (99)
雨后看月 (99)
酬陈南桢 (99)
和赵芷荪都门留别 (100)
重九日王莘田见过有作 (100)
世事二首和润珊 (100)
答刘江生 (100)
杨俶纯以四十贱辰赋诗见赠次韵奉答 (101)
叠前韵答润珊 (101)
再叠前韵和润珊 (101)
叠前韵答王谷平 (101)
戊申二月寒雨 (101)
春阴 (102)
紫禁 (102)

和润珊寄意 …………………………………………（102）
刘江生别至沪赠诗见怀答寄济南 ………………（102）
和左翰青枉过见赠 ………………………………（102）
和翰青赠润珊 ……………………………………（102）
登台和翰青 ………………………………………（103）
答寄欧阳伯元 ……………………………………（103）
和廖苏晐 …………………………………………（103）
送杨俶纯之官济南 ………………………………（103）
吊白燕 ……………………………………………（103）
和曹籽谷 …………………………………………（104）
送黄泽生镇军赵芷荪提学入川兼呈次山制府 …（104）
残病 ………………………………………………（104）
题外王考训导刘公遗像 …………………………（104）
庚戌正月 …………………………………………（104）
园中朱梅白梅绿萼杂开 …………………………（105）
新笋 ………………………………………………（105）
橙 …………………………………………………（105）
新作荷池 …………………………………………（105）
自述 ………………………………………………（105）
梁辟园别墅看梅和自述原韵 ……………王闿运（105）
送吴子修提学入觐兼呈湘绮丈 …………………（106）
春郊 ………………………………………………（106）
送周稼生之云南 …………………………………（106）
残梅 ………………………………………………（106）
戏为艳体四首 ……………………………………（107）
游仙四首和辟园艳体 ……………………王闿运（107）
戏和辟园艳体四首 ………………………易宗夔（108）
戏和游仙四首 ……………………………曾广钧（108）
曾重伯携其姬人同过山庄有赠 …………………（109）
夜坐 ………………………………………………（109）
口号 ………………………………………………（109）
闻杨俶纯之丧 ……………………………………（109）

蝉 …………………………………………………………… (109)
回首 ………………………………………………………… (110)
汗漫 ………………………………………………………… (110)
新种池莲 …………………………………………………… (110)
赠唐明皆 …………………………………………………… (110)
箧中见癸巳乡试年录题句 ………………………………… (110)
陈伯严寄近刻诗卷奉怀二首 ……………………………… (110)
闻罗训循提学罢官感赋 …………………………………… (111)
寄赵芷荪山中 ……………………………………………… (111)
示秉渊 ……………………………………………………… (111)
园居薄暮 …………………………………………………… (111)
检箧得黄修原都门病中寄书凄然题句 …………………… (111)
病中自嘲 …………………………………………………… (112)
送周印昆复为辽游 ………………………………………… (112)
近事 ………………………………………………………… (112)
绝句 ………………………………………………………… (112)
强兴 ………………………………………………………… (112)
喜闻 ………………………………………………………… (113)
寄贺莘生巡警同年贵阳 …………………………………… (113)
得句 ………………………………………………………… (113)
秉渊检甲午乙未间赠答旧稿出阅因题其后 ……………… (113)
雪 …………………………………………………………… (114)
送汪伯唐侍郎出为驻日本公使 …………………………… (114)
冬暮与罗训循登楼偶望 …………………………………… (114)
再寄汪伯唐 ………………………………………………… (114)
偶入城便还 ………………………………………………… (114)
沈幼岚中丞枉过山庄即送其开府桂林 …………………… (115)
独居 ………………………………………………………… (115)
谢周印昆自吉林寄赠鹿筋 ………………………………… (115)
岁除即事 …………………………………………………… (115)
次韵三弟纽约寄怀 ………………………………………… (115)
白牡丹 ……………………………………………………… (116)

和王佩初同年却寄伯严	(116)
和王心培三首	(116)
着意	(117)
刘江生留宿山斋夜饮有作	(117)
寄怀欧阳节吾兵备梧州	(117)
长夏幽居	(117)
和孙姬瑞同年见赠	(117)
夏雨	(118)
园望	(118)
幽居	(118)
雨后凉坐	(118)
酬尹白鱼	(118)
偕四弟访横田廖荪畡丈留饮其家信宿而返	(118)
壬子度岁山中	(119)
游仙二十首	(119)
云在楼落成呈罗春阁丈	(121)
愁中	(121)
螺溪寺怀陶密庵先生	(122)
鄂怀	(122)
咏今十首	(122)
叹绝	(123)
赠李次樵	(123)
次樵叠前韵见和赋酬	(123)
和郭复初章一山赠答之作	(123)
席间赠妓和唐明皆	(124)
寄酬曹籽谷汉口	(124)
赠吴江女子沈宜	(124)
周印昆还湘相见有赠	(124)
无题	(124)
和赵芷荪感怀见寄兼投郭复初	(124)
闻青岛戒严有感	(125)
寄怀五弟焕廷伦敦	(125)

和姚茫父秋草 …………………………………………………（125）
秋日过青郊别墅 ………………………………………………（125）
与周印昆观剧作 ………………………………………………（125）
饮曲园调印昆 …………………………………………………（126）
初夏集青郊和白鱼 ……………………………………………（126）
初秋与黄方舟王伯谅小饮湘楼 ………………………………（126）
过湘潭河东访孙蔚林同印昆作 ………………………………（126）
汉上酒楼南望 …………………………………………………（126）
游庐山不果谢罗四峰 …………………………………………（126）
偕白鱼渡江约周心约李邃庵同登抱冰堂归过黄鹤楼作 …（127）
约游庐山不成四峰作图以赠题一绝句 ………………………（127）
将还长沙四峰赠湘渚归帆图赋此为别 ………………………（127）
和四峰庐山纪游 ………………………………………………（127）
匡庐怀古同四峰作 ……………………………………………（128）
刘芋珊招饮庐山森林局即席赋赠兼呈刘云樵年伯 ………（128）
琴志楼追怀易笏山丈兼寄实甫都门 …………………………（128）
别刘幼云同年 …………………………………………………（129）
周印昆自张家口寄诗见怀时湘南用兵赋此奉答 ……………（129）
闻印昆游昌平十三陵寄二绝句 ………………………………（129）
五十初度客汉皋作 ……………………………………………（129）
席间赠歌者凤楼 ………………………………………………（129）
和周印昆寄示题其夫人绣画二帧四绝句 ……………………（130）
忆青郊花木八首 ………………………………………………（130）
咏牵牛花 ………………………………………………………（131）
咏岳阳杨烈妇 …………………………………………………（131）
答杨重子见寄 …………………………………………………（131）
己未三月陪翁弢甫师饮宣武城南章曼仙同年宅即席有作 ………
…………………………………………………………………（132）
和朱师晦归至长沙望青郊见怀 ………………………………（132）
和田凤丹饮集青郊见赠 ………………………………………（132）
张正阳从军岳阳兵败不归传言已死杨重子以诗悼之已而生
返长沙与黎薇生同用重子原韵贺赠 …………………………（132）

和重子赠淑仪女士 …………………………………… (133)
辛酉贱辰承薇生重子正阳诸君赠诗率赋奉酬 ………… (133)
落叶二首 ……………………………………………… (133)
枯草 …………………………………………………… (133)
夜坐答周稼生见赠 …………………………………… (133)
读内典和稼生 ………………………………………… (134)
小舟 …………………………………………………… (134)
野菊花 ………………………………………………… (134)
季春饮集青郊和黎薇生见赠 ………………………… (134)
寿杨淹伯兄弟之祖母彭太宜人八十 ………………… (135)
和刘仲钦师长三首 …………………………………… (135)
贺刘仲钦新筑止庄落成 ……………………………… (135)
赠湘南诸将 …………………………………………… (136)
山行 …………………………………………………… (136)
寄六十岁小像答谢印昆都门 ………………………… (136)
河东怀孙蔚粼李翰屏 ………………………………… (136)
野望 …………………………………………………… (136)
丁卯五月避乱沪滨答周稼生寄怀 …………………… (136)
李希易招饮即席赋赠兼呈同座伯严重伯诸君 ……… (137)
重伯六十诞辰余寿以诗迫病未就越二年同寓沪上值八月九日补成此篇 ……………………………………… (137)
寄谭组安 ……………………………………………… (137)
题俞恪士觚庵诗存 …………………………………… (137)
题长女培肃偕钱甥慕宁携外孙女熙芊小像和重伯 … (137)
遣兴 …………………………………………………… (138)
忆庐山小天池别舍 …………………………………… (138)
丁卯六十生日酬座中亲友 …………………………… (138)
闻袁伯夔丧偶感而赋此以赠 ………………………… (138)
题孙蔚粼遗稿 ………………………………………… (138)
赠余尧老伉俪 ………………………………………… (139)
闻变 …………………………………………………… (139)
题冒鹤亭稽山负土图 ………………………………… (139)

送女培肃赴汉口培怿还长沙 ………………………………… (139)
冬晴海上楼望 ……………………………………………… (139)
寄潄溟弟番禺 ……………………………………………… (139)
沪北新村 …………………………………………………… (140)
戊辰人日喜雪 ……………………………………………… (140)
与君协侄约游西湖 ………………………………………… (140)
初春园步 …………………………………………………… (140)
题宋蓉塘庐山怀白楼图册 ………………………………… (140)

跋 …………………………………………… 梁焕彝 (141)

青郊诗存

卷一 …………………………………………………… (142)
东京赠游学诸君 …………………………………………… (142)
书所见 ……………………………………………………… (142)
劝业会 ……………………………………………………… (142)
与人谈调查人类馆事戏述 ………………………………… (142)
送杨君重子归国 …………………………………………… (143)
哭陈天华 …………………………………………………… (143)
地震 ………………………………………………………… (143)
偶成 ………………………………………………………… (143)
日本 ………………………………………………………… (143)

卷二 …………………………………………………… (144)
和润珊生辰感赋 …………………………………………… (144)
秋千 ………………………………………………………… (144)
赵侍御开复处分重过山庄 ………………………………… (144)
和欧阳丈重九登楼 ………………………………………… (144)
和润珊再叠前韵见赠二首 ………………………………… (144)
五叠前韵答谢欧阳丈 ……………………………………… (145)
六叠前韵和答王君穀平 …………………………………… (145)
百花生日寿欧阳丈 ………………………………………… (145)
次韵和答欧阳丈见怀兼忆赵侍御山中 …………………… (145)
春阴 ………………………………………………………… (145)
次韵和润珊寄意 …………………………………………… (146)

次韵和左君翰青枉过见赠 …………………………………（146）

次韵和翰青赠润珊 …………………………………………（146）

胡君篁舟叠贱辰唱和诗韵见赠和答 ………………………（146）

喜廖荪畡丈见过 ……………………………………………（146）

次韵和廖荪畡丈 ……………………………………………（146）

九日登天心阁次韵和润珊 …………………………………（147）

卷三 …………………………………………………………（148）

与胡广文别 …………………………………………………（148）

题长须老人冯丈画像 ………………………………………（148）

勺泉诗 ………………………………………………………（148）

田观察杨晢子京卿周印昆舍人留饮山庄即席赋诗 ………（148）

次王湘绮丈赠吴子修提学原韵送提学入觐兼呈湘绮丈 …（149）

春阴 …………………………………………………………（149）

饮浩园赠吴提学 ……………………………………………（149）

张恺陶游西湖归有赠 ………………………………………（149）

廖荪畡丈约同曾重伯胡子靖诸君盛夏见过看荷有作 ……（149）

卷四 …………………………………………………………（150）

杨重子三十生日赠赋 ………………………………………（150）

送易大兄入都即次其留别韵 ………………………………（150）

独酌 …………………………………………………………（150）

近闻 …………………………………………………………（150）

闲中 …………………………………………………………（150）

九月朔资政院开院有述 ……………………………………（151）

橘瑞堂 ………………………………………………………（151）

秦子质子和诸昆季以其母袁太夫人寿八十征诗献三十韵 ……
………………………………………………………………（151）

得三弟发太平洋所寄书并述日光之游 ……………………（152）

卷五 …………………………………………………………（153）

汪伯唐侍郎出为日本公使赋诗寄怀 ………………………（153）

论剪发易服但常服宜从旧制因述二绝 ……………………（153）

三五七言回文 ………………………………………………（153）

寒夜书感 ……………………………………………………（153）

送盛润珊兄之官江右 …………………………………… (153)
林君孟蕃久别见过有赠 ………………………………… (154)
次韵答润珊登楼感赋即以志别 ………………………… (154)
晨起对客 …………………………………………………… (154)
次韵和答曹毅亭见寄 …………………………………… (154)
次韵酬李诵尧三绝句 …………………………………… (154)
见内经有会而作 ………………………………………… (155)
庭中杂花 ………………………………………………… (155)
入城过明皆晤女士杨庄适王翁心培在座明皆以诗见赠次韵
和答 ……………………………………………………… (155)
次韵和杨庄纪事四首 …………………………………… (155)
杨庄纪事四绝句 ………………………………… 杨庄 (156)
雨霁散步 ………………………………………………… (156)
次韵和王心培感兴七首 ………………………………… (156)
明皆和予杂花诗句中独遗梅花再叠前韵为梅不平予前诗实
遗桃花更叠韵赋此为笑 ………………………………… (157)
芷荪提学次予前韵见寄再叠奉答 ……………………… (157)
卷六 ………………………………………………………… (158)
周印昆以叔母丧归复出过长沙时吉林火灾官舍几尽于其行
作此诗 …………………………………………………… (158)
罗赵两提学暨朱菊泉广文见过有作 …………………… (158)
次韵和印昆通守别后见寄妓席怀旧之作 ……………… (158)
梦中得句 ………………………………………………… (158)
昔有四首同友人作 ……………………………………… (159)
新秋雨霁 ………………………………………………… (159)
宁乡道中 ………………………………………………… (159)
题李炳麟所集时贤画册 ………………………………… (159)
跋 ………………………………………………… 梁焕均 (160)

文札辑佚

文稿 ………………………………………………………… (163)
梁焕奎科举乡试朱卷 …………………………………… (163)

  创设湖南图书馆兼教育博物馆募捐启 …………………… (166)
  为杨怀中病逝募捐启事 …………………………………… (168)
  《白心草堂诗集》题跋 …………………………………… (169)
函札 ………………………………………………………………… (170)
  致汪康年（一） ………………………………………… (170)
  复汪康年（二） ………………………………………… (170)
  致汪康年（三） ………………………………………… (171)
  致汪康年（四） ………………………………………… (172)
  致汪康年（五） ………………………………………… (172)
  致汪康年（六） ………………………………………… (173)
  致汪康年（七） ………………………………………… (174)
  致汪康年（八） ………………………………………… (174)
  复汪康年（九） ………………………………………… (174)
  复汪康年（十） ………………………………………… (175)
  复梁焕彝 ………………………………………………… (176)
  致梁焕彝 ………………………………………………… (177)
  致梁焕廷 ………………………………………………… (179)
  梁焕彝复梁焕廷函………………………… **梁焕彝** (179)
  致廖荪陔（一） ………………………………………… (181)
  致廖荪陔（二） ………………………………………… (181)
  复廖荪陔（三） ………………………………………… (181)
  致廖荪陔（四） ………………………………………… (182)
  复廖荪陔（五） ………………………………………… (182)
  复廖荪陔（六） ………………………………………… (182)
  致邵先生 ………………………………………………… (183)
梁氏世谱序（节要） ……………………………………………… (184)
汝阳系世系表第一 ………………………………………………… (186)
元代世爵表第二 …………………………………………………… (188)
汝阳系生年表第三 ………………………………………………… (188)
明代世爵表第四 …………………………………………………… (188)
保定阆中别支表第五 ……………………………………………… (189)
江宁支世系表第六 ………………………………………………… (189)

江宁支生年表第七上（表略） …………………………（189）
江宁支卒葬表第七下 ……………………………………（189）
湖墅支世系表第八 ………………………………………（190）
湖墅支生年表第九上（表略） …………………………（190）
湖墅支卒葬表第九下（表略） …………………………（190）
临桂支世系表第十 ………………………………………（190）
临桂支生年表第十一上（表略） ………………………（191）
临桂支生年表第十一下（表略） ………………………（191）
京师长安侨居表第十二 …………………………………（191）
湘潭支世系表第十三 ……………………………………（191）
湘潭支生年表第十四上（表略） ………………………（192）
湘潭支卒葬表弟十四下（表略） ………………………（192）
内女表第十五 ……………………………………………（192）
贡举表第十六 ……………………………………………（192）
职官表第十七（表略） …………………………………（193）
封赠表第十八 ……………………………………………（193）
耆寿表第十九 ……………………………………………（193）
祠墓田产表第二十（表略） ……………………………（193）
先世诸小传第二十一 ……………………………………（194）
朝议君传第二十二 ………………………………………（196）
  记梁宝善画………………………………………杨钧（198）
遵化君传第二十三 ………………………………………（198）
资政君传第二十四 ………………………………………（199）
节愍君传第二十五 ………………………………………（200）
永宁君传第二十六 ………………………………………（201）
富平君传第二十七 ………………………………………（202）
太常君传第二十八 ………………………………………（203）
先府君传第二十九 ………………………………………（204）
先妣传第三十 ……………………………………………（206）
  诰封一品太夫人梁荣禄妻刘氏墓志铭并序………王闿运（208）
  诰封一品太夫人梁母刘太夫人墓表………………王补（209）
长沙五里牌家庙记第三十一 ……………………………（211）

五橘堂记·····················王闿运（211）
湘潭贺家铺墓庐记第三十二···············（212）
梁氏世谱后序·······················（213）

附录

梁焕奎年谱··· 梁健雄 梁晓新 李自强 梁世雄 梁钢（221）

传记资料

哀启························梁漱溟（338）
梁君辟园墓志铭··················徐桢立（340）
梁焕奎事略·····················梁漱溟（341）
梁鼎甫氏生平略历自述················梁焕彝（345）

华昌公司史料

梁君焕彝演说中国锑矿历史··············梁焕彝（347）
湖南华昌炼矿公司经过略述··············梁培肃（348）
我国锑矿开发的先驱者
　——梁焕奎五兄弟与华昌炼矿公司·········梁漱溟（353）
华昌炼锑公司及其创办人梁焕奎············梁　奇（360）
湖南华昌炼矿公司的兴衰
　——中国民族资本生存困境之见证··········李自强（369）

后记

我们的爷爷·····················梁晓新（383）

诗集

青郊六十自定稿

题辞①

义宁陈三立

改世重逢涨海滨，天遗痼疾铸诗人。大弨挂壁张侯老，弥勒同龛白傅亲。明灭巢痕犹记梦，摩挲劫烬自收身。寻仙定蹑匡山顶，欹唾衔鹰散八垠②。

新建夏敬观

任永宁能目即清，笔头相斫意难平。五噫高节终遐往，七序雄文更晚成。弟子漫嘲经笥在，奚奴教背锦囊行。枕旁暂得窥诗细，绝叹潜思过论衡。

长沙余肇康

饱更急难总惺惺，兄弟良朋共鹡鸰。自煅神仙金灶火③，独兼师友白香亭④。斋廛颜子心能忘⑤，尘污元规眼肯醒⑥。冰雪携将诗卷在，长留天地即修龄。

如皋冒广生

无情湘水日滔滔，望里匡庐入梦劳。何处涧阿容辟世，前朝风雨说登高。烟尘懒向开双眼，词赋伤于始二毛。到底楚人忠爱远，能留一瓣续离骚。

宁乡程颂万

三千六百日相携，山揖匡君海测蠡。每到丁年歌有酒，不干子夜赋无题。见闻了了忘香色，身世悠悠减笑啼。莫论诗穷与文富，

---

①《青郊六十自定稿》四卷，系梁焕奎手订，刻于丁卯冬月（1927年11月）。原件由辟园公之子梁君大捐湖南省博物馆馆藏。
②此处原刻本自注：君将去沪居庐山。
③此处原刻本自注：君近养生有妙契。
④此处原刻本自注：君诗主弥芝以溯杜陵。
⑤此处原刻本自注：君晚年茹素。
⑥此处原刻本自注：君微失明益自晦。

太常斋惯等如泥。

闲踪在处即青郊，似我无巢更舍巢。细嚼莼羹品诗料，要担菊水洗僧包。低徊海市重阳酒，惆怅天池一把茆。甲子已周从换社，暖厄寒韵绽梅梢①。

湘乡曾广钧
百家腾跃愁思海，羡尔高凌功德山。采药南州银凿落，求书东国翠屏颜。扶头酒熟频中圣，洗髓诗成得大还。何肉周妻俱摆脱，禅门先闭几层关。

长沙汪诒书
桂楼壮采腾悬圃，春殿繁声动素琴。龙象庄严森仗卫，芷兰馨逸杂骚心。重华海上收群玉，谢傅山阴有碎金。稿定六旬人六十，姜斋故事在诗林。

山阴俞明颐
兵间回首故山薇，海气时侵薜荔衣。招客高堂夸苦笋，限人楼角有斜晖。新提四印养生主，旧证三车善者几。楚水吴山风月地，犹堪一曲鹤南飞。

茶陵谭泽闿
韩公当日重文昌，张湛徒劳与眼方。天遣金楼专著述，先教银海敛光芒。仲容分得西头屋，逸少真登坦腹床。结习不须除世染，天龙眷属道根长。

湘潭秦炳直
甫罢春官政改弦，归休无计更扶颠。夷吾图霸山高富，太史谋生货殖贤。世艳王侯张玉食，我钦风雅忏心田。枌榆英好君年少，乍杖行吟斥钵阗。

长沙黄俊
独弹古调入秋弦，绝俗襄阳一米颠。老学草堂新订集，晚从莲社旧名贤。能开丹穴千年利，剩有青郊二顷田。不二东坡六十化，厌闻江上鼓声阗。

---

①此处原刻本自注：君结庐于匡山小天池。

湘潭朱章

生平耻与俗浮沉，病榻犹闻惜寸阴。高足联翩登要路，一廛飘忽散千金。重明早祝兰泉眼，① 广庇谁知杜曲心。自是名山真事业，不关愁绪费呻吟。

第三弟焕彝

自我何尝不达人，高情由旧始求新。屈原振笔书皇考，庾信谋篇述逸民。欲遣修名成负荷，莫教先德付湮沦。清芬一一非难诵，潘陆文章自雅驯。

第四弟焕均

未闻乐土隔尘寰，叠嶂洪涛数往还。多病长年如杜顺，高吟出世有寒山。能参南岳三生塔，请闭伽蓝百日关。书剑东林瞻瑞相，五台风日在人间。

---

①此处原刻本自注：丈在都门时，樊樊山先生赠联云：杜曲一生诗是史，兰泉双眼瞽重明。

自序

　　余自乙巳病目，不能读书作字，且迫痛苦者，逮今二十三年。而顾有诗出以示人，闻者当诧笑。虽然少学诗于武冈邓白香师，与王湘绮丈姻娅往还最密，又获交海内诗家，而顾不能出诗以示人，亦可诧笑也。病目以前所为诗稿皆佚，国变以前则有刊本，其刊本当余避乱深山，家弟辈所为，未经手订。岁丁卯，客上海，晤当时所交诗家，往往索示别后所作，则箧中纸墨愈多芜率。适其年十月，余年六十，询诸友、诸弟之意，录为《六十自定稿》，分体为四卷，果足以出示人耶。夫人之声，犹水也，不激于矶则不鸣。一身则病为之矶，所处世乱又为之一矶。余自入中年，其偃仰嗷号，转徙奔窜，极人生所难矶若此，欲其无声，不可得也。尝静夜泛舟湘江，过空灵岸，水流呜呜，然非求舟人听而哀之也，亦不能禁舟人之勿听。然则余之为声，听而哀之否乎？非以求倾听而已。

青郊居士梁焕奎

稿一 五言上

述哀诗

祖讳承宪字柳村以知县官浙江咸丰十一年冬杭州陷合门遇难

两浙财富薮，卫御疏戍屯。穷寇善捣虚，列郡撤屏藩。心膂既孤悬，并力窥杭垣。仓皇十万众，乘势如燎原。战守苦无策，主帅丧其元①。豪华名都宅，烈火一夕燔。城守皆彼徒，匍匐出无门。妇人迫以刃，丁男隶其群。杀气缠阴风，万窍腾隆喧。先祖时作宦，论事趋大辕。计划安所施，飞书急求援。客兵远莫及，引领安越军②。恻恻问家室，忧煎中自焚。大母继来嫔③，竭蹶供饔飧。适兹非常变，清泪流沾巾。默知大摧裂，谅无良平勋。君欲就大义，妾意良亦欣。引决在斯须，僮奴皆惊奔。床前两婴儿，搂抱兜长裙。大儿才数岁，徒泣俱无言。就母执母手，岂知母心烦。黄沙蔽天色，颓阳忽西翻。繁音叫愁乌，激响啼哀猿。池清井水冽，侧耳声潺湲。长者分当死，幼者宁独存。举家赴泉壤，天命复谁论。沉沉钱塘月，惨惨孤山云。四序非春秋，百年无朝昏。呫嗫徒尔为，悠悠何纷纷。其时朝议公，避难湘水源。担囊止长沙，狼狈携先君④。十载梗消息，吉凶无传闻。朝议倏见背⑤，江湖敛妖氛。先君失父耗，三往求之殷⑥。号泣行通衢，嗟哉零丁文。玄发化为皤，素衣污成缁。最后得叶某，大母姻弟昆。始知辛酉冬，变故毁乾坤。且言昔与乱，幸脱余生云。大化倏归尽，未卒亲戚恩。惊风绝中肠，怆恸声莫吞。彷徨寻寓舍，寂寞见秋园。野草怅犹绿，暮雨凄以繁。荒尘洒瓜蔓，

---

①此处原刻本自注：咸丰辛酉十一月汪海洋陷杭州巡抚王有龄死之。
②此处原刻本自注：李公元度领安越军屯江山县。
③此处原刻本自注：继祖母邹宜人仁和人生三子皆幼。
④此处原刻本自注：先曾祖朝议府君先由桂林携先大夫避乱迁长沙。
⑤此处原刻本自注：先曾祖以同治丁卯岁弃养。
⑥此处原刻本自注：同治戊辰己巳庚午间事。

坏瓦覆松根。往日屋主翁，无复子若孙。白骨谁见收，祸乱事纷纭。
邻人非夙昔，咨询空数番。当时向冥漠，存想罗幽魂。楚歌东南归，
湘波滋啼痕。招魂佩与黻，茅冈余孤坟。浙江陷千里，数岁隔烟尘。
官吏一朝尽，事状传失真。平生慷慨意，至此宁逡巡。骨肉生乱离，
求死匪无因。同时委灰烬，转得精魂亲。玉碎岂足惜，况与豺虎邻。
仓卒不可为，反袂在兹辰。吾宗既孤弱，天属无多人。兹役丧三四，
酷罚弥酸辛。先泽幸未斩，一发悬千钧。小子述所哀，岂曰悲湮沦。

青山冲墓下作

先府君讳本荣，辛官江苏知县，归葬此山，在湘潭二都。

茅冈西南望，貌然得青山。极视泪沾衣，青松不可攀。居人何
萧条，草屋荒陇间。高坟郁危陀，华表风雨寒。阿父灵宅兹，临拜
心悲酸。悲酸何能已，儿病方强起。六载辞旧居，浮云去还止。孱
颜固已疲，瞻途倦百里。展谒旷未修，耿耿心疚此。永慕难为辞，
如何今已矣。已矣何所悲，怅念往昔时。阿父禀至德，艰难困尘羁。
卑官不称意，举世莫谁知。区区文字欢，徒尔千载思。落日向丛皋，
仰天终怀疑。怀疑已奄忽，冥漠意安属。忆归泛融风，事事颇局促。
遗魄稀有归，披寻历歆曲。登丘得片壤，先垄迩山麓。获安遂逾望，
遑言更邀福。岁月寖复淹，忧来行踯躅。踯躅阡石旁，去去时复望。
平生何所爱，设酌无不尝。醑酒虽在地，更愿倾此觞。儿诗父欢领，
旧句皆已忘。挥涕诵何言，长风吹白杨。

婢有夫行

踉跄贫家翁，入市市盐米。市去不持钱，云有八龄女。八龄作
童养，姑黄母家李。夫在郡城南，独去湘潭市。匪翁轻弃女，翁言
贫欲死。作婢亦有命，汝但相从此。朝朝望郡城，郡城隔秋水。不
见郡城人，泪落清且沘。一朝至郡城，暗暗心欢喜。主人转货我，
货我郡城里。柳枝牵作丝，柳花飘作絮。丝牵长相系，絮飘何能住。
昨夜闻主人，言当嫁我去。我身不自由，我心自有主。谁知婢有夫，
欲言不敢语。柳丝不忍离，柳絮不忍坠。别君八九年，夜夜溅珠泪。
少小牵衣裳，门前乌桕树。有客山中来，似言识其处。为我问我家，
倘来一相晤。相晤勿迟迟，迟恐长乖误。九载无人颜，辗转居爨下。

爨下岂可居，安得相怜者。今日见家人，胸臆不得吐。但道婢有夫，告言主母所。主母言唯然，令汝夫来取。禅衫与练裙，遗汝盈筐筥。副以清丝绳，纤纤杂麻枲。别君头始丫，见君发作髻。不分得见君，忽焉心胆悸。湘山何巍巍，湘流何弥弥。百年恩有极，一旦情无已。我生自兹始！谁欤实生我？主母者梁氏。

纪游诗五首

南飔飘征裾，眘霭天界远。含情辞异国，行役未言返。启途上新桥，驱车遵大阪。村树自奔赴，山烟尽飞散。川陆邈回互，登寻弥缱绻。高舸驾溟渤，安若平土践。迴路顾盼中，御风岂足善。断岛文鲤浮，永岸修龙偃。玉色立波涛，苍鸟时隐显。朝鲜伏青雾，山川进凄泫。北望嗟时危，岂伊客怀浅。杰哉威旅防，虺隗坏门键。虽曰守在德，履险胡自免。谋国有雄算，反手务征殄。颇闻奋鲸鬐，余沫渐流展。东隅悼沦失，宁咎桑榆晚。忆昔泛黄海，洲渚罹烽燹。敌船止中流，搜擒惧纷舛。从容仅得脱，卧起足屡跣。芝罘在吾目，山势今偃蹇。清瑶比目鱼，饤盘荐芳膞。念此忘饥渴，窗晖对晴缅。沉沉碧海摇，渺渺孤云卷。回轮挟澎湃，中肠共千转。邂逅友邦人，谈饮纵酣健。征途固悠旷，俄延驻遐昑。苇杭理亦济，萧然下艇䑸。宵浪入塘沽，深坐颜不辨。十里静芜皋，侵晓肆游衍。迩来析木津，铲垩走车辇。都人久坦荡，惕若被诛剪。帝京忽已睹，欣戚暂得遣。

帝京何岧峣，缺城迈车鞅。疾驰不及瞬，星汉灵飙上。惊沙覆颓檐，旧潦穿坏壤。都会风雨交，千龄兹泱漭。我来郁孤念，匪直恣瞻仰。忆从甲午来，三游与元赏。中间遭惨劫，今昔判若两。举步蹑前踪，晨夕心怏怏。楼观有新构，第宅余堙敞。峨峨古明光，胡雏颇来往。至今长门间，犹遗旧毡氅。钟簴幸未移，园陵庶精爽。巷曲寒夜月，白骨在尘坱。萧条芦苇黄，南洼鬼声响。昨者回銮初，意在收荩奖。延英发征车，下诏劳宏奖。拙生昧时务，陈论谬驱强。甲篇述三代，里闾谋教养。乙篇援列邦，制币资国帑。日入笔札穷，言侈意不广。庙旨务虚纳，谓足参廷掌。郊坼觐仁寿，旭日排银榜。须臾拜恩泽，引手辞仙仗。艰危复何补，汗出神怅惘。大厦当倾颓，支撑岂寻丈。谁实隆栋姿，群材信推荡。挟策耻干请，归与乐闲放。

沉冥苟自适，世变睎吾党。比邻有好鸟，憔悴近罗网。离离乘风飞，秋色送清朗。高翼何可羁，回顾失烟莽。披豁违中抱，挥涕眷畴曩。徒设人世心，焉知物消长。去去当何言，驰驱理幽想。

清秋动微寒，逍遥复东逝。黄浦落孤帆，暄景正器丽。故人一雁至，贻我箧中币。先路靡游移，追循向灵界。良俦挹车下，推款交欣慨。傍徨文明域，膏馥足沾溉。考览非一途，往往蒙优惠。侧闻救阽危，首在开国会。倾听错耆髦，所采两院制。载瞻高广场，骈罗见次第。棘木讼廷下，科条祛障蔽。囹圄构精寀，工作等惩戒。铃鞬市野偏，警备弭灾疠。刀锯间针砭，殊妙起尫废。殽醴腐人肠，物物任调剂。观象侯氛祲，惨淡灵宪制。传声牵众器，口耳无停滞。精者根道妙，粗者切生计。恢廓若国政，琐杂若工艺。精神所接触，浩渺失涯际。稍得就通人，游询得微契。学校列如林，贯串存统系。更仆不能终，万事并关系。童孺各讲肆，昕宵共勉励。圜桥竭心目，百益无一弊。道旁车马前，书策手舆隶。精严万营垒，霜棱威域外。丁壮乐征送，将校饶智慧。步骑及辎重，所至肃兵队。艨艟楼橹接，奔腾瞭纤细。洪涛服屯聚，蔽海散精锐。兹行意有向，采矿说形势。缒穴三池暮，陟冈生野霁。璀璨日光山，古河绵年岁。器车岂有符，宝藏自狼戾。元象发幽珍，倏欻雄一世。人事有巧拙，天道无隆替。称美余何心，储怀夙游憩。执柯况不远，鉴此庶匡济。

归卧湘春庐，振衣忽不悦。言寻空灵岸，苍翠岩石滑。回舟下城陵，君山望明灭。长飙送湖水，征缆凌晨发。妻子游我俱，辞家忘离别。江汉鸿雁哀，修渚渐风雪。虎丘朔云里，吴江互萧瑟。回念东海隅，淹留抱寒日。秣陵夙所恋，十载寄家室。提携终一往，似若还蓬荜。故旧守门巷，歌呼声未歇。服官固有常，朝起事参谒。谐嘲匪吾意，杂坐心兀兀。偶从见大官，亦复少真率。通名罕见答，十日羞不出。军火违材用，东郊应书札。楼馆尘嚣外，水竹鸣清越。弱湍鳙鲤驰，树叶丛蝉咽。杂花垂烂熳，危桥幸平阔。以此悦病颜，意得安褊拙。纠纷公家事，可谢当复绝。参差后湖莲，杨柳亦可折。谢公留古墩，疏溜石鏻洌。北山草堂下，灵谷云出没。玉殿扫颓基，巍陵俯残碣。落日清凉山，荒城望中列。闲僧识我久，楼槛语亲切。

古来谈兵地，层冈祠名杰。故宫衰草长，双阙亦崩裂。御沟带清流，霜下湔碧血。城边旧阁子，婉娈湖波活。雨花更南眺，幽泉写芳洁。依依桃叶舟，窈窕东关月。箫管夜浮沉，欢来甚饥渴。良游慰凄怀，兴至尽可述。苟能持百年，甘与渔樵昵。抱屙意不遂，舍去焉可说。终还就海滨，临发增忉怛。

目断雁南归，冉冉伯劳去。江亭晚栖息，曲肱屡朝暮。棹随淞霭移，广廛顿装处。卢扁世无人，岛客倘一遇。谁云一刀圭，使我颜色驻。间日就推察，针下液深注。宾侣侈园游，钿车杂驰骛。清筝动名讴，罗裳矫冰雾。厨中无宿膳，市尽有嘉树。俗浊久亦安，独来成小住。宁忘体中苦，涉节经霜露。彼都有良医，闻是古俞跗。神力苟不虚，何惜轻航渡。吾驾竟三发，冥心果奚虑。殊方乐为客，禅夹尚平素。裴哀席地坐，奥曲榻可据。蔬肉供常餐，未能改吾故。饭罢厌局踏，袜足檐下步。同川女时至，出浴常仓遽。我且倦呻吟，蹇脱人当恕。引项每突壁，定痛自箕踞。朱碧咫尺间，看之总迷误。佳弟贤友生，动辄庆相助。求医限初曙，登车天未曙。颇黎贮冷浆，呷饮日数度。仰卧听以筒，反复理若悟。乙丙星气俎，未觉稍蠲除。匪云术终疏，或今遂沉痼。观涛病良已，独此得其趣。纵浪为将养，遇物求欢豫。彭殇共凭化，身世吾无与。有时喜勿药，妙在屏忧惧。踪履出高衢，忽然得山路。竹屋与肩齐，翁妪衣破絮。食我山中梨，予值殊不顾。劝言返旧居，毋为俗中务。贤达抚深怀，兹焉托良晤。

为贺义生千总妻张氏作

朔风卷胡沙，哀雁寒不飞。垂髫十四五，躁趯行中闺。阿父教作字，阿母教裁衣。出门自提壶，当窗寻织机。凶回叛关陇，杀戮无孑遗。危城一朝坏，道路交枯骴。家人并向尽，弃女怜女痴。仓卒出西宁，弱小何所依。一步一啼呼，乃与官军随。去去莫复问，但得暂相携。且复饮食我，憩憩从指挥。如何主人妇，遇之良不慈。捶床辄怒詈，或便加鞭棰。相将二三年，有泪如缏縻。古城贺千总，子身官边陲。旦夕求贤妇，久久莫致之。路人言女贤，闻之心不疑。诚得妇此女，安用名门为。遣媒白主人，主人前致词。主妇不乐若，若去良亦宜。明日甲子吉，便可作佳期。千总大重女，事事备礼仪。

纁币充门庭，主簿行为媒。居然作新妇，良喜无所悲。上堂拜夫婿，
笲珈纷葳蕤。明珠垂两耳，翠黛开双眉。兰苕为履纹，翡翠为钗枝。
绮帔交罗裳，出入生光辉。婉娈事君子，柔声颜色怡。君恩若造化，
妾命今转移。夫婿四十强，往从征西师。名编壮士籍，左右拥旌旗。
方当日贵盛，娇娇多令姿。妾得两有身，幸举一男儿。时时弄啼笑，
文褵尺有奇。况乃怀中女，娇小长依依。爱若掌中珠，杂彩身上披。
来年及后岁，更梦熊与蛇。每食必同器，每出必同车。谓言共富贵，
白首不相违。天寒日当夕，凉月入罗帏。君身忽沉绵，一病殊不支。
贱妾能代君，代君复何辞。宁知命当绝，医祷安所施。从君黄泉下，
誓死不相离。奈何两娇儿，襁褓命如丝。母今弃儿去，谁复如母慈。
哀呼绝中肠，更念夫死时。张目久不瞑，芒芒中顾思。或是恋故乡，
当送君骨归。及君子若女，立誓不差池。闻此不复视，遗意声凄洏。
岂唯子母恩，拳拳方在兹。殡君在中堂，厝君古城隈。旁有君死友，
两柩情徘徊。兵卒相告言，新官良日来。官今遣去汝，留此胡为哉。
徬徨千总署，一去难复回。仆役括君赀，谓君无余财。不问尚得安，
问之暴如豺。赴诉谅无门，趣入市中啼。市中有长者，念我失所栖。
俶我一间屋，屋底堆沙泥。妾是边方女，今为千总妻。虽为千总妻，
莫免兵丁欺。茕茕阴雨中，幽咽寒茅茨。无衣裹中裙，饥来啜薄糜。
不辞身骨立，子女瘠如柴。昔有负君债，君死言已乖。或当见怜我，
恤难如恤灾。妾往自取之，什九皆欺绐。责逋既不许，称贷亦不谐。
湘人重桑梓，屏妾非其侪。妾本喇萨人，安得不见排。生死未可知，
耿耿志不衰。君家有令侄，致书与告哀。冀得侄来迎，书还言力微。
不得远相迎，亦无金帛贻。阿叔若弟妹，叔母善主之。曰归归何时，
言之双泪垂。岁月日以徂，寒暑三四推。在耳吁何言，不死心中灰。
三湘豪侠人，闻之心为摧。何不共作计，无为更疑猜。男儿事难为，
女中有奇材。债者令之偿，薄赆意亦佳。莫令不办行，千金固有涯。
呼号表节概，始各心颜开。向日见陵侮，翻然皆好怀。从容举兹役，
乃尔决行期。长途二万里，望望湘水湄。妾病忽咯血，仓皇转迟回。
祷神得夜梦，妾病神扶持。病起乃戒行，其日发于斯。左手扶灵輀，
右手携婴孩。谢氏君死友，招邀在泉台。生前且有约，今胡不与偕。
往者谢氏没，托君归其骸。君亡妾未亡，一诺焉可渝。并发两家柩，
联翩就征车。兴辞自兹迈，历碌车轮驰。迢遥复迢遥，车重轮行迟。

一儿哺母乳，一儿了无知。观者皆动容，岂不惮艰危。长官怜妾单，
遣兵相护持。入关百州郡，各以官牒随。兵役二三辈，日夜与妾俱。
妾身固弱女，授受礼不逾。谁言颠沛间，得以行旅殊。妾既乏赀用，
犒兵亦无赀。不若谢兵去，独行心坦夷。更莫烦官吏，官牒可不赍。
兵闻壮高义，还马声悲嘶。靡靡逾寒漠，萧萧过荒陂。暮则陇间宿，
朝则墩下炊。古木飞落槁，野鸟鸣羁雌。或涉水奔湍，或登山屡屡。
儿啼不知苦，片刻哀提携。南趋泛轻舟，空江弥险巇。气候固已异，
稍觉筋力疲。自夏遂徂冬，十月已有余。悠悠日行迈，湘潭天一隅。
君家门户尽，一侄先告殂。骨肉更无他，寡妻穷巷居。里党问姓名，
新归各惊呼。闻声知异乡，诧愕临交衢。恐以贫弱累，何论恤嫠孤。
葬埋亦有费，母子亦有铺。举言谓族人，族人言勿知。知亦罕见存，
有族宁胜无。稍得侄妇亲，飘摇共穷庐。寒夜被不完，春夏常饥劬。
营葬无葬师，言寻先人墟。墟旁起孤坟，坟中葬阿谁。君棺在坟左，
棺右为妾墟。昔君苦边尘，今君依故间。君魂幸长在，何为妾欷歔。
凄凄君故人，旅榇宁久羁。送之汭山旁，先与家人期。饥鸦啼树间，
泪尽肠已枯。肠枯胡不死，鸦有巢中雏。天乎妾有子，使妾心踟蹰。
魂来告床前，引妾入黄垆。妾命今日绝，儿命当何如。重泉依汝父，
爱汝长如初。妾今二十九，寿命诚区区。忆昔遘灾乱，十七妾有夫。
欢娱五六年，百惨才一舒。幸得终从君，岂顾儿女私。儿前抱母颈，
母逝魂不苏。亲戚闻此事，感激泪交颐。行路闻此事，太息起长吁。
文人闻此事，慷慨秉笔书。墓门植连理，霜雪发华滋。上有双飞禽，
西来啼夜乌。哀哉今之人，何以胜彼姝。

五哀诗

甲辰以来，抱疾自危。乃五六年中多丧朋旧，而羼废独存。每
论诸人才能学术，重为世惜，凄感情好，追为五诗。

阳湖张提学鹤龄

张公古良士，磊落精诗书。结发观国风，骋步凌交衢。逍遥清
秘殿，徒倚承明庐。骅骝欲追风，顾盼失长驱。昆山不剖玉，赤水
空投珠。纵志出海峤，驰想腾天墟。外僚佩大绶，引领金章纡。云
胡慕湘皋，志在奉板舆。江山青春深，井里慈母娱。帝都开讲肆，

有诏征师儒。说经第高材，传道得吾徒。至今伦理训，肃若鲁与邹。
悠悠衡云开，千里褰华裾。浮湘意凌厉，学林辟榛芜。青松日以新，
恶竹日以疏。众鸟各有声，谁能同所殊。强劲互攻捣，的矢甘微躯。
屹然金城坚，千橹不可逾。心如白日丽，势若群流趋。况乃理祥刑，
温温物情苏。提学移高旌，天子重陪都。荡涤朔方陋，遂令文命敷。
安知天告灾，陨星东北隅。平生善服食，理谓无他虞。入岁感龙蛇，
痛哉中道殂。京华昔游衍，言论动公孤。倾盖尽殷勤，道交神坦愉。
回情倦殊标，游云惨不舒。兰芷更谁清，遗芳今何如。

湘乡李法曹希圣

　　法曹不得志，缁尘晦京洛。童年郁奇怀，玉质屏雕错。抱此耿
介姿，忍为时菲薄。观书白虎观，奋笔天禄阁。果充上国宾，都堂
述宏略。高志不获展，雅尚庶有托。小水困蛟鼍，微风动鹍鹗。岩
廊滞登陟，丹铅劳著作。劬瘁怜吴质，屡愁伤沈约。宁无漆园旷，
空闻茂陵弱。横经集烝髦，大匠审斤削。达官多抵牾，孤学弃糟粕。
虽怀百年谋，颇作数日恶。当时策十事，一一遭眙愕。驰驱同惨淡，
怀藏久零落。往者应征车，朝夕奉谈谑。多君他山攻，愧作祥金跃。
偶俗众口謷，拔群一士谔。吁嗟命不融，驻年靡良药。平生意慷慨，
一旦俱冥漠。精神属灵汉，文字藏哀壑。英名岂长存，千载甘寂寞。
尚忆庚子岁，妖氛暗城郭。秘录消长夏，淹迟枕中钥。方今理大藏，
纤悉归量度。此心庆先获，事事劳一诺。儒雄不再世，搜讨勤逾昨。

新化邹大令代钧

　　邹子谈天口，咄咄人所惊。岂知亥步周，果得裨与瀛。达人有
明德，弱冠知八纮。孕异入地际，探幽见天精。乃祖芬烈久，三河
垂令名。遗业待兴显，驱车事长征。萧条度关陇，慷慨入边城。绸
缪济世具，计画屯田兵。军书既稍定，绝学悲无成。禹域局高志，
寰海驰遐情。恭闻柔远策，使者翘轩旌。遂泛地中海，问俗普若英。
周官失职方，淮南求地形。图绘审环纬，测候定枢衡。文质尽变化，
陆海见纵横。兹术久旷缺，如夜得旦明。中土获传习，粲粲罗衿缨。
善事勤先施，求友述嘤鸣。清樽送缱绻，倾盖托平生。广座喜谩骂，
傲睨无公卿。孰知执手欢，亲爱若弟兄。陈书手掌眂，说剑眦泪盈。

太璞终不雕，朝阳岂无声。方谋一斗醉，何意二竖婴。世运有转移，贤者命先倾。落落志不显，冥冥心孤行。孺稚伤旅滞，羁魂何由宁。怅望旧游地，陨涕怀遗清。

同县黄观察笃恭

苏山①强仕日，泮奂爱称老。气举丘山峻，心入毫芒小。卓荦无余子，艰危属吾道。崎岖碍远骥，缯嫩误高鸟。驹奔或蹶蹄，鹰腾空奋爪。容知意惨戚，遂使形枯槁。不乐竟崔驷，书空岂殷浩。良材未及施，大命安可保。已矣国无人，慨念忧心捣。昔者经国谋，利在兴地宝。邃蕴窥灵修，幽藏启富媪。神鬼任雕镂，精力输创造。未孚小民信，逼处他族扰。辟翕各有宜，踌躇恣敦讨。庶几国维张，莫逞戎心狡。中间海波沸，绝域通市少。财物竭转输，危若昆仑倒。支拄旦夕间，屹立皆完好。璀璨遂至今，片意独艰窈。微管复谁知，议者测其表。读书慕伊傅，所志岂温饱。未睹青云舒，可知白日皎。忆我识贤豪，交欢君最早。十载一室俱，缠绵共襟抱。居常相矜异，快论尘垢扫。有时析事理，廓尔秋天晓。金石富歌啸，山川健文藻。耿耿结遐契，谓得俱寿考。寒风悲远天，忽忽摇墓草。察渊固不祥，煎膏徒自燎。夙欢翳以尽，闻笛声凄绞。

同县杨中翰昭楷②

舍人体近道，器业俱特达。幼小耻凡近，伏巢奋毛质。群贤互飙动，圭角独挺发。天衢不足上，抗袏躐先哲。窥学各途径，投情自胶漆。曾无一言忤，岂意千载别。君谓通圣邮，挚乳形声出。既登许郑堂，遂入迁固室。大旨六艺森，名言九流溅。贯穿为文章，义训矜秘诀。惜哉为山志，篑仞中竟辍。衡阳儒术雄，性道各有述。谁言限阃严，毋敢寸步越。操履一孤行，熏白若兰雪。顾念薪火传，时骋阳秋笔。当时著作林，千钧此一发。怀玉罕见珍，落寞登禁闼。忧劳诏同学，忠勤事朝列。介介情不偶，时流笑迂拙。波磔精字体，灸疗善医说。浮澄当所染，俄顷不自逸。常苦困京华，因思泛溟渤。

---

①此处原刻本自注：君所居苏山草堂。
②杨昭楷，湘潭人，清光绪间曾任湖南时务学堂中文教习。

神山入游目，礼堂正愁绝。恒干亦云康，猝尔遘危疾。天民终莫赎，良友伤见夺。万里魂汗漫，百年心勃郁。泪断箧中书，形往神不灭。重寻柏庄路，悲泉共呜咽。

拟西北有高楼

西北有高楼，崔巍对蓬莱。扶摇不可极，白日为徘徊。见者皆动容，闻者自开怀。上有金与丝，音声何妙哉。自非同心友，焉知此曲佳。激响且勿奏，奏之使心哀。

拟门有万里客

门有万里客，至自海西头。语言无由通，相见各有忧。本图出肺腑，倾写不自由。执手告珍重，厚意如可酬。何时为佳期，良友共绸缪。

拟日出东南隅行

若木登天庭，辉光照城闉。丹楼居妙姬，揽袂骄四邻。金珠约皓腕，飘摇散芳尘。哀奏断人肠，激舞荡心神。怨妇坐西闺，流盼膺怒嗔。严光不可逼，谁能回厬辇。丰容夺朝霞，娇态欺丽春。冶游未足厌，妆服斗鲜新。亭亭眄汉皋，冉冉眷洛滨。叹息城南子，虚伫伤美人。

今从军行

昔苦戍远方，今乃卫家门。昔迫君臣分，今者父子恩。情义苟敦迫，宁以爵禄论。雠仇切肌肤，耻得性命存。存亡吾一身，劳苦安足云。报国非他人，壮哉今从军。

今别离

朝发夏口津，暮宿交河侧。问君何能然，离离有羽翼。轻风相与飞，欲食不遑息。晨兴展君书，知君昨夕至。君书不亲题，空中数行字。妾今书报君，逮暮达君地。风尘污征衣，恐君颜色改。何时一尺素，仿佛见丰采。君倘忆妾容，妾容镜中在。

今怨诗

澄澄勃兰地，馥馥淡巴菰。素幂下层楼，鲜脍行中厨。杂坐何叹息，所思北海隅。良人有书报，探险赴长途。裹粮无归期，行游复谁娱。

春花泫露条，鸣鸟厉霜翮。坐地暗流泪，峨髻惨无泽。决斗须臾期，君行意弥激。昔者赴国难，幸未罹锋镝。咄喑当何求，悲风起将夕。

弹丸如贯珠，匕首不盈握。闺中那得睹，念此撼心曲。寒鸡晓不号，耿耿窗已旭。未暇施罗裳，无心理膏沐。丈夫虽敢死，儿女伤局促。

西市哀①

昔有三良悲，今为六士哀。西风摇紫极，白日忽昏隤。匿者晦烟雾，奔者驱风雷。危机不可履，良友贻之灾。世道惜善类，文章悯高材。白璧碎为屑，芳兰烬为灰。当时志慷慨，行路心颜摧。

辽阳篇

乔柯鹊所争，丛皋雉所保。群鸟苟见陵，奋死斗以爪。岂不爱筋力，所惧丧其宝。谁能疆域中，他人肆征讨。西邻勿我责，东邻尔毋躁。中立尔友邦，用此交邻道。主退共为客，立言固云巧。坚冰夙所戒，履霜苦不早。入门无人门，岂曰堂室好。

丙午夏由日本还长沙入吴淞口作②

客心永归途，融风促征棹。中流倦遐瞩，故岸入幽眺。吴淞十里近，林烟展迎导。晴日晚更妍，波涛静嘘啸。移舵指西景，瞥焉

---

①此诗当作于1898年，为悼念谭嗣同等六君子。
②此诗当作于1906年。

得江照。飞楼在云雾，泛空吼悲窍。荡漾澄远碧，托心忘险躁。我怀纵归休，潜通犹永好。世声纳寤听，众籁生啼笑。遗情若旷澈，应物孰机妙。悠悠东海滨，天民有高操。

泛长江溯舟还长沙作[①]

游云尽西迈，孤鸟与俱飞。潇湘何远近，飘然今来归。回渚扬朝暾，素波明夕晖。夙游纷吾心，久涉事多违。幽兰徒尔馥，众卉相与肥。览世累欷歔，情恋谁能挥。积疴无由蠲，故旧弥依依。去住江湖间，汗涕常沾衣。楼船亦安步，何如守荆扉。忧来谢羁役，姑还吟采薇。

还家[②]

舟行翻车轮，道路安所难。诸弟就迎我，欢然觏河干。久病远游归，喜若战地还。家人更相庆，当饥遂忘餐。童稚频过呼，杂聒须臾间。仅尔三年别，离情良已殚。

杂诗

节候转朱明，百物颜色好。经时无几何，凉露凄野草。人生盛年时，蹙蹙谋温饱。倏忽寒暑徂，欢乐苦不早。宾朋半云谢，未化亦已老。自顾体质弱，形容向枯槁。将此胜气运，固知莫能保。如何持百年，修名庶为宝。

风雨送夕阳，暑居亦悠然。心目何所有，庭树鸟雀喧。客至视我笑，我亦无一言。美酒聊复倾，且醉各尽欢。明日不可知，何为论他年。

人言远游乐，我独坐一室。岂曰好尚殊，迫病不得出。端居亦多趣，何必轻离别。琴书在我前，足以送日月。况当结茅茨，甘与

---

①此诗当作于1906年。
②此诗当作于1906年。

缨组绝。荷锄耕园桑，吾谋谅非拙。当风摇春花，经霜缀秋实。安得同心人，相从醉蓬筚。

卜居青郊①

人事日相寻，一病转得脱。非以求自暇，聊用安吾拙。游云眷岩峦，飞鸟喜林樾。浮尘翳何深，顾盼满城阙。养生固有主，所贵心理悦。西栖情稍乖，南寻意已竭。清秋命山舆，少觉兹境别。郊原信遐旷，平野复幽澈。经过况通途，故人便车辙。于此憩吾踪，何求更殊绝。

柴桑抱羸疾，杖策归田园。得酒便取醉，赋诗常累篇。所居何必邃，境由情以偏。青郊异南村，素心难为言。野老日数辈，谈笑亦酣然。山翠虽不垂，清溪流屋前。橘林数亩秀，嘉树一庭妍。有时自种秫，岂曰非昔贤。

昔游篇酬润珊

昔我游帝京，高志蹙云汉。扶摇不得上，两戢秋鹏翰。怀蘅晦湘壖，搴离滞江岸。退无挈瓶智，进有投珠叹。寻山徐市艰，泛海张骞倦。珍药讵常睹，灵仙只虚诞。善病淹岁月，宴息明夷赞。归休散元发，蓬庐送昏旦。藏胸富川陆，卧游恣汗漫。何用取王侯，长歌白石烂。

二学园②

少长处城市，未暇理农桑。常笑田家拙，焉知岁功忙。远归就郊坰，稍事检秋粮。寒蔬既盈畦，熟稼时登场。穗菱虽未施，桔槔常得将。雨中爱新绿，风下来生香。时复一樽酒，持与野老尝。岂伊明劳酬，聊使吾意偿。躬耕自云乐，谁为尼父详。

---

①此诗当作于1907年。
②此诗当作于1890年左右。

村游

立冬涉初阳，雨尽时一晴。村外展幽访，招携出柴荆。草木黄以衰，萧萧寒风鸣。道旁坐田父，见我起相惊。谓言久卧病，胡今履霜行。笑语出村妪，入室倾醪醑。盘中拾瓜菽，错杂阶几盈。仲春始郊居，岁功遂已成。独处废交觐，淡漠酬余生。未识郊行乐，何由沐高情。自今得候问，良暇相逢迎。

贫妇行

十五为人妇，朝夕不得食。去年苦大水，居民半漂溺。随流泛蒸潇，托命蛟龟宅。遵陆喜城闉，谁复问乡域。荒园绝行踪，蓬茅足卧息。屡日艰一饱，转侧无人色。贤哉西家妪，薯浆惠余沥。病儿新出腹，空啼乳无液。裈短衣衫单，严冬朔风迫。母命不遑保，儿命安可测。人生一须臾，念此心凄恻。

樟木坝①

川原松风回，平田望弥迥。渔罾接疏塍，棋罫列方町。上随层岑高，下与河流永。灌溉当奚资，灵泽绵修境。长源自靡竭，浅注泻孤冷。凝凝上鱼沫，澹澹落鸥影。历碌草亭车，牛肩日中骋。滋养造化功，不汲道旁绠。澄泓自何时，良苗活千顷。无缘假蓄泄，旱暍殊不省。石桥平可渡，湖水送苍暝。惜无垂纶客，相将入双艇。

石亭寺②

古驿烟雾黄，村豕卧门限。素砾屋底垂，坏瓦檐下偃。台梁低可触，道土危不划。殿宇宿渍横，帐席流尘满。草刺著行衣，薪烟挂游眼。闻有修持士，梵静弥旦晚。农田苦灾虐，未可人力挽。报赛岂无由，将以息涝旱。从古设神道，物穷知所返。今世岂不然，毋因咎荒诞。西俗遍礼拜，荒野托群款。我来坐颓廊，问讯涕欲潸。

---

①长沙城东一地名，邻近青郊别墅，现仍沿用。
②邻近青郊别墅一古寺。

大地一微尘，视兹诸佛祖。

赠妹婿王实平

之子善遭谤，而我识其真。束发游里廛，耻与狷俗亲。宁持白璧操，岂厌环堵贫。从容就横舍，缨弁翘莘莘。十载久不第，含凄常苦辛。怀抱既礌砢，文章有湮沦。鳏鱼夜不瞑，鸾镜生秋尘。感此惨无欢，跌宕随车轮。未为公府吏，颇充诸侯宾。飞鸿一失势，江汉空垂纶。蹉跎返蓬庐，濯足湘水滨。青蝇易流点，兰艾岂为邻。坚白苟自贞，何惧伤缁磷。果然被恩私，袯濯一朝新。元公朝委裘，召求草莽臣。谁能贡明堂，使尔尺蠖伸。畜德以相勖，勉旃兹一身。愿守史鱼直，不违颜子仁。

上巳宴游作

层冈气澄鲜，雨霁片云碧。况兹祓禊辰，怡颜百昌息。幽兴眷朋旧，招寻展良觌。志意谢轩冕，文彩耀圭璧。清言理不问，妙赏情逾适。焄练纷中堂，罍醑凝素席。药秀含珠英，梅肥养玉液。淑景方在兹，骎骎日俄夕。同行素心侣，执袂引芳迹。遵路憩幽茨，欢言若畴昔。披胸一物我，得象忘喧寂。抚今信绸缪，览古弥昭晰。缅想永和年，毋为山川戚。

少日篇

少壮三春姿，皎皎若桃李。朱颜照白日，歌钟送清醴。娱乐及须臾，繁华会消弭。皓魄旋复亏，芳兰有时靡。以此感中情，览化测元理。光缺望复盈，叶瘁春还绮。时序方代迁，百物贞元起。吾生岂能外，恻恻意未已。贞疾恒不死，勿药益有喜。羲宣著明训，达者荼如荠。

志士行

含酸若旨蓄，履险如坦途。所志康世屯，岂爱轻贱躯。玉玦不示人，常恐嗤为愚。旦暮求其俦，行行步城隅。城隅复伊谁，大侠侯与朱。相思不得见，但见西飞乌。飞乌尔莫啼，欲语心踟蹰。

五月五日步廊下

至心自遐观,岂为物形迁。终岁病拘蹇,佳节景忽妍。柔条美且丰,野花繁以鲜。浮阶夏雨润,当窗晚晴暄。大气有回薄,生理与转旋。良襟得所欣,安在非坦然。偃卧或云劬,闲步且复便。大化相与适,外情何由牵。

王湘绮丈枉过山庄奉呈一首

弱冠伏乡井,读书慕先哲。游移成濩落,未接邹鲁席。夫子述圣业,微言动昭晰。风谊迈一世,谅哉周道直。岂不愿执鞭,菲垢有熏饰。忆自瞻拜初,降意承颜色。高曾夙有连,绸缪结亲戚。侍坐宾从列,谐语遗学殖。十载秣陵游,遭回事行役。书史杂尘垢,孤行弥恻恻。逆旅睹遐憩,旷荡心颜怿。大象一回旋,物理有宣塞。昔日园中花,今为道旁棘。芬芳委草莽,泥沙喻圭璧。贞常达本性,所以智不惑。贱子昧往训,居夷意自得。为文理未富,言利采山泽。常恐良簪脱,歧途误驱辟。六义正始音,先师示遗则①。铿锵既盈耳,清商缅畴昔。方今语侏离,王风久衰熄。不识黍离悲,安知兔爰戚。君子庶无闷,寤歌声转激。念兹风雨辰,嘐嘐讵孤默。春郊动远兴,浩荡来幽客。幸展平生心,余清宠萝薜。村萩下山醪,豪谈众宾寂。我闻中兴朝,奇谋赞军国。遨游谢珪组,慷慨书竹帛。又闻发图书,上追周孔迹。告成升泰山,文章肆余力。高致霄汉上,名理听所择。得师岂在远,即此胜篇籍。酒阑发长言,再拜陈胸臆。蒙庄养生旨,学道先自适。至人和天倪,服膺请无斁。

寄杨晳子都门

滞疾伏东野,频岁罕相亲。服食时自忘,独复怀故人。依依万里外,相从不淹旬。之子荷世望,才虑无俦伦。白日照四海,成功如有神。朱轮托啸傲,金门非隐沦。噫予空情恋,奋飞苦无因。愿得迎轻车,还饮湘水滨。

---

①此处原刻本自注:谓白香先生。

与汪颂年谭组安王莘田共饮萱圃

数岁斯堂别，良日复开樽。景物殊未改，耆贤今独存。同时二三辈，邈尔脱仪文。劝酬无俗颜，言论多旧闻。忘饱尽庶馐，豪纵各不群。澹荡过时雨，晻霭垂高云。园花写余缛，庭兰带初芬。即此至可乐，世事安足云。困骨时复苏，枯眼未觉昏。转恨日易倾，寻途还敝园。孤居信有适，欢遇良所欣。

赠别胡凡舟

柴桑善邻曲，有酒常赋诗。旦夕游从间，言笑订心知。况若平生契，推襟有前期。自我寄东郊，亲识多暌离。又无洽比欢，兴至笠屐随。幸得君来居，谓可淹岁时。天风腾高原，骏步良不羁。悠悠千里云，跬步起相思。寒丛澹余日，目送孤鸟驰。何言惜分飞，巢林失殊姿。行役岂不乐，留滞易生悲。

饮实业学校赠监督曹籽谷

光绪癸卯岁，余创议建实业学校，初就贡院为之，旋复再徙。未及一期，余婴疾去湘。逮今曹君构造宏善，效实渐章，属饮新堂，缅然有作。

山泽膏血输，道路筋脉属。二要苟不存，九域缘兹蹙。近者国权替，厚实委他族。有识推患端，所惧才不足。救之靡有他，兴言及教育。昔我觇国旋，谬论偶见录。权舆进髦士，纲举未及目。节听喜周垣，移讲安巷曲。不谓灾眚缠，此志伤局促。群贤沐同趣，惨淡事赓续。披采淹历今，往往见珠玉。曹侯真健者，担荷解拘束。辇币集名师，诛茅筑精屋。旧苗尽吐花，新筠已成竹。今日展佳燕，衔觞纵游瞩。良材周世用，岁月待乔木。肆意欣则同，敛怀歉所独。

咏史二首

张良奋一击，秦威为不扬。巍巍万乘主，几为椎所戕。匹夫信荏弱，抗袂陵虎狼。慷慨为国仇，身殁名不僵。意气重一世，生死安可量。鸿毛燎野火，片羽宁高翔。群貉共一丘，孤凤鸣朝阳。千载崝函间，凛凛有辉光。

荆轲愤秦久，岂为燕丹恩。踌躇决一念，冠缨回风云。危亡呼吸间，万一宁生存。深谋见信重，无假樊将军。舞阳亦不取，广殿空长裾。匕首不盈尺，隐若戈戟屯。秦皇果孤立，法令徒纷纷。蜂虿尚有毒，虎豹亦有群。螫噬不避人，岂知诸侯君。

和陶渊明霭霭堂前林长夏读书酬润珊

闲宇多嘉林，盛夏生秋阴。喧尘不足累，披豁见素襟。良友夙相从，旦夕和鸣琴。二纪情在昔，三载念自今。读书罕言疲，高意用相钦。达士有微托，命酒常独斟。诵言契其趣，未睹聊辨音。忘此溽暑候，畅然心盍簪。瞑对若有会，苍茫云壑深。

和陶渊明和泽周三春己酉立秋日作①

时序不可居，秋至励清节。浮云远莫翳，升高天宇澈。嘉穗半已登，农人转惶绝。幸得乘暄风，收获盈场列。幽居庶贞吉，命为渔樵杰。栖野忽三稔，抚时鲜良诀。木叶在庭户，因兹感岁月。

送三弟彝滇游②

子少好壮游，小别万里余。年长游愈远，飘摇天一隅。关河虽云阻，舟车不须臾。凡子纵心目，举俗胸所无。居人念谓苦，行子身忘劬。宁无去国思，浩荡心转娱。以此释我怀，未暇长欷歔。所贵壮志遂，何用守穷庐。昔者与子别，我病颜正癯。倏忽六七年，暂还一相呼。我或不子思，子常为我虞。呻吟身仅存，喜子貌加腴。谓得久相聚，忽尔复乖睽。我谋入城市，徘徊惮轻舆。子奋海峤游，趍若庭中趋。巧拙恒任天，贤智谁能逾。兰桡不可系，西风下重湖。离筵方在御，执手心踟蹰。送子不河梁，各保金玉躯。远道非昔异，离情岂今殊。愿子他日归，我病皆已除。起命五洲驾，汗漫与子俱。

---

① 此诗当作于 1909 年。
② 此诗当作于 1910 年。

渺渺云中雁，绵绵波间鱼。何以慰我心，十日一寄书。

己酉中秋周印昆饮宿山庄因送其吉林之行①

远别世所悲，君子各有怀。旧乡讵不美，地异兴亦佳。心目爱回荡，智识争魁恢。虽微里巷欢，宁无游从侪。奈何局故墟，且暮意为摧。常慕高飞翰，须臾游九垓。病翮苦莫奋，微志何时谐。今夕共明月，昔者天一涯。良宵多游氛，胸中无纤埃。会促别更长，感化中情乖。淹迟未可期，喟想谁与排。清醑庶不辞，素心千里偕。

印昆留湘遂罢辽游有赠②

高鸟不巢居，翩翩翔故林。故林多友声，怀此因沉吟。秋云忽回翼，戢响依陵岑。衡阳动朝日，万喙同好音。缭绕不能飞，安知酬凤心。良材贵得施，何论浮与沉。瞻望无远近，峥嵘天宇阴。矫志四海隘，岂伤时运侵。暂与开欢颜，且得证孤襟。遐约一朝践，虚惮离忧深。

杨华生自苏格兰赋诗见示因寄此篇③

游云憩层霄，悠悠西北驰。碧海照波光，挥霍生神奇。譬若鸥与鹏，变化靡可知。雄心在夙昔，远大宁失时。独立遗世人，旷荡因赋诗。清啸见心曲，情发文在兹。落寞向凡百，哀奏识者谁。与君托孤契，江山恨倭迟。答响岂滞远，抱独期不移。倘假黄鹄翼，更乐从风随。

新树行

舍旁有衰木，岁久蝼蚁侵。枝柯既萧散，斧斤时见寻。嘉荫心所求，移根北山岑。绿萝附新枝，青松失故林。念兹发深秀，庶几鸾鹤吟。托地非不高，孤清难为阴。回情颇自失，惓惓苍峦深。物

---

①此诗当作于1909年。是年，周大烈出任吉林自治区民政厅长。
②此诗当作于1909年。
③此诗当作于1909—1912年间，杨华生在英国留学。

理奋特立,胡不高丈寻。雨露会有时,在彼岁寒心。毋为衰木讥,干霄盼自今。

庚戌正月王湘绮丈洎曾重伯谭组安王莘田杨皙子周印昆留饮山庄即席赋诗①

嘉树生春阴,微风奏新淑。轩车一何美,翛然入空谷。清言各怀抱,得赏趣已足。令德谅无朋,来踪苦难续。彬彬纵谐饮,才贤有名族。追陪日以旧,微尚脱拘俗。举觞发遥情,愿言惠金玉。良聚岂在多,道贵善相勖。幽兰亦有丛,枝条眷深绿。

青郊小集辟园有诗奉酬一首②

王闿运

沉阴每连旬,尘中郁相向。不有郊外游,岂识天宇旷。近郭访幽人,招寻乐闲放。辛勤农圃学,傲兀羲皇上。平台引遥山,川原了无障。桑果足供给,稻粱得家酿。且取辛岁资,共作新春饷。应有隔云人,苍然平楚望。

答梁辟园③

曾广钧

琅琊郝曼容,汉阳赵元淑。俱怀遗世情,并有逃名谷。夫君神凤姿,天骜飞麟足。理窟日勃窣,诗恉月赓续。池馆青春交,群季缙云族。新醑促名彦,旧屐说殊俗。宜悬栎阳金,似抱荆山玉。和乐贵无缺,令德崇所勖。招隐余何言,从君桂华绿。

二月菊作花

二月菊作花,粲粲九秋色。节序宁当乖,物理固莫测。造化生物心,因时自通塞。蕴性终发舒,分至岂所择。去秋园菊病,当花

---

①此诗当作于1910年。
②此诗当作于1910年。
③此诗当作于1910年。

花未彻。藏根带余荄，土膏潜勿失。东风百物昌，兹卉蒙其泽。居然趣不变，耿介秉贞德。人生处一世，俯仰随语默。菀枯谁主之，任天理自得。

饮郭氏山庄①

名园贮幽清，游春得嘉会。主宾集裙屐，谐谈脱尘壒。况有上智人，悠悠群物外。情欣方赋诗，意惓自解带。鉴取松柏姿，澹尔苍容霭。危石履欲坠，虚堂寂无害。念彼华屋存，闲襟啸林籁。纵怀趣不孤，观物心转泰。

送杨晳子入都②

君子爱行役，岂必轻旧游。贤哉利涉心，欲止不得休。洪涛信难越，驾言将焉求。轻舠自兹迈，放棹遵中流。天际响征鸿，水中浴浮鸥。相离日千里，顾盼须臾留。坏云薄西岑，纵览心悠悠。卷舒各有适，怀抱何夷犹。飞昒迟送君，长风结绸缪。

落梅引

春至群花开，梅开春未知。春深梅老去，独与群花辞。莫怨梅花落，梅子枝头著。谢汝当春花，须臾少年乐。

庚戌三月五日长沙书事③

南村有古庙，呼啸人千百。非有摽窃谋，亦不弄戈戟。斗米八百钱，半饱不易得。不闻平籴令，邻粜无停息。忍饥求一逞，窃窃与官敌。积忿有由然，况谓夺民食。观察被鞭棰，守令遭呵斥。闭关断商旅，约结在一夕。曰左不得右，号令若霹雳。其徒多匠作，其事类豪客。伥引辄数辈，市民听驱策。吁嗟所天失，邂逅从兹役。官不我民活，使我忧阻饥。就死大官前，蜂蚁不可縻。抚军盛兵卫，

---

① 此诗当作于1910年4月6日。
② 此诗当作于1910年。
③ 此诗当作于1910年。

辕门肃旌旗。兵民各怒视，屹列如交绥。遽伐纛牙踣，威严徒尔为。抚军大愤恨，弹丸从指挥。暴徒未摧创，所毙皆氓蚩。金曰戕饥民，抚军心游移。吏士俱敛手，诫谕无一宜。无人敢谁何，溃坏焉可支。烈焰起堂皇，扑救亦不施。冠剑随煨烬，庭闼毁无遗。厉声索抚军，抚军去何之。恻恻提刑署，踽踽黄昏时。于时一城中，火起光四五。鸷哉景教徒，所在建堂宇。愚民目为祅，常欲付一炬。乘机复何待，处处赤熛举。讲肆聚烝髦，变夏彼所怒。龟荚得焚如，俄顷成焦土。船桥接巨缆，峨峨系湘渚。百物方充牣，千夫自邪许。爇以膏涂薪，郁攸莫能御。远人竞廛居，异物难悉数。苟与华风殊，碎之百钧杵。恣睢挥霍中，遑问意所主。百僚诣抚军，兀兀心内烦。荐绅谐抚军，但坐默无言。将校候抚军，进止俱不闻。我无抚民略，代我宜良藩。诚令民怒□，岂待朝命喧。横行掠近郊，法令荡无存。威灵自兹替，谤议徒纷纷。一朝耗千亿，冤苦更谁论。泉竭不自频，所惧涸其源。谁言朽索驭，可止六马犇。吁嗟牧民者，庶几忧元元。

赠药

神农去我久，本草宁亲尝。况今所服食，多非经所详。稍复辨甘咸，谁能别温凉。坚脆同一沸，铢黍徒尔量。十年申久要，形迹近相忘。辛苦无寸效，汩汩溷我肠。汉史主中医，不药乃其常。在易得有喜，但以勿药明。谢君且远去，当世多膏肓。

药答

似闻古神仙，安期赤松子。匪能长寿年，服食得不死。即今数千载，万病何可纪。苟以法治疗，靡不霍然起。譬如射不中，罪岂在弧矢。迩来西方人，且复倾药水。所采生物质，虽殊亦相似。功用谅不悬，奚独乖物理。君倘遇贤达，吾将俟诸此。

闻日韩合并作①

兔死狐不悲，唇亡齿已寒。狐衰徒能活，齿摇多见残。哀哉神

---

① 此诗及下一诗均当作于 1910 年。

州域，外侮日相干。与竞既无由，欲避良亦难。人皆斗利器，我独徒手观。岂无百爪牙，僵废殊不完。灭亡时警告，倾耳意亦安。谁云困兽惧，得免豺虎患。咄咄箕子封，永没东海澜。前车不可救，何人无戚颜。

吊朝鲜侠士安重根

荆卿报国仇，一死功无成。遥遥千载下，乃今得安生。名邦素礼让，百城不备兵。雌伏非一朝，震耳忘雷霆。岂知被摧撼，巢覆卵先倾。土宇已不属，君长犹虚名。转侧无生理，万众徒匍行。元勋代国柄，意向由纵横。死我实此獠，刀剑为不平。西风扑车轮，决眦流杀声。勿复侮亡国，烈士须臾情。

庚戌中秋平远楼看月①

清秋天宇高，今夕秋正中。气清无此比，圆月悬苍穹。月圆岁十二，恒恨光迷蒙。亭亭素秋节，矧非他夕同。斯楼四经秋，两与圆月逢。皎洁未若今，纤云敛以空。皓魄得殊耀，烂若新磨铜。固知非常景，露坐心目融。从兹豁氛翳，终晓澈西东。庶民有休征，阔哉思天功。

嘲盗

邦物寄所典，黠猾弄其扃。上盗窃神器，掩耳如盗铃。下亦盗财贿，为术已径庭。主人不憎盗，盗亦无所憎。谩藏自千载，讵曰干常刑。嗟尔盗无术，但盗罍与瓶。叨惠能几何，徒令隳冥冥。当时有大盗，盗我醉未醒。囊箧荡以尽，置去惟膻腥。闻盗所盗多，辇金无时停。夺还不可必，善攫攫亦听。凿空务在大，斗盗不以形。示尔盗以方，无为鬼眼荧。

周印昆饮别山庄

清霜沐湘皋，执手远行客。远行去何许，朔土关梁隔。昔者丛

---

① 此诗当作于1898年。

棘区，今作芳兰宅。旧壤得新畲，丰林起高翿。君奋宿游履，豪伟出胸膈。肆彼豺与鸮，稍复就安戢。平生饥溺心，舍此当奚适。兹行各惆怅，岂在悲离析。落落闾里欢，坠散深可惜。初条已不扬，众芳固云寂。轻去古所叹，况乃久行役。情深通江山，寱告庶永觌。在远分益亲，长风澹秋夕。

五橘堂①

微物感灵化，循性若可察。隐尔通人事，遂与常理别。前年园橘秀，五实秋盘列。附蒂无歧分，肌理自连结。数符同气人，感此情逾热。上堂奉巾杖，亲颜为嘉悦。乃今垂五橘，累贯贡芳烈。华鬓憩丹林，欣然手披撷。虽殊畴昔姿，妙相非徒设。达人契物真，持情庶不竭。征瑞非敢称，愿永斯堂揭。

九日楼望

阳极有回复，起元自贞下。重九数再终，更迭回元化。万象递相值，忽会羲和驾。久视情所恋，履运各忻咤。避灾岂诚言，良日此虚藉。肃肃秋气澄，登临偶优暇。游目无余欢，平畴得晚稼。丛菊花未黄，酒樽时亦罢。念昔重时节，欸焉伤代谢。放意一盘旋，霭霭天远大。

雨中获晚稻

嘉穗秋已登，南畴晚犹绿。往岁苦霖潦，低洼多不熟。畎浍今未盈，累累有新谷。霜天散寒雨，连朝断晴旭。粒实泛微白，缀亩泥漉漉。穮蓘强从事，稍取愿亦足。沾濡何足惜，犹胜委沟渎。田家实苦辛，一饱谋半菽。有苗方屡困，况望天雨粟。嗟尔域中人，炊馔坐华屋。

书怀

物态有胜负，强弱不并域。柔退无存理，威暴肆其力。先圣深

---

①此诗当作于1908年。

有忧，仁理相扶植。吁嗟设教心，阴阳互消息。弱者勿为肉，强者不得食。匪兹与弥缝，吞噬当何极。庸知真宰严，优劣终不敌。灵顽并驰骛，生灭听天择。万族何营役，但此争存剧。孰是甘沦殄，放任殊不恤。区区各有心，自奋复奥惑。谁谓公理然，显为强权迫。攻兼无可免，兹言岂他国。洙泗去人远，吾道存絜矩。不愿勿人施，强恕审所处。举世情一齐，大同即可语。自由有原理，微言接今古。纷纭群已间，权视界是主。分限自守之，侵妨断无取。社会赖维持，人道遂不苦。曰从猱狨来，演绎粲然著。人惟不见诈，我自不虞汝。孟公述法意，持此世有补。治平实人庶，王纲但宏举。鸟兽不吾同，非斯更谁与。群学见广狭，功竟各得所。

夜闻猿啼

我行不入峡，时疑清猿哀。客泪为之下，往复凄徘徊。昔岁赵使君，峡行郁孤怀。猿声殊不闻，亦无飞鸟回。寂寂轻滩桡，藐与巫云开。楚江忆高啸，怨屈情悠哉。空洲橘无芳，沉沦费吟才。胡为发深听，夜响寒幽醅。无端激慷慨，使我胸颜摧。万汇方进化，谁欤托元胎①；遐方有奇士，博言妙心裁②。静审得通趣，未厌鸣相催。荒山谢诸籁，傥有悲风来。

寒夜还山居作

五里识归路，宽然道途间。终岁不轻出，累月一往还。伏中既惮暑，腊至常苦寒。枯退处床室，更阻行步艰。偶为城中游，亲从陈午餐。欢若久契阔，妇稚惊相看。城人讶余至，争集暂得欢。所忧日晷移，蹙蹙不得安。谁言道里近，未若关山难。薄暮寒气严，霰过雪始漫。胡事谢羁束，违情转吁叹。入舆偃且瞑，形念委于闲。劳生岂吾志，奈迫忧患端。气候况相煎，安知膂力殚。独居信云乐，庶得长衰孱。寄言仆仆者，勿忽凋令颜。

---

① 此处原刻本自注：达尔文进化论言猿为人类之祖。
② 此处原刻本自注：闻德国有博言博士能解猿语。

追怀先师邓白香先生赠其孙良梅良杞兄弟

吾师矫俗姿，温厚沐诗教。高志彻三百，独领群言要。陈思蕴宏旨，栗里发情妙。遗篇虽不多，所吐怀中奥。平生精趣存，艰苦见歌啸。忆昔冶城游，昕夕侍言笑。论诗语繁复，有请靡不告。赋成时点窜，见辄被温貌。沾溉寖以滋，久乃与师肖。仰仗接于天，灵府悲孤造①。脱尔业无成，蹉跎尘鞅掉。湘山酌晚泉，锺阜怀夕照。白香在人间，瞻言有遐蹈。高门忽零替，信为哲人悼。诸孙睹来许，嶷然俱善少。基构倘再新，庶循积余报。流风百世下，绸缪托先导。为问怡园梅，今谁展幽眺。

赠张正旸登寿

柳下伤三黜，谅哉直不容。史鱼显节概，维直匪必穷。张子古直道，日与枉曲逢。情真见谓伪，事拙见谓工。谓工事多违，谓伪情罕通。黄农去人远，世乃无直躬。我与张子期，灵府来悲风。兰芳与艾别，鹊性喜鸠同。物虽适所化，妙于一指中。星气不可留，江海固有终。当花且与春，宁为桃李功。吁嗟告张子，尔师如游龙。

国政七首②

夷吾专齐君，数岁国大治。季孙柄鲁政，纲维多废弃。用戚不若疏，枚卜以功试。从来恃凭借，往往乖措置。覆悚良亦羞，投鼠谅有忌。自非屏翰资，岂称公辅器。君子贵不私，具瞻民所跂。

高志鲁两生，良谋汉三老。垂情当世事，慷慨各怀抱。苟能合群策，匡济功岂少。顾厨与俊及，标誉亦矫矫。徒以势孤弱，忠谠不自保。明廷集众思，风行德如草。纳牖岂无期，盍簪固有道。殊途睎同归，任重惧力小。发言咎谁执，宜哉听之藐。

---

①此处原刻本自注：癸巳岁，师还道山，当时余所为诗稿于旋湘途中失去，不复能省录。
②《青郊诗存》此诗原名《术论七首》。

多财善贾者，奇赢擅深计。虽曰逐锥刀，利市恒三倍。称贷岂足豪，妙有计然智。国苟战以商，贸迁复何异。持此猛鸷心，趋时以为事。璧在终自完，连城归赵使。得子必过母，不尔何所利。呫呫念姬妝，崇台起平地。

我闻青海西，大地皆黄金。又闻古朔方，多稼蕃树林。万里何辽廓，履綦无由寻。元象不秘惜，山川悲阻深。逝将策同轨，响然金玉音。广漠错交衢，电靡十驾骎。百产日以滋，因之弭戎心。厚地信可缩，驷铁徒秦吟。

人事营衣食，物力耗已竭。良无终日谋，颇觉生理绝。盈满信为灾，淘汰焉可说。生杀迭相乘，蕃滋兆殄灭。邻政务殖民，谋国固非劣。荒服饶上腴，讵与九州别。移我耕凿民，所事无巧拙。新畴各就治，何忧不宁活。

无数阿堵物，藏之泥土中。千岁不一视，长养滋无穷。弃货而怨贫，腾笑邻家翁。瓶罍既云耻，杼轴嗟已空。向无山泽利，安睹造化工。能者探取之，使我民力充。眄彼铁岭铁，愕此铜山铜。什五偿所求，傲然吹熏风。国君言有无，抗手诸侯雄。

举世慕强权，所争但一战。常贻樽俎羞，岂免兵戎见。带甲三十万，未足充组练。编氓余老弱，干城国中遍。驭以百夫良，各自留郡县。后备今颇精，团屯古称善。有事民尽兵，征伐得形便。无衣唱偕行，戈矛竞修缮。庶几兴王师，同仇清禹甸。猛虎常在山，销萌国威建。

娇女诗

我有两娇女，舍母傍我膝。聪令方九龄，宜安年六七。当食常不餐，所好弄纸笔。静躁各殊趣，调剂苦无术。苟愚亦任之，慧性乃若一。刚柔固天秉，奈何同腹出。尚哉教化功，矜言变气质。

井水吟为长沙师节妇彭氏作①
时辛亥三月墓在青郊别墅旁近里许

井水白丈寒，未若妾心冷。信得此时心，不将身入井。十七为人妇，良人灌田园。不怨操作苦，但知阿母贤。阿母重新妇，贫贱得如汝。足以相周旋，阿母常苦饥。时艰妇难为，去家为人佣。为佣复何辞，良人数日病，忽忽乃不起。妾今视阿母，不得相从死。奈何终为佣，所赖活阿母。妾有亲父兄，不复知我怀。谓当遣我嫁，日夜相煎摧。云有好家门，闻知遣媒来。三十始结发，胜汝初嫁时。他人信难求，适与汝命宜。汝身幸得托，谁复为汝疑。忧乐如循环，后日汝佳期。新妇闻此言，胸中大悲伤。兄言岂不然，鄙意非所量。既尔吉日近，今当过亲戚。薄暮无人行，一步一叹息。妾有青纱巾，缃缑四五尺。系颈前至胸，裹此道旁石。道旁何所有，井水深且寒。下从见良人，念母在后单。师彭走相问，两家俱言无。颇闻过亲戚，闻是过其姑。借问其姑家，新妇昨来否。姑言殊未来，或迷失道走。一时失此妇，彷徨去何之。谁知井水中，皎皎冰霜姿。葬之南塘隈，夜夜啼乌雌。

听友人读诗赠王佩初同年②

柴门隔尘嚣，长夏却宾从。服食稍优暇，孤琴时一弄。思与古人游，清昼眠无梦。念我同心友，书史迭相送。再拜谢书史，瞑坐不能诵。翁来读使听，一一新理洞。回风庭树声，应节时鸟哢。噫气岂在人，奏籁答骚颂。谁云耳为目，未得一官用。平生遇吾友，情至意弥重。浩荡接远悲，安知体所痛。神交善处寂，一往无俦众。逝将蹑前哲，心期百年共。静居自取适，嗟已傲群哄。矧兹求友篇，遥情邈然纵。

寄怀杨晳子都门

昨夜梦见君，颓然皓君首。讶言别未几，何忽遽老丑。天地正

---

①此诗当作于1911年3月。
②辟垣公与王佩初同为光绪癸巳恩科举人。

愁人，智者谋速朽。凡百意未遂，煎迫何可久。求仙本虚诞，谁与松乔偶。我言处一世，岂在贰夭寿。但乐毋自苦，于人复何负。纵浪须臾期，忧惧举无有。所以旷达人，放意倾杯酒。在川情一往，超然叹鲁叟。物论未能齐，太玄堪自守。知君夙慷慨，今倘如昨否。苦忆向来欢，白日照窗牖。

赵竺原督办广西铁路道出长沙见过山庄即送其还桂林

鹰隼奋搏逐，凡鸟皆噤声。如何下阊阖，飘然纵孤征。南疆据岩险，王道失荡平。强敌既窥窃，蟊贼复纵横。存亡旦暮间，局促功无成。向无交通谋，何由展经营。切切念桑梓，慷慨命此行。东郊风始和，夏至天微晴。治酒过山居，新知若平生。欢论及当世，去去就归程。先世共乡间，遥瞻寄深情。

岭竹

野步涉西园，苍然见修竹。春分始出地，夏至已过屋。发叶布枝条，眼底萧萧绿。樵柯不见采，当风戛寒玉。年年聚朋匹，离立满山麓。千户良可封，何似逍遥谷。庭前七日心，可作奇书读。当时乏良箭，皆已瞻淇澳。无为怨蓬蒿，与尔慰幽独。命酒酌其下，三叹吾意足。

旷想

茫茫洲上土，荡荡海中水。方圆在眼中，着我何处所。海中一掬水，洲上一抔土。生灭当何年，问之不能语。山亦有时烂，海亦有时翻。著我有何意，乌飞兔自奔。

答王佩初

良乐今无人，骥骨久摧创。历块欲过都，嚣然迷所向。长鸣一世间，笯足绊尘障。丈夫善屈伸，介者标殊尚。不与薄俗谐，忍为时人谤。顾余眷君子，高遐夙相望。苏门有答响，谁惜沦孤唱。比年膺疢疾，忽忽就凋丧。赋诗情稍洽，看剑神一王。德慧虽不存，念此聊自壮。

赠邓震生[①]

峨峨泰山云,岂不起肤寸。河流亦滔滔,岂无百里润。积力何必多,道在渐以进。苟非一篑亏,俄焉成九仞。大哉教育功,不倦孔有训。君子爱乡邑,行远始自近。任重各有能,成城众弥奋。邓生壮往者,达识惠不佞。愿为初蒙告,孤志人所信。黾勉在吾党,迈征自兹迅。

斋食

居疾有袯襫,非祭恒致斋。毋乃苟徇俗,乞灵非本怀。似闻养生言,常惧饮食乖。取精于动物,不若植物佳。黄冠一羽化,蜿蜒轻百骸。愚者谓得仙,疑与云气偕。所以屏肉食,宁直与俗谐。况兹溽暑节,约取无体灾。久持且勿药,欢妙如婴孩。藜羹何必恶,烹养非吾侪。

有会

我身无定形,与物相吞吐。物亦无定情,美恶由吾取。于物谁谓宾,于我孰为主。变化须臾间,渺不知其所。曰无良非有,浑然一相与。或言质不灭,物我同一宇。两无生灭时,何知彼与此。明明生死观,神通独灵府。明善复其初,乾坤得中处。

病中还县作

人生处百忧,矧兹众体病。旧患方未除,新苦忽以并。所遭太平世,坦然犹曰幸。既无颠沛情,起废心自庆。奈何否泰交,隐然履厄运。吠尨日相惊,怵若刀戟进。闵予孱怯躯,痛楚久未定。播荡岂得已,愿获心域净。匕鬯信无虞,未暇频诃问。摄治且有事,逸退得吾性。澹澹林鸟翔,漠漠渊鱼泳。吾生偶栖泊,敢与物情竞。瞑眩复瞑眩,含意委时命。

[①]《青郊诗存》收录此诗时题为《赠邓震生兼致研究教育同志诸君》。

辛亥十一月麻塘村店①

求乐先有忧,投寂仍得喧。驾言更东迈,雨霁风始暄。征途喜静壁,村店得幽樽。乡农话人事,难以世路论。相见若有素,琐琐无不言。未识雷雨变,焉知陵谷翻。寒日下平皋,飞鸟赴柴门。墟烟澹欲尽,行子怨以烦。乐土如可适,坦道志所存。

东鳌山

灵壑不偶世,依止恒多艰。孤避致幽躅,不尔长闭关。念昔遘贞元,贤哲隐兹山。自余乏栖蹈,往操不可攀。求志尝引退,结屋秋云端。未久复鸣驺,蓬蒿相与闲。居世遁所闷,谁欸甘岩峦。岂意地复旷,窈尔非人间。悠悠桑稼居,有众皆好颜。不知有汉魏,何论晋以还。俗情绝交通,宁得笑我顽。群鸟翩跹来,嘉树苍翠环。逝将褰衣入,径草未云删。何因接逶憩,濯足桃溪湾。

过宁乡蒋安阳侯故宅②

斯人无久存,修名得长在。栖托亦偶然,因之持千载。安阳古良才,闻风振凡猥。区区仰止情,不与河山改。至今瞻遗貌,磊落见丰采。泉汤流有声,湖霞落成彩。道旁故侯瓜,萧条不堪采。华屋屹相望,俄顷人俱殆。盛衰固有时,桑田忽沧海。不永甘棠爱,谁从敬无怠。零落无几何,既朽徒遗悔。一息保令名,抗心复何待。

罗村

云堕白日浮,下照松萝径。人家在林薄,姁语谷声应。山鸟时一鸣,悠然得深听。沉沉谢尘踪,孤樽亦清兴。村酒未为薄,挥洒衣带凝。感兹时序徂,稍觉心迹胜。我有故园梅,繁花正幽艳。展觌谅无因,遥清知尔称。离情独良友,近折延芳证。

---

①此诗当作于 1911 年。
②此诗与下一首均当作于 1911 年。

叹翁妪

道旁青青树，有屋翁妪居。翁妪苦力作，卒岁常有余。朽索贯青钱，置在床一隅。里中多健儿，早暮心觊觎。国法一朝弛，朋徒夜奔呼。长呼入翁门，翁言非某欤。挥肱击翁踣，妪起惊相扶。谓尔但索钱，且取罄我储。何为遽击翁，所得宁有殊。各各更击妪，两命悬须臾。昨夜掠西家，西家多衣襦。明当入大宅，尽攫金与珠。为问胡为然，困急无良图。嗟今生事艰，十室九不铺。奈何军府令，令言督军输。军输犹有辞，似闻劳追逋。翁妪不早计，徒自召暴徒。

罗春阁丈辟地种桑诗以美之[①]

忧患良百端，衣食最摩切。所以蜷庐翁，种桑不种秫。翁昔良有司，周知民所疾。地力事人生，往往收厚实。淮甸接江皋，耕桑茂柯质。归田展夙爱，劝稼勤日出。瘠壤利无余，春蚕及良月。柔条致嘉植，课效皆要术。辟土范兹乡，十亩互疏密。行当采盈筐，长丝动成匹。困蹙岂无因，本计嗟已失。翁意良未已，先民作无逸。千农相劳勉，小康庶可必。

游东鹜山和罗玉阶

松柏盘秋烟，岩香下幽绿。修磴拂虬萝，陂陀互深谷。中开万亩秀，历历数茅屋。橡栗行可拾，山菌采盈掬。倚杖多流泉，樵柯响黄竹。先民有遗构，憩兹谢尘俗。我来亦非偶，旷寄得遐瞩。把酒云石间，君歌慰幽独。大隐何处寻，斜日照林麓。

饮南华堂和李次樵迭游东鹜山

袅袅秋风清，娟娟桂华绿。乘兴访幽人，幸得愚公谷。良游相招寻，比邻出林屋。不约觌非偶，苍容笑可掬。门外垂野花，窗前立寒竹。挥觞各酣饮，座客无一俗。被发倘佯狂，村佣互惊瞩。周生豪俊侪，行行岂伤独。共昒云树高，倚醉东山麓。

[①] 此诗与下二首诗均当作于1911年至1912年3月间。

甲寅仲春和尹白鱼过青郊作①

郊原雨气平,历历见春动。寒风激林鸣,飞泉带沙涌。万物无定观,心神或摇竦。静者得自放,廓若岩峦巩。浮云压天低,层霾入楼重。清游岂云疲,饮杯劝深捧。见道何险巇,寄身乐问宄。芜径了不争,寻涂有来踵。悠然各同趣,晦昧庶无恐。

甲寅上巳禊集碧浪湖有作②

祓禊名斯亭,湘春古时节。今日非昔游,良辰岂云别。肭肭二耆德③,杂坐并才杰。上人托嘉招,斋盘馈芳洁。玉池久沉湮,夙心见前哲。寒暑三十移,山川且崩竭。盛衰固有时,歌啸意未歇。鸣鸠时一呼,黄柳未堪折。淑风展新霁,晴波泛游鳖。明湖不可睹,举酒劝侪列。临文发嗟叹,宁知后生劣。千秋仗文采,乃今缕中绝。縶谁蹑遐踪,怅望心如结。一苇新河流,鸥鹭与亲切。何如曲水心,胜景聊可悦。

归舟入洞庭作

郁郁旅江汉,世乱心不宁。局促所居楼,加复苦炎蒸。思欲避之去,无翼能飞腾。廓然天宇开,奋衣方强兴。悠悠命归舟,扶携仗亲朋。旷览云日美,岂曰病未能。洞庭波涛间,凭轩昔所称。前游既非一,远归良亦曾。未若今流涕,有怀皆冰兢。忧乐苟同域,贤智意自胜。真宰无变迁,何知谷为陵。

登庐山

元气自初古,兹山何窈冥。崄崿尽攒簇,峙障如列屏。繁会万象具,逼视无定形。真宰不秘惜,谁能测神灵。匡君托遐憩,继者窥玄扃。游踪富隽流,岩峦发幽青。乃今纵恢诡,海客精图经。迁

---

① 此诗当作于1914年春。
② 此诗当作于民国三年上巳(1914年三月初三日)。辟园公赴海印上人之招,修禊碧湖诗社,即送社长王闿运入都,公在诗社与众友唱和,即作此诗。
③ 此处原刻本自注:谓王湘绮丈及陈程初军门。

廛避炎燠，象纬森户庭。千级盘坚磴，徒御无俄停。我来正酷暑，寒籁生泠泠。俯览一气白，循途渺天庭。何必瞻华嵩，先衢高可升。

牯岭

云中结精舍，鸡犬从之仙。异哉西方人，选胜穷层巅。拔地四千尺，夐绝无人烟。辟为消夏居，去今二纪前。竭情致百物，琐屑充市廛。婴儿苦烦溽，获此蠲忧煎。盛暑生凉风，日午衣薄棉。联翩方俗殊，士女争流连。凿石通户牖，比屋苍岩边。长松盘古根，百道飞流泉。溪曲清可浴，危石坐亦便。道路平且广，不闻车马阗。山鸟多奇声，朋树交幽鲜。亭亭百合花，杂以金萱妍。群儿嬉碧湍，游女弄青莲。灵籁时间作，清音非管弦。游诣无俗欢，机智皆已捐。世事理若乱，充耳得超然。谁知五浊界，乃有清净禅。群盗如猬毛，独可高枕眠。巾车日有程，移晷人百钱。方寄入城书，山下书已旋。侵晓向江州，薄暮达晴川。伊古岩栖者，利钝悬霄渊。主客虽易位，苟安乐吾天。莲花亦有谷，竞美当何年。愿逢素心人，抗彼十八贤。桃源未足慕，逍遥庶终焉。

六月九日为茶陵李文正公生日同人集程子大十发庵展观余所藏公手书落齿诗卷云麓在望悠然有怀酒酣辄与子大及同人各赋一首

长夏久凉雨，村农起微叹。澹荡郊居人，累此胸不宽。良朋发清兴，尚友延古欢。奋衣入城闉，文酒纵盘桓。遐哉西涯翁，风雅郁大观。湖外几英哲，落落千载间。唐明号二李，抗驾宁非难。旷望及佳辰，尘心生夏寒。遗迹幸有存，把笔念衰颜。潜味托深契，芬芳信可餐。寱言或未亲，倦枕见衣冠。高斋一回首，流甘岂杯盘。

题叔父贞端公所藏先曾祖画册

英英独秀云，明德向所憩。肥遁独何心，观物发灵契。闲写造化姿，幽葩入清睇。当时畿辅间，簪裾怀令弟。情亲不相见，深醉辄流涕。挥洒箧中素，寄意若棠棣。未几龙蛇年，浮湘叹川逝。题书字久灭，人事各乖替。孙曾隔尘坱，忽忽迈一世。小子观国光，候诣有门第。叔父缱绻情,往昔见根柢。言归展罗幕,再拜睹遗制。片羽亦可珍,敢云家帚敝。奉达几席前,夙眷得依系。吁嗟急难心,于今不终离。叔父拔群贤,肝胆吾道卫。手泽慕训言,泪下沾衣袂。

辛酉春饮集青郊别墅雷筱秋廖瓠塘田凤丹傅君剑诸君皆有诗感赋奉酬①

宋陨月泉枯,明倾玉山圮②。青郊遘兵氛,幸存亦危矣。九载烽燧中,乖离宁得已。春游慕林垌,重来杂悲喜。韶光岂云殊,花鸟非昔比。湘绮惜无人③,遗音箧中纸。乾运不可常,泰交会有否?何期郁群彦,雷筱秋廖瓠塘竞前美,怀雄田千秋凤丹,振奇傅介子君剑。魁材更数辈,清裾罗继缅。

观诗得民风,辨声入商徵。游云翳晴暄,戛戛长飙起。嗟予构贞疾,流离成暮齿。世事屏勿闻,无目恨有耳。独奉大华严,一念脱生死。时与达士言,往复见名理。当轩馔伊蒲,攒眉谢刀匕。谁知弭乱心,乱象今靡止。良会兴未极,所愿获更始。招携共幽居,短褐牧村牸。

连理女贞篇

青郊别墅有连理女贞树,感培颖、王瑜④事因以起兴。

楼下女贞树,青青连理枝。神光非一朝,凌空发幽姿。颖生垂左髻,爱弄星火移。遘变离兹园,负书海国羁。独游事占毕,研精敢言疲。行役既已艰,更惜流光驰。旧族缔新姻,妙选靡不宜。迢遥数万里,形隔神宁离。瑜也有良母,珠玉纷葳蕤。温柔本诗教,动止娴礼仪。渴猊工篆势,兴至笔乃随。嘉言远相勖,闻者皆钦迟。尺素渐盈箧,尔雅衷所思。婉恋及华年,泮冰当有期。乡心渺何及,相望天汉垂。谁知陨霜霾,幽兰萎无时。海潮奋哀啸,冥漠安可知。

---

①此诗当作于1921年。
②此处原刻本自注:月泉吟社玉山草堂皆觞咏方酣,忽遭国变。
③此处原刻本自注:曩年春游,必有湘绮翁。
④培颖即公三弟长子,王瑜为杨庄女,二人订婚。因培颖不幸殁于美国,王瑜恸而自杀。

深闻□且泣，夜半群惊疑。激荡摧中肠，欲言当语谁。一恸遂以瞑，问至何崚嶬。桐枯半不生，感物古所悲。移缫不可理，灵气今何之。向闻奉净业，孑身宜等持。离苦得速化，倘生青莲池。共命有珍禽，凄绝良非痴。愿言留法音，毋为涕交颐。

题傅钝安西泠撰杖图

胜游信云乐，况与慈亲俱。亲年正周甲，远涉弥康娱。筮日发湘川，长夏晴云纾。言遵汉阳陆，访旧情不渝。琴台隐清籁，凉飔飘客裾。江楼起城闉，画角声呜呜。拨乱惜时杰，阅岁徒艰虞。黄鹤望中去，酾酒劳歔欷。石城古名都，垂杨夹练湖。北极下流昤，渔艇收菰蒲。莫愁莲叶青，照眼胜棋图。凄凉孝陵卫，委地松枝枯。今昔百龙斗，所嗟宁一区。兹游奉欢惬，意在山水腴。似闻西泠妙，俨与域内殊。兵争幸未扰，佛化良非诬。永明及云栖，慧日腾东隅。轻舟泛灵境，朗若探玄珠。遗阡礼先哲，贞碣感名姝。潭声远白波，塔影低绿芜。帘旌下修竹，楼观逼高梧。幽石文荇牵，危峦弱草铺。游鱼聚平沼，杂花飞空衢。

堤风乱榆柳，池雨香芙蕖。月出偶桥度，雾下时舆趋。钟磬答晚啸，蔬笋供行厨。名锦累百千，一一胸中储。文澜启缥缃，缅彼声教敷。何当托遐憩，心赏孤山孤。有子鹤在阴，令德胜林逋。养志夙所慕，贤者颜为愉。登降日至昃，却笻宜臂扶。移情不自觉，涉趣成轩渠。吾闻老莱衣，局促舞庭除。曷若汗漫游，佳丽心目舒。翔凤览德辉，九州不须臾。笑彼鸡窠翁，绕屋增踌躇。兹图述风迹，能赋斯大夫。高情自我达，承家扬令誉。仁智并所乐，愿保金玉躯。

甲子四月二十二日集碧湖诗社作①

名湖托遐憩，历劫情逾新。玉池去已远，湘绮今无人。寂寞胜游地，风雅随飙尘。兴复诚偶然，酾酒眷先民②。无何贞元会，烽火腾郊闉。兵戈既云扰，万事俱堙沦。阴霾累寒节，困郁无由伸。

---

①此诗当作于1924年。
②此处原刻本自注：海印和尚与程子大，谋复碧湖诗社。奎曾出所藏陈恪勤遗事双卷及李文正遗集，为两公作生日。

良俦喜新霁，初夏值佳辰。浩荡寻夙欢，出郭迷湘春。鸣鸠黄柳间，平田森绿菌。嘉会信非常，握手弥交亲。殿宇俄耸起，壮哉垂法轮①。孤雏幸有托，栖哺皆天真②。相对意不恶，凄心转含嚬。雪蕉亦遘乱。风迹犹比邻。遗构感在迩，幽契如通神③。雪山劝来哲，酬古托幽呻。

红叶与女培肃培怿同作

严霜山树间，枝条尽如摄。独此丹枫林，变态转意惬。倘有岁寒姿，松柏不改叶。如何苍翠颜，烂若春桃颊。宁知远峰黛，忽以胭脂贴。俨然列朝士，绯紫灿裙褶。回视旧时俦，枯黄岩下迭。惟有千丈霞，垂垂与之接。我经爱晚亭，所以勤登蹑。挥觞酬清景，翩翩下朱蝶。

孤游篇怀亡妻曾夫人作④

丁卯三月初，亡妻寿六十。香花颇设供，事事不堪忆。礼荐方告终，祸乱忽侵逼。耰锄起相忤，入室索我急。仓猝出避之，衣物检弗及。襆被泛小舟，孑身江上匿。所幸少牵累，失偶徒掩泣。平生影必双，此行始孤立。慰问无良俦，揽景郁胸臆。念昔略有需，随意必取给。冷暖由吾性，琐琐虑眠食。当时谓无关，事后知得力。虽有两娇女，转展在吾侧。未若闺中人，相依类羽翼。临分有遗言，令我脱羁絷。果然离俗缠，蹊径无一厌。飞鸿起孤游，罗网幸不入。始信天宇宽，逍遥弥自得。岂学村居翁，拥衿长恻恻。

丁卯六月偕陈伯严曾重伯饮上海武胜庙赠寺僧八指头陀法嗣传灯⑤

潜虬嘘瘴波，江湖乱靡届。繄谁测变化，然犀得神怪。病骨久

---

①此处原刻本自注：宝生法师新建两殿落成。
②此处原刻本自注：刘君国逸、郭君赤崖经理慈儿院在社侧。
③此处原刻本自注：前与十发翁寻雪蕉亭遗迹，当去诗社不远。
④此诗当作于1927年。
⑤此诗当作于1927年。

支离，坐起嗟已惫。摄衣投逼仄，虚与心转快。乘飙泛夏涨，空冥入灵界。访旧一二存，相见各长喟。别久情弥亲，踌躇若针芥。骄阳汗流溢，郁郁天宇隘。言寻古兰若，历劫金碧坏。危幢拂清凉，殿语炎威杀。瀹荈荡尘氛，更忘烈日晒。高僧有龙象，丈室方礼拜。八指皆故人，影堂疑謦欬。定境苟相接，精严一梵呗。天童转法宝，怜我肉眼瞆。① 入世旅都域，禅观老勿懈。五浊变益纷，长揖忽西迈。自惭文字障，过从参点画。暮齿奉觉王，始识沩山派。② 契阔二十年，传衣通沆瀣。淹留意良厚，盘飧依净戒。伊蒲果胜妙，十日香不败。至味出自然，市馔徒狡狯。钵饭叹稀有，况与维摩话。幽栖腥膻场，离染见耿介。缁素互旁薄，挥麈杂谐稗。俄闻钟磬声，残霞黯然挂。移座向疏林，晚风发哀噫。

将入庐山留别沪上朋旧③

孤征追夙欢，良会偿久别。遭时受局促，感物抱凄绝。颇伤世路穷，更苦生事拙。忆昨初来游，酣惬情可说。酬对多知旧，觞咏盛俦列。一向安乖违，忽尔争要结。索居意已疲，偶聚颜愈悦。徒谓遭迟暮，庸许淹时节。伐石有精构，旋车无停辙。投老约枯禅，归隐谢时杰。深知膂力殚，遑言肝胆热。持此岁寒心，往看庐山雪。

---

①此处原刻本自注：八指在天童寺闻予病目，为设坛诵金光明经。
②此处原刻本自注：传灯为八指头陀沩仰宗弟子。
③此诗当作于1929年。

稿二　五言下

上庄拜永安君墓①

已与三山别，重寻独秀峰。② 百年劳转徙，累世缺过从。偶放湖波棹，来瞻墓道松。断碑何处是，村牧语从容。

双阡依落照，下马拜须臾。酹酒沾襦冷，题官刻画初。功名留岭峤，子姓散江湖。展谒何年再，羁游讶里闾。

题先叔祖永宁君澹集斋遗诗君讳承光，
道光己酉举人内阁中书卒官山西永宁州知州

玉敦追趋日，金华侍从臣。陁危封事切，忠信远人亲。投暇堪援笔，承家只负薪③。秋荼心自苦，总发已缁尘。

莽荡太行山，翱翔入故关。使君腾远略，游子激悲颜。寇却弦歌地，身摧戎马间。壮心徒委弃，生事亦屯艰。

鸾掖优才思，文章万口传。至今山右集，如睹白云篇。但恨民无禄，难教天假年。凄凉念家国，惟有涕潸然。

吾叔亢宗子，平生墨者流。为文述先德，与世累穷愁。惨淡椠书在，蹉跎吏隐谋。沧桑无限意，素雪欲盈头。

---

①此处原刻本自注：太高祖讳兆鹏知广东永安县最久葬江宁湖墅村。
②此处原刻本自注：高祖以下迁居桂林。
③此处原刻本自注：先叔曾祖讳宝书道光庚子进士，卒官遵化直隶州遂留都门。

丙午留日本学生以公愤相约罢课归国诗以止之[①]

来游宁不乐,归去独何心。市虎旋相告,林鸮自有音。无由竟驱促,莫复敢沉吟。一往江河下,谁怜岁月侵。

直欲参忠告,容堪万窍豗。前途片言决,中道寸心哀。怒触牛能止,狂驰骥可回。恐伤回惑意,相语且徘徊。

题癸卯上野公园饯别图[②]

不忍池边树,婆娑上野青。酒樽犹昨日,旧梦落孤亭。栏槛通幽翠,衣衫照窈冥。夙心与今古,莫忘眼清醒。

胜游良不易,高会况仙都。感与来时切,情宁别后殊。盏寒牛湩白,花散马蹄孤。志事飘零甚,闲俜过一呼。

喜吴雁舟见过

憔悴黔南吏,驰驱鬓有霜。谈诗浑已老,学佛欲俱忘。去去求三岛,依依入大荒。还知远来意,却看海头桑。

卧病久沉塞,喜君能见过。不谈家国事,须是说维摩。得趣杯中物,无情海上波。自怜消瘦极,尔后欲如何。

风琴

不为枯桐惜,无弦得此琴。泠泠送虚籁,夜夜侣孤吟。似假风霆力,终成鸾鹤音。锺期倘今日,应讶伯牙心。

[①]此诗当作于1906年。《青郊诗存》内此诗题目为:二首,留学生以公愤相约罢课归国,同志维持稍定则赋。
[②]此诗当作于1903年。

长沙马王堆

湖外偏安地，从来一马王。上流终割据，坏土听兴亡。柱遣风云老，园随草木荒。犹疑墓门棘，萧瑟送斜阳。

郊原寻古碣，村老有遗闻。土涩侵幽藓，涡深点暮云。飞鸢频跕水，孤雁乍离群。秋草年年没，空思七二坟。

大桥谒包孝肃祠

人事转茫昧，神祠祀有功。遗灵犹白日，荒野见清风。美谥门题蚀，残香殿幄通。大桥霜霰里，扶病走村翁。

夜出城诵古诗感作

夷跖同青史，彭殇共北邙。未堪随造化，何用苦神伤。露下三更白，云横万里苍。乾坤久寥沉，挥涕向何方。

廖笏堂吴子昂陈子美黄宇澄招饮荫园为癸卯同舟会并饯杨华生李倜君欧洲之行予以病不克往赋诗见意①

忆昔泛沧海，春流一碧铺。开航争晓色，骋步向高衢。各有鲲鹏志，聊为雁鹜趋。从知旅行乐，真与俗中殊。

艰苦谁相念，忧劳只自精。六年才一瞬，万里此孤行。浩荡随风雨，浮沉共友生。诗书仍座上，吾道亦纵横。

短鬓惭衰退，青云羡远游。独居长采药，东望日登楼。未暇牛山戚，宁同漆室忧。殊年较肥瘠，姿趣一悠悠。

上野频携手，长沙更举觞。飞腾看展翮，欢笑各回肠。乍会还相别，分携敢便忘。风飙仵星汉，岂为惜河梁。

---

①此诗当作于1908年。

春夜

沉沉春院中，深望隔篱空。雨过难为雾，云来若有风。谁将杜鹃血，化作海棠红。见说春宵贵，闲愁尔许同。

答廖笏堂

十年书剑客，示我有新诗。讲学文中子，谈兵杜牧之。不期收美誉，已是负清时。骥足谁能绊，春郊试一驰。

酬易晦腴

与子时相别，清癯不似前。平生好奇服，青眼接时贤。太息凌云翼，沉吟求友篇。犹闻起中夜，不愧着先鞭。

郊居杂诗二十首

小筑依林莽，闲居野趣多。飞蓬息衢路，丛桂长山阿。忍受樵夫笑，宁忘孺子歌。荆扉如可闭，不遣玉骢过。

人事劳干谒，生涯谢耦耕。入门松菊晚，凭水芰荷清。惨淡输朋好，艰危仗老成。本无泉石意，聊浪托吾生。

倚醉立荆扉，天青看鸟飞。村童行遬遬，邻老话依依。池浅水逾定，尘多草不肥。买山山未得，移柳白门归。

马王坟下路，十里藓苔青。苑囿春欢尽，沧桑旧梦醒。幽砖怜霸主，哀笛寤山灵。空阔无今昔，孤怀结草亭。

石亭留古寺，驿路近莎湖。幽壁画蝌蚪，荒台响鹧鸪。钟声当磬后，灯火出凫隅。归去商歌缓，山翁肯见扶。

日暮雨萧萧，人家半寂寥。丰碑临古道，野草没山桥。枥马心犹壮，池鹅意自骄。入春多病后，倦矣独行谣。

溪流清绝地，手种几垂杨。跌荡才无敌，缠绵意与长。金鞍游侠窟，白袷少年场。幸无攀折苦，经秋未自伤。

平畴三万顷，绕屋种桑麻。河近长堤曲，坡连远树斜。买春添白酒，款竹入西家。阳令苏元气，青霄望眼赊。

平楚风常峭，柴门日易西。牛蹄翻旧潦，鸡距拨新泥。涩瓮凌霜重，寒春向晚低。惊沙飞不定，吾意正凄迷。

曲径疏篱亚，空堂罗幔新。禽惊堕危叶，虫困裹游尘。扫地供园客，浇花待好春。两奁棋子静，帘卷欲无人。

竹石如良友，溪风揖我前。卧游登画卷，坐啸入琴弦。社雨留人惯，山舆送客便。秋心悦文簟，更约晚凉天。

独坐空非想，清时省百忧。故交青雀舫，往事黑貂裘。借网贪湖望，携筐好岭游。常看乞米帖，稍复为人谋。

旧业果何托，孤心弥自存。陈王多暇日，陶令有田园。苦茗香沉碗，寒齑脆压盆。偏宜种瓜蔓，除是学青门。

碧树轩窗丽，新丛只旧栽。课儿看索纸，饮客爱停杯。小鸟触明镜，旋花上瓦台。僮奴解人意，饭罢尚频来。

芳阴人不省，院宇倦东风。蝉老仙心在，蜗旋篆势工。海棠低养日，木笔翠摇空。药鼎茶铛定，枯禅忆远公。

制畚无余事，锄泥补药栏。城书迟作答，灶芋晚供餐。狎犬吠声少，饥鸦归影寒。谁能杂童稚，细草坐盘桓。

举眼绿将坠，开颜风一披。苔阶凭石峭，萝磴倚山欹。橘叶凄凄替，梅花故故垂。神皋有丰泽，秋实俟良时。

春流何澹荡，岸草共霏微。石净泉如镜，垣低树作帏。似宜安钓艇，曾与制荷衣。未待芙蕖发，清光已觉稀。

高阁久不上，平台先自闲。云回碧落外，峰入翠微间。春亩泥翻覆，田歌笠往还。躬耕属吾道，未暇访名山。

冉冉步回廊，尘心澹已忘，支离初服在，卓荦鬓毛苍。入市嘲山屐，投篇误药囊，明夷方向晦，莫复计行藏。

和赵芷荪峡行见怀二首[①]

谁知负疴者，寂寞弄秋阴。岩树栖迟惯，川云怅望深。早秋衡雁过，千里峡猿吟。甚忆扁舟苦，翻劳寄客心。

使君多病日，不废赋新诗。想见停书札，还能命酒卮。文章杜陵宅，名业武乡祠。便尔西风起，宁为故国思。

题齐伯常丈家庆图

大贤不世出，令德有传人。美锦声华旧，良弓器业新。松筠留节操，堂构见经纶。正内昔为政，承家美择邻。门庭瑞天鹿，道路颂麒麟。窈窕方流荇，祁僮更采苹。自宜孙蛰蛰，知是族振振。馨洁欢无间，威慈誉有伦。星云照颜色，壶峤写精神。粲粲鸰鸿偶，优优鸾鹤亲。纵心无太古，得气有长春。已信富为福，从来寿者仁。殷勤洛阳孔，倜傥太丘陈。唐苑标新笋，燕山拥大椿。披图通物色，学道契天真。簪绂英飙接，丹青妙笔皴。情非课绩夜，功在授经辰。棠憩过畿甸，葭依愧琐姻。频年怀鲍妹，向日羡陶宾。持此矜邦国，黄农未足淳。

[①] 此诗当作于1910年。

戏题六首与明皆同作

不见飞行处，悠悠一语通。有芒星转彗，如缕雨离虹。岂借缠绵意，频来缥缈中。苍穹宜可问，天听亦云聪。①

近天才尺五，足下白云生。蓦起圆光迥，飘摇素体轻。更谁乘雾去，终是御风行。莫讶飞鸢事，腾空技已精。②

耻破人间浪，冥然万里行。龙游潜以伏，犀照晦而明。川后如相识，波臣傥不惊。浮沉无定所，渊默听纵横。③

照眼光无定，玻璃一桁深。风摇留旆色，波荡失潮音。奇趣真如睹，遐踪若可寻，何当征故事，罗幔影沉沉。④

闻道钧天奏，神鸾入听初。声情千里外，歌笑百年余。漫抚唐宫笛，难收鲁殿书。东山无那好，丝竹更谁如。⑤

貌得湖山趣，应怜老画师。垂头云冉冉，瞥眼日迟迟。片影凭沾溉，轻装信取携。旧游如昨日，远道向谁遗。⑥。

皓月四首山庄秋夜作

皓月满长廊，清于九月霜。不缘啼雁过，何事断人肠。信步光无碍，沉吟天欲凉。薜萝交荇藻，秀色四苍茫。

皓月上平台，浮空去却回。荡妇谁家笛，仙郎何处杯。暝烟栖树杪，竹露堕墙隈。相叹还相忆，余情玉漏催。

---

①此处原刻本自注：无线电。
②此处原刻本自注：轻气球。
③此处原刻本自注：潜行艇。
④此处原刻本自注：活动幻灯。
⑤此处原刻本自注：留声机器。
⑥此处原刻本自注：摄影器。

皓月照清池，婵娟信可疑。浪空无潋滟，云至若涟漪。宿鸟在深树，流萤过一枝。芰荷谁汝伴，低望正离披。

皓月入高楼，窗棂缥缈秋。徘徊终是恨，怅望转成愁。逸想失千载，孤襟共九州。流辉如可掇，竟夜此悠悠。

秋怀四首　有序

负疴屡年，绝意时事。向见招接，非敢漠然。四方节闻，倏忽非旧。因秋赋怀，曩今同候。以知未忘尘想也。

商飙下梧叶，绵水有鱼鳞。阁道愁羁旅，山阿忆隐沦。清霜高馆梦，双燕锁窗尘。宋玉悲何许，沉吟楚泽人。①

何处无衰草，江南一曲哀。迟回邀笛步，零乱读书台。柳岸黄骢去，芦滩孤雁来。樽前问丛菊，官阁为谁开。②

寂寞金台下，燕昭事已非。不知秋草萎，时有碧云飞。捣练情空寄，浮槎客未归。游鸿苦相念，凉露欲沾衣。③

塞上胡笳动，荒城飒飒孤。辽阳传片语，沧海问残躯。洗马风霜净，摩雕草木枯。鬓丝凋幕府，西望有啼乌。④

八指头陀寄示近诗戏效其体赠之⑤

昔日莲峰主，今为海上僧。遥怜万山里，踯躅一枯藤。呼虎行为伴，招磷夜作灯。谁言修苦行，只是百无能。

清绝天童寺，飘然住远公。听经残石瘦，补衲冷云空。健饭定

---

① 此处原刻本自注：川督锡清弼。
② 此处原刻本自注：江督端午桥。
③ 此处原刻本自注：直督袁慰廷。
④ 此处原刻本自注：东督赵次山。
⑤ 此诗当作于1902年后。

如昨，孤吟无与同。禅心野亭上，雾点一归鸿。

秋坐客至有感

山气逼秋上，溪声送客来。苍茫如有意，忧患苦相催。半世朋交尽，孤儿日夜哀。无为恨家国，只是惜人才。

送唐明皆还山

迂啸久无和，沉吟今有人。与君同感激，相将怀隐沦。归去子孙好，重来岁月新。更寻庚戌集，长踏青郊尘。

平生岁寒意，与物总能春。一室果何似，悠然形影神。得句还相笑，听诗只自亲。孤居抱吟卷，思与子为邻。

寿朱雨田阁学丈九十①

人瑞坊初筑，青城山可登。期颐方度越，志气有灵承。要道八公授，元精五老应。自今瞻泰斗，从古颂冈陵。岂恃长生诀，能教三寿朋。乡间同福荫，家国此休征。不老餐芳菊，常春杖古藤。玺书看婉娈，纶阁羡飞腾。天地奇材构，山川间气蒸。大贤惟克念，令德若无称。儒术知何补，文章敢自矜。赐官高李冶，有子迈王宏。忆昔风云会，同侪项背升。招邀劳燕雁，变化委鲲鹏。念乱将投笔，忘机欲避矰。弦高竞勋伐，猗顿较才能。比屋封伊始，连城价屡增。茶经分陇块，盐论合淮秤。萱圃芝衔瓦，棠坡绣列塍。痌瘝心所切，疮痏国方惩。赈每开仓廪，施宁论斗升。孤鳌烦爱护，黠猾戒侵凌。共信积能散，谁讥负且乘。瞻依如父母，福惠及孙曾。自是才无敌，犹言德勿胜。末流嗟累卵，时局凛坚冰。巨细由操纵，昕宵有战兢。一斑窥隐豹，污点绝飞蝇。治理通烹割，人伦泯爱憎。业成金作砺，教始木从绳。子弟群英聚，家庭百宝兴。峥嵘通德里，缱绻读书灯。绣服腾貂珥，华旌矫凤绫。郎中兄内史，庶子友家丞。为政专隆孝，承家见享烝。宗风无与比，世变日相仍。舟楫谁堪作，河流庶可冯。

---

①此诗当作于1911年，因朱雨田生于1822年。

万夫青笠起，千顷碧波澄。高浪回三级，崇台抗九层。群流归海渎，一派别淄渑。小子交元季，情亲托股肱。登堂聆月旦，含笑敛霜棱。引手商山皓，扶肩太白僧。后凋寒古柏，卓立健秋鹰。邈尔游鹖运，悠然熏麝凝。洞庭春勃郁，衡岳势崚嶒。恩数今尤异，祥符信有凭。双星齐角亢，两极接咸恒。旧德频回首，仁声久服膺。献诗陪耄耋，第颂法云礽。

春闺怨

春月冷于秋，此情自今古。照尽千载心，不照妾心苦。①
枕丝勿双蕲，双蕲便双愁。三春海棠恨，夜夜在床头。
弦急那可紧，紧弦弦欲断。弄我别离音，弦弦为君缓。②
三更至五更，寻君梦何处。月落禽有声，所悲天欲曙。
轧轧夜有声，丝多不成匹。劳此心上机，徒思复何益。
流莺惊我朝，飞鸠噪我夕。不敢向人啼，岂料襟袖湿。
别君花满床，思君花满树。花影落衣边，欲掷不得去。
倾酒不独酌，把镜不独看。酒尽恐泪满，镜圆伤影单。

答盛润珊登楼感赋即以志别

与子兹楼别，春光去且还。远离残病里，愁对雨中山。浩荡云情活，缠绵柳意弯。扁舟如可系，衣袂不堪攀。

和明皆次韵酬润珊

二月郊扉寂，莺啼燕未还。出门愁送客，劝酒为看山。心定春能破，腰强老不弯。碧桃花自发，除汝更谁攀。

叠前韵再和明皆

病骨凭谁换，从容丹九还。春来无俗客，楼上有青山。新燕窥帘怯，明蟾照水弯。一湖垂柳尽，恐为离人攀。

---

①《青郊诗存》中，此处有：弄竹行下阶，流泪莫堕地。今年不茁笋，上有别时泪。
②《青郊诗存》中，此处有：海水万里外，照海入心曲。窗前杨柳青，看似海头绿。

答曹毅亭见寄

之子湛冥日，谁欤识俊人。笑啼随大块，身世一微尘。俗累催头白，天谗与命亲。骞腾终汝分，荡取眼前春。

答曹籽谷春寒见寄

老趣留湘绮，诗豪醉座添。① 浮云生石罅，凉雨落城尖。未忍青春负，聊为竟日淹。

楼台看变化，金石见精严。② 世事忧心捣，闲情秀句拈。对君能咋舌，怜我独掀髯。健鹄九霄奋，寒虬一壑潜。中边闻佛说，如蜜只教甜。

答彭子敏见赠

一往林峦趣，相将鸾鹤群。孤怀谁剩我，诗思独宜君。岁月频相谢，风雷镇有闻。③ 何凭遣愁对，日诵五千文。

三弟再游地球归应李仲仙之约经画滇矿赠以此诗兼怀滇中诸君④

神州何局促，浩荡极幽遐。予季行无已，吾生知有涯。汉廷闻凿空，海客见乘槎。瞻望劳今日，车书正一家。

传闻九州外，富媪出神奇。取则柯谁执，成功篑莫亏。岂缘贪郭穴，终恐误杨歧。欲铸枭蹄者，山灵讵我欺。

在昔开南诏，精金四远闻。补牢今怅望，束湿日纠纷。⑤ 地逼交邻国，心忧揖盗群。峥嵘回昒处，山泽有余云。

万里滇池古，朋簪集胜流。⑥ 风飙余意远，怜汝乐孤游。剑且

---

① 此处原刻本自注：前日饮集山庄，湘绮翁在座，君最后至。
② 此处原刻本自注：时学校议以铜元旧厂为化炼实习工场，与藩司方有争论。
③ 此处原刻本自注：时边事多警。
④ 此诗当作于1911年。
⑤ 此处原刻本自注：滇中奏弛铜禁。
⑥ 此处原刻本自注：谓秦宥横、魏梅村两同年及熊铁严、戴洵村若诸君。

延津合，珠宁暗室投。负书违始愿，吾道幸相谋。

回廊晚坐

客去柴门晚，廊空树影斜。风烟催宿鸟，衣袂落庭花。俗远多为兴，时艰漫自嗟。含情对朋旧，随意问桑麻。

边事

羽书飞漠北，烽火照滇南。未解西来意，空为纸上谈。筹边谁幕府，杀敌有丁男。世外无消息，寒鸦去两三。

天骄复何忌，所惧有侵陵。伐国仁谁信，流言智自矜。宁闻汉帜拔，犹虑杞天崩。倘为嗟离析，无因问废兴。

夜闻子规

恻恻子规夜，区区蜀帝心。千龄犹旧恨，十里有哀音。响替风能断，魂摇月不阴。如何闺里梦，闻此更无寻。

送曹毅亭桂林之行

物色在何许，桂林天下奇。江山易为客，雁鹜起相思。慷慨无前哲，忧危更此时。谁能道大适，姑与俗委蛇。

已隔何云别，言分未忍乖。相望日千里，只是触予怀。巍庾山形险，漓潇川气佳。羁游犹可乐，恨不与君偕。

新婚词赠张瑞吾　有序

夫摽梅知其迨吉，夭桃喜其宜家，旭日为泮冰之期，三星有束楚之咏。从来诗教，每赋新婚，况工诗善画有新妇若仁和沈女士者乎？吾友张君瑞，吾求贤得贤，两美既合，爰歌六章，以附国风。昔者画著金石，出房璘之家。隶写文章，传封绚之体。非由一手，已足千秋。况总诸家之长，更申偕老之愿，方其成礼之夕，必有定情之篇。属在宾筵，宜登里奏。情非徐淑素琴，理其芳心，韵答繁钦，香囊标其丽句，庶几笙磬同音，瑶琚并报，亦兰怫之胜趣，艺苑之华谈也。

不见章台下，杨柳碧丝丝。含烟照春镜，何似画眉时。鸳鸯立芳渚，翡翠鸣清池。绸缪君子意，窈窕佳人期。良辰及婉娈，欢娱方在兹。

有桐必有凤，为带复为钩。盛年礼自饰，良匹意何求。明星有会合，微波通蹇修。玉台衔宝镜，金屋映朱楼。归妻日始旦，鸣雁在湘洲。

洞房兰麝熏，绣被合欢纹。管弦开晓日，冠盖接浮云。弄玉逢箫史，东方倚细君。同心百子结，留仙九华裙。含颦双却扇，低咏不相闻。

鸭垆常作字，鸾几欲无尘。月圆高阁夜，花发锦屏春。投篇谢道韫，援笔卫夫人。善画兼三绝，倾城在一身。闺房睹黄绢，床下拜逡巡。

衣上金泥带，缠绵无别离。青鸟双飞翼，珊瑚连理枝。惟裁机上锦，不作盘中诗。缥囊开委宛，琅管度参差。鸣鸡莫相报，玉色日迟迟。

言情情靡极，云乐乐未央。洛浦怜曹植，巫台笑楚襄。飞燕依依紫，幽兰细细香。二妙倾松醑，双清展蕙纕。珠胎容易长，从教夜有光。

挽黄泽生四首①

一死名何属，平生意可哀。犹能别兰艾，终不委蒿莱。仓卒悲吾友，艰危惜此才。知君临难日，甲马为谁来。

当时忧愤切，觊国有轺轮。羊祜犹儒服，陈蕃亦党人。金戈属时会，玉玦隐风尘。蹈海甘长往，翻疑客帝秦。

不凭新号令，惟有旧威仪。上将登坛日，诸军拔帜时。虎符方急足，马革已男儿。志气无前者，安危敢自知。

深心入吾道，相与更谈兵。抗迹无今古，论交若弟兄。恢恢谁汝匹，恻恻不胜情。徒夺长城去，中原有杀声。

---

①此诗当作于1911年。

杨晳子四十生日奉怀诗一百韵①

志气无前哲，文章孰汝贤。迟回忧大道，惨淡虑几先。爱国中原古，哀时大难连。顾瞻新日月，披拂旧山川。峻阪驱频折，危岩履更悬。不期成坦荡，只是历迍邅。未死宁非幸，多才亦可怜。风云今往矣，涕泪各潜然。一别四千里，相知二十年。遂逢强仕日，因寄昔游篇。② 往事难回首，平生略比肩。声华输婉娈，心迹与缠绵。乍击刘琨剑，争看祖逖鞭。书帷方浑厉，云路已翩翾。再对承明策，虚成陆地仙。③ 过秦追贾谊，浮海匹张骞。富士饥餐雪，箱根倦浴泉。万人英与杰，吾道白弥坚。④ 幞被行无已，篝灯夜不眠。椎胸闻羽檄，横眼望戈船。憔悴无生理，欹歔手一编。直同航断港，时复下虚弦。肝胆能挥霍，头颅且弃捐。⑤ 明夷应向晦，未济欲终焉。肥遁一身遣，殷忧四海颠。连城初返赵，骏骨欲求燕。方召筹前席，夔龙荐御筵。轺车星火迫，纶绋凤鸾骞。⑥ 且为苍生出，其如王道偏。百僚仍诺诺，一士敢便便。独有轮囷气，何须尺寸权。浮云休莽荡，白日竟回旋。大政崇朝定，殊功万口传。自从谘朗润，几欲画凌烟。⑦ 八极鳌枢断，三清鹤驾骈。鼓鼙江水上，钟虡故宫前。王猛才名旧，桓温使命专。从容陈至计，慷慨起戎旃。⑧ 汉口飞鸢跕，晴川猎马还。烝黎真可痛，九鼎为谁迁。片念收湖海，群公卜涧瀍。载书敦玉帛，揽辔敛戈铤。⑨ 荧惑居南斗，卿云烂九天。恫瘝心切切，帷幄意拳拳。⑩ 李泌言无间，严光道不悛。此行原救

---

① 此诗当作于 1913 年。
② 此处原刻本自注：癸丑十二月君四十初度。
③ 此处原刻本自注：君试南宫不第，初试经济特科名第二，覆试不见录。
④ 此处原刻本自注：君在日本为留学生会馆总干事，多持正论有谋害之者。
⑤ 此处原刻本自注：君在北京、上海、汉口屡被人谋杀不顾也。
⑥ 此处原刻本自注：丁未君以伯父丧还湘，项成袁公南皮张公荐于朝，敦促赴都，有旨以四品京堂候补，旋授内阁统计局局长。
⑦ 此处原刻本自注：己酉秋集百官会润园，议国是久不定。君抗辩坚持，亲贵屈服，遂颁立宪，召集国会之命。
⑧ 此处原刻本自注：辛亥秋武汉倡义，朝命袁公督师，袁公犹豫。君往彰德力劝出山。
⑨ 此处原刻本自注：北军克汉阳，将攻武昌。君立阻之，劝两军议和。又往沪上陈说利害，议乃定。
⑩ 此处原刻本自注：君先劝醇亲王辞摄政监国之任，至是复请宣布共和。

国，相与更筹边。物态窥千变，危机策万全。经行楼十二，压倒士三千。① 朋党非心许，功名耻俗牵。潢池何跳荡，麟阁又婵嫣。良骥思千里，飞鸿落五弦。只图相补救，何事苦纠缠。裨海九州外，谬台百尺巅。惟余茂陵客，无复水衡钱。痼疾空俞跗，凡胎漫偓佺。殷遗疑鼎革，鲁叟用坤乾。余子今徒尔，名流共勉旃。当时谋治具，随意发言诠。器识金鎞彻，箴规木铎宣。有怀皆抱璞，于世已忘筌。② 宝剑鸣中夜，鸾刀试小鲜。炉锤须锻炼，金石费钻研。禹墨无他技，般倕受一廛。踌躇甘铸铁，仓猝苦烧铅。金穴宁当弃，铜山定可穿。珠能求赤水，玉岂羡蓝田。③ 举世吾谁誉，如君夙有缘。门庭都磊落，兄弟各联翩。并辔春驰马，移尊晚听蝉。客衣风袅袅，山径月娟娟。不谓岩廊滞，徒伤里巷跧。采萧情不乐，求艾病难痊。绿树哀鹨鸪，空山怨杜鹃。案头堆蠹粉，屋角走蜗涎。怅望朋交隔，咨嗟岁月延。寄书投雁阵，题句擘鹓笺。自觉形骸苦，遥知景物妍。乱离求避地，枯寂学逃禅。乐土思青岛，慈亲拥翠轩。④ 鹤衣调冷暖，麟脯脱腥膻。尔室生虚白，高怀仰太玄。文孙珠佩委，淑女锦帷搴。海望沧波阔，园游碧草芊。林皋劳眷恋，邻国正喧阗。小子娱亲拙，余生奉佛虔。相依供药饵，有教惕冰渊。扶杖看秋菊，呼僮种木棉。米盐嗤琐碎，儿女笑班联。倘共乔松健，还同皓魄圆。两家宜有幸，百虑莫相煎。⑤ 时局嗟何极，明公忿可蠲。图书纷几席，文物洽垓埏。丽典琳琅著，新辞琬琰镌。向来争虎豹，曾与叹夔蚿。五色当年笔，三冬旧日毡。赋诗矜邺苑，求友忆湘壖。愿歇嵇康灶，来寻庾杲莲。有心持素斝，无力叩飞舷。⑥ 野马夸磅礴，灵蛇愧蜿蜒。敢期侪管鲍，聊为祝聃篯。

小别罗村答罗玉阶见赠

相与沉冥意，余心子所知。买山还作客，临水更伤离。共学孙

---

① 此处原刻本自注：政府成立，君坚不受职，每遇机要多所参决。
② 此处原刻本自注：君前著《中国新报》，其政论今日皆实行之。
③ 此处原刻本自注：君与吾弟焕均经营湘矿多收成效，以华昌炼矿公司为尤著。
④ 此处原刻本自注：君奉母李太夫人居青岛，怡然健康。
⑤ 此处原刻本自注：余拟奉母依李太夫人以居。
⑥ 此处原刻本自注：时长沙适演飞行艇。

登啸，长吟阮籍诗。清游何日再，喜是乱平时。

答唐明皆

我爱韦山叟，新诗似孟郊。平生几良友，与子共论交。意气无生死，文章有笑嘲。孤怀流辈远，何惜委蓬茅。

答曹毅亭

海上方龙斗，斯人一酒杯。坐看雷雨急，知有鬼神来。故国亦多难，余生信可哀。汪汪怀抱尽，且醉莫迟回。

和曹毅亭读渊明集见怀一首

市隐未为隐，从君桂一山。衣冠彭泽外，岁月义熙间。白酒吟佳节，清霜照好颜。漫容篱菊冷，有客待柴关。[1]

叠前韵答毅亭见赠

尘心遭未尽，隔水望蓬山。见道皆生理，求仙且世间。休疑添白发，只是惜朱颜。偕隐当何适，相将请闭关。

答尹白鱼

本来空色相，何用访神山。弦外音如此，相逢一笑间。行云余断梦，旨酒悦颊颜。折取菱花未，闲情莫复关。

酬罗四峰庐山留别

推分湘堧旧，投情汉渚新。文章违俗尚，道义托交亲。多病甘憔悴，遭时剧苦辛。仓皇辞故国，牢落宅江滨。良友淹期许，名山约隐沦。藏身宜草莽，触目又荆榛。远徙宁非偶，重游幸有邻。更谁消块礧，无计出风尘。果蜡游山屐，同簪洒酒巾。桃源云有洞，莲社岂无人。避地能同调，求仙倘夙因。道旁松谡谡，岩下石粼粼。

---

[1]此处原刻本自注：来书云将见过。

古寺空余佛，残碑妙入神。藤萝妨健足，杖履识遗民。岩石安容膝，村醪冷接唇。长谣亲李白，① 嘉会值刘晨。② 无意逢樵牧，忘机略主宾。朋游方比屋，文宴忽连旬。体弱追陪少，情深笑语频。未容牵别恨，长与见天真。画卷留思训，诗篇展叔伦。须眉同卓荦，肝胆独轮囷。寂寞知来日，艰危惜此身。

结茅申后约，归路共逡巡。

和曹毅亭

未暇庐山住，何当数远游。背人成独往，知子复深忧。野菊能香酒，寒虫自语秋。近闻得佳妇，更有好诗不。

寿熊秉三母吴太夫人八十

黄发家家少，朱颜岁岁新。功名高象纬，慈孝协天钧。早喜敖为相，何知孟择邻。峥嵘瞻四海，浩荡祝千春。太姒躬徽懿，奚斯颂雅驯。况生莱子国，同是葛天民。涉物臧三耳，登年亥六身。骐牙征藉藉，骀背想申申。在义能焚券，当恩辄指囷。琐农忘沃瘠，茧俗冀安均。教子文为富，承家道不贫。雅诗谐管籥，杂佩委瑜珣。将种飞腾日，文豪侍从臣。词章翻碧海，勋望绝缁尘。百职推伊尹，边氓借寇恂。纵情忧震旦，骋目极由旬。宇内奔群鹿，斯才挺一麟。莫疑龙勿用，始信蠖求伸。丙魏仪无间，婴陵诫有因。贤声先郁勃，惠问敢湮沦。颇类宗周恤，时劳太史陈。粟应如水火，气不识金银。作妇持楣久，鸠工筑室频。庭阶亲矩矱，榱桷寓经纶。常愿流膏泽，深惭美奂轮。郡城丝待茧，讲肆瓦虚鳞。马队喧旁午，蚕师怨苦辛。因推道南宅，莫费水衡缗。军气能张楚，仙源欲避秦。板舆迎赤舄，间道走黄巾。扰攘多戎马，流离迫荐绅。已知行草莽，无计脱荆榛。候骑郊连野，讹言夜及晨。村农争拥护，山寇早逡巡。朝夕馈尝洁，寒温药御珍。游观弥澹荡，瞻觐倘遵迆。询问劳传箭，行歌遇采薪。欢呼投陇亩，扶拜入城闉。远近皆相庆，逢迎若有神。鹳鹅歧道列，豺虎别涂循。易象占嘻嗃，周官述睦姻。家庭宜可法，风俗自兹淳。

---

①此处原刻本自注：谓李祥卿。
②此处原刻本自注：刘云樵丈方为其孙完娶。

海上蟠桃节,云边析木津。斑斓庭下舞,众母一慈亲。

赠曹毅亭

老健诸朋旧,惟君好读书。离群伤未已,遁世闷何如。披拂平生意,枝梧十载余。何时扶病骨,劫后访城居。

答周印昆见寄①

不合与君别,乖疏直到今。乱中文伴少,独处病魔深。避劫由天幸,偷生看陆沉。长斋礼诸佛,应识尔时心。

和印昆京寓六十生日之作②

屡岁将家室,都门白发新。衔杯偏谢客,据案且怀人。多难贞吾道,无忧健此身。不辞诗思苦,投老向风尘。

答印昆寄怀③

北望徒伤别,南归久负疴。向人同惨淡,避世独蹉跎。雪意闲中得,年光忽处过。孤吟更怜汝,属和已无多。

湘潭访曹毅庭

四十年来事,黄花又一时。真成陶令宅,却忆谢公祠。诗思闲能苦,禅心老不痴。酒樽寻旧约,头白此交期。

印昆闻湘战寄诗见怀赋答二首④

甚欲凌风举,宁无出谷心。栖迟甘自晦,祸乱苦相侵。世路行皆险,禅机测已深。知君南望苦,聊为答高吟。

每忆驱车出,来寻宣武门。三年成昨梦,千里有诗魂。案纸严

---

①此诗当作于1922年。
②此诗当作于1921年至1922年间,周大烈生于1862年。
③此诗当作于1922年。
④此诗及下一首,当作于1922年。

霜色，盘餐晚菊痕。何当理寒罃，重就室炉温。

答印昆雪望见怀

鏊雪欺炉炭，寒心复几重。香山孤短梦，湘岸冷前踪。箧枕啼空忍，缄笺意转慵。谁怜同病者，不遣故人逢。

丁卯五月沪上答曹毅亭寄赠①

已戢林间翼，惊飞失所栖。吾生方寂历，人事转凄迷。故旧乡关回，风云海岸低。遥知寄书夕，独坐感乌啼。

八月既望重伯招饮夏剑丞宅为诗钟之会

避海多遗逸，谈诗意未慵。残荷歇幽赏，浊酒寄孤踪。乍击风檐钵，如撞晚寺钟。谁当奋思力，娱老一从容。

未暇新亭泣，沉吟各有怀。晚晴喧鸟雀，残病累形骸。旧社晨星在，② 名园秋气佳。闲游不嫌久，归与暮鸦偕。

重阳日钟集俞卓吾同年宅

见说灾能避，惊天瞰怒涛。泪多频访旧，山远漫登高。斗险辞偏富，披愁意转豪。欣然拈两语，侍者为挥毫。

骤雨污行衣，轩窗又落晖。廿年长赋别，竟日远忘归。野趣怜披褐，高情怨采薇。盍簪多皓首，罢酒语依依。

徐园听昆剧作

尘居纷浊俗，风雅有徐园。小水依芳槛，名花护短垣。客来车马歇，秋入管弦繁。一曲湖山丽，吴歈欲断魂。

捧心人寂寞，千古浣纱溪。画舸花无主，罗衣日易西。霜寒悲旧院，潮急怨长堤。蠡种犹今日，清歌乱午鸡。③

---

① 此诗当作于1927年。
② 此处原刻本自注：曩与易实甫在湘为钟集，当时俦侣存已无多。
③ 此处原刻本自注：是日演浣纱记。

秋雀

寒群噪秋雀,来去槿篱通。断竹栖盈把,幽花蹙几丛。暂窥窗纸破,偶堕屋茅空。最喜人稀处,啾啾向晚虫。

女培怿夜不寐诗以晓之

怜汝憨痴甚,思多易失眠。如何生得慧,未了世间禅。风起波摇水,云开月丽天。果然胎七宝,无处不青莲。①

和周稼生杨重子赠答之作

转地成长算,离家迫暮年。哀筘兵革外,浊浪酒樽前。密好空偕隐,羁居且息禅。蓬庐有今昔,怅念麓山泉。

示曹甥维汉

躐迹趋人海,甘虞赖汝贤。鸡虫纷摆落,鱼鸟费周旋。妙齿刚犹折,芳兰燥始煎。西门能自杰,韦佩不须弦。

挽吴雁舟

忍死诚何谓,淹缠十数年。一椽吹瓦破,孤榻坐绳穿。对客谈犹健,求医痛未捐。莫怜头久白,深入病中禅。

晚岁通唯识,群经满屋摊。妻拏随劫尽,著作逐年残。颇信安身易,宁辞入世难。一尘知不隔,双泪莫须弹。

自题六十岁小像②

二十余年病,吾生强半休。田衣闲洒落,经卷晚优游。将瞋犹青眼,虽髦且白头。寥空容一榻,坐起百无忧。

衰残良不恶,入道有因缘。服食随童仆,须眉异昔年。已知家

---

①此处原刻本自注:培怿题于画像有相好俨然无量寿,始知儿辈是莲胎之句。
②此诗当作于1927年。

业尽，无复俗情牵。更解维摩意，余生但默然。

哭仲弟端甫①

春暮别余弟，奇灾猝及门。惊飞方四散，垂涕各无言。故里痴儿梦，长江旅客魂。有书频寄远，时复语寒暄。

劳苦忧生事，寻山入板溪。幽居颜惨惨，孤岭草萋萋。宝气生灵壑，寒霜踏滑泥。廿年差不负，银瓮得新题。

依倚联青案，相怜束发时。弃书徒自哂，操翰不言疲。稍苦尘劳迫，翻知儒术卑。平生志渊默，甘与俗羁縻。

身世往悠悠，机心物外收。离披羡高鸟，寂寞倚危楼。幸得闺中侣，同为净业修。普陀曾约我，构疾罢清游。

安禅礼诸佛，默默坐疏藤。出世情难已，研经病未能。长斋常饭粥，不夜辄然灯。已惑何辞苦，吾师无垢称。

恶语传沧海，长号眦泪枯。天乎茕在疚，痛绝藐诸孤。老去伤家难，悲来损病躯。雁行今断翼，冷露落庭隅。

印昆寄诗扇为余寿和谢一首

隐俗容吾老，行游雨入颜。客心残卧具，慧眼失灵山。相忆烽烟合，忘机岁月闲。兵声多且急，耳惯了无关。

怀张彦云同年都门

十载长安道，尘昏失故交。独随风迹远，肯与物情淆。处俗能蠲忿，为文只解嘲。鹤征余几辈，断梦入燕郊。

挽黄鹿泉

平生忧患史，学道率吾真。笃老犹堪乱，长饥不道贫。艰危念家国，憔悴一诗人。甚欲悲来哲，谁怜瘁此身。

---

①此诗当作于1927年。

挽郭复初

复斋古儒者，今日苦无成。身世羁残梦，文章困一生。沉忧洞庭小，视命羽毛轻。独抱遗经去，何知死后名。

赠吴觉初即为其母黎太恭人寿

胜迹空灵岸，乌篷叩碧扉。卅年风物改，千里故山违。世事伤鳌纬，雄心羡客衣。倚闾人健在，莫忘绛纱帏。

先畴多稼穑，贤母有巾箱。不谓苍云变，徒余爱日长。清名犹竹帛，高兴且壶觞。回望山门路，秋深柏叶香。

杭游杂兴[1]

偶值干戈暇，宜寻山水缘。驱车殊未远，策杖亦云便。桑叶连村苗，桃花夹路妍。偕游托良侣，蓄念遣多年。[2]

吴越偏安岁，兵争夜吠龙。孤撑谋早定，突起气难降。款段辞先陇，浮屠崛旧邦。[3]颇嘲铜柱僻，霸业信无双。

闻道炉丹就，初阳此筑台。云霞分洞壑，金璧杂莓苔。山带神仙气，人兼著作才。岭庐依抱朴，时睹染工来。[4]

妙得鸣泉趣，如听三叠琴。脱巾临素瀑，扫砌坐稠林。鸟下冈峦静，香焚院宇深。黄龙曾一见，悟彻道家心。

几番开洞口，深处绝人行。入望都如画，相称各有名。凋镂劳想象，点缀总天成。空谷奚为者，音从脚底生。[5]

我固知鱼乐，宁嫌水太清。为文能自见，接俗莫相惊。纵解濠梁意，难忘沧海情。垂纶了无客，聊为濯吾缨。

斧凿消痕迹，神工妙入微。窥天由石隙，堆溜作岩扉。到处泉皆冷，何时峰更飞。北朝多造像，六代未应稀。

---

[1]此诗当作于1928年。
[2]此处原刻本自注：同游者为凯铭弟及曹甥维汉，时戊辰闰二月也。
[3]此处原刻本自注：钱俶出降，国人造塔宝石山，名保俶塔。
[4]此处原刻本自注：抱朴庐今为染业公所。
[5]此处原刻本自注：北有紫云栖、霞黄龙，南有石屋、烟霞、水乐诸洞，均幽绝。

古刹菩提域，瑰题耸北高。韬光檀馥郁，灵隐柏周遭。目极庄严甚，情知供养劳。金刚勤护念，法雨洒崇朝。

褰裳天竺顶，梵呗仰威仪。绀殿留香久，苍岩落磬迟。三层垣竹绕，千级磴萝披。莲座齐瞻拜，瓶枝乞大悲。

青史多冤狱，谁如岳鄂王。贞珉回日月，顽铁委风霜。莫漫哀东市，休言共北邙。懦夫能慷慨，挥手过钱塘。

胭脂残梦后，凄绝美人坟。憔悴芙蓉枕，缠绵蛱蝶裙。朱楼捐夜月，黄土压春云。脉脉珠丛恨，长留艳体文。

汉碣求毡蜡，龙泓贮室中。① 图书存老辈，符玺属名工。稍觉盘陀小，旋看绣谷通。花阴容徙倚，醉我谢融风。

冶步憩西泠，崇楼烂日星。缥缃归六甲，煨烬仗双丁。却忆栖贤馆，刚余问字亭。② 暂来开宝笈，端坐读遗经。

一道白堤树，青红隐故宫。层阶蹲虎豹，半岭响鹓鸿。盛典曾题句，偏灾且纪功。③ 行谣感禾黍，阳九数之穷。

洒落林和靖，群中不染尘。孤山虽一角，梅树已千春。客至云为伴，巢居鹤亦亲。他年唱华表，傍墓几宗人。④

阑干三十折，风景世间无。隔渡俱成岛，环堧别有湖。凌波眠弱柳，照眼点明珠。短塔安螺髻，疑披出浴图。

苏子雄当代，流风去匪遥。英辞表忠观，胜迹锁澜桥。小聚寻轻舸，良游忆洞箫。只今堤柳绿，诗思系长条。

寂寞净慈寺，峥嵘慧日峰。残砖收宝箧，⑤ 清漏答疏钟。古佛仍千劫，高僧倘再逢。永明常在耳，宗镜揽遗踪。

三边胡马跃，志士遘贞元。击剑张苍水，操觚吕晚村。沉吟伤故国，屑涕向中原。尔后丛祠畔，平芜展棘门。

掬取灵渊液，烟棪试煮茶。乍经挑菜节，争采破枝芽。衣袂凉如洗，腰支健有加。春流跃幽窦，龙子正腾拿。

---

① 此处原刻本自注：西泠印社有汉三老石室。
② 此处原刻本自注：诂经精舍故址，今为图书馆在文澜阁旁。
③ 此处原刻本自注：公园刻石勒筹赈全浙水灾诸善士姓名甚精。
④ 此处原刻本自注：处士墓旁有林太守林典史二冢。
⑤ 此处原刻本自注：雷峰塔藏宝箧印经。

晴霭渐沉西，篮舆涉九溪。涧清累白石，苔滑溅青泥。十里声无间，群山路不迷。惊湍随曲折，叠嶂别高低。

济公菩萨道，弘誓契瞿昙。圣药尪羸起，禅机寂静参。玻璃含舍利，缨络护伽蓝。伏虎饶余兴，从他变色谈。

惜失雷峰影，婆娑宋六和。江潮摇断岸，松籁走危坡。欲许丹霄上，徒教皎日过。停杯数兴废，僧话不嫌多。

皓魄湖光满，棠桡驾木兰。银灯随岸远，玉笛倚歌残。芳醴酬仙露，华鬟笑画栏。置身明镜里，宜作广寒看。

出门方解带，微雨荡春郊。载酒逢蓑笠，移船问草茅。肯邀红粉醉，愿与衲衣交。错落园林好，安排借鹊巢。

万竹罗修径，云栖到未曾。涅盘应礼塔，般若幸传灯。道本黄梅出，文非紫柏能。莲池吾仰止，敢以导师称。

壮心嗟老去，袖手立吴山。神幄终年闷，游廊永昼闲。江声铃铎外，湖色幢幡间。一览名城遍，樵讴薄暮还。

喜凯铭漱溟两弟相约来视即送凯弟还青岛漱弟还番禺[1]

离居经十载，南北不同方。岂意行千里，相将话一堂。至情俱惨淡，高翩各回翔。独我惭衰退，酣呼未敢忘。

世事纠纷极，弥伤聚首难。万流随旦夕，片念杂悲欢。浊浪归舟急，羁人醉眼酸。情亲休怅隔，投札讯平安。

---

[1]此诗当作于1928年。

稿三　七言上

朝议府君遗画歌

先曾祖讳宝善，字子明，寄籍桂林，封朝议大夫。

青春胡为留百年，千花万花东风颠。芬芳节操举不灭，何必口耳相流传。先人肥遁古有道，不耻无官耻得钱。传家经簏烬丧乱，幸保数尺桃花笺。忆从桂林初避地，种秫诛茅洞壑前。群季诸郎尽簪绂，独秀自汲寒流泉。① 岸帻挥觞谢宾侣，醉拂绢素生古妍。豪家羡取不可致，遮置壶榼来周旋。有时酒罢辄弃去，片纸珍贵逾璆璇。呜呼垂老被兵革，杖策夜度苍梧烟。② 琴书飘荡供远适，洞庭野水摇秋天。

颓颜傲兀少述作，偶醉纵笔称酒仙。雨湖之图号六老，③ 凭石洒翰神逸然。藏椟往者二缥轴，六丁取一龙火燃。④ 兹图不坏历数劫，善自韬晦珠隐渊。葩繁柯复森挺接，世间俗手空婵嫣。风流不类徐青藤，标置无假恽南田。蛟虬腾踔鸾凰骞，珊瑚碧玉颜色鲜。瑶台众仙下聚会，明堂万国争班联。瑰名丽号不悉举，但与气序为后先。湘绮标题取春信，⑤ 云芝霜柏冬夏坚。可知烂漫发幽想，品第群芳嬉大千。伊谁骨格斗苍古，朱耷李鱓推两贤。高风缱绻诏孙子，千岁枝叶纷钩连。后来再拜奉手泽，自述祖德惭往篇。

---

①此处原刻本自注：筑室独秀峰下，弟宝书官直隶遵化直隶州知府知州，侄承光官山西永宁州知州，皆来迎，以道远不往。
②此处原刻本自注：咸丰辛亥岁金田发难，桂林被围。临川黄公金门署永明县事，以儿女姻亲迎府君来湘。
③此处原刻本自注：时府君寓雨湖之雨花别业，与先叔曾祖竹君公及湘潭曹君、石仓冯君此山荆州聂君左村僧远裔流连觞咏，年各六七十，绘为六老图，刻石于壁。
④此处原刻本自注：旧藏别有屏轴，光绪甲午岁，江南寓庐灾，毁于火。
⑤此处原刻本自注：光绪壬寅春，王湘绮丈题帧首"春信图"三字。

五橘并蒂歌[1]

光绪戊申秋,家母寿六十,亲朋集宴于青郊别墅。予兄弟皆侍适园中有五橘并蒂之瑞,诗以纪之。

吾闻真境隐四叟,长须对坐倾旨酒。又闻豪语夸千奴,郁郁堂下争奔趋。南维丹橘古所重,曾出兰荃著骚颂。青郊有橘二百株,条干铺纷卅年种。清秋日烈菊花黄,酿之作酒娱高堂。埙篪吹云振罗幕,杂奏不假金丝锵。叔子凌腾归海表,二季英森仲坚矫。惟余伯也病婆娑,高下巍如列指爪。庭前撷橘纷朱殷,累累五实堆玉盘。圆匀丰整互贯串,捧四承一仙掌攒。亲朋趣观各眉舞,并蒂不奇奇者五。陶家柳树岂关情,窦氏桂枝容可语。博物耆儒叹稀有,波瓮深藏不忍剖。畸情特貌笔不传,化工有神春在手。人事灾祥足感天,荄枯萼秀非偶然。愿持寸心挹甘露,长养灵根弥岁年。

为辟园兄弟题五橘并蒂图

王闿运

嘉树从来有颂词,楚风遥补白华诗。同心好咏兰双蒂,共气还如桂五枝。沉约吟成留翠叶,陆郎归后捧金卮。若能相伴园中隐,应胜商山四皓芝。

梁辟园兄弟五橘并蒂图

曾广钧

筑屋本因交让树,读骚能颂伯夷心。仙源集庆吞朱果,臣里瑶光散绿阴。坐隐肯输龙缟袜,鸣珂应妒鹤头簪。汉年西狭图连理,未抵东垣聚五壬。

南山文梓钩陈卫,东海珊柯瑞应图。于古一夔联四岳,在山二别带三壶。窦家兄弟珠相映,徐氏夫妻玉不如。云起龙骧五天下,菁茆殊号比夷吾。

---

[1]此诗当作于1908年。

战渤海①

海舰夜突声呜呜,洪涛激荡风力粗。狂拿怪吼大海裂,片铁鸣空飞赤血。千尸伏船卧澎湃,一将麾军奋忠烈。② 须臾龙匿雷霆收,旌旗摧荡寒中流。君不见:腥波怒啮刘公岛,至今潜窟蛟鼍老。

渝关行

朔风河流冰,虏骑寒不骄。将军策敌不得渡,夜唱汉代从军谣。俄闻平壤失,未几渝关摇。在军有马服,命将皆嫖姚。敌弩虽强岂命中,坐待奏捷明堂朝。座上白玉符,腰间金错刀。敌兵压危城,爰弄手自操。军士扶奔日百里,犹言汉兵且勿逃。形势善守法不败,自有天家双节旄。

燕歌行

燕郊豪客心激烈,燕市游人意凄切。报雠断胫假国耻,千家百家为谁死。泪如雨下汗流水!君王和会朝外臣,白昼磨刀横杀人。海水屹立驱鬼神,虎豹夜蹙燕郊尘。呜呼!荆轲渐离古无有,里中无赖争徒手,国破为俘系之走。

长安行宫歌

汉宫唐苑连驰道,寥落千年没秋草。故垒鹃啼有血斑,遗陵鹤唳空华表。处处寒云粉堵斜,九衢无复故侯家。惟余皎洁长安月,犹照离披帝子花。月自清秋花自春,燕山铁骑起烟尘。早闻毒气乘华盖,旋见妖星照紫宸。龙衣黯黯秋风恶,八骏无声向西跃。太行山下集王师,华清池畔迎天乐。秦中父老治壶浆,秦中官吏修台阁。壶浆络绎出东城,台阁峥嵘拟旧京。神庙初题枢密省,民家多宿羽林兵。行宫金璧遥相望,两圣垂旒日南向。猛士徘徊鸤鹊楼,中官趋走芙蓉帐。帐下楼前会百僚,此时云日俨青霄。问安币帛修秋贡,

---

①此诗当作于1894年。
②此处原刻本自注:谓邓公世昌。

入卫熊罴护早朝。四方朝贡多征调，东尽江淮南海峤。合沓轮蹄赞转输，回旋鳞翼看腾踔。御膳三巡进玉盘，诏书百道走金鞍。繁华转瞬成都会，多少愚氓觌圣颜。清渭旋龙扶日月，终南矫凤承宫阙。百代英风社土墟，一朝佳气銮舆出。銮舆震荡九门开，岂料沧波定劫灰。空壁幸闻胡马去，清尘先遣属车回。兹行不为秋游豫，烽火才消除辇路。仙仗朝移卷殿云，牙旗夜荡沾山露。忽然光岳易方隅，顿使寒温殊旦暮。寂寞鹓行复几年，高梧疏柳赤墀前。不传玉漏闲清昼，但锁椒垣聚野烟。论都自昔闻刘敬，岂备时巡屯万乘。扈跸何人解献书，赐酺几日纷传令。只今三辅听讴歌，何须盛典夸前圣。

癸卯东游放歌①

西槎不泛大西洋，东航始涉日本海。传闻徐福引船去，方丈蓬莱至今在。饥食富士山中雪，渴饮箱根山下泉。何须苦求不死药，持此差可参神仙。我来去君五千年，秦皇汉武皆茫然。乃今学仙不似昔，员冠方领何联翩。呜呼！百川善学水善下，谁欤能自得师者。眼中偃蹇非昔游，花草冥冥古唐社。从来师我今我师，物新人旧犹华夏。星火推移反掌间，沧波东逝海西翻。林飙烂作丹黄色，尽洗春朝桃李颜。昆墟之鹤不可骖，青鸟翩翩时往还，咫尺灵驾翔云端。呜呼！玉堂王母在何处，迢递槐江是归路。夸父已至虞渊边，精卫初衔微石去。日可逐兮海可填，千载此心终一遇。谁言变化屈伸由，气数驱石犹闻到。海东骞裳旦暮生，长风会当揭取灵。旗还禹域矫云中，三十六道苍精龙。

悲白鹭行　有序

白鹭纯洁可爱，春夏之交，多集水田，肉不充俎，无取之者。近岁欧洲以为妇人冠饰，重金购求，罗网横加，无复遗种。诗以悲之。

三月四月水田绿，有鸟班班远栖宿。长身玉立意慷慨，好奇颇就盘涡浴。鸬鹚鸂鶒不自媚，挟子翩翩悄相逐。世外翛然百不忧，

---

①此诗当作于1903年。

菰米辛勤旦夕谋。松杉窟宅年年在，翻笑奇毛恣远游。欧洲女儿洁白皙，金缕垂肩好妆饰。花冠广檐玉雪飞，鸵毛片片无颜色。海波极天不可近，洞庭秋清横羽翼。兼金吉光不论价，但道一羽钱千百。参差万舞复何有，值翙公庭转愁绝。胡商射弹南山南，里儿张罗北山北。已杀千头缚百头，朝朝暮暮无停息。岩荒林僻尽搜取，一豰难容箐深匿。向来漠漠飞南风，只今绝迹涧西东。可怜微禽性命尽，一笑取醉颇黎红。吁嗟乎！世间亦有高飞鸿，胡不云中来去天无穷。

南塘曲

莎湖细雨南塘暖，白鸟孤飞蒲叶软。南塘茅屋紫花藤，里儿弱竹挑丝绳。瓷罂取酒东门郭，五里归云黯村落。菱刺莲房淡沱红，盘斟碎露餐玲珑。褰衣蹵踏沙如玉，不劳雕艇摇波绿。君不见：画帘瓜李甘冰浆，佳人空著芙蓉裳。

桃花行

晴云吹破胭脂色，幽寻夜到渔郎宅。堕地芳尘寂不飞，春归春住无消息。太液池头树树红，骄嘶白马踏东风。空持片蕊夸渔父，谁信仙源在洞中。有客乘风上三岛，遍地珠缨颜色好。移根上苑新作花，莺声百变催春晓。绀井绯帘尽改颜，不须重作武陵看。岩边一树争秋实，且待渔竿日暮还。

赠宁乡张君毓衡

张君善医，年五十四始纳妾举子，作诗见示，因赠此歌。

张侯五十不育子，我亦四十无男儿。迂儒抱经颇戚戚，孤虚偶值安足奇。世人怀藏重付托，愚公有志南山移。岂惟潆濉待荐奉，又岂金帛贪留贻。西家问安日数辈，无乃悍独心不夷。张侯念此内自壮，起视三五明星随。幽兰入梦香在握，照耀弧矢欢门楣。自此经天耿圆魄，悬空不类流星驰。似闻张侯善灵素，上药岂假餐琼芝。胡为枯杨索初震，弥月竟诵生民诗。忆我槃阿久独寐，疾痛尝就张侯医。张侯自康人未泰，或有妙理难宣披。无功有愧哂自昔，今我引愧良解颐。充闾知己命名字，拜索玉果陈此辞。

喜吴子修提学见过并谢惠先集

旧家德业公家雄，光气照澈湘流东。披寻文藻屈贾接，讲贯儒术朱张通。累叶崇名冠朝列，郎君继武明光宫。甄湖采岳发灵闷，秉示明德延宗风。兴酣驰马东门道，澹澹微飙动花草。地僻罕闻金玉喧，林深忽睹旌麾绕。村醪百壶那取醉，一觞亦得倾怀抱。官僚谈笑意且豪，知公无言心矫矫。山岩野鹊催西曛，荷衣晚袭兰佩分。座间觅诗苦不就，片意缭乱随行云。高轩何时复见过，乐我幽居猿鹤群。兹辰良觌欢未已，诵述不泯先人芬。

柏树叹

园中老树半衰朽，清霜秃落湖堤柳。当门秀柏两三行，眼前杰立今无有。里中贫儿岂作贼，得钱入市行沽酒。斫树不斫柞与栗，良材在野嗟何及。柏且胥戕况珍异，众中不偶参天质。繁花入世生远妍，碧叶讵为时所怜。高斋铜瓶厌寂寞，古堂静几供神仙。谁令蕲折就颠倒，托根失所宁非天。自今门前种树不种柏，洞实岩花少颜色。

莎湖新柳曲

白下门前春寂寂，天津桥上烟如织。往事缠绵那可留，莎湖新种参差碧。不睹章台走马归，不闻长乐暮鸦飞。尘沙未许侵游辔，珠玉何劳试舞衣。舞衣游辔芳心在，绿鬓年华未应改。玳筵丝管半啁啾，长堤风日犹潇洒。筵前诗思不须论，堤上烟痕杂雨痕。已抛年少千金价，莫断离人一缕魂。采桑三月秦楼女，未竟流黄罢机杼。手中金缕为谁裁，玉燕双飞入庭户。今年短竹立东风，明年湖上采芙蓉。汉南无复桓司马，留取婆娑一望中。

古樟行

路旁礌砢古樟树，廓落郊原谁爱护。自昔尘氛易摇落，终见坡陀得根据。幽栖岂必依岩谷，野性从来喜烟雾。根柯阅历不知年，宿鸟鸣虫自来去。

忆我金门瞻庙坛，千章大木撑苍颜。丹垣静缭青春老，碧甃横交白日寒。神宫自是贮灵异，佳气何由争郁盘。天地一心同长养，风云百代独艰难。

只今上药供丹鼎，穷村搜采荒荒冷。文采惟应自韬匿，斧斤何意容遗屏。樟也良材辜世用，善全芳体诚天幸。欹松蠹柏未能奇，动摇高叶天光迥。

刘生行刘君 善泽，字濡深，浏阳诸生

秋至雨连旬，止雨无术愁农人。忽然破空晴向晨，群颖濯濯百谷新。门前鸟鹊喜，锦书至浏水，五言谁长城，寄书者刘子。刘子闭户精图书，孤趣独与时贤殊。摆落繁华向憔悴，不耻闇室投明珠。青郊苦病惨复剧，得此一夕心颜舒。安能引我久对坐，转霁欲夺天风嘘。洞庭湖，湖水碧，迩来几辈才人出。即如浏阳吾友瓣姜客，壮飞识韵同超越，神驹飞辔日千里，自嗟偃蹇穷追蹑。刘子生其乡，深谷熏兰芳，自然峙立无低昂。与君相欢不在倾壶浆，伤离叹逝萃一念，况复秋风飒飒吹我芙蓉裳。

金氏三世节孝诗 有序

湘潭山门，金节母王氏及妇吴氏、孙妇曾氏，三世皆以节孝旌于朝，数年之中先后下世。曾氏吾妻姑，又吾五弟外姑也，亲好往来，知闻最悉。曾氏无子嗣，其族子顽劣流落，嗣墓无主。然其高操纯行，相继弥至，为世风轨，不可没也。

吾姑尚有姑，吾姑之姑二十丧其夫。吾夫生而孤，生三十而殂。呜呼！天不哀余，不使余若吾姑而有子。天乎何辜？吾姑之姑心如铁，吾姑肝胆皆冰雪。吾独胡为徒死烈，朝行羹汤暮泣血。吾不死！吾代吾夫事其母，母也孝妇闻州里。吾今事母奈何不若此？荠何甘兮蘗何苦，义则妇姑恩母子，吾与吾姑一心耳。呜呼！从来节孝谁如汝。

送三弟环游地球第二周①

天山之高不可蹈,北海之寒不可游。在昔霞客骋远步,踪迹诧可遍九州。岂如今朝登涉九万里,日出日没,海水自古东西流。吾弟嗜奇惯奔走,前者孤征环地球。乃今归来未匝载,孑身复出,踽踽环行第二周。策鳌踏海那可睹,鞭石成桥事无有。洪涛峻阪若平地,尺铁起挟雷霆走。支机之石河汉边,未必浮槎直上天。大地山河可到便须到,何论亥步穷垓埏。送君不上江上船,船上中秋江月圆。海天明月共圆缺,期君归来,明年二月之月初上弦。

窗中见蝘蜓螳螂二虫和唐明皆

蝘蜓捕虫作晚食,土壁草窗常伏息。虫来掩掠无一逃,惜尔蚊虻负飞翼。沉鸷百虫已莫比,一夕螳螂突其侧。欲取不取终逡巡,颇识当车有雄力。螳螂自去蝘蜓退,顿使虫豪骄不得。世间强武乃见存,物竞于兹理可测。纷纷弱小尽淘汰,视此微虫心恻恻。张牙奋爪非难事,谁实沉沉敢侵逼?寒灯孰对天演界,恨不持将语当国。

桂蠹

庭中桂树高寻丈,柯条渐拂青云上。岁岁秋花十里香,明蟾玉液常供养。今年春雨连朝昏,桂蠹乘阴自生长。幽情惨戚贞气残,园丁对此心眼酸。驱扫百计日未倦,蠕蠕息息居游安。坐使三秋瑶碧姿,含芳不蕊摧令颜。我思此蠹涉春夏,狐鼠婆娑据城社。蠹尽还忧根叶伤,虫生自腐胡为者。皇天肃杀有正气,敬告园丁莫轻打。

湖堤种柳摧失既尽慨然有作

去年手种百株柳,方春飘瞥无何有。今年更植二百株,园客里儿争护守,柔条秀质列堤上,眼见十株活八九。昨来探取莎湖妍,一空如扫风中帚。谅非珍木涎偷儿,岂有恶阴碍邻叟。耕灌余闲得游赏,此意于人复何负。吾闻道旁古树常千寻,爱惜由人见淳厚。

---

①此诗当作于1906年。

奈何隅退转不保，天事人为嗟叹久。森林警察当何时，地方自治有先后。他年种柳柳长成，更对浓阴一回首。

诞日醉歌酬座中亲友[1]

斗柄初回天北极，[2] 阊阖乘风生羽翼。自摇小草向晴空，淡荡青冥动寒碧。三十无成欻四十，憔悴年年损颜色。阳回几日作小春，信有乾坤报消息。人生时会安可知，平陂反复无穷期。时危转侧春冰薄，鸡犬嗷嘈且安乐。悲欢变幻须臾间，志意能令岁月闲。山中云横凉雨歇，丛菊满地霜下杰。引觞自酌更劝客，为客起舞歌呜呜。百年事业今有无，今我非智昨非愚，俯仰顾盼谁吾徒。客兮客兮！且共尽欢三百壶，此时此节何踌躇。

金塘叹同秉渊作 有序

金塘兰亭，曾丈故居。丈为余外舅，怀才不显，郁郁以终。外姑唐氏，旋亦下世，合葬金塘。回念少游，欢情未沬。春间还县，迫事未及上冢。内子独往，颇伤零落。顷闻田宅将归他姓，内子凄然有述。因赋此篇。

昔我游金塘，草树交葱翠，鸟哢入新谣，春醪约深醉。今汝过金塘，无复凤欢憩，颓垣覆车辙，村巷久芜废。廿年人事烟云中，物态变化何忽忽。翁也奇才不得展，结茅旧壤伤天穷。糟床书架满屋角，泛扫清净包儒风。苦思略识天人趣，微吟不睹时世功。奈何潦倒谢我去，平生爱慕无寻处。孤艇犹疑下湘水，渔灯谁与流瓜步。外姑愁病亦白骨，荆棘高坟宿山雾。寒鸦夜叫悲向晨，不见翁时手移树。树无故叶人尽凋，遑问遗荄果谁住。世间陵谷有迁移，岂直金塘非旧时。寒灯却忆芳春节，鸳瓦亭亭连理枝。根柯幸自深盘互，三宿浮桑未忍悲。

---

[1] 此诗当作于1911年。
[2] 此处原刻本自注：时正定期召集国会。

过金塘有感

曾广勋

尚忆承欢日,金塘事二亲。而今上亲冢,不见冢中人。① 况是嗟零落,如何忘苦辛。他年重展拜,应更涕沾巾。

金塘数间屋,我有今昔情。泪下不忍念,念之心更惊。杯棬虽有泽,门户已无成。② 向日经行地,衰草忽纵横。

赠李诵尧同明皆作

吾闻灸疗之术今不传,时手奏技徒茫然。甲乙上口三两篇,高谈肺腑无与贤。有病不治甘沉痼,卢扁千年难一遇。物质理想何纷纷,未睹宿疴离体去。心知先哲有妙秘,使我欷歔屡瞻顾。李侯哀愤走四方,黔山陇水孤游康。国病不活岁月长,人生短促嗟赢尪。傥起难起群膏肓,谁言国弱不由强。刘郎寄书远相诧,为我炷艾熏兰麝。元精耿耿通古人,直凑单微回造化。贱疾蹉跎苦不支,岂知冥索得神奇。清霜趣入唐叟髭,重爱李侯方赋诗。吁嗟李侯!勉活病国为国医。

短歌赠朱仲布

里中男儿朱仲布,仄袖短衣向东渡。十年铸得干莫成,割取珊瑚海中树。归来不蹴金马尘,憔悴渔樵号散人。弹冠耻见王阳贵,立锥不厌相如贫。独怀礧砢忧时局,任人践溺甘荐蓐。但使闾阎饱赤粳,忍与啸歌酬白屋。故山晴雪君且眠,我静如镜民如烟。金戈铁甲满胸臆,乾坤激荡今何年。

北舍行

北舍坏茨穿百孔,风来摇摇雨没踵。床下猬缩群儿恐,十载无人补白茅。我来忍见群儿号,呼匠作治安汝曹。匠言旧有无一好,

---

① 此处原刻本自注:光绪癸巳岁丧父,癸卯岁丧母,先后皆在金塘宅中,余不及视含。
② 此处原刻本自注:弟广镖承祧亦物故。

举手牵率尽倾倒。劝今弃去得新造，嘻吁改造良大难。土木纠扰千万端，锱铢搜索吾力殚。苟安至竟无由安，补苴作计终不完。彷徨犹豫兴长叹，安得良匠！规画使我无忧患。

伤踝吟

山雨破泥潨细水，舆人踯躅暮烟里。归鸦逐人行稍急，未觉块石路旁圮。前者若驰后复驱，骈然踣地势倾靡。一人伤踝大毒痛，欲泣无言不能起。须臾昏黑舁使归，余人强进行且止。乌虖负重易颠踬，况复危机迷尺咫。平地犹闻绝太行，轻率失坠胡为尔。万事谁肩足担荷，习坎入坎语有旨。舆中伊何鉴伤踝，春冰窸窣薄可履。

岁暮示客

我无先人遗金藏屋后，又不能食太仓米五斗。挈拏归卧湘门东，瑟缩敢与时人通。自顾抵趾无乐处，坐卧未得安便具。顾惭力乏奈食何，取精于物羌无多。有殽有蔌举箸不，下膈壶觞兀对愁。宾客得钱铢寸有，从来自约只戒轻用财。濯冠擸裳粗取足，他无供给谋征逐。琐屑料量俗中愚，吝乃恶德乖良图。行之维艰奢入俭，坐食山空情可见。怀金结客古所豪，惜哉朱郭非吾曹。严寒厉风客下马，入门磬折涕唾下。冻颜凄语知客心，城中豪家不可寻。郊行劳苦贫非病，肯使泉刀抵性命。自矜意气轻世情，客今毋为泪纵横。脚炉炽炭煮白酒，万金举债复何有。即我病中落寞非昔年，犹将劝客一醉歌此篇。自古圣贤尽贫贱，岂有百年天不变。况今生计激争时，毋曰天事非人为。涸中诚令鲋鱼死，安知人生且至此。挥杯不饮意悠悠，山窗梅枝搅客愁。谁能使我洒然骑马入城市，手奉朱提寿君子。

辛亥元日作[①]

瀛洲昔造元日句，忽忽岁朝过五度。偕隐夭桃洞口花，闲居弱柳门前树。年年世外物华新，别有幽情纪令辰。垂檐梅蕊窥天意，

[①]此诗当作于1911年。

浮碗椒花忆远人。韶光转眼如流电,人事关心逐飞箭。旧侣逡巡金马门,新歌惆怅宜春院。恭闻清问及民生,海内居然仰太平。节候不忘秦隐逸,阴阳何与汉公卿。鱼龙曼衍春游乐,箫管旌旗动城郭。四郊云物野人心,独向晴空倚高阁。

美洲之花行

三弟自华盛顿寄美洲异卉数种,杂植园中。

洛机崒嵂云下垂,美洲之花何离离。密山盘结丹木枝,美洲之花根可移。远折瑶华天万里,神农不识戎王子,贤哉予季一双鲤。美洲之花妙诸佛,净土莲开湘水活。美洲之花笑天女,缤纷散作湘山雨。

廖笏堂筑瓠尊山馆长沙东门外与予为邻落成之日放歌见赠酬以此篇[①]

山川悠悠长不灭,百年苦乐如飘瞥。莽荡微尘著汝我,放眦乾坤五情热。弱水东奔恶浪翻,扶桑西偃愁云结。愚公累世终南移,巨灵一手太华裂。结网临渊尚可图,拂衣蹈海从谁说?管宁避地且复避,庄周达观聊尔达。锱尘轩冕胡为然,跌宕文史终自怜。鸢肩火色不入眼,苍狗白衣长在天。三闾大夫卜居日,五柳先生述酒年。种瓜邵平生活拙,穿径蒋诩来往便。自今褰裳荆棘底,且与负锸桑麻边。双丸踯躅催玄鬓,愿取曲蘖倾流泉。

笏堂和予前诗招饮山馆汪颂年酒酣高歌复作是篇兼赠颂年及谭组安兄弟

笏堂野兴阎湖滨,结屋喜与青郊邻。高楼碧叶落愁眼,茅亭山花生远春,未暇种秫作美酒,且复炙鸡招故人。年光婉霭动车马,陌上微雨收流尘。笏堂谈兵善舞剑,山中读书殊不厌。十年转侧身手强,浮海居夷郁孤念。偶开山馆能留客,谭三兄弟连城璧。脱略公卿杂佣保,汪九豪谈翰林伯。翰林燕市昔悲歌,南部新声懊恼多。

[①]此诗与下一首,当作于1907—1908年间。

大地烟花二三月，昆仑高卧人蹉跎。只今秘殿铜龙掩，郁律瑶池水不波。念奴落拓梨园尽，白发潜行奈老何？忽然法曲入吾耳，风动寒芳破梅蕊。虽无丝管和金石，帘外琤琮半池水。江河日下雅音亡，谁识人间能有此。自从旧院别仙郎，人事沉酣杂悲喜。三年君颇鸣惊人，我自吞声万夫底。今朝却忆京华春，登场傀儡谁家子。东风吹云飘客衣，酒罢欲行不肯归。愿君更唱鹤南飞，莫言苦奏知音希。楼头青眼君庶几，曲栏引手情依依。候君晴日扫郊扉，酒魂诗胆共忘机。

平远楼同汪颂年对酒看雨

有客对雨晨款门，昨宵八表嗟同昏。将开未开柳叶甲，欲断不断梅花魂。沉沉山楼坐饮客，一酌再酌天地湿。醉里谁知酒圣贤，风前无限春消息。

题齐山人璜借山图

胸中五岳撑林壑，卧游偶与宗生约。但许横空斗心眼，不劳选胜夸腰脚。画师游客不并传，兹图真趣高前贤。千山万山尽经历，五日十日相流连。君今借山我借画，一朝偿尽游山债。不惜还君十二图，相期扫却三千界。

哀段州判　有序

段自慎，湖北施南府宣恩县拔贡，朝考得官湖南直隶州州判，携其妻及子女四人来湘。一仆兼治庖，贫不能堪，久不得差，会布政赵公又因事厉呵之，遽出东城赴水死。年仅四十余，委尸道旁，竟日无以为殓，妻子流离可哀也。

城东门外莲塘水，中有灵均心不死。十年挟策博禄仕，沟渎戕生乃如此。行人观者心胆寒，我亦闻之涕汍澜。谁知当时秉国者，杀人不刃皆以官。末流置官尽闲冗，驱羊入群方接踵。本无刍牧饥可知，悔不低头向丘陇。司使意气倾百僚，况复揉践猥汝曹。士虽服官不可辱，司使杀士何所逃。逃乎不逃且出世，怀疑哲学非吾事。亦非爱国逐湘累，水波无声从此逝。呜呼！梦棺得官古不祥，官多而小如蜂蝗。蜂蝗贼人乃自贼，作官如汝非所量。呜呼！不官犹得名佯狂，谁其纵之为汝殃。

张恺陶摹古印歌

秦皇剖符宰天下，丞相妙笔无俦亚。雕琢和璧传子孙，岂直连城赌高价。后来汉代铸精铜，符玺略与秦时同。龙纽龟纽有制度，洛阳刻画皆名工。三千年来逮今日，往往颉门稍间出。流传谱录常失真，伊谁深入斯翁室。乾嘉名辈数丁黄，衰然巨帙飞鸿堂。比之秦汉百篆刻，始识金薤非琳琅。张君平生颇嗜古，摩挲彝器写石鼓。自言得间窥古人，更采贞珉摹印谱。张君此时用力多，几案堆压云嵯峨。目瞑意倦不自暇，量度累黍无差讹。什存三四已非少，昔我闻之惊绝倒。良吏衣冠欲夺真，坐使中年向枯槁。我病双瞳不得看，空嗟古趣留人间。只今美术重一世，相知倘为开心颜。吁嗟乎！子云雕虫亦不恶，壮夫何意甘投阁，张君张君毋为自菲薄。

空青石歌①

空青产益州山中，世不多见，方书言能治青肓。庚戌，黄泽生提督与苗民战万山中，因得数枚，归以见赠，赋此酬之。

山藏越嶲乾坤秘，三峡诸山挟灵异。别有神娲一片心，向来流落人间世。即闻学士穷岩石，文质湮沉五千岁。稀罕无因得常睹，空青阅历垂名字。治疗争言本草经，物产徒称地理志。当时宋室偶搜求，不见山灵能好事。将军持节镇益州，蛮烟犵草拜貔貅。马前见此礧砢者，云是荒谷无心求。屈曲儿拳空翠出，黯黮鹅卵青云浮。中间皲然若有物，玉液沉潆寒不流。皇天于物有意匠，雨露吸养无时休。将军抱持色大喜，谓与我友开双眸。云鸟翩翻动西极，郁林归舟带春色。袖中东海生九华，慰我幽居意凄恻。古人得石多得仙，煮可为粮夜中食。我今剖此洪蒙姿，一滴天浆复谁识。七年蒙诵倘不蒙，淡淡银波净如拭。将军昆弟俱有功，岂假勒铭夸战克。

---

①此诗当作于1910年。

与尹白鱼看荷花有作

芙蕖作花大如斗,廿四桥边一杯酒。偶然花开忆旧游,花下逢君更回首。

去年花开无故人,今年一枝花更新。丛英烂熳不知数,自起台阁堆金银。

故人远为看花至,好花似已知君意。与君同唱惜红衣,莫向花前独憔悴。

谢廖荪眩丈惠山轿①

扶病下床安可马,却制篮舆盖如瓦。林垌不惜频往来,借人犹夸有马者。自从仓卒适罗村,更借于人刚一把。② 远山近水多可游,欲出无舆复谁假。偶然假得不安便,尖风切罅雨内泻。油衣覆顶并吹堕,惧此出游时更寡。云谁意匠夺人巧,杨叟③有舆精且雅。丈人爱我乞得之,旦夕不畏雨雪下。风来有声那得入,体无拘强更潇洒。尝乘呼酒过邻曲,须臾便归意不舍。何当抱膝竟日坐,发兴寻幽待春冶。似闻城中却鸣篦,鄙拙与子安田野。区区感君无报物,倚衡之言为君写。

涉冬久雨新筑不成④

山气压空洒作雨,沉沉只合皎龙舞。阳乌久匿偶一出,滃起油云忽吞吐。墙根泥滑苔花湿,百道浮珠溅新土。老匠侧足倚绳墨,断木淋漓不堪斧。连旬累月辍勿继,短垣兀兀树下堵。妻挐寄顿待

---

① 此诗当作于1911年。
② 此处原刻本自注:里人数舆以把言。
③ 此处原刻本自注:谓杨君季棠。
④ 此诗当作于1905年冬。

栖宿,旧迹频寻心怨苦。① 吁嗟成功不侥倖,经营岂在操鼙鼓。仰空补罅止天漏,倘得旦暮安牗户。高骞翰翼报新晴,八表群生有宁宇。

灰汤行

平田漠漠日色白,野水低空泛寒碧。蒸腾釜气非云烟,欸睹灰汤沸沙碛。地中有火曰明夷,柔顺文明文以之。不穷不变理用晦,众乃不省矜神奇。迩来盛言地质学,扶舆大气窥磅礴。岩石分明见火山,此地无因得熏灼。华清池水发骊山,凭陵山石声潺潺。温如鼎羹称二绝,显晦标置随人间。由来大陆不常有,海东岛脉通炎纽。或言矿物善蒸馏,喷薄灵泉亦非偶。昔我东浴箱根泉,珠凝玉泻如登仙。眼前有此不措意,兹游坐令心迍邅。上方炽热下方冷,不似成都自流井。群鱼长养若天性,鹜掌回波落双影。四周无假憩游踪,濯手偶与渔樵逢。十里居人汲一瓮,煮芹作饭常从容。我来掬此涤衰发,更饮入肠鸣汩汩。当前取快意云何,长风吹衣未肯歇。吁嗟乎!幽人托身不自高,但退不乐居尘嚣。炎凉耻与俗訾謷,道旁观者徒劳劳。

李次樵有诗纪浏阳门外血球之异予疑其事戏述此篇

杀人流血血已死,那得成球忽飞起。吾家久在东城东,不睹荧荧血花紫。草可为萤骨作磷,昏夜成阵常逐人。野翁遇此偶惊怪,谓是血液光如轮。我闻人身万点血,赤球白球互团结。小球已死巨球生,或者千年血犹热。龙漦流涎古所闻,苌弘化碧蜀帝魂。从来齐谐富灵怪,冤毒宁可常理论。吁嗟乎!世间杀气冲星云,地球何处无血痕。

今昔行和黄鹿泉丈

丈人往岁官农曹,龙喜结社才名高。晚年出作滇南守,治行文

---

①《青郊诗存》中,此处有"初闻奋武今止戈,已撤坛阶建堂庑。造邦反手筑室难,诧笑青冥孰为主"句。

章同举首。归来十亩谋躬耕,闭门且卧长沙城。赋诗百篇鸾鹤叫,饮酒一斗星辰倾。偶然狂谈湘水碧,廿载重逢健如昔。歌者当筵眼忽青,故人一望头俱白。于今已作乱离人,取醉悠悠劫后尘。江头昨夜杂风雨,呜呼聚散如流萍。

题蹇季常对酒图

人生抗脏不饮酒,孤愁兀兀卧户牖。蹇侯横剑不得意,日饮无何尽一斗。人言蹇侯醉不休,我笑蹇侯怀百忧。沧波横飞白日匿,安能啜泣同诸囚。光宣之间失政秉,举世沉沉嗟独醒。蹇侯浮海学垂钓,自向渔竿求酩酊。乾坤震荡几何时,胸中戈矛谁更知。赐秦鹢首天已醉,颠倒造化倾瑠璃。此时酒人醉欲死,蹇侯病蹇几不起。陈生振笔作此图,但道浊醪有至理。吁嗟乎!魏武朝露非雄才,信陵妇人何为哉。渊明寂寞欲止酒,谁与更酌蒲桃醅。青郊床头无数春云罍,愿与蹇侯披图大泼三百杯。

寻雪蕉亭遗址即题其图记册子①

长沙廖元度,字次裴,明崇祯间诸生。入清不仕,构亭北门外,颜曰雪蕉,著《楚诗纪》《楚风补》二书。其友攸水刘裘客孝廉光为之记,后英梦禅补为之图。次裴五世从孙湘渚孝廉于乾隆间出图记遍征题咏。时梁文定、刘文恪、蒋心馀、褚筠心、孙渊如、卢雅雨辈皆有诗,其册近归市贾。乙卯,有持以来求售者,余与友人访亭遗址不获,因题册后归之。

春来又见湘波绿,遗构何年湘水曲。水底污泥飞作尘,四百年间几茅屋。茅屋沙边星复霜,垂檐深闭读书堂。谁怜屋角芭蕉叶,送却朝阳又夕阳。长沙北郭遗民宅,廖子刘生旧相得。搴篱劚芷江山雄,手采遗风补三百。洞庭岳麓孤往来,怨歌楚调心眼开。深谷为陵岸为谷,一时声响无蒿莱。缃缣展转人间世,忽睹刘生数行字。不记高堂置酒人,却与空亭写游憩。梦禅好事图风烟,乾嘉老手多诗篇。兹亭仿佛见风迹,异世同时悲后贤。飘萧鬓发今何在,麻姑

---

① 此诗当作于1915年。

仙人阅沧海。人物风流俱渺冥，独有丹青不曾改。马王宫殿久燔消，今古沉沉碧浪摇。湖边岛客新亭子，① 可有当时旧种蕉。蕉心从来不禁雪，弱植居然岁寒节。城中踽踽息机园，② 园树飘零正凄切。

饮郭园赠葆生

昔年释甲白云舍，凌烟将帅生悲咤。四十年来陵谷迁，虬螭楼观空腾驾。曲池明月古时波，笳鼓新翻敕勒歌。中兴门第尽沦落，独有汾阳功不磨。五郎鸢肩将门种，杀贼归来秘书讽。抽毫命爵称儒雄，不乐封侯事丘陇。峨峨华屋犹先人，汾湘接武门题新。金张枚马盛宾客，夜宴为我投车轮。少小风流傲珠玉，乐事蹉跎苦相续。衰鬓重亲各有情，吁嗟劫后寻遗躅。海外风烟接莽苍，角巾私第宁相忘。承家向来有韬略，请起将军名伏羌。

短歌和尹白鱼唐明皆

尹叟孤吟江汉间，唐翁和歌行路难。青郊对此增抑塞，欲唱不唱无人颜。毒龙深山久蟠踞，杀人纵横不可御。空同道士莫邪锋，是处漫空起烟雾。八表无光天晦冥，驱龙不出龙血腥。长蛟大鼍各自喜，变化跳掷俱龙形。江山游隐都叹息，竖儒娱人嗟何及。芳草芊眠洲渚闲，雨急风来日西匿。尹叟唐翁汝弗悲，白屋煮酒会有时。眼前二水自清浊，滔滔昼夜皆东之，吁嗟乎！眼前二水皆东之。

六月再出汉口遂同罗四峰游庐山
饮浔滨李祥卿宅舆行三十里宿莲花洞

振衣忽践庐山约，四峰携酒夸腰脚。谪仙后人遭我醉，长谣信有同游乐。湖岳黯黯生云烟，南海波涛又拍天。酒酣莫复问余事，放眼直望香炉巅。暑阑向暝山舆送，电光明灭黑云重。雨师为我须臾延，疾趋径卧莲花洞。

---

① 此处原刻本自注：日本人水野梅晓近筑亭碧浪湖。
② 此处原刻本自注：息机园亦廖故居。

七夕四峰生日饮叠云楼大雨和四峰醉歌

庐山崔巍接天汉，停耕罢织常游宴。中有庞眉五老人，能使双星岁相见。偶然山上祝长生，南维角亢森元精。鹊桥夜深不得渡，汉水漠漠江流清。是时小星各三五，老人含情不敢语。引觞豪醉问河鼓，今宵何为误织女。劳君倾取银河水，化作一夜庐山雨，洗却人间万愁苦。①

黄龙寺娑罗树行

黄龙潭边生白波，黄龙寺前云嵯峨。寺门照耀古日月，不共金石同销磨。移栽西域娑罗树，二千余年饱霜雾。碧叶云端百宝攒，苍根地底千盘互。卓绝真为山木雄，神奇不与樵柯遇。巍巍矗立无攲斜，佛盖圆通缨络花。五丁合抱铁围绕，数亩垂荫龙腾拿。桂实礌珂珠贝串，松针错落青葱遮。旁耸一株如眷属，异态同情生不独。纠联依倚有良侣，参天银杏争葩缛。极霄灵气分贯注，绝世神光久追逐。佛天雨露非人间，永生法界宁栴檀。寻常岂有质不灭，松枯柏瘁嗟岁寒。受持金刚视此树，般若坚固来盘桓。

山行

山石荦确不可步，涧泉断道强我度。壁立当岩头足平，喘促舆人息无处。峰巅左右忽悬绝，纵横草没羊肠路。西风飒飒寒我肤，急点飘衣雨无数。心知山灵爱游客，岂有差池成虐遇。病骨探奇天亦怜，日色须臾挂山树。

题湖西耦耕图

湖天澹澹秋云白，湖浪翻惊狎鸥客。长堤百里伏苍龙，草服行歌事秋穑。四方云扰贤人孤，西畴散失哀犁锄。平生作计一方砚，不睹玉粒收经畲。从来圣智多陇亩，沮溺何心笑鲁叟。毋使菜色加人颜，颠踣泥涂复何有。洞庭西风群雁飞，菰米藕藕鸡鹜肥。万稼

---

①此处原刻本自注：楼主人李翁及四峰姬人均留汉上。

连帆出湘水，老翁倚醉僮扶归。老翁此时意不恶，画师阁笔田家乐。我有莎湖二顷田，躬耕会作来春约。

丁巳十二月十三日碧湖诗社为陈恪勤公作生日展览予所藏公遗像及戴文节画公手植槐图两卷子因题长句①

恪勤画像康熙初，其时师友多风雅。卷端题句有名迹，文物江湖俟来者。湘皋老儒好稽古，东洲长篇和者寡。东洲去公二百年，乡人酾酒古槐前。写槐作图戴文节，笔妙竞爽无时贤。蜀使南归睹遗像，忆取旧咏敷新笺。都门尺幅遭沦散，芋园瞻拜犹嗟叹。② 龙津会合傥有时，定假风雷起霄汉。青郊衰残天所异，重接精光几前烂。黄浦抵我瓶斋书，珍重襟抱烦推输。碧湖诗酒作生日，往者好事今何如。沧洲卓荦三不朽，相与私淑陈两图。吁嗟乎！石村遗宅可作庙，东鹜山头且游眺，③ 谁欤后来事研校。草厂荒芜禾黍中，④ 空闻流涕悲残照。

兵灾行⑤

饥鸢莫食死人肉，中有弹丸贯腰腹。眼前牵衣妻若女，池中先此死人死。死人屋在池水东，朝掠至暮鸡犬空。池南池北数十宅，宅宅皆与此屋同。一翁避掠走深壑，壑中如与豪儿约。片衣不许翁身留，牵翁出行负以橐。三月水深田不秧，村农逃死饿且僵。群牛充食皆已杀，布谷催耕空尔忙。吁嗟乎！片言支吾动兵革，杀气阴森四郊塞。湖南此劫从古无，敢告元戎我心恻。

题贵筑姚女郎画兰册子

梅村昔唱画兰曲，清闺十五裁珠玉。妙腕生成间世姿，更对丛

---

①此诗当作于1917年。
②此处原刻本自注：遗像旧藏李文恭芋园。
③此处原刻本自注：公墓在东鹜山。道荣初集有定本，道荣堂诗无初集。原刊末印行，公手定本藏友人王礼培处。
④此处原刻本自注：湘潭馆在京城草厂十条胡同，为公故宅槐即在其地，兵燹后已成荒土。
⑤此诗当作于1917年。

兰写幽独。谢家词赋好门才，笔床砚匣森琼瑰。轻回罗袖舒寒碧，取次窗前蕙叶开。素心袅袅逢秋雨，独怪灵均怨何许。人间九畹自芬芳，慧性从容露纤指。谁云织锦不成章，一匹鸳机上画堂。闲中文翰娱佳日，犹把同心结穗攘。九衢忽报骊山火，惊绝雕栏闭花朵。轻雷历碌起燕尘，雾里蛾眉带愁锁。沉沉帘幕不知寒，楼头中夜涕汍澜。茶铛药臼空凌乱，无复霜毫画紫兰。阿父年年恨秋草，① 尺幅生绡泪多少。眼看明月上青天，往日怀中梦痕渺。百事消沉更奈何，河山残劫几番过。寄言阿父休憔悴，纸上灵襟保不磨。

谢陈师曾惠画兼题其槒庵诗稿

槐堂作画如作诗，惠我笔底琼瑶姿。江山尺幅善变化，清流回荡枯松垂。宾朋向壁怪幽绝，千岩邃若窥九嶷。世间谁欤此作者，清湘石谷优为之。槐堂后来峙若鼎，肯与俗子争瑰奇。有时写作古陶器，罂也瓴也周秦遗。寒精久辟吐花涩，不假刻画盘虬螭。初凉心事老画手，晚香入鼻秋葳蕤。我闻承家有骚雅，跌宕湖海囊清词。谢家高情述祖德，范水模山皆尔师。即诗即画妙不解，读竟十日魂酣痴。忆昔初见二十时，珠履练裙光陆离。吐句颇愿追陈思，点笔自欲名天随。后来披巾东海湄，吸取沉潋餐灵芝。胸腕磅礴不自知，鬼物惊笑人敢嗤。我来都门含百悲，寻君造膝心颜怡。君已沉吟霜鬓髭，安得散原翁就饮西山陲，看君挥霍乾坤为解颐。

赠法源寺僧道阶

莲峰拔地五千丈，翠柏森森倚云上。中间灵锡飞朱陵，方广宗风有龙象。当年说法文殊台，远公生公称辩才。幡幢缨络妙天雨，众香馥郁琼花开。法源古寺天下最，曾为瞿昙结华盖。上人坐处金发光，道侣邀迎洞庭外。大教陵夷几百年，况经三变海成田。只手从容回劫运，转轮心入四禅天。赤血横流动溟海，无边行愿同真宰。始知佛力不思议，灵山一会今犹在。华严岁岁演盂兰，五十年间一指弹。金刚长寿身不坏，敢作人生自在观。我惭居士拜金粟，慧眼

---

①此处原刻本自注：女郎父茫父有《秋草诗》。

曾劳照幽独。莲社攒眉倘有人,招携莫是逃名谷。①

短歌为汤烈妇作

洞庭秋风杜若死,壮哉忠贞弱女子。男儿报国不顾身,忍断缠绵奋衣起。闺中慧质兰蕙芳,肯与翠柏争风霜。纤眉妙腕韬奇节,拔地卓立人非常。云蜺拂天白日匿,志士狂呼气横臆。有时苍鹰被罗网,欲出不得垂双翼。谁言雌守不如雄,蛾眉无计脱樊笼。两全胸有探囊智,引决须臾斗帐中。武昌城下喧笳鼓,湖外健儿中夜舞。破空孤啸客入门,顿足空床泣如雨。瑱断膏焚可奈何,蒙腾心眼几番过。瑶台重见恩如昨,一梦徒怜醒恶魔。

丁卯夏游半淞园过周子建宅②

文鱼唼波当门闲,菰蒲合盥游廊畔。轻舠刺水闲往来,几道长桥依两岸。南飔隐隐时一吹,晴光不定花香乱。坡陀突起龙腾骧,中辟幽洞通羊肠。徘徊暗步寒衣出,登磴百级凭崇冈。藤萝拂人发紫翠,危亭屹厄生微凉。吴淞半江不可蓺,难得陂塘水清浅。故人约我憩山居,暑气闲情得俱遣。庭前碧树接名园,数辈扶携忘偃蹇。

送儿子培伟留学日本③

我年已耆汝未冠,爱汝天真殊烂漫。骥子从横性不羁,好奇耻接常儿伴。清时头角有期许,何意垂髫罹丧乱。战伐频年废书史,志士怀藏日三叹。扶桑日出我旧游,愿汝乘风趋彼岸。神山秘籍多可读,撷取菁英朗然判。群材少得亦匡济,谁敢傲睨等河汉。圆峤方壶易消遣,我惭留滞空昏旦。汝今尽发古鸿宝,勿似衰翁频流汗。

---

①此处原刻本自注:时予将往庐山。
②此诗当作于1927年。
③此诗当作于1927年。

游爱俪园歌①

积年忍负游山约，盛夏幽寻步梅壑。② 眼碍低枝万木阴，喜横危磴知楼阁。雨过闲阶滑苔藓，怪石当檐洞门削。池浪初平艇不篙，廊栏带绕欹腰脚。孤塔高搴水一方，掩映长虹飞略彴。编茅架竹花为篱，鸡犬沉沉古村落。忽然琐闼非民居，锦壁蕉香照鵁鶄。伊谁布金得祇林，一帆海客鲸波阔。有鸟将雌不挟雏，栖鹓飞鹜争追呼。自标爱俪骄一世，逍遥老与烟月俱。华幡手树梵王刹，刊播大藏探衣珠。又闻辟地起横舍，但召戎马无生徒。琉璃驰道以里计，域外宝所徒锱铢。鸣蝉萧萧荷叶脱，我来未睹骄阳徂。今宵良游骋云汉，③ 岂识尘鞅骖骊驹。周旋花树隐轻雾，归轮荡暮烟中驱。

---

①此诗当作于1927年。
②此处原刻本自注：园主人所居名梅壑。
③此处原刻本自注：时七月七日。

稿四　七言下

谒江宁湖墅村家庙①

南郊禾黍正纵横，十里湖堤策蹇行。殿宇新成容揖让，家人欢聚见承平。岁时祠祀笾豆缺，乱后田居地力轻。四百年来侯者裔，连村相约事躬耕。②

重过雨花别业有感　在湘潭雨湖烟柳堤上

堤柳依稀白下门，先人留此著琴尊。朱梅已落轩窗蕊，翠竹犹牵砌石根。胜地风烟多可辨，旧时袍笏渺无存。壁间题字新经雨，六老图中渍泪痕。③

寄巨川从父京师

阮籍风流已不凡，齐名文苑愧阿咸。④儒臣世有新彤管，傲吏家余破布衫。日下千官斑鬓脱，北来双雁锦书缄。山居寄语供嘲噱，世味都忘酸与咸。

读先从父贞端公遗著感赋⑤　公讳济字巨川

乱世儒贤最服膺，衰年骨肉更相亲。谆谆礼教文盈箧，惴惴民生泪满巾。薇蕨高怀伤缟鬓，荃兰孤操惜缁尘。投身净业湖中水，

---

①此诗当作于1893年。
②此处原刻本自注：余族明代世封保定侯，始封铭公，《明史》有传。
③此处原刻本自注：先曾祖朝议公、先叔曾祖资政公，迁湘时居此，皆享大年。绘《六老图》刻石壁间，多当时名流题咏。
④此处原刻本自注：癸卯岁，与叔同举特科。
⑤此诗当作于1918年。

此志无因语俗人。①

日本玉帘泷

朝漱飞泉暮枕流，高寻瀑布散幽忧。九霄玉女衣裳薄，万壑清秋霜霰浮。孤啸脱空寒鸟雀，水光随势活蛟虬。仰悬天界收诸岛，拄笏看云快此游。

东京夜出观剧

驰道无尘清漏长，良游胜友不寻常。寒灯照地轻车远，微雨飘衣短鬓凉。明治座②中春瑟瑟，二重桥③上夜苍苍。人间贺老琵琶旧，却忆江南泪几行。

望中

黄齑紫菌作朝餐，短槿疏葵带雨看。万族蛟鱼齐跳掷，九衢箫鼓竞悲欢。西楼高压峰峦秀，怪石秋添笠屐寒。今日仙郎寻旧躅，往时朝士有凄颜。

植物园

青葱玉树郁千重，软草浓花海外逢。遣兴似宜多种秋，长年何故不栽松。谁言枯干无生趣，毕竟肥荑有俗容。自握故园兰一萼，不愁云里失芙蓉。

感赋

文物先朝且勿论，怀中碧血为谁存。铜驼挟恨书生泪，金碗沉哀帝子魂。满地悲风胡虏骑，几年衰草汉宫门。何如东道青鸾翼，时带银潮玉露痕。

---

①此处原刻本自注：戊午十月，自沉于都中净业湖，有《桂林梁先生遗集》数十卷行世。
②此处原刻本自注：日本剧场名。
③此处原刻本自注：在东京御沟上。

赠杨皙子①

三拂缁尘手倦分,海天漠漠看苍云。哀时独洒灵均泪,嫉俗徒留柱下文。大泽龙蛇宁涸汝,故山猿鹤最怜君。心期未许谐流辈,片业峥嵘已不群。

赠周印昆

眼底扶桑落海隅,湘皋晴霭入平芜。低回屋角闲云出,太息霜前碧叶枯。绝世芬芳看岛屿,弥天苍翠隐江湖。潮来近夜寒声急,静抱秋心与月孤。

病中示四弟和甫

危楼孤坐淡无尘,郁郁悠悠寄此身。久病渐伤朋旧少,远游弥觉弟兄亲。不堪世变容孱废,苦忆青山学隐沦。忘是天涯看骨肉,残樽清话两羁人。

赠范静生

岳云燕树惜分携,海外高秋共酒卮。万里羁心弥眷眷,十年愁鬓欲丝丝。江河一望回青眼,鱼鸟无情入梦思。莫苦清尘同浩劫,胡僧挥手话多时。

皙子往观日皇巡阅海军夜过寓楼有赠②

啼罢征乌点血痕,强扶残病意昏昏。高楼我与秋分榻,半夜君随月到门。横海精神看似此,伏波勋业敢重论。雄谈会此都无赖,西望阴云怯梦魂。

---

①此诗《青郊诗存》作:"三拂缁尘手重分,海天漠漠看苍云。灵均爱国楚江泪,司马忧时汉时文。大泽龙蛇宁涸汝,故山猿鹤最怜君。南箕北斗虚名在,磐石千秋信可云。"
②此诗当作于1903年。

同张润龙望海寄怀三弟美洲①

谁遣灵鳌踏白波，断云垂海碧峨峨。蓬莱一水神仙隔，舟楫何人旦夕过。腾眼共收新物色，回情难向旧山河。扶摇有约堪求友，应笑孤鸿倦羽多。②

寄怀叶揆初奉天

边云朝合开军府，塞雁秋飞忆故人。自洗蛮烟秀松柏，独横青眼向风尘。沧桑有待收残劫，风日犹堪作好春。留得勒铭山石在，我来重认笔痕新。

游仙送周伯勋游欧美

娜嬛旧简已尘霾，忽展瑶签出上台。半夜长星杯酒在，一声黄竹绮窗开。神山几辈求灵药，沧海何年话劫灰。见说还丹仗仙骨，辽天孤鹤正徘徊。

寄怀罗训循保定

转侧昆仑梦几年，丹心白日与回旋。春秋自昔归盲史，色相无端入病禅。感旧人天双涕泪，知音河岳一琴弦。中原揽辔劳君子，忆否长松大海边。

寄怀廖荪畡长沙

谢病经年事远游，虽非吾土且登楼。凉风天末生华发，桂树山阿驻白头。牢落羁情空晦朔，芬芳词笔有阳秋。浮云莽荡沧波阔，却羡珠泉自在流。

---

①此诗在《青郊诗存》中，作"谁遣灵鳌踏海波，断云垂海碧峨峨。蓬莱一水神仙隔，舟楫何人旦夕过。顾我褰裳畏风雨，知君腾眼局山河。扶摇异日堪求友，应笑孤鸿倦羽多。"
②此处原刻本自注：时润龙将之美洲。

丙午元日①

龙战玄黄又一时，漫天朔雪意迟迟。檐前春兴生梅萼，陌上乡心动柳枝。各把酒樽忘主客，共看棋局卜安危。遥知故国东风起，却望瀛洲寄所思。

送周季良归国②

风轴霆枢自转旋，文章灰死仗谁然。须知大海群流合，要使千钧一缕延。怀抱烟尘堪扫荡，梦魂家国与缠绵。荷衣兰佩劳归棹，回首潇湘涨碧天。

浴箱根温泉③

故国华清望不极，东游箱根意未阑。泉石琤琮共千古，楼阁照耀非人间。岂有桃源堪避乱，不须蓬峤与还丹。惟将一掬池边水，尽洗中原满目瘢。

题樱花

岭头初日水边霞，尽散明珠络绛纱。仙种不传他国土，嘉名如睹上阑花。偶寻别馆穿芳径，才下渔舟过酒家。独惜残红秋不实，蟠桃犹羡海西涯。

靖国神社

十丈朱旗旭日悬，暮鸦秋雨噪祠前。辽阳鼓角风翻雪，旅顺戈船浪拍天。万井孤嫠朝伏道，百年牲璧夜登筵。新诗怕唱尸山积，上将新桥哭凯旋。④

---

①此诗当作于1906年，公在日本治眼疾。
②此诗当作于1906年。《青郊诗存》中原题目为"送周六兄回国"。
③此诗与下二首，均当作于1906年。
④此处原刻本自注：奥大将凯旋诗云："一将功成尸作山。"

寄赠陈伯严

江南江北道何之,长忆江楼把盏时。蔽日浮云多惨淡,在山泉水独涟漪。误中莫顾周郎曲,劫后谁拈国手棋。独立不愁人易老,春来花鸟草堂诗。

赠熊秉三

故山蓬鬓十年来,大地飙轮几日回。欲得骊珠探碧海,为求骏骨上金台。荒寒北道看禾黍,辛苦东陲辟草莱。此别多君富游涉,神州今有济川才。

堤上作

芳洲斜日照蜻蜓,弱柳长松一色青。已识胡麻堪作饭,旋看腐草欲为萤。筝琶隐隐神弦噪,刀剑纷纷战血腥。莫笑居人结茅屋,云中鸡犬自冥冥。

留别东京诸君[①]

四载浪游三去国,一身残病暂还家。葡萄忆远频沽酒,芍药伤离又著花。入世免教蚕作茧,求仙空羡枣如瓜。六鳌垂钓惭公等,鲨海归帆有鬓华。

丙午九月同周印昆唐明皆张润龙游麓山憩白鹤泉叹逝伤离凄然有作

旧日清歌不再闻,屐痕裙影认难分。山泉寂寂幽花涩,岩树苍苍落日曛。宿草几时生大麓,征鸿随意入青云。[②] 心魂到此都飘荡,送酒移船且一群。

[①]此诗与下一首,均当作于1906年。
[②]《青郊诗存》中,该句为"宿草数丛随故土,征鸿几点入青云"。

廖荪畡赠蔬笋佐以新诗依韵谢之并索后惠①

城居不省齑盐味，卧病强令齑作汤。筐楹累承遗野菜，腥膻何用杂枯肠。新诗爽似哀梨剖，厚意甘如谏果尝。休道活人资药饵，仗君频送笋厨香。

荪畡答前诗复以蔬笋见惠赋此奉酬

少年亦自甘粱肉，饕鼎何曾一胾尝。不分霜巢余粟粒，只期春碗涤冰浆。瓜塍芋壤田居美，笋片芹菹晚膳香。多谢清斋分菜把，待君寒雨话山庄。

丁未五月赵芷荪侍御罢职还里见过山庄有赠②

乌台三夏有严霜，忽睹秋鹰下九阍。虎豹当关俱寂寞，江河日下正悲凉。挂冠已分趋神武，请剑还期出尚方。独使群流颂忠直，孤臣回首总神伤。

和盛润珊登楼感赋

寒园双桂廿年前，门巷消沉各惘然。卧病苦求三岛药，倦游闲带五湖烟。渊明种柳辞彭泽，摩诘寻山到辋川。心绪不殊风景别，小楼孤月夜凉天。

吹笛感赵芷荪罢官事

扺笛宫墙尚有人，宫商犹觉羽衣新。清歌未破家山月，胡骑空随塞上尘。曾见寂寥仙侣去，不辞萧散牧童亲。故园烟树今如此，却忆斜阳禁柳春。

弃妇为时相作

弃妇仓皇夜去家，绣帘回望隔霜华。片辞弃绝知何为，中道乖

---

①此诗与下一首，均当作于1911年。
②此诗当作于1907年。

离只自嗟。纨扇轻抛依箧笥，兔丝孤寄失蓬麻。临分尽有蘼芜泪，莫倚恩深怨碧车。

谢谭组安赠桂

炎壑连蜷生桂树，苍皮紫肉玉不殊。信有姮娥窃灵药，似是越女搜明珠。七年求艾久未得，三日留香今所无。更袭芬芳劳杵臼，偶亲骚赋愧琼琚。

雨

仲夏雨急声如奔，薄暮重渍阴云屯。长风过树鸟忽去，积水平禾鱼欲吞。闭门罢酒一灯灺，披衣对客双眼昏。邻翁莫漫苦淫潦，堤岸明朝出涨痕。

池荷开一花

初离浊俗应无偶，不到瑶池已觉稀。一过蜻蜓刚独立，频来蝴蝶莫双飞。惊人只自疑高髻，顾影谁当伴羽衣。欲向林塘索同调，参差徒尔斗芳菲。

素心兰

良友茅斋未可期，清秋锦席为谁移。玉容似此深闺少，孤抱惟应夜月知。郑梦阑珊曾不妒，屈骚憔悴只能悲。幽芳一寸凭君写，泉石琴樽风雨时。

雨后看月

庭树森沉夏雨过，俄看天际涌金波。水边鸾镜寒无碍，雾里蛇珠湿已多。乍入花丛添玉露，渐开烟霭觅银河。宵深轩槛清如许，那有尘氛点薜萝。

酬陈南桢

裙屐才贤参簿伦，未遑京洛困缁尘。阶前舞鹤垂孤羽，洞底潜虬媚一鳞。射策年华同庾信，干时文字笑张宾。何当风雨腾南极，濯足天门析木津。

和赵芷荪都门留别

弱柳残阳唱一蝉，回肠堪断晚风前。哀时奏草情何极，录别诗篇意黯然。尘土鸡虫争睥睨，江山猿鹤共周旋。衣冠且喜枌榆美，韦曲招邀不乏贤。

鬓丝零落不胜簪，抱瓮寒泉学汉阴。秋径未除村酒熟，湘江无恙白云深。辞官彭泽少尘事，招隐淮南有俗心。想得山堂贤御史，芙蓉裁剪称衣襟。

重九日王莘田见过有作

桂残兰尽菊花开，雨后霜前日影来。吹树晚风能脱帽，凭栏佳客且持杯。① 弥空野色催黄叶，半岭秋香护绿苔。却忆诛茅发幽兴，去年今日此登台。

世事二首和润珊

世事浮云过太空，纷纷去燕与来鸿。酒樽消遣微醺侯，棋局伤残急劫中。渔子只谋收鹬蚌，奴人谁肯释鸡虫。翻云覆雨何为者，圣且无言况化工。

世事纠纷秋复春，长愁怜我眼中人。谁言精卫能填海，只有桃花可避秦。杖策不嫌丹壑远，奋衣时与白云亲。似闻梦乱嗟时局，徒使蜉蝣托此身。

答刘江生

虮处神州赘此身，寒泉自汲且酬宾。分流同是御沟水，高足宁无要路津。举世因缘多涕泪，十年离合一飘尘。旧来风迹今何有，道上巾车问隐沦。

尘容衰鬓不胜情，辜负心期白玉京。裙屐蹉跎都老去，江湖狼

---

①此句《青郊诗存》中作"未觉晚风能脱帽，且因佳客一衔杯"。

藉有痴名。归云满屋悄无意,栖鸟半林寒有声。对酒山窗君记取,朱梅初蕊隔帘旌。

杨傲纯以四十贱辰赋诗见赠次韵奉答①

少日交亲入盛年,相看蓬鬓各萧然。纵横不谢臧三耳,蹭蹬同违尺五天。犬马风尘旋已老,夔蚿心迹若为怜。平生弧矢今何属,自拾枯枝药鼎烟。

叠前韵答润珊

庄叟支离自养年,忘机与子共陶然。桑田几日犹成海,娲石何人竟补天。偃蹇独为君辈起,昂藏时受女儿怜。须眉疏谢心情老,往事风回一缕烟。

再叠前韵和润珊②

樽前流水逐华年,自笑颓唐一鞭然。白发易生多病日,黄花新发早凉天。久拚壮岁春如梦,未觉人间秋可怜。尽有故园闲岁月,且看乔木好风烟。

叠前韵答王谷平

章台杨柳似当年,姑射梅花正窈然。少壮不回看逝水,梦魂零乱入青天。菊过重九黄无赖,树到斜阳红可怜。残病枯禅两幽寂,待君闲话雨湖烟。

戊申二月寒雨③

多病逢春正不欢,东风吹雨作春寒。当阶蕙草碧条润,堕地梅花细萼残。椒暖已拚倾酒惯,狐轻弥觉解裘难。郊扉尽日无宾客,坐看莓苔上药栏。

---

①此诗当作于1907年。
②《青郊诗存》中原题目为"和润珊再叠前韵见赠二首",《六十自订稿》仅录其中一首。
③此诗当作于1908年。

春阴

小院回廊坐起迟,春如残病力难支。夭桃辞暖不成醉,弱柳中寒如欲痴。自是浮云知进退,休将皓月比盈亏。朝来处处芳菲减,苦忆前宵烂漫时。

紫禁

紫禁朱樱节已过,金盘玉筯事如何。已憎钟虡秦宫少,犹恨书囊汉殿多。门下省中看仗马,景阳楼上望铜驼。天边自有流霞盏,不遣人间醉碧萝。

和润珊寄意

芳醪聊共惜余春,院草庭花醉里新。心有一丝回白日,身如万点趁微尘。不凭凤穴求丹羽,定向龙津奋赤鳞。莫笑飞腾渺无益,却从林壑见吾真。

刘江生别至沪赠诗见怀答寄济南

四十青袍乍少钱,低眉愁赋远游篇。三年作客寻诗屐,万里怀人载梦船。江接黄滩春过雨,海连青岛夜横烟。故人相见知惆怅,话我郊居日醉眠。①

和左翰青枉过见赠

相望相思空逝波,山居长日喜相过。明时不睹唐贞观,盛会难逢晋永和。半世清才悲短鬓,满怀闲事听渔歌。荒江老屋蹉跎好,莫更长鸣惜太阿。

和翰青赠润珊

回首孤云被远岑,故园重叠故人心。尘飞不到碧山暮,云去无

---

① 此处原刻本自注:时罗训循提学济南。

踪芳草深。佳句重于双白璧，健躯强似万黄金。闲眠浅醉各天趣，未暇相如赋上林。

登台和翰青

雨后平畴一鉴开，明农述酒此登台。林花乍落双蝶守，白云欲飞孤鸟陪。刘郎去后桃仍在，陶令归来柳未栽。怀抱中年多寂寞，喜君清放自衔杯。

答寄欧阳伯元

惨淡看人意自伤，闭关初服对潇湘。杜陵韦曲同三象，臣朔侏儒共一囊。颇有闲情栽碧柳，更无余兴赋长杨。楼前一水通京洛，早晚鸿书下建章。

和廖荪畡

白袷黄衫侈胜流，酒颜诗吻健沧洲。谁从梵界闻清磬，苦向渔滩觅钓舟。贤智向人无浅语，祓禳随意莫深愁。蔬盘佐茗供萧索，习习凉风意未秋。

送杨俶纯之官济南

病中骊唱不堪闻，自理商弦强送君。奔骥岂宜终伏枥，惊鸿何惜偶离群。题襟莫纵平原酒，杖策须寻日观云。况复风流胜儒侠，一时宾客有田文。

吊白燕[①]

戊申秋，三弟彝自海上携四白燕归，以其二赠杨重子，自饲其二，一为猫所噬，一惊死。诗以吊之。

玉兰树下影参差，才过秋帘送客时。琼海倦游方远到，画楼清别正相思。惊风堕地身如叶，凉雨吹檐梦一丝。依旧雕笼尘不扫，唐宫鹦鹉觉来迟。

---

①此诗当作于1908年。

和曹籽谷

纵横金薤字千行,恨不持将贡玉堂。豪气元龙应百尺,史才司马更三长。欲收碧海珊瑚秀,尽取南山竹箭良。今日河汾须讲授,漫容身世付归藏。芳郊野屋喜春晴,细柳新桃各有情。游骑迟过知地僻,村醪半醉为诗清。西庄给事能留客,子建黄初早擅名。肯向蘅皋唱风絮,更开萝径扫烟荆。

送黄泽生镇军赵芷荪提学入川兼呈次山制府[1]

西韬双驾并才雄,物色唯忧楚薮空。将略论殊今葛亮,儒流心折一文翁。旌麾合沓荆门雨,剑佩纵横巫峡风。雾里少微甘寂寞,计安危局有严公。

残病

残病经春苦索居,七年憔悴转如初。求医每下平生意,致药常驰万里书。憎饭岂嫌蔬淡薄,看花唯见叶扶疏。支颐箕踞资吾静,翻笑尘劳却不如。

题外王考训导刘公遗像

公讳华镁,字岳生,同县廪贡生,官永顺县学训导。

蛮天风雨飒须眉,谋国高文世莫知。却记儿时上翁膝,酒边教诵中兴碑。

庚戌正月[2]

辟人孤啸罕通名,肯出林扉强入城。半醉酒宜春向夜,乍开梅喜雪初晴。群儿偶聚随啼笑,[3] 野老频来倦送迎。却是岁朝无乐处,

---

[1]此诗当作于1910年。
[2]此诗当作于1910年。
[3]《青郊诗存》中,此句为"群儿偶聚耽歌舞"。

不知诗思为谁清。

园中朱梅白梅绿萼杂开

几度黄昏朔雪过,春云无奈断肠何。翠禽随意餐珠玉,绣幔分行冒薜萝。篱角忍催箫管歇,楼头争对酒樽多。房栊璧月谁堪伴,绿鬓朱颜子夜歌。

新笋

岭头旧土生新笋,十载残根定不枯。为问异时成竹处,参差能似昔年无。

橙

庭下霜橙静尽年,肯班群果琐窗前。秋来惨绿香犹敛,雪后殷红质更坚。船篚不须参岭柚,厨羹闻已夺湖莲。无人作赋夸朱实,独倚寒丛春洒然。

新作荷池

为爱芙蓉凿碧池,新春消息雨如丝。池头旧雨休飘散,留待芙蓉极盛时。

自述

少壮忽随佳节去,乾坤容得此身闲。清言只掌过从辈,苦句盘胸寂寞间。只学农书酬岁月,尽留游债与湖山。已知世事难回复,自向孤村一往还。

取携花鸟弄春天,多谢桥南二顷田。白璧只应惭著作,黄金谁许学神仙。却看星斗还中夜,偶忆江湖向百年。缓带高楼人中酒,一声残磬白云边。

梁辟园别墅看梅和自述原韵

王闿运

良游爱约早春天,岁岁东郊访弄田。樵隐不同非一事,琴樽偶得聚群仙。南临浏水川原敞,西忆吴门战伐年。莫道清谈能误国,如今夷甫不筹边。①

苔梅如雪报春还,有酒应须半日闲。不逐鸳鸿上霄汉,暂随鸡犬住人间。新诗自咏江南曲,旧业犹留屋外山。且向莎湖泛渔艇,门前茸草未须删。

送吴子修提学入觐兼呈湘绮丈

柱下文章意在斯,使君高谊冠当时。近闻湘水栖迟地,更有清尊唱和诗。② 晚岁玉堂随杖履,深春云麓送旌旗。汉廷必欲登商皓,还许金门共酒卮。

春郊

巾车无借爱扶携,二月清箫催柳枝。醉后山行多蹇步,愁来春望几沉思。南塘水暖鸳鸯老,别馆花迟蛱蝶痴。莫更东皋问天色,淡云微雨倘相宜。

送周稼生之云南

骊驹底事促君行,舍弟边南仗友生。碧浪摇天迎粤峤,晴云照郭住昆明。太真且下辞亲泪,伯约犹多去国情。弧矢于今更瀛海,有方何惜赋长征。

残梅

沉沉暝色入孤村,满地芬芳正掩门。啼鸟数声山寂历,莓苔千点月黄昏。青灯已破罗帏梦,白酒能消绮席魂。若使流云飞不断,残妆余艳更无存。

---

①此处原刻本自注:藏事本与丁文诚任之,丁薨,竟有边患。
②此处原刻本自注:汪氏振绮堂刊清尊集中,多提学先人与浙中名流唱和之作。

戏为艳体四首①

内家词赋女平章，耻说明妃塞草黄。独有深恩承北第，敢将消息报东墙。六宫亲眷犹携手，四姓良家枉断肠。永巷周回春柳绿，可堪阿阁送斜阳。②

春殿衔杯宠最多，天魔教舞醉婆娑。八千侍女抛红粉，十二仙姬敛翠蛾。病骨已拚消药臼，泪珠无奈隔帘波。瑶阶断尽羊车路，怕写鸾笺谱怨歌。③

霓旌飘荡未央宫，沟水东西踯躅中。不信衔杯生石阙，谁怜承露泣金铜。迷阳伤足情难遣，鸩鸟为媒怨已空。休道婕妤工制作，至今纨扇委秋风。④

绿幢朱幰转森沉，海国旃檀定可寻。黄竹歌声回八骏，长门心事误千金。轻纨画马□阶近，翠袖当熊辇道深。回首昭阳人第一，未应愁绝白头吟。⑤

游仙四首和辟园艳体⑥

王闿运

楚国佳人号绛绡，芙蓉别殿斗纤腰。不教茅许同珠籍，偏有裴樊到石桥。芝馆乌龙惊绣帕，桃源仙犬吠云翘。青童昨夜朝王母，一夕微霜蕙叶凋。

桂海争传萼绿华，瑶池曾驻六萌车。一从月姊承恩泽，多少星娥足怨嗟。谁遣坏陵弹散云，空持倾国对流霞。三山采药愁真浩，落尽天台洞口花。

圣女祠前贤扇回，元君座上绣帘开。相从诸娣鸾为珮，第一仙人凤作钗。妒雪未消栀子结，行云先罢牡丹佳。洛滨明月漳滨雨，不踏金莲不肯来。

---

① 此诗当作于光宣之间（1908—1909）。
② 此处原刻本自注：善化。当指岑云阶。
③ 此处原刻本自注：西林。当指瞿鸿禨。
④ 此处原刻本自注：项城。当指袁世凯。
⑤ 此处原刻本自注：沈阳。当指端方。
⑥ 王及易、曾之和诗系编者据1910年第一年第八期《国风报》所补。

琼岛天风紫电光，上清归路到披香。锦书谩托青飞雀，彩仗偏骑白凤凰。无复银槎开夜宴，悔教菱镜照春妆。华阳不是无丹诀，待得丹成海有桑。

戏和辟园艳体四首

易宗夔

花钿侍从女相如，脉脉含情艳态舒。香梦绵绵鸳作幔，春光漏泄鸟衔书。不因错结流苏带，底事轻回油壁车。一捻明珰一招帐，翠眉微敛锦屏虚。

南国名姝七宝妆，当年宠目擅专房。六宫粉黛摧残尽，一骑红尘意气扬。只恨病魔侵瘦骨，莫教灵药涤愁肠。世人未解长门赋，终古梅妃在上阳。

兰麝氤氲淡扫蛾，羡他长袖舞婆娑。仙姬消息通青琐，群娣联翩振玉珂。夜月帘栊刚不见，秋风执扇竟如何。间游洛浦仍无恙，罗袜盈盈踏素波。

宴罢瑶池谒至尊，霓裳凤髻正承恩。南朝金粉应无匹，北地胭支乍有痕。何意香车如水逝，只今宝镜忽尘昏。银筝初歇钗初堕，颓鬓云垂欲断魂。

戏和游仙四首

曾广钧

一点芳心暗自持，璇宫深处漫相疑。空中鸡犬飞升日，上界鹓鸾历劫时。终古素娥愁碧海，只今王母隔瑶池。银河怅断填桥鹊，午夜南飞自绕枝。

电笑能回圣母欢，函关紫气接金銮。五丁力士惟驱石，太乙仙人自炼丹。城郭依然重化鹤，女床何处更栖鸾。蓬莱清浅瀛洲近，风引舟回欲到难。

上清沦谪几时归，金阙西厢镇掩扉。青鸟不来虚问讯，白鸥难狎是忘机。只愁玉露侵罗袜，漫许缁尘点素衣。望断凌波微步影，洛滨艳迹忆甄妃。

灭衢试骋五云车，游戏尘寰意态殊。料有画图张素女，可无书札问麻姑。金蛇弄影催琼树，宝马踶行拂玉趺。粉镜从容方自玩，岂知春梦醒华胥。

曾重伯携其姬人同过山庄有赠

桃根桃叶碧珊珊，① 白马骊驹锦作鞍。阿阁别来谁引凤，女床深处早栖鸾。② 牙筹静落银屏远。冰碗亲携钿臂寒，粉蝶隔帘知有约，双飞斜照玉阑干。

夜坐

蛩怨螀啼夜漏迟，华胥新梦自寻思。高荷月午留圆影，弱柳风残有乱丝。清簟半随心冷落，疏帘闲与鬓参差。茅堂咫尺惊秋叶，更是黄云待雨时。

口号

啼笑纷纷不自贤，十年衰病得孤眠。谁如狡兔求三窟，已见飞鸿到五弦。尘世因缘都傀儡，男儿痴绝便神仙。欲寻丹诀无勾漏，敢拟侯封慕酒泉。

闻杨俶纯之丧

三年书札惜风尘，樱下游谈悴此身。往日刘蕡悲下第，秋来宋玉最伤神。精魂倘化龙鸾气，奔走谁怜虮虱臣。我欲怨君凄不语，负书披褐更无人。

蝉

身世悠然天地秋，栖迟无定近高楼。生涯漠漠消风露，心事漫漫托唱酬。最恨不如金石响，岂容翻作糗粮谋。澄清亦自关时节，抛却青袍未白头。

---

①此处原刻本自注：姬人偕其小妹。
②此处原刻本自注：姬人尝侍重伯居此园数月。

回首

回首清秋归国谣，楼头离思碧天遥。有时明月不上座，无限白云方过桥。衡岳旌麾仍缥缈，瀛洲车马已萧条。几年海网漂流尽，赤水求珠意未消。

汗漫

汗漫何当览大荒，偶从东海阅三桑。书千卷有枕中秘，病七年无肘后方。自贼喜同鸡断尾，不仙羞似鼠拖肠。近来一事关怀抱，霖雨三朝望太阳。

新种池莲

人间环佩一群空，始信瑶池别有风。衡岫只愁云杂逻，瀍波应讶玉玲珑。天衣无缝丝丝密，罗袜生尘步步工。仙骨未成胎欲化，不容灵气久泥中。

赠唐明皆

唐侯五十发如漆，与我谐谈无厌时。常喜考盘歌独寐，自矜苌楚乐无知。遗经满笥边韶腹，瘦骨挐空贾岛诗。手把芙蓉参道藏，未应举世笑书痴。

箧中见癸巳乡试年录题句

青丝一出横门道，贪看麒麟上玉堂。尘土功名谁检点，鲲鹏言论久荒唐。自从芳草王孙去，① 无复槐花举子忙。姓字只今消灭尽，可无嗤点到文章。

陈伯严寄近刻诗卷奉怀二首

把卷沉吟倦不休，几年情趣若为酬。独撑心眼与古遇，未觉鱼

---

① 此处原刻本自注：王仁和在朝极力保全科举，洎王罢相始下诏停止。

鸟非我俦。碧海夏云通小阁，清溪渔笛下扁舟。知君兀兀江南北，坐叹行思今白头。

我亦闲居意寡欢，满房笺卷不曾摊。停杯无语听钟漏，煮药由人说肺肝。喜得朋侪计归隐，① 转缘衰病问加餐。宵来思旧闲能赋，梦接三山眼欲酸。

闻罗训循提学罢官感赋

苦恨浮云感逝波，更无心绪病维摩。十年世事秋潮沸，几辈官曹白眼多。湖海劫灰成阅历，文章余日好消磨。岳屏湘带轩裳地，结得茅斋伴玉珂。

寄赵芷荪山中

斗酒遮迎处士家，已闻归旆过长沙。知君心在白云下，直送船还湘水涯。纵使觚棱悬寤寐，未遑豪翰动咨嗟。山中看取秋禾熟，笑与高堂揣鬓华。

示秉渊②

常恐骞飞风卷尘，不妨扶病向时人。终年蔬笋供调养，半世糟糠共隐沦。闲昼招携分药里，凉秋消瘦剪头巾。深灯儿女休嘲杂，我自沉吟汝自嗔。

园居薄暮

层霄寥沉自秋清，况是楼台报晚晴。雨势何须更零乱，溪光如此不分明。下阶木叶空为影，绕院虫声各有名。门外车尘还接辙，且惊迟暮欲无成。

检箧得黄修原都门病中寄书凄然题句

燕云飘断五千里，湘树依迟二十年。长使幽忧逼家国，谁从并

---

①此处原刻本自注：罗赵两提学同时弃官归里，皆君故人。
②此诗《青郊诗存》题为"示闺人"。

世数才贤。病中卜梦多心事，客里题书尚眼前。对月看云常忆汝，那堪推手触尘笺。

病中自嘲

笔砚君苗已自燔，旧时结习一无存。道旁跬步孟门险，花底须臾子夜昏。踞地不蛙车隐隐，寄书无雁字纷纷。客来弗省谁何某，片语分明到耳根。

送周印昆复为辽游

杯近霜髭剑在腰，羁人横眼去萧萧。松花江上鱼梁稳，岳麓山巅雁字飘。故国马牛翻入梦，穷边蛇豕总能骄。嗟君数岁东南北，污尽征袍只度辽。

近事

明夷箕子方蒙难，柔顺艰贞又一爻。看似弹丸流峻坂，譬将杯水置堂坳。道伤文武百年尽，灾记春秋十月交。倘有飞腾龙在野，奈何瞻顾燕安巢。

连鸡势解更难为，泪尽包胥谅此时。起陆龙蛇无定所，求仙男女有归期。谁言白水真人在，犹为潢池赤子悲。鹄首赐秦天已醉，鲁连东海是吾师。

绝句

谁上通明表玉皇，竹宫灯尽夜焚香。天钱十万凭他借，只为黄姑办聘装。

桃花古洞神仙住，为问游人可知处。夕阳西下云满山，一鸟长空自来去。

强兴

今古沉沉一望孤，强兴茸枕饭雕菰。青禽逐偶频呼唤，碧树忘情自菀枯。落日未应随海尽，飞泉能更入山无。斋心便觉支离好，已办湖舟与钓徒。

罢剑停琴独渺茫，吞回残唾入枯肠。捧珠明月来沧海，堆絮浮云覆草堂。黄鹄白鸥俱有致，金鱼文马为谁狂。青霄接眼余沾洒，莫更凭阑向夕阳。

喜闻
金牛吞海飞鲸波，尧门舜牖星辰多。千里骥足斗险阻，四山鸟羽排网罗。烛天十丈夜光出，割云三尺龙泉磨。万方洒血独清泪，仰首洗甲倾长河。

寄贺莘生巡警同年贵阳
儒生款款向斯人，情俗蛮荒久更亲。未必蜚腾如子意，独于离索见吾真。江山摇落风云异，书卷飘零笔札新。十载石船劳寱叹，不缘时事已沾巾。

得句
沉沉碧雾千重塞，袅袅寒泉一脉通。谁信山川留物色，更教天地入鸿蒙。

秉渊检甲午乙未间赠答旧稿出阅因题其后
婆娑已是退衰余，恩数还思缱绻初。徐淑有诗皆慧性，梁鸿相约只穷居。房栊梦逐云山远，丝竹情随鬓发疏。二纪无何劳省忆，箧中亲切几行书。

皓月何曾夜夜圆，① 亲裁丽句自当年。孤游客思四千里，竟岁闺情十二篇。带远襟闲淮海客，风回尘散玉堂仙。鹿门近日停驹唱，更倚清箫镜匣前。

---

① 此处原刻本自注：内子寄怀诗中语。

雪

体物何人解道盐,堆盘儿女弄纤纤。平看半岭洼间聚,早向百花高处沾。晓起烟横齐上瓦,晚来风过略飘檐。满庭栖鸟不能唤,恐到月明寒更严。

送汪伯唐侍郎出为驻日本公使①

何人浴日望森森,手拂洪柯百万寻。海水不波瞻使节,国风能诵见诗心。星云远近前踪丽,岛屿低徊别意深。迢递频年只樗散,侥劳灵景烛山林。

冬暮与罗训循登楼偶望

梅花欲放不胜情,孤馆荒村处处清。寒犬自来多昼卧,宾鸿过此尚南征。几重蕉岭天边秀,一顷莎湖树外明。岁序渐阑徒侣尽,匆匆楼上乱鸦声。

再寄汪伯唐②

名家冠带共昂藏,一代元方与季方。③ 不分交期同骨肉,俄看世变入膏肓。上书凤阙先群彦,④ 著论麟洲扫列强。⑤ 赤口几时归摆落,黑头今日待平章。

偶入城便还

白日苍云不可攀,南关来往复东关。文章推奖孤朋好,齿发摧残忍病颜。舞鹤每当寥廓处,蛰鸿只在杳冥间。自今世路堪容与,何惜浮名付等闲。

---

①此诗当作于1910年。
②此诗《青郊诗存》作:"麟洲冠带共昂藏,一代元方与季方。不分交期同骨肉,俄看世局入沧桑。封章已自先群彦,着论犹将扫列强。赤口几时归摆落,黑头今日待平章。"
③此处原刻本自注:谓穰卿。
④此处原刻本自注:奏请立宪始于君为驻英公使时。
⑤此处原刻本自注:君著有宪政考数十卷。

沈幼岚中丞枉过山庄即送其开府桂林①

昆明池畔留鞍蹬,独秀峰前候节麾。薄海喜闻新命日,故人遥奉国恩时。初春雪色回元气,大庾梅花早北枝。曝背由来野人意,为君三复鹤鸣诗。

独居

叹老嗟卑酒勿陶,为伤多病得天豪。身随霜霰如梅瘦,心入风烟与雁高。于世自知无可语,浮生只是不能劳。离披梦幻同千岁,枯木龙鸣何处逃。

谢周印昆自吉林寄赠鹿筋

本草多能上食单,鹿筋谁分杂疏盘。坚强早与边风竞,调剂徐教病骨安。已入山林同野性,偶供药饵当朝餐。残生容我枯肠在,远道酬君厚意难。

岁除即事

明旦已是明年来,今夕不闻今岁回。欲拚寒饮偏憎酒,未入新春先破雷。篱边丛犬喧城客,池上冻烟开野梅。儿童自拥瓶花笑,村巷曾无腊鼓催。

次韵三弟纽约寄怀②

目营八表道何之,造化为工若可知。当世娄输谁汝伴,中原孔墨并吾师。欲教臣马同君马,堪使黄狮胜白狮。③ 莫讶祥金能跃冶,六州残铁悔今迟。④

---

①此诗当作于1910年。
②此诗当作于1904—1906年间。
③此处原刻本自注:南史梁武帝时,波斯国献生狮子。帝问曰狮子有何色?刘显曰:黄狮子超不及白狮子超。
④此处原刻本自注:弟此行遍览欧美著名矿山,极意研求提炼之学。来书纵论学术又多感怀时事,故篇中及之。

白牡丹

朱颜容易委春风,冰雪交融意不同。识得初心只如此,莫教狼藉一分红。

玉楼著处有笙歌,画紫题黄岂足多。诸相欲空空不得,本来无色更如何。

不履繁华体自芳,谁将玉石比贞刚。世间名业几人圣,汝是花中一素王。

和王佩初同年却寄伯严[①]

与子相矜被服奇,复怜同调散原诗。文明只有艰贞日,窈窕终劳瘵寐思。才士精神到磨蝎,痴儿啼笑入蓍龟。离居各掩新亭泪,碣石沧江未可知。[②]

和王心培三首[③]

心培父子佩著有《埤雅》兄理谙著有《谈艺珠丛诗纪》及《圭复斋集》行世。

囊括诗人镌墨华,殷勤诸老胜乾嘉。三唐以上包前古,奴视丁签百六家。

珠丛谈艺失群伦,埤雅当时号等身。父子弟兄师友分,眉山去后此三人。

九食三旬强作高,闲眠频转午时胞。白衣道上重阳节,客与柴桑是酒交。

[①]此诗当作于1910年。
[②]此处原刻本自注:时英于片马,俄于伊犁事犹未了。
[③]此诗《青郊诗存》为"和王心培感兴七首",《六十自订稿》中仅辑入此三首。

着意

白浪青云天地宽,心闲身苦笑啼难。三年乘马心无睹,五月披裘态自寒。长共医师亲药鼎,欲从海客把渔竿。故交相见藜床曲,著意题诗百不安。

刘江生留宿山斋夜饮有作

物色迁流共率真,好颜枯鬓转相亲。林花落尽催啼鸟,山雨飞来笑故人。诗思已伤三月暮,郊游休负一年春。病残沾滴难言酒,强为酬君乍入唇。

寄怀欧阳节吾兵备梧州

梧州使节拥清尘,湘水闲居笑白苹。只我故园供短鬓,知君行馆有青春。峰回久断南飞雁,山好能留独秀人。自是干霄郁时望,不愁松桂不轮囷。

长夏幽居

长夏幽居不掩门,心无一事日黄昏。风摇竹院收云影,水泄荷池过雨痕。童子持竿驱鸟雀,邻翁编栅向鸡豚。疏灯乍动残钟歇,城客投书暮入村。①

和孙姬瑞同年见赠

归傍莎湖卧草堂,乌皮风倦墨池香。蓬蒿松柏为同社,麋鹿鱼虾可一乡。入道渺然忘楚老,养生徒尔托蒙庄。朋交契阔还相诧,转侧空山鬓发苍。

燕吴与子久同游,袍袴蹉跎二十秋。并世不图夸李郭,救时无分揖曹刘。青云一道飞黄鹄,雪浪千条点白鸥。薄宦且成山可买,鹿门谁为故人愁。

---

①此句《青郊诗存》作:"偶遇城客投书至,屋底疏灯对酒樽。"

夏雨

凉雨飘疏夏已深，空庭行处意沉沉。篱边闲队一驯犬，叶底惊飞两斗禽。入世欲为枯树叹，无人知得浊醪心。愁来与客拈棋子，倘有樵柯烂可寻。

园望

山气蒙蒙接远空，卷帘环望思无穷。檐间蛛网常飘雨，树杪乌巢不坠风。荇带只随流水绿，荷衣无碍夕阳红。哀鸣黄鹄飞何处，却在烟云黯黮中。

幽居

金经上口代呻吟，长夏优游自在心。白日闭门惟偃卧，娇儿学语未成音。不争闲事能看弈，独有山人解听琴。如此幽居云可乐，怪他衰鬓苦相侵。

雨后凉坐

弥空雨意动潇湘，小院翛然六月凉。合沓浮萍荷叶晚，纵横流潦稼苗伤。几声杜宇谁家泪，一片白云何处乡。酒不中人茶亦倦，午风潇洒入衣裳。

酬尹白鱼

廿年违隔各湛冥，雨后禅衫到野亭。司马疏狂亲涤器，虞卿愁苦晚穷经。才多欲与诗无敌，头白翻惊眼更青。长夏过逢非世故，清斋相对酒颜醒。

偕四弟访横田廖荪畡丈留饮其家信宿而返

贪访珠泉踯躅行，先生谐啸动高情。两家兄弟各慷慨，一代兴亡有战争。篱菊悠悠向人老，野禽仆仆为谁惊。① 豪酬深劝频珍重，天慰幽襟与放晴。②

池阁孤清栏槛斜，良游休忆故园花。但余美酒留酣宴，且喜春泉见旧家。③ 江汉鼓鼙犹昨日，溪山樵牧此生涯。诛茅已约寻东鹜，④ 未觉荒寒岭路赊。

壬子度岁山中⑤

勋华重睹岁星遒，历数三微更九州。世外未忘秦伏腊，史家谁定鲁春秋。藏身岂待龙蛇蛰，远害姑同鹿豕游。外户自今真不闭，农时穮蓘复何忧。

游仙二十首

冠冕诸天岁月多，玉台苍翠影婆娑。何人识得西王母，几度昆仑顶上过。

青囊秘籍活人书，长笑黄农术已疏。亲捣玄霜三万杵，不教窃药到蟾蜍。

长镵药圃更桑田，且课农书且学仙。直欲驱龙种瑶草，躬耕多在白云边。

一缕炉烟鹦鹆斑，璧除昏浊叩玄关。洛阳自有名工在，办得黄金铸博山。

桂树千寻斫得无，广寒依旧月轮孤。人间偷曲长生殿，处处霓裳学李谟。

---

① 此句《青郊诗存》作："丞黎飒飒为谁惊。"
② 此处原刻本自注：久雨是日忽晴。
③ 此处原刻本自注：丈所居七百余年故宅，题曰春泉堂。
④ 此处原刻本自注：予居近东鹜山为明末诸遗老隐居避兵处。
⑤ 此诗当作于1912年。

绛节来时第一流，洪厓左拍右浮丘。方壶圆峤经行处，不似卢敖汗漫游。

飞凫长揖别王乔，不上秦楼弄玉箫。闲向五云深处望，汉家仙乐正飘飖。

分曹视草拥诸郎，荀令风流汉署香。玉磬声中青琐闭，碧天无际雁离行。

落花如梦已春归，几卷华严玉女扉。散尽珠缨成一笑，更无人与斗芳菲。

天厩骅骝意未降，日行三万到槐江。穆王倘有重来日，青鸟殷勤报绮窗。

南岳夫人第几峰，手扶灵景佩苍龙。朝阳照映蓬莱阁，杖底清秋万壑钟。

越裳翡翠几时来，一炷昆明已劫灰。壮士力穷功未竟，兹山犹仗五丁开。

碧水群飞海上波，雷声隐隐起蛟鼍。明珠无分终成恨，南越何曾王赵佗。

铜琶哀奏大江东，黄鹤南归夜月中。一剑横飞人未觉，秋磷成阵扑西风。

南箕北斗郁苍苍，从古蚩尤有战场。欲上崆峒问消息，龙泉百道扫欃枪。

江上麾幢拂阵云，洞庭归梦雁纷纷。冯夷击鼓关心在，三笛君山未忍闻。

东海微禽意自豪,朝朝衔石向波涛。更谁孤抱如君者,静对寒空剔羽毛。

笻足丹梯步玉肩,浮云如扫手扪星。千编道藏都翻尽,独写黄庭上品经。

不求灵药上瀛洲,已卧元龙百尺楼。天际真人一游戏,投壶声在殿西头。

圯桥书卷绝当时,博浪沙边奋一锥。不屑封侯终辟谷,赤松黄石是吾师。

云在楼落成呈罗春阁丈

辛亥秋游宁乡,依罗春阁丈以居,其地近汤泉,又有东鹜、石螺诸山之胜,沩水流经门前。聚族而居,风俗淳美,有卜邻之意。丈因为予筑云在楼于所居西南隅,落成之日爱赋长句。

楼前一水接林扉,屋外诸山入翠微。别有温凉谁得趣,① 不缘樵隐且相依。忘情去住知鱼乐,随势低昂羡鸟飞。丈亦登寻少同调,季伦高兴莫思归。

闲中衰病此登楼,相与虚襟一壑舟。昭谏风流余节操,安阳门巷共林丘。不忘永慕松楸在,② 为贺新成燕雀游。心远肯随云出岫,劝酬光景眼悠悠。

愁中

身世飘如一发轻,料无鸡犬入升平。空江落日旌旗色,古驿黄沙鼓角声。白马青袍人寂寞,铜驼荆棘泪纵横。愁来极目风烟阔,独倚危楼待月明。

---

① 此处原刻本自注:地有温泉复有冷水井故云。
② 此处原刻本自注:丈于楼上尝望其母太夫人之墓。

螺溪寺怀陶密庵先生　　先生名汝鼐，明末遗老，祝发寺中

遗踪无复密庵诗，一曲螺溪更与谁。纵目河山今夜月，甘心薇蕨旧时悲。仍看孤鹜留汤水，又入枯禅落鬓丝。古寺客来僧在否，百年家国泪空垂。

鄂怀

南楼明月满江城，泣下鱼龙夜有声。痛苦文章深至骨，哀时何似庾兰成。

咏今十首　　辛亥壬子间①

上游形势武昌城，不世威名汉将营。万壑秋风生虎啸，一宵篝火笑狐鸣。祢衡墓下旌旗动，庾亮楼头鼓角惊。三户亡秦终发难，白龙鱼服此时情。

名疆岳鄂久相依，闻道新军去复归。庄贾已除收众志，项梁不死失戎机。空山莽荡浮云合，落日萧疏木叶飞。莫使豺狼当大道，未妨鸡犬出柴扉。

半缺金瓯鼎未迁，河流中断正投鞭。刘琨击剑悲江表，温序横须忍阵前。死士不还终得所，将军飞下岂从天。百年成败从谁数，白骨苍苔一惘然。

不须沉锁更横江，千里惊涛日夜撞。铁瓮城高霜皎皎，雨花泉冷溜淙淙。谢安棋局犹留客，王濬楼船已受降。作赋何人伤甲戌，生平萧瑟对寒窗。

毕竟前驱夺汉阳，援军江岸正仓皇。遥看太白兵无敌，久怪蚩尤气不祥。阃外共谋销剑戟，天边旋见扫欃枪。澄清揽辔寻常事，倘有雄心应帝王。

谘访迢迢隔九州，人心蓍蔡苦征求。分明左袒归隆准，底事偏安据石头。巫峡羽书仍未断，潼关戎马几时休。兵交期会无消息，袖手观天抱杞忧。

---

①此诗当作于1911—1912年间。

荆璧连城恐见欺，珠盘不定载书迟。土崩瓦解那能止，豆剖瓜分未可知。往日曹刘同有国，异时巢许得相师。绸缪会此多阴雨，大厦何嫌一木支。

虫沙战伐一时安，杀气分缠白日寒。野寺羁魂何限恨，石庄残血不堪看。副车隐隐咸阳辔，怒发骚骚易水冠。各有沉冤余涕泪，忍言孤愤切心肝。

懿亲谋国竟如何，万象星云仰共和。绝塞早空回纥马，虞渊宜返鲁阳戈。百年乔木风烟在，十里蘼芜涕泪多。南内管弦消歇尽，庭花无恙不闻歌。

挽辂论都意不同，龙蟠休更说江东。乍飞乌鹊枝头月，欲近神山海上风。嵩谷有人呼万岁，汝阳先世本三公。春游不忘灵和柳，犹听流莺出汉宫。

叹绝

叹绝泱泱大海风，从来乘势即英雄。枕戈自有平生志，横草曾无一日功。已见赵佗居岭表，犹闻陈涉起关中。斩蛇本是田间事，揖让何妨出沛公。

赠李次樵

旧日清狂老更痴，松枝微雨闭门时。飘零书卷尘浮灶，洒落儒冠酒满卮。屋外青山能作伴，秋来黄菊要题诗。密林三岁成孤往，眉宇何因见紫芝。

次樵叠前韵见和赋酬

天许男儿强作痴，空山痴绝独居时。长风候我披山径，细雨留宾劝一卮。李愿久甘盘谷隐，王维多寄辋川诗。即辞猿鹤缘何意，恐负巾车问采芝。

和郭复初章一山赠答之作

强系千钧一发难，昆仑西倒眼从看。忍教大地沉雷雨，欲取长河涤肺肝。侧足更寻东海畔，冥心长向白云端。义熙诗思凭谁说，述酒篇多墨泪干。

席间赠妓和唐明皆

短葵疏槿杂芝兰，物色频教病眼看。楼角倚灯羞粉黛，水边扶酒怯阑干。霜髭影断菱花镜，玉臂香分艾叶盘。巧笑未成丝管歇，夜珠胎满漏声残。

寄酬曹籽谷汉口

近日曹侯诗句新，连篇寄我远怀亲。悬流夜涨灵官渡，落日孤吟夏口津。偶遣簿书催白发，颇闻门巷拥朱轮。比年病隐身投寂，苦忆冰蚕造纸人。

赠吴江女子沈宜

照眼樽前明月珠，风光争识旧罗敷。神游洛浦情多少，赋入高唐梦有无。自理行厨供脍炙，为消闲昼斗摴蒱。更谁茶酒谙吾性，一去蓬山重感吁。

周印昆还湘相见有赠

四年不见髯公面，老去哀时有倦容。三变已看沧海水，后雕谁识岁寒松。江湖薄宦寻山好，京洛名流载酒从。华发未凋兰佩冷，故人何处翠微峰。

无题

樱桃杨柳擅温柔，十里扬州第一楼。绿酒长春谋小醉，朱弦子夜遣新愁。金钗倘愿蕲王助，玉佩宁甘汉女游。莫向云间称二陆，士龙才调独风流。

和赵芷荪感怀见寄兼投郭复初

已入深林断见闻，沉冥何用苦为文。胸前了了无青史，物外悠悠看白云。多难忽然龙起陆，忘机甘与鹿同群。湖山只是供庸散，我自天残不及君。

闻青岛戒严有感

蛟鳄无端踏浪来,群飞海水挟惊雷。淮南有赋犹招隐,桓景何人果避灾。世外楼台都是梦,眼前金碧欲成灰。可怜万树梨花白,未许春风得再开。①

寄怀五弟焕廷伦敦

忽闻烽火照仙都,知汝游踪出海隅。② 掩耳雷霆离战地,极天关塞走军符。思亲却虑家书阻,遭乱弥伤旅梦孤。讲肆未应陈马队,诸生还得授经无。

和姚茫父秋草

清霜摇落旧柴门,处处啼螀冷梦魂。拚使尘沙归摆脱,只凭樵牧送朝昏。过残白露难成砌,踏破黄埃别有村。野烧不堪风再起,别来珍重马蹄痕。③

秋日过青郊别墅

年来旧宅此重经,夏涨曾闻十日停。塌地短垣堆土石,绽林残果接阶庭。楼头秋气天俱白,门外游踪草不青。灾后比邻茅屋冷,夕阳扶醉问飘零。

与周印昆观剧作

乱后乡关词客老,南来歌管女儿稀。莫谈天宝年间事,鼛鼓声中按羽衣。

---

①此处原刻本自注:岛中梨花万树,因有碍瞭望,一时斫尽。
②此处原刻本自注:欧洲战衅开时,弟方以暑假游柏林。
③此处原刻本自注:篇中骝括三四年来近事姚诗旨也。

饮曲园调印昆

商女琵琶解唱歌,西风楼上奈愁何。醇醪醉却周郎未,顾曲无人误已多。

初夏集青郊和白鱼

十年情趣一垂杨,携酒莎湖问草堂。是处沧桑惊鼓角,满庭风树哭衣裳。无多旧雨来今日,知有白云居此乡。人事尽非游似昔,啼乌声断九回肠。

初秋与黄方舟王伯谅小饮湘楼

楼外江山气已秋,酒边霜上几人头。朋交衰谢中年阔,豪俊招携竟日留。经眼图书留结习,隔帘晴雨动新愁。[1] 更谁抚剑谈京洛,乱后心情早倦游。[2]

过湘潭河东访孙蔚林同印昆作

西风吹皱洞庭秋,老屋苍茫古渡头。溪上柳条枯欲尽,不随黄叶下溪流。湘东憔悴老经师,孤坐沉吟百不知。欲为昔游悲早逝,啼乌依旧月明时。

汉上酒楼南望

浊浪浮云共浅深,重过汉上感题襟。草间仅得安身地,泽畔聊为去国吟。谁分马肝终识味,未宜蜗角更相侵。故乡兰芷今何似,怅绝羁游缱绻心。

游庐山不果谢罗四峰

杳霭匡庐入望中,长谣无分怨回风。携家苦似蚕成茧,多病愁

---

[1]此处原刻本自注:时新秋多雨。
[2]此处原刻本自注:方舟自都门别后十余年不相见,顷闻当作燕游湘中大吏留之故云。

于鸟在笼。游兴已随江水发，归心忽与岳云通。何时共践扁舟约，载酒劳君醉碧筒。

偕白鱼渡江约周心约李邃庵同登抱冰堂归过黄鹤楼作①

已闻征战忽休兵，江汉安流快此行。司寇衣冠今法吏，武昌楼观古名城。干戈不改山容好，谈笑能邀暑气清。郭外风沙摇落后，布帆南去有归程。②

约游庐山不成四峰作图以赠题一绝句

石镜香炉生夏寒，江行常与梦盘桓。迷离未许劳双眼，真面从君画本看。

将还长沙四峰赠湘渚归帆图赋此为别

惆怅知君下笔时，几回伤乱更伤离。汉南送客寻常事，莫向江潭问柳枝。

和四峰庐山纪游

山灵扶汝到高原，古寺松飙白日翻。星汉可寻天有路，风云无碍佛称尊。池边一水通神液，台下千花护断垣。诵取残碑知往劫，不须亲向碧苔扪。③

星宿无源喷薄来，神工飞瀑斧痕开。峰腰泻浪纹如谷，石罅奔泉响若雷。风雨自然生物态，江湖应笑不天才。轻湍片片东西去，泼尽雄心莫遣灰。④

天题往日壮东南，百结徒闻七宝龛。野刹有人瞻舍利，幽花随意杂优昙。一炉香气尘缘却，双剑寒铓慧业参。不假玄天坐岩瀑，华池吾亦水潭潭。⑤

---

①此诗当作于1917年。
②此处原刻本自注：余明日南归。
③此处原刻本自注：天池寺。
④此处原刻本自注：瀑布泉。
⑤此处原刻本自注：秀峰寺。

佛手参差净晓烟，苍岩危倚树参天。掀腾雷雨常千里，指点乾坤尽百年。飞动碧空秋入画，光明孤座夜通禅。如来掌上纤纤露，洒作人间万斛泉。①

匡庐怀古同四峰作

无人更识东林寺，微雨疏钟忆远公。古塔佛光残照里，莲华秋气白云中。雁门人去天泉竭，龙藏书来雪岭空。莫道禅心无取舍，至今陶谢不同风。

伽蓝云是右军家，池水如今起墨花。斜日寺门蹲虎豹，晚年毫翰走龙蛇。公卿旧望延江左，木石闲情转法华。题字已无残碣在，群鹅何处弄晴沙。

栗里言情旧草庐，南山南去识巾车。平生羸疾为消酒，乱世幽忧懒著书。犹幸义熙当晚岁，且辞彭泽就穷居。归休五十宁嗟老，童稚扶携兴有余。

头白怜君久未归，杜陵垂老更依依。狂谣仙杖栖庐岳，匹马宫袍眷帝畿。海内几人长句好，草堂终古碧云飞。何当一夜江楼酒，肠断年年采石矶。

刘芋珊招饮庐山森林局即席赋赠兼呈刘云樵年伯

宝树瑰奇未易逢，天教耆旧偶相从。香山一老诗坛主，莲社诸贤净土宗。②道义提携忘乱世，儿孙罗列见群峰。青猿白鹿知何处，酒半凉生万壑钟。

琴志楼追怀易笏山丈兼寄实甫都门

苍岩寒瀑拥山居，中有幽人读道书。叔夜似闻仙换骨，子云犹忆客停车。家传玉局才无敌，吏隐金门计未疏。羽化江坛成故事，琴心消息近何如。

---

①此处原刻本自注：佛手岩。
②此处原刻本自注：丈好静坐，心不妄动，与净土宗合。

别刘幼云同年

相逢空谷语酸辛,危苦悲哀剩此身。病骨自憎同异物,孤游何意接遗臣。凭高洒尽中原泪,离世求为上古人。尔后未知陵谷事,且将蓬转听飙尘。

周印昆自张家口寄诗见怀时湘南用兵赋此奉答

消息疆场故国栖,时艰弥更惜分携。关门日落看裘马,岳树霜黄听鼓鼙。别后诗从寒雁到,秋来魂入夜乌啼。劳君南望情何极,揽辔多时意转凄。

闻印昆游昌平十三陵寄二绝句

昌平山色带霜棱,九月河流已结冰。一阵寒鸦啼不得,朔风吹上十三陵。

寻碑塞外不知还,吏事无多更入关。直上长陵问残石,可留鸡血旧时斑。

五十初度客汉皋作①

五十归休去日多,况嗟时局下江河。西风短褐携家出,逆旅良朋载酒过。秋晚湖风寒雁鹜,年来诗骨老兵戈。且从谋醉眠孤馆,商女何心遣唱歌。

席间赠歌者凤楼

鼓角风残意可哀,管弦声歇我重来。何人击筑燕南市,有客携琴汉上台。②

玉漏清歌怜夜月,珠丛游女叹仙才。登楼莫漫愁箫史,犹胜江

---

①此诗当作于1917年。
②此处原刻本自注:凤楼有声京津被灾来汉。

城听落梅。

和周印昆寄示题其夫人绣画二帧四绝句

莫道湘流尚昔年,不曾看画已潸然。通川百里行舟绝,山上狼烟接水边。

却记荒江避乱时,夜深风雨觅篙师。图中指点回澜处,隐约船头插小旗。①

绣阁春情近柳堤,柔丝如画要新题。自从戎马纷纷过,无复诗才到絮泥。

兵间远别家家是,谁更含情折柳枝。归去山亭重看取,几多金缕似当时。②

忆青郊花木八首

荷尽犹余菡萏香,菰蒲菱芡满池塘。残红纵尔骄丛碧,无奈秋来夜夜霜。

霜前雨后尽苍苔,兰自能香蕙亦开。寂寞中庭人不过,可怜谁是楚骚才。

别院无人日又西,山栀高与海棠齐。纷纷蜂蝶偏无赖,揉作秋花一瓣泥。

千株万棵影低斜,也自轻轻作白花。抛得黄金买憔悴,主人终是隔天涯。

木笔峥嵘玉色拿,悬知春晓放蜂衙。曾无紫翠供挥洒,闲煞雕

---

①此处原刻本自注:军队索船多插小旗为号湘江帆影图。
②此处原刻本自注:山亭春柳图。

栏第一花。①

独扶丰干欲参天，破萼新花似白莲。自是东风好亭院，恨无颜色斗春妍。②

绮罗风薄好花开，强起春阴舞一回。耻与人间鼻功德，不闻香处愧天才。③

洛阳移种带围腰，博得檐间锦带飘。肯与花王共台阁，牡丹犹是不能骄。④

咏牵牛花

玉露中宵堕地浓，水边沙际有花丛。只愁过眼朝霞色，来向秋阳竟日红。

咏岳阳杨烈妇

危语惊传胆不禁，双鸾魂只忍悲吟。孤虚偶值言终验，一殉无难悔已深。中夜竟收思子泪，九原谁识望夫心。逝将出世成长往，更勿酸颜看陆沉。

答杨重子见寄⑤

山窗昨夜碧桃花，万里尘鞍苦忆家。自遣余生栖净土，久无书札抵长沙。柴门送雨闲披褐，檀几寻香静煮茶。倘倚定王台石望，片云无恙隔京华。

---

①此处原刻本自注：辛夷。
②此处原刻本自注：玉兰。
③此处原刻本自注：海棠。
④此处原刻本自注：芍药。
⑤此诗当作于1918至1919年间。

己未三月陪翁叟甫师饮宣武城南章曼仙同年宅即席有作①

春兴公孙醉倚扉，相携游侣百花飞。遗臣老去须眉健，词客交亲肺腑依。杯勺谐谈无俗物，舣棱闲望有晴晖。比年扶病愁奔窜，欢笑才如此会稀。

和朱师晦归至长沙望青郊见怀

故园风物让君看，却忆清秋共倚栏。别后每因怀旧社，劫余犹幸驻征鞍。苍茫游兴时仍乱，牢落归心岁已阑。为语青郊数株柳，春还有日耐霜寒。

和田凤丹饮集青郊见赠

鸣驺隐隐入林垌，五里黄埃古石亭。② 水落溪茭登馔白，春深堤柳入旗青。马援交趾曾题柱，窦宪燕然要勒铭。愿向沉昏慰霓望，莫缘清放羡鸿冥。

张正阳从军岳阳兵败不归传言已死杨重子以诗悼之已而生返长沙与黎薇生同用重子原韵贺赠

乌石先生久不归，故人相忆各依依。屈原忧国情何极，杜牧谈兵愿已非。壮志岂真酬马革，愁心应更恋牛衣。洞庭木叶今摇落，怅绝寒秋一雁飞。

欣闻虎口尚余生，报与君家好弟兄。子立已空冠剑影，微吟犹带鼓鼙声。荒郊踯躅谁留客，茅屋栖迟转避兵。世道从来孟门险，于今荆棘况纵横。

劫里生还老去身，惊魂飒飒堕南津。相逢怪问今何世，未死犹为天幸民。乡里风光黄脚好，乱离朋辈白头亲。新诗莫更悲时局，莲社图中要此人。

---

①此诗当作于1919年。
②此处原刻本自注：青郊有古石亭寺。

和重子赠淑仪女士

春闺罗绮更熏香，憔悴秋来翠袖凉。已分闲阶花似玉，谁知孤枕泪如浆。仙鸾铩羽羞明镜，客燕营巢感画梁。荒草禁垣凄绝久，蘼芜何事采斜阳。

身世飘然海上沤，阅人屏角几阳秋。由来入道多红粉，莫更伤心到白头。余日只消弥勒阁，他生休羡郁单洲。散花丈室同天女，证得池莲一瓣不。

辛酉贱辰承薇生重子正阳诸君赠诗率赋奉酬①

十载干戈百病身，今来才接旧交亲。难从劫后逢佳日，强出愁中作酒人。黄菊秋心残院落，荒江词鬓短车轮。升平倘许成侥幸，鸡犬南村好卜邻。

落叶二首

闲阶扫尽满林枫，一片残红出汉宫。曾托乔柯撑白日，独随衰梗委西风。孱颜零乱严霜后，灵气消沉断涧中。苦恨樵斤不相惜，惊沙飙起逐飞蓬。

敧树层埃禁苑孤，阿谁愁唱采蘼芜。昨年春梦参天柳，半夜秋星堕地梧。凄恻一声辞鸟雀，娉婷双影入江湖。寒流莫更摧残甚，泪下王孙草亦枯。

枯草

掠地惊飙去几何，不因残烧怨蹉跎。阶前粉蝶知仍在，门外黄骢未忍过。每对夕阳愁转急，偶沾微雨润无多。明年倘有春风绿，惭愧青袍送玉珂。

夜坐答周稼生见赠

岂有明珠号辟尘，纷纷离妄复求真。卧游我自通天眼，夜话君

---

① 此诗当作于1921年。

能转法轮。知与幻师同匿笑,不妨魔术更翻新。说言密意何曾密,痴绝祇园会上人。

读内典和稼生

茫茫香海理幽微,悟入华严世所希。尘现宝王无量刹,珠藏贫子数重衣。能于教下超三有,岂待言前绝百非。智解悲行双遣处,竹林精舍得皈依。

小舟

飘然如叶一身轻,荡漾中流自在行。打桨料无争渡客,叩舷时有放歌声。芰荷香满鱼初上,芦苇丛深鸟不惊。弥望沙汀皆是岸,莫忧风急晚潮生。

野菊花

几丛开谢不关心,傲骨偏教玉露侵。黄叶有时堪作伴,青虫何事苦相寻。甘于笼底充良药,耻向篱边索赏音。陶令尚疑难免俗,始知高隐入山深。

季春饮集青郊和黎薇生见赠

五里春游一草堂,扶携遥认树头苍。十年幸免昆冈火,三日难忘曲水觞。词客郊行虚笠屐,① 故人林隐剩瓢囊。② 重来诗思多零乱,依旧辛夷伴海棠。

入道因缘信不同,座间痴叟与呆童。③ 香厨别有酸咸味,净域都无冷暖风。未许胸中犹块垒,可知身外即鸿蒙。韶光如许樽前好,寄语夭桃着意红。

---

①此处原刻本自注:薇生数年前约游未果。
②此处原刻本自注:重子邻居亦暂舍去。
③此处原刻本自注:叟谓高福昌,童谓柳克恭。

寿杨淹伯兄弟之祖母彭太宜人八十

柏庄①秋树久烟芜，惟见寒云养碧梧。韦母巾箱常在意，莱妻灯火足为娱。一经信可传三世，诸子犹闻托菼孤。回首饴香慈竹下，声名今日两文儒。

论交邹舍识机声，浊世家风此独清。入洛弟兄皆锦绣，闭门姑妇一棋枰。能招益友开三径，尚有遗书拥百城。持此上称王母寿，鳣堂嘉庆傲公卿。

和刘仲钦师长三首

无端诗思动高秋，大将闲如隐者流。不是从军厌鼙鼓，功名心与白云浮。

战垒阴森树影间，虎岑秋薛血痕斑。今年错过登高会，独坐危楼看麓山。

湘波千里不通舟，白骨黄沙到处愁。欲访冯夷叩消息，江边戎马几时休。

贺刘仲钦新筑止庄落成

军符卧内傍书囊，百道旌旗向战场。长遣诗情消块垒，只教兵气掩欃枪。渊明栗里同栽柳，②诸葛成都仅种桑。今日干戈犹未息，元戎先以止名庄。

络绎偏裨唱凯还，几回谈笑定乡关。南阳共识刘文叔，开府谁如庾子山。留付佳儿书万卷，广容贤士厦千间。角巾温雅宜私第，雏凤声中绣阁闲。

---

①此处原刻本自注：淹伯尊人重恒所居名柏庄。
②此处原刻本自注：余与重子均邻师长新居。

赠湘南诸将

兜鍪今日耻言儒,常笑峨冠不丈夫。一郡角声寒洞壑,满园幡引动菰蒲。法王宝刹随心现,力士金轮奋臂呼。欲演慈悲容我辈,弹丸无数涌明珠。

山行

断墙斜屋厌兵戈,默默秋原劫后过。十里晚晴山下路,树头红叶不须多。

寄六十岁小像答谢印昆都门

青郊眉宇已衰翁,为报诗髯老夕红。却忆昔游携手处,麓山零乱郭园空。

河东怀孙蔚粼李翰屏

寒雨深春压柳堤,故人门巷更凄凄。书床无恙斜阳尽,愁听鹧鹕屋后啼。

野望

晴光初敛雨冥冥,短柳敲松接草亭。已近清明寒气重,枝枝不似去年青。

丁卯五月避乱沪滨答周稼生寄怀①

病后怜君意不支,为予遭祸转生悲。残躯自分非磐石,急劫频闻困弈棋。往日关河多未改,旅居眠食幸相宜。扶携避地原初计,乘兴来游及此时。

---

①以下两首均当作于1927年。

李希易招饮即席赋赠兼呈同座伯严重伯诸君

身随尘劫听迁流，一聚谁怜海上沤。晚岁羁情亲老友，半生凄眼怯孤游。肝肠幸不供豺虎，皮骨何当混马牛。廿载远来寻旧梦，尚余风雨在高楼。

重伯六十诞辰余寿以诗迫病未就
越二年同寓沪上值八月九日补成此篇

公孙仪从戟门开，九岁诗篇付玉台。仙骨青莲官学士，前身金粟号如来。出师不假封侯相，作赋犹推命世才。雪质兰情纷美眷，画帘深劝掌中杯。

劫残禅榻坐荒城，又避湔池赤子兵。湖海清游宜老寿，屠沽闲话庆余生。客中萧索壶觞兴，战后依稀管钥声。我自燕歌同暮齿，江关多谢庾兰成。

寄谭组安

故人高致骋天衢，野老衰颜滞海隅。献策每羞邮札寄，通名时怯戟辕趋。谢安疏放凭乌几，陶侃雍容据虎符。忆否驻鞍挥盏处，不胜秋气满莎湖。

题俞恪士觚庵诗存

壮岁论交别几时，仓皇人事哭君迟。固知先死非无福，独惜长存仅有诗。奇气风云悲偃蹇，旧游湖岳苦流离。只今弱弟同秋感，珍重遗编未忍披。

题长女培肃偕钱甥慕宁携外孙女熙荦小像和重伯[1]

明珠掌上复明珠，二十余年景不殊。[2] 风义有时同乐卫，唱随

---

[1]此诗当作于1927年。
[2]此处原刻本自注：余夫妇乙巳寓沪，携培肃拍照与今日熙荦正同。

相望得秦徐。颇怜失母珍遗袿，① 犹幸生儿戏短襦。为问春申江畔月，清辉双照胜前无。

遣兴

强将孤啸抵呻吟，作客还乡两不禁。宴坐久无千里意，幽居终有百年心。雾中豹隐文何用，雪上鸿过迹可寻。一事匡庐长在念，篮舆斜日访东林。

忆庐山小天池别舍

夹道流泉鱼鸟稀，疏花浅草掩双扉。湖波欲活含孤屿，② 屋壁无尘待落晖。九月衣裳山气入，十年风雨客心归。家家避暑劳车马，莫道寒居作计非。

丁卯六十生日酬座中亲友③

秋晚闻琴杂怨弦，商歌应为感华颠。荣期带索非吾幸，楚老熏兰敢自贤。乡望款云回菊圃，海居横霭入桑田。楼前一径通车辙，愁绝川原战鼓阗。

闻袁伯夔丧偶感而赋此以赠

白头耕馌愿终违，独寐行窝冷客衣。金井忍闻桐半死，玳梁愁见燕孤飞。旧游良匹辉珠佩，昨夜清霜泣穗帷。却羡黄门偏胜我，闲居犹得恋慈晖。

题孙蔚郊遗稿

黄巾不避老经师，涕唾悲酸强自持。述异肯题新岁月，仰天长捋白髭须。居邻闹市开门少，诗为精思入卷迟。勘尽图书余点记，百年文苑有相知。

---

①此处原刻本自注：亡室曾夫人丙寅六月逝世。
②此处原刻本自注：窗中见鄱阳湖鞋山。
③此诗当作于1927年。

赠余尧老伉俪

偕隐平泉有草堂,十年蓬累未还乡。相携挂笏游偏远,对坐摊书老更忙。陶令自夸门五柳,麻姑亲见海三桑。五噫亦解酬高唱,椎髻无人慰夕阳。

闻变

饮鸩当时一念差,阴谋徒中外交家。已难下背同骑虎,不许留皮且杀蛇。仓卒耰锄成剑戟,凄凉猿鹤化虫沙。刀头有蜜谁当呪,痴绝群儿只自嗟。

题冒鹤亭稽山负土图

荷锸谁如女丈夫,葬亲千里走郊墟。埋忧无地伤遗蜕,衔恤何人替藐孤。华表未归山月冷,门楣依旧泪泉枯。廿年瞻拜悲慈迹,酹酒沾裳写作图。

送女培肃赴汉口培怿还长沙①

辞家无意成孤徙,远道相从慰寂寥。老去欢娱儿女聚,兵间离散梦魂消。平生未肯终年别,一水难言两地遥。频寄书来稀望答,于今徒侣颇萧条。

冬晴海上楼望

冬行秋令气苍苍,独倚危楼览大荒。节过小寒炉未火,霞蒸东海瓦无霜。荡空晴色三分碧,出口江流一道黄。木落草衰愁欲合,那经人事不凄凉。

寄漱溟弟番禺②

羁栖南越值奇灾,残箧天怜未劫灰。眷属偶因多病累,穷愁犹

---

①此诗当作于1927年。
②此诗与以下两首,均当作于1928年。

为子黎哀。一家兄弟成离散，薄海文章此俊才。何幸湖山得安聚，深谈重遣老怀开。

沪北新村 村旁宋公园有宋渔父墓及石像

海滨渔父有公园，遗像支颐隐泪痕。数辈遗民出兵火，几家茅屋作新村。沙横墓道春移树，风动帘旌昼掩门。侧足更无寻渡处，未应鸡犬得桃源。

戊辰人日喜雪

穷阴天气绝清明，忽起严风扑地鸣。孤枕稳知深夜雪，寒窗初换一冬晴。新年呼酒儿时趣，老友题诗客里情。百物欲先春意动，倘随农望入升平。

与君协侄约游西湖

湖因越女得名西，想见蛾眉杂笑啼。琴响月斜鱼莫听，① 梅开山冷鹤仍栖。峥嵘已失钱妃塔，绰约空留白傅堤。游约屡妨余叹息，再迟风物更凄迷。

初春园步

细草如茵黄渐青，微风不入曝花亭。闲看弱柳新春破，苦忆寒梅故里馨。树下驱车惊鸟语，路旁堆土窃山形。牵藤缚竹编篱好，卜宅多时讶甫经。

题宋蓉塘庐山怀白楼图册

十载重寻怀白楼，长风竟夕忆深秋。烟尘满地知能隔，霜雪漫天肯独留。老健颇闻宗净土，卢栖不为谪江州。书堂倘许新携酒，长与山翁结胜游。

---

①此处原刻本自注：闻当道将湖中放生鱼出卖。

跋

伯兄生平学诗凡三变，固未尝自以为言。彝于其时所研讽者，微窥得之，谓为因所处境为转移可也。

兄自癸巳乡荐后，佐义宁陈公、山阴俞公及赵次山中丞经画湘矿、湘学诸要政十余年，创设实业专校。其时好谈事功，不乐仕进。然读书不辍，左右多置六朝人诗集，所为诗大率取径于此。

其后监督留学生至日本归，应癸卯经济特科召试，以县令赴官江苏。遽病目东渡，就医不愈，乃还长沙，筑青郊别，墅奉母养疴。其时国势岌岌不可为，又迫患苦，退与贱兄弟锐意生计，筹矿业采炼事宜，气概不似前日，然篇什较多，几箧间常置玉钩草堂杜诗一帙。此为中年，所为诗当取径于杜。

辛亥壬子以后，兵戈扰攘无宁岁，又遭母丧，一窜沩山，再入庐阜，遨游燕市者数年。志意就衰，病转甚，乃栖心净业，辟所居青郊为道场。长斋奉佛，不常作诗，经卷外惟苏子瞻书陶诗三巨册，以字大略可辨诵。此为入于晚年，其诗皆致力于靖节可知。

彝不能诗，然好读兄诗，喜其语易解，而意不平常，所遭至憔悴而不为危苦之音。彝好远游，每辞家必得兄一诗为别，羁旅疲闷，往往出声长吟，以取一快，编中所存可睹也。

今岁兄年周甲，兄弟独彝在侧，请刊六十自定稿。既竟，辄以不深于诗者之言，述其生平学诗崖略，以质于吾兄知吾当也。

丁卯仲冬月第三弟焕彝谨识于上海

青郊诗存[①]

卷一

东京赠游学诸君[②]

羽籥秋冬虽不传,日程吾党亦分年。名邦别有考工记,横舍多留劝学篇。废疾膏肓自兹去,椎轮大辂果谁贤,要令紫气归函谷,道德从今写五千。

书所见

苍黄兵气竟何如,勺籥童年计未疏。举国皆成虎牙将,无人不习蟹行书。海王图书充园册,健妇戈矛笑锦车。文武道消吾有圃,弦歌鼙鼓渺愁予。

劝业会

百产菁英造化工,欲持瑰货映西东。寒珠自堕涓涓雨,紫电常吹袅袅风。冠帔百灵随窈窕,楼台七宝斗青红。

与人谈调查人类馆事戏述

意颇讥嘲事有因,外交谁肯道其真。高原蒙古俱同种,旧域台湾忽比邻。团髻纤鞋终碍眼,酒筥茗碗为伤神。东洋车子闲评在,谁识巴黎挟瑟人。

[①]《青郊诗存》,共六卷,梁焕均编,壬子年(1912)长沙刻本,刻成时间早于《青郊六十自订稿》。因内容与《青郊六十自订稿》有重复者,此处仅辑录不见于《青郊六十自定稿》中之诗篇,仍依《青郊诗存》卷次排列。系从上海古籍出版社2002年版《续修四库全书》录入。
[②]此诗当作于1903年。

送杨君重子归国①

我弟君兄共异乡,看君高雁独南翔。扁舟旧有寻山约,仙府今无煮石方。乱世离情轻海浪,华年孤兴薄文章。楚天无限青青树,归抱清樽慰夕阳。

哭陈天华②

猖狂溃决复何言,浊酒独酌心烦冤。屈平切切爱楚国,鲁连默默哀中原。遗文悲动后人魄,海水狂噬贤者魂。万古梅花大森月,寒波永夜流啼痕。③

地震

地中激雷电,倾耳声势喧。振振四壁碎,摇摇一灯昏。登楼脱虚步,据榻洒离魂。骇极转愁绝,徒疑屋瓦翻。

偶成

痴龙醉卧神狐醒,一自沉迷一自骄。浊浪千堆昏白日,金光百道弄青霄。沉渊信识求珠苦,出匣宁望拔剑饶。十二万年游戏顷,未遑啼血看风潮。

日本

歌舞半传唐乐府,衣裳犹用汉官仪。儒家组绶崇尼父,佛子旃檀奉璧支。银匣横腰刀委婉,宝钗盘顶髻崔巍。当阶解屦升蒲席,想见先民洗爵时。

---

① 此诗当作于 1903 年。
② 此诗当作于 1905—1906 年间。
③ 此处原刻本自注:陈君自沉于大森海湾,其地多梅花。

卷二

和润珊生辰感赋

踪迹谁如鲁两生,哀时无复庾兰成。佳辰命酒开怀久,小院看花照眼明。莫遣牢愁消意气,且将优暇拟承平。流尘甚欲催华发,丝竹中年耳一倾。

秋千

曾闻奏伎出唐宫,峨髻蹁跹妙舞同。近日飞腾看外域,一时歌笑起儿童。沉沉铃索浑无语,窄窄衣裾稳著风。我欲摩苍无羽翼,暂劳青眼一凌空。

赵侍御开复处分重过山庄

喜谢纠纷心事晚,忽闻宽大诏书新。荒村飞动迎词客,禁闼聪明慰逐臣。问疾远劳骢马过,忧时敢望圣恩频。一樽强进愁何有,酒后秋怀雨后尘。

和欧阳丈重九登楼

从来茱菊易天涯,把酒翻思客忆家。湘水波时催落叶,故园霜后见秋花。淹留宦迹江湖晚,洒落诗情水竹赊。回首维杨好风日,平山堂上望棲霞。

和润珊再叠前韵见赠二首

病骨飘零四五年,倦游回首意茫然。林泉为我消余日,湖海如君识性天。似此相依堪自放,更须何处觅人怜。登楼近日多新句,极目蕉溪半岭烟。

樽前流水逐华年,自笑颓唐一辗然。白发易生多病日,黄花新发早凉天。久拚壮岁春如梦，未觉人间秋可怜。尽有故园寒岁月，且看乔木好风烟。

五叠前韵答谢欧阳丈

竹西歌吹自年年，归卧江楼意洒然，舟楫盐梅甘作吏，山龙黼黻记朝天。牙琴每属巴弦和，老骥常生病马怜。欲借延龄一樽酒，与公闲话雨湖烟。

六叠前韵和答王君榖平

章台杨柳似当年，姑射梅花正窈然。少壮不回看逝水，梦魂零乱入青天。菊过重九黄无赖，树到斜阳红可怜。残病枯禅两幽寂，劳君诗笔扫湘烟。

百花生日寿欧阳丈

一夜春风是处过，湘皋吹绿涨晴波。沉思往事桃花笑，喜作新居燕子歌。① 沧海浑闲蓬矢在。韶光依旧锦屏多。看君善识东皇意，大地芬芳茁太和。

次韵和答欧阳丈见怀兼忆赵侍御山中

远性忘年分，层轩接梦思。怀人题隽句，上寿忆花时。空谷非徒尔，浮云任所之。幽居怅深隔，知与碧山期。

春阴

漠漠春阴剪不开，薄寒肌粟困人来。朱英半落雨为祟，碧实初胎风作媒。燕语鸠啼殊未了，蝶回蜂逐不须猜。一春物色无多好，看取苍云掩绿苔。

小院回廊坐起迟，春如残病力难支。夭桃辞暖不成醉，弱柳中寒如欲痴。自是浮云知进退，休将皓月比盈亏。朝来处处芳菲减，苦忆前宵烂漫时。

---

①此处原刻本自注：时新筑趣园。

次韵和润珊寄意

芳醪聊共惜余春,院草庭花醉裹新。心有一丝回白日,身如万点趁微尘。不凭凤穴求丹羽,定向龙津奋赤鳞。莫笑飞腾渺无益,却从林壑见吾真。

次韵和左君翰青枉过见赠

想望相思空逝波,山居长日喜相过。明时不睹唐贞观,盛会难逢晋永和。半世清才悲短鬓,满怀闲事听渔歌。荒江老屋蹉跎好,莫更长鸣惜太阿。

次韵和翰青赠润珊

回首孤云被远岑,故园重叠故人心。尘飞不到碧山暮,云去无踪芳草深。佳句重于双白璧,健躯强似万黄金。闲眠浅醉各天趣,未暇相如赋上林。

胡君篁舟叠贱辰唱和诗韵见赠和答

玉台谪降果何年,禅人诗心句皎然。十里尘霾随大地,两家萝薜近诸天。垂杨已绿溪云喜,杜宇自啼山月怜。樟港莎桥同钓咏,不须泛宅五湖烟。①

喜廖荪畡丈见过

席门车辙偶相呼,健话教予病骨苏。湖外风骚馀老宿,田间巾服见文儒。脂膏不润名何损,钟鼓无情计转迂。晴日荒郊成独坐,起看飞鸟下平芜。

次韵和廖荪畡丈

白夹黄衫侈胜流,酒颜诗吻健沧州。谁从梵界闻清磬,苦向渔

---

① 此处原刻本自注:篁舟居近青郊。

滩觅钓舟。贤智向人无浅语，祓襫随意莫深愁。蔬桦佐茗供萧索，习习凉风意未秋。

九日登天心阁次韵和润珊

过尽清秋少快游，披襟才得坐高楼。江山如此自佳节，文酒何当与胜流。户牖三重跨城郭，桑麻一带接松楸。黄花未放那堪醉，斜日随人过岭头。

卷三

与胡广文别

柴桑善邻曲,有酒常赋诗,旦夕游从间,言笑订心知。况若平生契,推襟有前期。自我寄东郊,亲识多睽离。又无洽比欢,兴至笠屐随。幸得君来居,谓可淹岁时。天风胜高原,骏步良不羁。悠悠千里云,跬步起相思。寒丛澹馀日,目送孤鸟驰。何言惜分飞,巢林失殊姿。行役岂不乐,留滞易生悲。

题长须老人冯丈画像　　丈须长过膝

眉宇通灵岁月长,修眉诸佛住西方。人间福慧须如发,争比虬髯空戟张。行药山头拂柳丝,长条曾共碧参差。挽须无数儿郎好,想象临风却立时。

勺泉诗

茹洁承朝露,披真惬素心。秋蓉罗袖薄,碧玉片云深。不溢虚长柄,无穷得美襟。风苹时一聚,樽醑为谁斟。清浊由吾意,忘机独汉阴。

田观察杨晳子京卿周印昆舍人留饮山庄即席赋诗

嘉树生春阴,微风奏新淑。轩车一何美,修然入空谷。清言各怀抱,得赏趣已足。令德谅无朋,来踪苦难续。彬彬纵谐饮,才贤有名族。追陪日以旧,微尚脱拘俗。举觞发遥情,愿言惠金玉。良聚岂在多,道贵善相勖。幽兰亦有丛,枝条眷深绿。

次王湘绮丈赠吴子修提学原韵送提学入觐兼呈湘绮丈①

柱下文章意在斯,使君高谊冠当时。近闻湘水栖迟地,更有清樽唱和诗。② 晚岁玉堂随杖履,深春云麓送旌旗,汉廷必欲登商皓,还许金门共酒卮。

春阴

痴绝天公休怨嗟,茅堂春兴野人赊。云生岩壑都成阵,草满溪山尽出芽。帘外朦胧那是月,阶前顷刻断无花。清明已近愁风雨,蓑笠苍茫种植家。

饮浩园赠吴提学

浩园台榭佳,昔有词伯亲③。风流已云寂,良宴及兹辰。夫子道济姿,有诏趋丹宸。文字托绸缪,帐饮湘水滨。游从何联翩,将筐示嘉宾。矫矫振鸾翮,穆穆腾龙鳞。谁言持艰危,不在诗礼臣。浮云翳天宇,四远驰飙轮。揽辔念城阙,垂情岂无因。所愿播芳烈,悠然兰芷新。佳趣依水石,缅想先达人。何以慰离心,勖德美尧邻。

张恺陶游西湖归有赠

昔买西湖棹,迟回迫岁阑。羡君孤榜远,风雪不知寒。圣水寻诗约,梅花好醉看。同游如有幸,重与泛霜湍。

廖荪畡丈约同曾重伯胡子靖诸君盛夏见过看荷有作

盛暑曾无水竹缘,幽寻差近绿阴前。就中觞侣多吟侣,无数红莲亚白莲。匝地火云焦客骑,满怀寒玉汲山泉。南皮清兴怀瓜李,④老日襟颜胜少年。

---

①此诗当作于庚戌年(1910)二月。见王闿运《已庚唱和集》,此次集会者还有王闿运、谭启瑞、庄赓良、瞿鸿禨、吴庆坻、吴道晋、诸以仁、李煦诸君。
②此处原刻本自注:汪氏振绮堂刊清尊集中多提学先人与浙中名流唱和之作。
③此处原刻本自注:邓白香师尝与龙高平丈同居此园。
④此处原刻本自注:荪畡丈临别谓兹游不减,南皮有绻绻之意。

卷四

杨重子三十生日赠赋[①]

男子三十未封侯,坐拥书城百不忧。自有清才翻子夜,岂无慧业补阳秋。闺人笔妙称双绝,爱日天迟息远游。第五声名要湖海,莫教骠骑独风流。

送易大兄入都即次其留别韵

飙轮东挟洞庭烟,才思翩如庾杲莲。见说书空多怪事,犹闻既醉有宾筵。风云且欲回千代,珠玉终须落九天。文学家家论盐铁,纵横何似汉诸贤。

独酌

有酒饮之乃得仙,痴儿醉梦情可怜。平生只觉形赠影,举世但见夔怜蚿。意在斯乎盖有托,病未能也谁使然。过尽百年了无益,持此一樽笑向天。

近闻

举棋不定更狐疑,极目谪台百丈危。大海蛟鼍横霸气,中原貔虎仗王师。山川未免蚕丛险,旦暮能无雀鷇饥。枝策据梧深作计,千钧一缕已垂垂。

闲中

门前池水带微波,镇日才经一客过。徙倚楼台迎夜月,提携儿女拾秋荷。独寻旧梦蒙庄叟,自唱新声楚怨歌。未必山林容我老,

[①]此诗当作于1904或1905年,因难考证是否虚岁之时。

从知车马负人多。

九月朔资政院开院有述[①]

中天龙气照旗旝,吐呐从今彻万流。莽荡星辰齐北极,飞腾雷雨接欧洲。君民共治三权立,蒙藏同归两戒收。忍说先皇凭玉几,未教寰海奠金瓯。

屯蒙草昧待经纶,光岳回旋在此辰。薄海士民倾听睹,十朝坛庙见精神。匡时筹策看群彦,接席冠裳动远邻。自是三公须独座,平章军国伫何人。

橘瑞堂

微物感灵化,循性若可察。隐尔通人事,遂与常理别。前年园橘秀,五实秋盘列。跗带无歧分,肌理自连接。数符同气人,感此情愈热。上堂奉巾杖,亲颜为嘉悦。乃今垂五橘,累贯共芳烈。华鬒憩丹林,欣然手披撷。虽殊畴昔姿,妙相非徒设。达人契物真,持情庶不竭。征瑞非敢称,愿永斯堂揭。

秦子质子和诸昆季以其母袁太夫人寿八十征诗献三十韵

湘山黄菊壮,岭峤白云多。宦迹留金粉,诸郎散玉珂。家声依国瑞,从事接天和。宸极青鸾降,崑墟彩凤过。慈恩迎赵母,老福拜张婆。中垒贤明传,扶风德行科。清闻封孟鲊,俭比织刘纻。照日心犹赤,凌霜鬓不皤。腾光亲婺女,结景鉴姮娥。宅井丹砂盎,宾筵绿酒酡。瑞年夸鹤历,奇耇哂鸡窠。珍药病良已,斑衣喜若何。引冠珠的皪,扶杖碧婆娑。良玉璠玙并,群峰泰华罗。朝簪趋岳岳,文褓舞佯佯。陶侃偏腾达,姜肱好切磋。犹传相夫子,曾与治宁波。不倦劳谘访,如伤切痛疴。书箴闲德象,说法苦维摩。经幔纷朝铁,机丝急夜梭。智囊何追促,康瓠漫消磨。谁分邹邻美,还随鲁殿峨。海筹开日月,珈服配山河。含笑分榛栗,移情坐薜萝。楼台喜乌鹊,江海靖蛟鼍。池上融桃实,庭中耸桂柯。乡间推令喆,词赋愧蹉跎。

[①] 此诗当作于1910年。

鞠脮奉謦欬，瞻依违涧阿。奚斯鲁邦颂，安世汉时歌。寿母千龄懿，迂儒一字哦。

得三弟发太平洋所寄书并述日光之游

日光山下碧悠悠，此去知君忆旧游。极目重洋重渡处，旧情还胜日光不？

卷五

汪伯唐侍郎出为日本公使赋诗寄怀

何人浴日望森森，手拂洪柯百万寻。海水不波瞻使节，国风能诵见诗心。星云远近前踪丽，岛屿低徊别意深。迢递频年祇樗散，傥劳灵景烛山林。

论剪发易服但常服宜从旧制因述二绝

偶论微管尚惭颜，被发伊川九世间。余鬓至今谁更惜，只教垂涕对船山。

不在朝仪不礼经，吾从纯俭有先型。人间卒岁无衣褐，莫纵秦游学武灵。

三五七言回文

姿瑶雪貌古，梅枝苔凝冷。砌蕊碧泛新，醅垂垂玉影。寒风漾密密，花光晓雾开。

寒夜书感

夜光飘荡怨兰釭，沉水烟横影不双。身世此时看古月，风波随地入寒江。轮囷肝胆都无几，憔悴须眉总未降。注目高空春意动，玉梅飞雪冷山窗。

送盛润珊兄之官江右

忧时敢复计官卑，捧檄毛生意可知。文字功名看肺腑，交期志业逐须眉。江城微雨谁相念，亲舍孤云有所思。浊俗幽怀成薄宦，风尘踪迹处囊锥。

林君孟蕃久别见过有赠

晴雪郊原问马蹄，琴樽回首旧提携。文章记室宜娇女，① 眷属逋仙有小妻。今日襟言俱老大，十年谈笑各东西。横流我自随沧海，意气浮云与君齐。

次韵答润珊登楼感赋即以志别

与子兹楼别，春光去且还。远离残病里，愁对雨中山。浩荡云情活，缠绵柳意弯。扁舟如可系，衣袂不堪攀。

晨起对客

扑门淅沥洗春尘，深院流莺贮晓春。二月郊原多是雨，一樽谈笑岂无人。停车文字开怀久，伏枕乾坤述梦新。坐对几时看屋壁，虚舟何处著吾身。

次韵和答曹毅亭见寄

之子湛冥日，谁欤识俊人。笑啼随大块，身世一微尘。俗累催头白，天谗与命亲。骞腾终汝分，荡取眼前春。

次韵酬李诵尧三绝句

天穷不乐命由然，摆落穷愁与病连。羸疾平生隐居日，六年静念归园田。

洴澼奇方世岂知，盘旋湖海识君迟。劳君万杵玄霜白，左肘何由误柳枝。

积垢宁能顷刻新，祓除拚与道书亲。人间未解青囊诀，浪说仙家烂熳春。

---

① 此处原刻本自注：令媛韵仙能诗。

见内经有会而作

乾坤怅望一纵横,物态风光见此生。野马尘埃无著迹,蟪蛄朝菌不同情。非身直是未须病,有眼何当更自明。去日峥嵘来日变,片云江上遣阴晴。

庭中杂花

海棠沉沉呼不起,梨花满地梅结子。雨中怕有杜鹃啼,催破辛夷玉兰蕊。

入城过明皆晤女士杨庄适王翁心培在座明皆以诗见赠次韵和答

三月欲半春始晴,苔滑鸟喧风满城。强起山居少人事,过访诗客非世情。静女讴思贤智出,老儒吁嗟愁苦并。主宾此座信俱美,谁似尘寰歌哭声。

次韵和杨庄纪事四首①

女士杨庄游日本学机织,归创女工织布厂,以教养里中贫,女制布工美。庚戌岁,南洋劝业会嘉其成绩,得农工商部奏奖。女士为诗纪事,次韵和之。

嫠纬伤周且下机,世情生态况全非。沟中白骨人訾省,谁悟朝来季女饥。

望中霓匹渺年年,银汉归来便得仙。识破支机天上巧,家家争乞七丝牵。

萧然杼轴意伤残,促织声中夜月寒。不惜停梭拥愁鬓,女红犹作汉宫看。

---

① 此诗当作于 1910 年。

剪裁挥霍胜吴罗，天上秋云水上波。见说侍臣勤奏御，玺书昨夜出颐和。

杨庄纪事四绝句[1]

杨庄

自从曾孟下鸣机，太息骄盈古道非。圣主贤臣经世法，治安端的为寒饥。

莫弹锦瑟思华年，却拟支机弟一仙。春绮秋罗劳杼轴，吴丝越缕费拿牵。

肃杀凄风似腊残，闺中初识晓霜寒。莫将刺绣劳纤指，绣出鸳鸯只自看。

素手轻飔胜绮罗，不须清泪损横波。春风忽地从天降，机杼声中笑语和。

雨霁散步

春尽稀逢雨后晴，秧针出水水初平。鸣鸠十日声无数，才听流莺语数声。

次韵和王心培感兴七首

老鹤孤鸣意未休，眼看江上起群鸥。心尘冉冉留时尽，几度乌雏飞白头。

尽有芳风息百昌，灵根茂苑久摧伤。枯杨敢道无生趣，复见天心动老阳。

刻意孤吟斗险艰，案头诗卷废朝餐。池塘一夜生春草，谁信难

---

[1]此诗系编者从《湘潭杨庄诗文词录》中辑录附此。

兄弟不难。

　　囊括诗人镌墨华，殷勤诸老胜乾嘉。三唐以上包前古，奴视丁笺百六家。

　　珠丛谈艺失群伦，埤雅当时号等身。父子弟兄师友分，眉山去后此三人。

　　九食三旬强作高，闲眠频转午时袍。白衣道上重阳节，客与柴桑是酒交。

　　西山夷叔自清风，九十谁怜带索穷。归去行歌意何有，人生如梦大江东。

明皆和予杂花诗句中独遗梅花再叠前韵
为梅不平予前诗实遗桃花更叠韵赋此为笑

　　人生无情爱不起，君自寒酸念梅子。评价早喜遣俗心，辜负繁华碧桃蕊。

芷荪提学次予前韵见寄再叠奉答

　　何处春山堪两家，有时珠玉照尘沙。清流浊俗安孤抱，野屋城人怅一涯。明月婵娟知自慰，① 大风飘飐可须嗟。② 临江愁思消长笛，独写深情笙白华。

---

①此处原刻本自注：君新有弄璋之喜。
②此处原刻本自注：闻英俄交涉案已了。

卷六

周印昆以叔母丧归复出过长沙时吉林火灾官舍几尽于其行作此诗

归心仓卒自酸辛，狼藉离忧酒入唇。破晓子规横血泪，出林鹧鸪赴残春。寒笳绝塞愁无语，独夜山阿若有人。分手断云深望处，极天榆柳尽烟尘。

罗赵两提学暨朱菊泉广文见过有作

去住层云白日浮，芳菲未歇此淹留。身经荆棘聊酣饮，意在枌榆得胜游。一瞬荷衣追老大，满山樵唱许归休。成都凫绎多风迹，拄笏无因生远愁。

次韵和印昆通守别后见寄妓席怀旧之作

伤心佳丽近扶桑，羁旅无情海水长。别里不禁逢酒盏，愁来犹得睇红妆。

朝雨轻尘杨柳枝，旗亭哀唱有新诗。知君不下临歧泪，湿到青山独此时。

愁解征骖却送春，百年离合岂无因。晚来平远楼头望，云白山青一故人。

梦中得句

春色去何许，飘摇兰渚东。怅无垂柳绿，空见落花红。
春色去何许，切切愁风雨。燕子悄无眠，黄鹂娇不语。

昔有四首同友人作

昔有燃灯佛，云从天竺来。① 法轮还混沌，净土绝尘埃。药臼何须捣，丹炉不用开。中边甜若此，味可蜜能回。

呼吸金刚杵，花幡不动风。盘珠常跳脱，针孔自圆通。金粟庄严地，香云缭绕中。劫灰何处著，碧海睡骊龙。

随喜因缘在，朝朝诵法华。相将被缨络，取次着袈裟。每示维摩病，旋拈天女花。谁云桑下宿，禅定更无他。

已识三途苦，谁将百劫磨。沉冤消一偈，回向走群魔。天网遮无外，迷津渡已多。欃枪终扫荡，慧眼看恒河。②

新秋雨霁

暑候倏云迈，雨声时一停。入云秋气白，争水稻苗青。吹角寒飘雁，笼纱夜得萤。未应伤节晚，庭树已凋零。

宁乡道中

树叶绿在水，凉月白满山。霜霰沾人衣，须鬓生夜寒。行矣徒役孤，村犬归闭关。兹游淹旦昏，摇摇百里间。

题李炳麟所集时贤画册

李侯藏画见天真，爱画犹能爱故人。指爪自然归翰墨，心期无限著风尘。山川契阔平生友，花木逢迎往日春。我自厚君惭手笔，略随诗兴写交亲。

---

① 此处原刻本自注：鸦片产印度。
② 此处原刻本自注：时与英国议禁鸦片烟。

跋

　　右伯兄辟园先生壬子纪元以前所为诗也。兄性好吟咏，童年所作，意不欲以璞示人，未尝留稿。弱冠随侍金陵，受学武冈邓弥之先生，于古体致力甚专，得诗积多。癸巳还湘，失稿舟中，惜不复能省忆，其后遭　家大人丧，洎膺世事，遂无意韵语，亦无暇及之。偶成篇什，亦未尝留稿。癸卯丙午间，三游日本，稍有酬赠友朋流连光景之作。然多效近体，向所不为也。顾以有关游迹，日记中存之。丁未养疴省城外青郊别墅，闭门多暇，呻吟之中，歌声间作，率尔寄兴，不复深思。自是累年，辄多纸墨，以病目不能手写，皆友人代为录者。凌乱几篋，未遑检校。焕均惧其复就散失，爰请于兄次，东游以后，逮今所作，抄为六卷。又杂拾旧稿数篇，羼诸卷端，题曰《青郊诗存》，付之剞劂。匪曰问世，凡以遗四方知旧之见存问者云尔。

壬子三月湘潭梁焕均谨识

文札辑佚

文稿

梁焕奎科举乡试朱卷[①]
（光绪癸巳恩科）

子曰："道千乘之国，敬事而信，节用而爱人，使民以时。"

子曰："弟子入则孝，出则弟，谨而信，汎（泛）爱众，而亲仁，行有余力，则以学文。"

王制非弟子职，而亦相为表里矣。夫道国与教弟子，王者之政同原也。敬信以至时使，孝弟以至学文。凡以大则论要小则论详已耳。且诸侯异政，百家异说，世辄谓圣王之文章，不下逮于章缝矣。夫道不过三代，法不贰后王。师儒之名教，抗衡于世主。自文辞兴而道术废，枉天下之中材学为无用，而后混然不知是非治乱之所存。判王、圣为二涂，歧经义、治事为二等，而主术之要略，遂不复为劝学所先，圣人故穆然于先王也。先王因田制赋，于是有千乘之国。盖地方百里，侯服也。五帝之外无传人，五帝之中无传政。群经六艺，无非太平经国之书，故儒志之编，即皇纲之论，导元良于大学。而三老知德，五更知事，则制治有原矣。夫万物生人之属，环而待命于朝廷，建极绥猷，自有执中之成宪，敬则仪制隆，信则号令一，节用则支计省，爱人则官品严，时使则农书岁进。朝仪国范，无假礼官学士，而平世率由，财万物，养万民，通于四海可也。何尝以经世无文，进考皇王之大纪。先王限年立学，于是有弟子之规，盖十五以前幼仪也。司徒升之以乡举，司马任之以官材。小子后一生，半入大比宾兴之选。故儒林之彦，即国器之良。勘成德于髫童，而五礼为枝。四诗为华，则属望无穷矣。夫伦理名物之功，举以要成于小学。审端致力，各有分年之日程。于孝核世典，于弟敦家仪，

[①] 辑自《湖南科举乡试卷（光绪癸巳恩科辛卯科）》，清光绪十九年（1893）衡鉴堂刻本，湖南图书馆藏。

于谨与信慎躬行，于爱与亲绝朋党，于学文薄章句家，经术儒风，一经益友人师，而潜心响往，表太和，内至性，比于老成可也。何敢以渎蒙为训？但博风雅之虚名，然所谓相为表里者，何也？且夫在下位则美俗，在本朝则美政，诚政（正）治平不异道。千乘之国，固弟子所有事也。然理官沿为名法而文书密，道学析为门户而师法亡。操术不精，而求以合文而通治，未有经纬殊而蹊径合者也。守法之吏，诵数之儒，尚安有理贯而不乱者与？且夫义及国而政明，礼及身而行修。政事文学不同科，千乘之国，非弟子所敢与也。然王道穷而养正着为遗规，圣师远而大学衍其要义，习非胜是，而终以殊途而同归，未有江海分而波澜二者也。王不吝爵，师不藏教，其庶知道达而有本也与。是故吾夫子删《诗》录抑戒，饬侯度也。纂记首曲礼，范童心也。而一切骥虞之风，佻达之习，庶几可以返矣。

人力所通

人力以巧胜，济舟车之穷也。夫人力者，不可以道里计也。通则无不通矣。川险而舟穷，地塞而车穷，非人力乌能济之。声名之远又如此，且精于物者以物物，精于道者兼物物，王者驭物，使万物之自效。若手臂之扞头目而覆胸腹焉，虽御区中而有四海之听，其于物也。务精义以利于用，不务凿智以损其材。彼缒幽辟险，以故神其技者，固不足言。即一物之精，亦不过万物之一偏。眸人但存之不论，以志中外之变局，亦见王道无施不可云尔，验声名于舟车所至极矣。夫舟车因人而行，则欲逾于舟车。宜莫人力，若被甲而游，水失其深，似人力善而舟可废，然而劳矣。力也者，不出于身而出于心。奋冈两之机智以与阳侯争，而破浪鼓行，无复悬帆之可指。以火力胜水力，不以人力胜火力。故人力有限神，于用人力则未有限也。夫九州之外皆裨海，汪洋无际，伯益不能定其程。况断渚支流，互要区而限之，更险阻于泥沙俱下者乎。乃浮槎凿空，弃海国自然之天堑，以壮我皇舆。而惊浪雷奔，断难从桧楫兰桡之旧。竭人力以通之，亦势使然耳。在彼摇摇辟匿，无妨趋利便以为安。而淫巧无诛，更非中国帝王之制，以谓非常可怪，固陋儒未审事机。而海内达官，则徒櫂风涛趋避之艰。而主行新法，故一朝典记，别志瀛寰。而长江大川，仍留行旅苇杭之迹。使人知人力有由尽，而非大谬于刳木之规模。夫岂非羁縻之至意哉。悬绠而陟山失其崇，似人力显而车无功，然而拙矣。力也者，不主于至而主于巧。运鹿卢之机心以为一器聚，而驱烟自喜，必非掉鞅之能争以水力御火力，即以人力御水力，故人力可及，隐以代人力则难可及也。夫沙漠之间皆平原，浩瀚无垠，飞廉不敢展其足，况长途歧路，循故步而失之，更迷离于陵谷不迁者乎。乃记里分图，速外藩交聘之陪臣，以观光上国。而康衢绣错，必更出风轮电毂之谋，绝人力以通之，亦情难已耳。在彼莽莽由旬，何必狃经常而不变，而田庐悬绝，更异神州辐辏之形。以为能事相师，固小智未明事体，而中原腹地，则亦图商旅往来之便，而渐改奇观。故四译会同一遵正朔，而通都大邑，略备招徕轨辙之殊，使人知人力不可诬，而仍无损于飞蓬之制作。夫岂非驾驭之微权哉，然而犹不至此。

《春秋》天子之事也，是故孔子曰："知我者，其惟《春秋》乎！罪我者，其惟《春秋》乎！"

匹夫操南面之权，不敢求喻于人人也。夫春秋之事，非匹夫所敢当也。而孔子主之，知我罪我，情见乎辞矣。初何尝隐以天子自任乎。且王者作宪垂训，乃天下之大隆。人人无敢干之以自取戾者也。有圣师者出，坛席之上，敛然三代明王之典章具焉。其安之也，震竦忧疑而不知所措。以谓后世谁相知定吾文者，其将置我于何地也？虽曰开万世之太平，而其无可解免之苦衷。且日踌躇于心目间而终无与释。孔子之《春秋》，盖王公士大夫功罪之案也。夫《春秋》何以名哉？赏罚者，朝廷之大柄，先王秉之以制天下之宜，故勒为政书，非以列九州国邑之名，亦非以著五星灾异之传。进退者人臣之大防，先王持之以建天下之极，故编为实录，不必考公卿之阶次，亦不必记风土之异同。故夫《春秋》者，天子之事也。然而成康以来，王道始杂。共和以降，霸业始昌。至于鲁隐桓，而天子之政，几不可收拾。盖斯世之陵迟久矣。命讨之典，明堂所颁，而穷则变也。通忠之顺，权险之平，秩然立万物之范围而不能过。制作之权，布衣不与，而变则通也。不诱于誉，不恐于诽，卓然成一家之著述而无所辞。以天子之事，而孔子行之，功罪亦宜有以自处矣。论疑以传疑、信以传信之义，在孔子未尝藉春秋以自见，而贵名自起于区中。夫儒生引为法言，朝士已收为典记，知经国定分，可以皋牢寰宇于无形。虽比事属词，一时或难通其意，而解人可索非徒游夏之流也。则通考权衡，无俟表图于名号。论所见异世、所闻异世之条，在孔子方欲本《春秋》为折衷，而物议乃浮于庸俗。夫曲士据为驳事，陋儒辄斥为谤书。知反经行权，未必斟酌典常于尽善。故救时甄俗，有时即径行其情。而今献无征，不独桓文之籍也。则旁参统纪，何妨刊误于简书。知我罪我，孔子则尝言之矣，以为万不得已之心，不堪对天下而辄陈其隐。而三代之直道，斯民庶以毁誉还报我也。夫扶阳抑阴，天之权易以之。进贤退不肖，王之权书以之。而此二百年之制度典章，我不能章明之，我独不能补缀之乎？世有君子，请执简往矣，以为无可如何之事，不能对先人而尽谢其愆。而一字之微辞，当世庶以笔削转偿我也。夫褒美讥恶，史之权诗以之，别嫌明微相之权礼以之。而此十二公之事业功名，我不能润色之，我又何敢武断之乎？世无君子，请敛箧藏矣，孔子之言如此。

赋得岣嵝山尖神禹碑，得"碑"字五言八韵。

金薤琳琅富，何如岣嵝奇。毫尖衡岳志，山顶禹王碑。玉牒传苍水，璇玑镇赤维。翠微分曙色，碧落俪英辞。仓史文同古，娲皇石不移。周秦删篆体，嵩岱配封仪。宝刻存三代，余支俯九疑。云亭钦帝德，华祝献彤墀。

创设湖南图书馆兼教育博物馆募捐启[①]
馆设城东古定王台　拟二月初间开办

英吉利，区区岛国耳，面积当吾国二十之一，人民十之一，而殖民地几过吾国，国旗所翻，遍日所出入，民族文明达极高之程度，则伦敦图书馆之为也。日本，亦岛国也，四十年前，蒙昧过于吾国，维新以来，进步之速，几埒欧美联盟强国，为东亚雄，则东京帝国图书馆之为也。有巴黎图书馆之三百万部，而拉丁人种屡蹶而不僵；有柏林图书馆之百余万部，而日尔曼人种崛起于大陆；有圣彼得堡

[①] 此文刊登于《湖南官报》第593号　甲辰正月廿九日（1904年3月15日）。

图书馆之百五十万部，而斯拉夫人种雄视于五州。此数国者，强盛之原因不一，教育之方法各殊，要之于图书馆，有绝大之影响可断言也。

图书馆者，何也？所以输入文明、实验教育、坚其信心、富其能力者也！夫国家之成立在民力，民力之膨胀由民智，民智之发达因教育，教育不能普及，则智识无由普通。以无智识之民，处生存竞争之世，危呼悲哉，不可说也。故教育不一途，而范围莫广于社会教育；改良社会不一术，而效果莫捷于图书馆。此世界所同认，而吾国无闻焉。

吾国自古以来，东观之秘，诧为奇书，名山之藏，矜其鸿宝，虽汗牛充栋，曾无丝毫裨益人群。独高宗皇帝特颁《四库全书》，写庋三阁，听人抄阅，为振古未有之宏规，江浙文化赖以发皇。当时藏书家鲍、汪、范、马诸氏，已不能导扬盛美，出私家之蓄，为博览之公，亦越百年，流风遂沫无惑也。

吾湘囿于一隅，开通后于江浙，虚骄之名闻天下。比年以来，学校教育方在萌芽，而世变环生，日剧日烈，救死不给，厝薪已然。远览列强之成规，上稽近古之已事，深维天演之公例，痛心种族之前途，中夜旁皇，揽衣屑涕，信乎图书馆之不可一日缓也。况值中丞赵公承天子维新之命，热心教育，福我湘人。及今不图，犹安锢蔽，上负圣天子，下负贤有司，诚非湘人所敢出。是用簪集同人，共倡斯举，改游宴凭吊之区，以研究有用之学。储书籍以备观摩，购图器以资试验。读犹太灭亡之史，而知亡国之可哀。览学校易色之图，则知瓜分之不免。考人种庶物之标本，则知优胜劣败之无可逃。激发感情，共同心志，虽兹事体大，费用甚繁，财政困难，开办不易，而嘤鸣可以求友声，合群即以谋公益。凡我同志，共有覆巢之惧，谁无爱国之心？必表同情，成兹盛业，岂惟湘人蒙其幸福，四千年之胄裔，四万万之同胞，咸有赖焉。

梁焕奎　龙绂瑞　陈保彝　谭延闿　魏肇文　黄笃恭
胡元倓　许　直　陆鸿逵　梁焕彝　刘栋蔚　俞蕃同
谨启

为杨怀中病逝募捐启事①

敬启者：

湖南杨怀中先生，以本年一月十七日午前五时病殁于北京德国医院。先生操行纯洁，笃志嗜学。同人等闻其逝世，相与悼惜。溯自先生留学日本东京弘文学院及高等师范学校，复留学于英国苏格兰大学；既毕业，赴柏林考察教育亦逾一年。辛亥冬季，全国兴革命之师，先生于是时归国，即回长沙任高等师范及第一师范各校教授。雍容讲坛，寒暑相继，勤恳不倦，学生景从，如是者七年有余。戊午岁，长沙被兵事，师范学校亦驻兵，教育事业将隳弃无可为，先生乃来北京，任国立北京大学伦理学教授。参稽群籍，口讲之暇，复有译述，精神过劳，因遂致病。始为胃病，继以泛肿，养疾西山，逾夏秋两季。入冬以后，病势日剧，居德国医院受诊治。医者谓其脏腑俱有伤损，医疗匪易，而先生之病亦竟以不治。以吾国学术之不发达，绩学之士寥落如晨星，先生固将以嗜学终其身，天不假年，生平所志百未逮一，为教育、为个人均重可伤也。先生既无意于富贵利达，薪资所储，仅具薄田数亩，平日生计仍恃俸，殁后遗族尚无以自存。先生服务教育亦近十年，揆诸优待教员及尊重学者之意，同人等拟对其遗族谋集资以裨生活，积有成数，或为储蓄，或营生产，俾其遗孤子女略有所依恃。伏冀诸君子知交，慨知赐助，此则同人等所感盼者也，诸维亮察不尽。

梁焕彝	梁焕奎	章士钊	蔡元培	范源濂	杨　度
周大烈	胡　迈	方　表	李　穆	陈介	李　锐
范　锐	罗　超	刘棣蔚	薛大可	廖名缙	张缉光
范治焕	向瑞芝	王志群	黎锦熙	朱剑凡	陈润霖
陈衡恪	陶履恭	胡元倓	毛泽东	熊崇煦同启	

如蒙赐赠，请寄送宣外贾家胡同达子营十六号湘潭李偋君，或宣外什八半截西口中沉箅子胡同三号胡彦远代收。

---

① 本文刊于1920年1月22日《北京大学日刊》第521号，原题为《蔡元培、范源濂等启事》，现标题为编者改拟。

《白心草堂诗集》① 题跋

　　重子童时，有"一月照茅屋，一人吟秋山"之句，相识莫不惊异，湘绮尤奇之。然不常为诗。经史之暇，辄爱诵阮籍、陶潜、谢灵运、鲍照及孟郊、卢仝诸作。既冠，游学日本，致力于外国语言及诸有用之学，又不暇为诗。鼎革之际，屏人事，独居东郊。其时兵事扰攘，杜门却扫，或不能举火。于是，重子之诗乃喷薄而出矣。予居南关与为邻，居青郊亦然。予以避地屡远出，重子独枯坐，不少动。每相见，必各出诗争胜劣。予率平适，不如重子俊逸，非常人所及。盖昔所得于东野玉川者深也。积岁获诗数百首，门人常诵，偶付聚珍版印行，顾非其志。壬戌冬，刘君仲钦、肖君培荄，常饮于白心草堂楼上，酒酣则读重子诗以为乐，不觉神王。重子兄弟姊妹皆湘绮高足弟子，所为诗各有专长，惟重子近体骎骎将突过湘绮。仲钦虽治军旅，锐意求学，雅歌投壶，今所仅见。培荄以儒生同事兵间，诗文皆卓然名家。宜其与重子推襟送抱，有得意忘言之乐。明年春，培荄将之上海，濒行，手重子诗卷以去，曰将寿诸梨枣。仲钦出囊金畀之，速其成。重子亦无由以向者，趑趄之态却之也。予送培荄之行，喜而书此。

癸亥正月，湘潭梁焕奎谨识

---

①本文当作于1923年，录自《白心草堂诗集》。该诗集作者系杨度之弟杨均，字重子。

函札

致汪康年（一）①

穰卿先生执事：

春间奉别湘湄，罕通戕素，本拟略刺此邦所闻，以塞大命，徒以从事牵迫，辍而未上，良用歉悚。比者烦暑，伏维起居佳胜。近日朝廷起八股之废疾，图邑学徒，间多蒙晦。新书钜籍，传播无多，以致乡曲之士，昏如摘涂，洲土不详，遑论掌故。大君子饥溺犹已，谅所深忧。敝戚曹丈福田，惓惓末流，思为拯救，因念今日所急，莫如购求图书以应贫士。于是治任东游，躬寻册府。或恐过为书贾所市，贱者而贵入之。知公广撷艺林，提倡靡倦，然犀所烛，物无遁情，用特属焕奎为书先容，俾得近接清晖，伏祈庶事余闲，曲垂指导，无任感幸。专此，敬请纂安不宣。

制梁焕奎顿首　五月二十四日②

复汪康年（二）

穰卿先生执事：

别后极想念。得三舍弟书，已知公在杭州。既得郭梓泾处寄来手示，良慰。怀想此时，计已抵沪矣。湘中送学生事，屡与局中诸公商及，均极口称善。初谓待廙帅归议办，现在廙帅不日可归，明春或能定议，弟当尽力一怂恿之也。日本人白岩龙平道湘，持公赐书，因登舟与之一谈，以傍晚欲入城，未能尽意。临行约由湘潭转身再会，已而足音寂然，盖已还汉，未能登长沙岸也。广州、三门

---

①致汪康年信函均录自上海图书馆编《汪康年师友书札（二）》，上海古籍出版社1986年出版。标题系编者拟定，下同。

②此信当作于1899年。系据其内容考订，如"春间奉别湘湄"，汪氏于1899年赴上海主持中外日报馆事。按壁园公书写习惯，信尾落款月日，当为农历。

二处交涉，近日究竟何若？朝廷密谕疆臣备战，不知究何所恃？公翱翔海上，暇能以消息见告否？时势如此，乱民必乘隙而起，北方明年当有大灾。尝试数之，外患之类有五，内忧之类有七，正恐分割之祸，不在强国，而在为之驱除者矣。湖南此后不得为干净土，所恃以维持之者，财在矿务，人则在学生，岂三五年内所可恃者耶？有友人学医者，于中西之学，略能兼通。有志欲至沪上外国医院一加考究，不识可以入其院中，与操中语者悉询其底里否？乞详查见示。此亦一有志之士所当提倡者也。湘省炼矿事，有日本工学士桑原政者，请汉领事濑川浅之进赴岳关，要求设厂，能否拒绝，尚不可知。如许之，则与大成事小有损碍，近日有所闻否？湘矿缴税，总署采总税司之议，指陈右帅原奏无出口字样为言，已行湘照缴。继因廣师在都，力请与总署诸公，始准予亨达利所订之锑砂三万吨，由关暂行登记，俟运竣再由湘省补缴，其余一并照章完税。此恐已成定论，湘省亦只求其不急索井口税耳。十月间，衡山县有茂才向道隆谋反，遍张大风云会檄文，条陈改制度之事甚多，未发而歼。未几，又有芷江民变之谣，一发兵即解散矣。凡此皆至愚可笑。大府近有设厂造子弹之议，正不知何时可成？岘帅入觐，不知果何所谓，大抵盖开缺耶！谭、陶诸老者或均当罢归耶？朝廷安得许多替人，正为之无从搜索，奈何。人材之穷，当局之痴迷，盖从古无有也。所怀万端，不尽什一。严寒维起居珍卫。

焕奎顿首　初七（己十二月廿二收）①

致汪康年（三）

穰卿先生执事：

　　梓泾去，附上一笺，想已达览。新正三日，接执事客腊二十七日寄脩兄电文，末一码误，固知非圣贤者不能有此也。（湘汉电线二十六日中断，至除夕始修竣。）其时脩兄已还里度岁。弟揣度尊意，必谓湖外向多志士，复有绅权，宜若可以迫促抚军一为奏阻，因以原电交夏观察言于廣帅，毫不为动，适王祭酒在廣帅座，见此电亦

---

① 此"己"当为"己亥"之简称，己十二月廿二为公元1900年1月22日。此信当作于1900年。

殊漠然，于是知无复可望矣。变故之奇，为数千年来所未有。然及此犹可侥幸挽回，乃南皮不能要约各省疆臣一奏，力争强邻不能舍绝觊觎，同弭国难，则箭已离弦，不复可止，草泽之士，尚何言哉？正恐外人从此干预内政，寇贼奸宄，且倡义声。瓜剖之事、鱼烂之机并起，而不可遏耳。以后如有要闻，并乞随时电示。廑帅亦谆谆为夏观察言之。兹特寄上密电一册，请查收，照码检校为幸。外寄三舍弟江浙一函，有洋银三十元，邮局不能递，已托大成公司胡煜如在沪拨交，乞饬取，从速寄去，至感至感。昨闻三舍弟将至沪，如至，即在东文译社也。客腊得惠寄《中外日报》多册，而不见赐书，不解其故，乞询之。此叩，春禧不宣。

弟焕奎顿首　新正五日　（庚正月十二收）①

致汪康年（四）

穰卿先生执事：

新正奉寄一书，想澈清鉴。兹有要事急盼舍弟鼎甫还湘，因渠在杭颇有亏欠，又须盘缠，大约所需必四五十元。前函请大成公司拨三十元，不识已寄去否？如已寄去，请留一二十元，待其至沪，与作西上川赀，如未寄去，请先以三十元寄与，令其清逋欠，以便作速启行，并求催促，勿令稍延，至为感盼。琐琐劳神，知不见责也。外寄舍弟书，乞即日邮寄为感。余容续布。即请道安。

弟焕奎顿首　正月廿三日　（庚杏初六收）②

致汪康年（五）

穰卿先生执事：

久不通问，弥想念也。前得讣音，知伯母太夫人鸾驭辞尘，不胜悲怛！不识礼从何时返沪？此时已奉安吉壤否？体履又复何如？海上来此者甚稀，遂亦无从知我公消息，凝望东云，悬悬无已。附上祭幛一事，聊以导意，伏乞代张灵前为幸。外番饼八枚，为蔡伯浩观察、汪颂年编修所寄，敬代椒醑者，并乞察收。去年正月电费

---

①庚，为庚子之简称。庚正月十二日为1900年2月11日。此信当作于1900年2月6日。
②庚，为庚子之简称。发信日期是正月廿三日，此信当作于1900年2月22日。

若干？久未奉还，深以为歉。以其事为夏观察所托，夏既赴衡，遂亦忘之，知承谅也。尚希开示，以便照寄。湘中风气渐开，报纸计能多销。近闻洋务局有藉重贤者之处，必于吾乡多能裨助，甚幸，甚幸！沪上法国学堂陈师曾在彼读书，不知即圣诺翰否？规模何似？拟令四舍弟往学，能以详细情形垂示否？三舍弟当于夏间游学东洋，届时尚须一求照拂也。梓泾行矣，不尽欲言，即请道安。

弟焕奎顿首　廿一　（五月十九到）①

致汪康年（六）

穰卿先生执事：

久未通问，不审迩日起居何如？甚以为念。湘省矿务公司事，前函已略述其旨，知必非前途所乐闻，现在湘绅，微有愿出任此者，俟议有眉目，当以奉商。兹欲购求新旧编辑各国史志书数十种，有于报中寻出名目者，亦有闻见所未及者，并拟搜求无遗。已开单专人前来照购，如有不知处所者，乞饬尊纪详悉示知。又有一单，不知其书已否刊行？乞查明。如已刊，即望示知，令其往购。或有新近译出未经登报者，但属史志一类，即乞垂示，以便购取，至盼至盼。再，以后如各处编辑处续出史志等书，一经印行，即乞速为代购见寄，其价及邮费，统望于恒茂泰取之，弟处当照交大成公司不误。闻尊处代办石印书籍，自为嘉惠士林起见，弟处亦有一书拟付石印，请将办法、价目示悉，以凭遵照。此书约有十余厚本，如照《三通考辑要》板式，每一页印至万张，需价若干？印至五千张，需价若干？如照缩印《时务报》款式，每一页印至万张或五千张，各需价若干？每册约二千页，印五千部，许久可以出书？乞将详细示知为幸。《译书公会报》在何处发售？请代订一分（其价请于来人手取之）。其已出者，即交来人带还。专此奉恳，敬叩大安。不具。

弟梁焕奎顿首　二月五日　（二月十七到）②

---

①此信当作于1901年4月，系据其内容考订，如"三舍弟当于夏间游学东洋"，当指其弟梁焕彝于1901年8月由湖南抚院派往日本学矿。

②《汪康年师友信札》当是按收到日期先后录入，之六信札发信日期应较之五发信日期晚一年，此信当作于1902年。

致汪康年（七）

穰卿先生执事：

　　昨遣局勇赴沪购求书籍，附上一函，计承察览，并为代垂指示一切矣。尚有数书，行时未及开入单内，兹并寄上，乞转饬加购。如该勇已经动身，即望嘱恒茂泰代为购寄，其价在湘大成公司交付，渎及清神，殊抱不安，余不具述。手上，即请道安。

弟焕奎顿首　二月十七日　（三月初一到）

　　前托大成公司代致加购《中外日报》一分，并前寄湘，不审已承照办否？

致汪康年（八）

穰卿先生执事：

　　专勇去寄上一书，昨又由邮局续寄一缄，计当先后得达清听。购书事渎扰神明，弥抱不安，惟乞念及为上游开风气，不以为罪耳。兹复忆及译书公会曾译有史志书二十余种，不识曾否刊行？市间是否觅得？伏祈查明示知。去勇如可购求，总以必得为快也。如承代购，价目若干，乞饬该勇照缴。又乞饬赴南洋公学购蒙学课本初二、三编各十册。手上，敬请道安。

弟焕奎顿首　十八　（三月初一日）①

复汪康年（九）

穰卿先生执事：

　　前购书人还，知尊体违和，甚以为念。昨得十九日惠书，就审日臻康复，快慰无似。矿事诚如尊论，然自外部新颁定章以来，各国之窥我矿产，其注目又非复往时之比，恐即欲中分篋金，亦不可得，奈何？身处事中，即一隅之故，亦不能有所补救，此诚无如何

---

①据其内容考订，之七、之八信与之六信，均为拜托汪购书事，且前后信内容相互连接，当同为1902年2月所写。

也。前托代求各国史志，原欲有所编纂，以饷吾乡后来之士，乃坊间诸多缺乏，所得仅十之一二。昨又托同文沪报馆之筱原邦威代为购致，尚未寄到，不审可得几何？拟俟筱原书至，再于其未得者，更以奉恳。惟最新出之书，此间旧无所闻者，仍乞随时觅购见寄。其价请于戴笏轩处取之，容当于此间缴还。即或筱原已购，亦不嫌重复也。先生乐成人美，必不惮劳，无任钦企。顷闻有通人流寓东瀛者，倡为亡国二百四十二年纪念会刊，有一启为各留学生所大不谓然。窃恐内地讹传，以为康焰复炽，必至为留学诸生之累。现当公使、学生相持之际，尤不能不力为辨明，敢请著论报端，声明此旨，以保全吾国一线之生机，实所至幸。前次湘省出洋学习师范诸君，并无秉三令弟在内，当过沪时想已知之，诸君行学多未惬识者之意，不审能于吾湘兴学之事有所补否？兹有杨皙子孝廉度，吾邑志士，为弟素所推服，学业能洞见本原，为近来所仅见，于中外之故，尤能悉深达亹。先生晤之，必引为同志无疑。顷自备资斧，游学东瀛，不挈朋侣，不携僮从，只身万里，可谓壮矣。弟特患其于彼中禁俗无所知闻，嘱其过谒执事，一询途径，倘有所以语之，甚幸甚幸。尊意欲编一书，以发坊估奸伪，尚望从速为之。乍暖，惟加意珍摄不宣。

弟焕奎顿首　初八　（四月十七到）①

复汪康年（十）

穰卿先生执事：

前奉惠书，因集股刻书之事尚无头绪，久未作答，已而卧病床蓐，日困呻吟，遂以淹绵数月，歉怅无似。现在集股之说，已成画饼，可见创举一事之不易也。昨复奉与修兄及弟书，具承垂示。矿

---

①此信当为1902年4月份所写，系据其内容考订，如：杨度于1902年春夏之交，留学于日本弘文学院。这是他第一次赴日，所以辟园公恳请汪氏："弟特患其于彼中禁俗无所知闻，嘱其过谒执事一询涂径，倘有所以语之，甚幸甚幸"。又如信中所云："顷闻有通人流寓东瀛者，倡为亡国二百四十二年纪念会刊""现当公使学生相持之际"，系指1902年初，由章炳麟（太炎）等人发起成立了"支那亡国二百四十年（当下距清廷进关立国的时间）纪念会"。为抵制留日学生的革命浪潮，清廷驻日公使蔡钧不批准9名自费生进入日本成城中学就读，因此于当年6—7月风潮酿成。

事经此番改章之后,谋夫孔多,沪上之注目湘矿者,尤为鬼怪百出,不可捉摸。好在湘中自奏设总公司以后,已于部中严办防堵,暂时非有国家势力不能遽下毒手。但苦招股不成,仅能办到购地一事,如四川华益公司之中策耳。现在以招致外洋各埠华股为第一着,而以华洋合办为第二着。要当兼营并进,以收成功。所患又不在无财,而在无才,天下事之难如此。弟原拟编辑中小学堂各国历史教科书,并谬欲编一通史,以故屡求代购书籍。承寄各种均领到。四月以来,俞抚台开办学务处①,以其事委之弟与罗训兄,坚辞不许。分其心于彼,终日纷纭,不复能看书,遑云编辑。初意以为学务为今日切要之图,冀得与训兄竭其心力,以稍开敝省风气。奈抚台以朱莼卿太守为提调,朱为弟与训兄之房师,生平主张排外,论议动辄龃龉。两人心志千百,不能发见一二,闷不可言。现仅办到送师范学生二十人至日本,以四年半为卒业,及开一师范馆二事,然已煞费苦心矣。开年后,训兄当还直,弟亦入洛,后事如何,只得下回分解。如何如何!先生能为一论说,为训兄及弟一吐气否?湘中自辰案定后,又复文恬武嬉,百端无复精神,而民气邆塞,智识不开,恐后此之辰案未有已时,如景廷宾者,又将因缘复起也。沪上有日新之机,意兴何如?庄谐选录之作,赓续几许?沅帆入都后,行止作何计画?公处想有所闻。秉三未渡洞庭,便尔西引,想留连数月,便当从公扬鞭海堧也。久病新起,不耐多作字。骤寒,维起居珍卫不宣。

弟焕奎顿首　十一月初八日　(十一月十九到)②

复梁焕彝③

三弟如见:

得书知现移寓旧金山一美国人家,甚慰。想系与陈、许同居,

---

①此信当为1902年十一月所写就,系据其内容考订,如:《湖南省志·湖南近百年大事纪述》,"为便于统一领导,(1902年) 6月12日(五月初七日),又成立了学务处,任命道员尽先补用知府朱益璿、奏留直隶委任知县罗正钧,担任提调。"
②此信当为1902年的年底十一月初八日所写,系据其内容考订,如信中云"湘中自辰案"系指辰州教案,是发生在1902年8月,而湖南师范馆正式成立日期为1903年初。
③信件手稿原件由先父梁君大捐献给湖南省博物馆收藏。标题系编者拟定。

语言有进步否？能别觅一教者补授理化诸学方为尽善，彼中想尚易得。课事何如？念之。兄居此已数月，局中事不甚烦，颇复足以自怡，惟病体未愈，近又加患两目昏翳、胃口呆滞诸症，不复能辨人眉目，每日所食不足三盂，顽疾腹痛亦尚如昨。三月半间，四弟来宁相视，劝往东京就医。兄现已遍求中西医生，莫得收效，在内地已觉计穷，不得不冀体于东京之一往，已决计同四弟于十六日应行东渡。此行系请病假两个月，仍将大嫂及两小孩寄居局中，尚可放心。大约时入盛夏，两月之期甚难如约，推至七月底八月初再往返国，亦视病情如何耳。家中来信，知母亲康健，二弟近复由益阳还省，五弟尚在实业学堂。湘中学界至午帅到任后微有转机，昨范静生回湘，运动送法政学生，闻已选定卅人日内启程；云实业学堂稍有变局，右工已调往省铜元局监工，而以马振吾为实业监督。马君，兄不知其人。粤汉铁路事一无点效，近盛京保亲至鄂垣，晤于南皮，不知作何计划。湘绅意见、举动不能取胜，其初犹恃粤绅会到，伍财宝已逃，黄公度又殁，恐遂终成画饼。如何？！如何？！江南官场腐败不堪，一无可言者。惟故乡戚友纷纷来觅衣食，几于无日不有。兄留眷属寄顿此间，拟请刘绶笙、谭长生两人居此照料，言于经办，月给薪水数金，即为异数矣。兄此行经济大窘，而不能不带一仆，令陈云同去，以病躯需人扶持汤药，不致专累四弟也。馀言续白。

四月十二日①

伯兄字

嘱仙新甫问安。

致梁焕彝②

三弟览悉：

久不接弟书，甚以为念。兄因久病不愈，决计赴东就医，由南京动身时曾发一缄，不识已收到否。四月半到沪，已购船票东渡，适日俄有对马海峡之大海战，废然而止。就医情急，遂在沪上觅日

---

①此信当作于1905年，辟园公在南京火药局任上所撰。鼎甫公在美国游学时间是为1904年至1905年，1905年3月13日第11457期《申报·金陵官报》有"知县梁焕奎禀知到火药局提调差"之报道。
②信件手稿原件由先父梁君大捐湖南省博物馆收藏。标题由编者拟定。

本医生条崎诊视，去岁过沪，曾就此医诊过数次，颇见效，故也。据医生云，兄病非三数月可愈，必在沪上留连半年方可复元。四弟亦赞成暂不赴东，于是遂留上海，现寓四川路广福里（即二洋泾桥）裕成公司。此公司为李子善所经营，专销湖南矿砂，兄亦入有股份者也。在此已一月，颇相安，医治亦颇得手。目前惟两眼昏蒙，脑及胃均时时作痛，他无所苦，拟无论如何权在此耽搁半年再说。大嫂及两小孩在南京仍居洋火药局中，亦可放心。二弟同李子善又在邵阳开一锑矿，不审将来情形如何。昨寄去湖南矿局各种样砂一箱，久通益阳锑砂一箱，交子善设法寄美，不识何时可以收到。到时望寄一信来。

湖南因日本人欲在水陆洲设立打米公司，于是湘省官绅谋集资本，先行自办，以资抵制。现在发官本五万两，惟商股一半尚未集成。查打米机器，惟美国最精。顷在沪上打听，似价值太昂，故特嘱吾弟，一为详查，从速查覆，以便照办。现所购之机四十具（美国最新式），每一具每一小时能研出熟米六百斤，锅炉引擎约须三百六七十匹马力。据荣华详行言，每打米机一具，须价美金三百元，统共四十具，连锅炉引擎及一切附属品共须美金三万元（云系顶上第一等货），在上海交货，其搬运、水脚、保险、行用概在内，不审是否为此，暂未与议定（造厂须地基若干百尺，木料若干，盖厂是否必须用铅皮，抑可用瓦），俟弟处查覆，再行定局。如在美购较廉，即须弟为一办，亦不可知（但须在上海交货，如何购、如何寄、如何交、将来如何装均须先行询明，方有把握）。此事颇要紧，回信即寄上海裕成公司可也。

粤汉铁路废约事已有九分可望，此自弟等之功。但以后如何办，正须用意耳。家书来言，母亲大人以次均好。

伯兄白
五月十九①

---

①此信当作于1905年，于前信稍后日期所撰，系据其内容考订。标题由编者拟定，以下信件同此。

致梁焕廷①

兄于二十五日东渡，二十八日抵神户，初一日到东京。在船中微有伤风，尚不要紧。惟陈云亦有伤风，较重，大约数日可全愈也。四弟处房子尚好，居此颇觉安适。拟俟伤风愈后即至医院诊察，上海医生有一绍介书荐往医科大学也。

敬请母亲大人福安！望告知大嫂。

伯兄白　九月初一②

梁焕彝复梁焕廷函③

五弟如握：

昨接来书，具悉一切甚慰。四弟亦有信来，知大兄尚在沪，就日本医生养病，闻须半年可以复原，尚不甚危险云。

弟近习各英文、数学教科书，皆系此间中学所用，甚好。兄抵美后，亦曾练习一遍。Anithemtic 则小学所用。

弟习代数、几何，不知何时起首，现已习至何章？明年即将卒业，则平三角、算学及中等物理、化学想当授毕。若欲直接入欧美大学，并非难事，惟当加工学习英文及第二国文字耳。美国教习安得生已订约来湘，现与兄同居，课授颇为得法，彼于演算几何、代数、物理、化学问题，提笔即是。兄与陈旷仙现拟西八月初入加厘福尼亚大学豫备学校④学习一年，且看来年夏间或能送入大学否。在此豫备学校，不必一定学拉丁文，卒业领有文凭者，入大学可免考试。若在英国留学则不能有此便利矣。兄等现在不可一日离安得生先生，因兄得他教授进益不浅，彼现又未觅得一好先生接手，故安得生先生来湘之期恐须在今年冬间也。各国大学所谓四年卒业，其前两年仍是课授高等代数、几何、微分、积分、算学及高等物理、化学、图画等科耳。其实在专门学问仅在后两年。兄甚望湖南实业、

---

①信件手稿原件由梁君大捐湖南省博物馆收藏。
②此信当作于1905年，于前信稍后日期所撰，系据其内容考订。
③据信内容，此信当写于1905年。信件手稿原件由先父梁君大捐湖南省博物馆收藏。
④此处有小字旁注曰：一面仍请安得生先生课授。

明德学堂，程度从此接续，办到与欧美大学前二年功课相等，只要有好教习甚易。如果湘中学生愤学，西文进步甚速，且俟明后年兄可与此间大学校长相商，请其举荐一二好教习来湘，即可与此间校长相约，将来在湘高等科卒业生来美，可以径入此间大学第三年级，毋庸试验入学。如果办到此层，则我湘教育当为全国之冠矣。兄揣实业、明德学生程度，来年所谓卒业，大约与日本中学相差不远，最好此两校学生于明年毕业后升为高等科，专心注重学习高深英文，兼习法、德文或拉丁文一科①。只要用功两三年，前来欧美，径入大学当不难矣。南洋公学现称中国最著名之学堂，然其理化学科颇不完备，实由未聘得此项好教习之故。震旦学院新设理化学科之更不如南洋公学又可想而知，惟习德、法文或较相宜耳。

弟近于国文颇有长进，惟字眼仍多错处，务宜留意。至于中国历史及中国道德学之书，弟趁此时亟宜加工研究一番，不妨多与陆咏仪先生虚心谈论。此实是根本，最要工夫。我国群贤先儒言论思想之高尚处，实为今日欧美社会之远远不及，惟孔子言君臣之道太朽，不得不为白人所笑。孟子真说得好。如尧、舜、禹、汤、皋陶伊尹之往迹，宋儒周濂溪、张横渠，明儒王阳明、王船山诸家之精言，皆万不可不一研究之。若我等以祖国哲理蕴于中，以欧美实学致于用，则将来我辈经营，不惟可以振兴东亚，且当愧煞全球。兄因近来历观白人所谓上等社会种种举动，其器局之小，多可哂处。盖欧美今日实不过一盗跖世界，科学盛而道学衰故也。我等若举二者而并进之，吾知日后白人当拜服我黄人矣。弟其勉之。

兹并附上英国留学左君来函一件，其中言留英情形甚详，因闻蔗青兄有派赴西洋之说，望即送与蔗兄一阅。兄意赴英不如来美，此间入大学一切情形实较英国便宜多矣。若坐头等舱来，填妥护照（宜极详细），先由政府电知甚易上岸也。兄近体甚好，毋念！此信送与蔗青兄及咏仪先生一阅可也。

三兄 白
西七月十六日

顷闻端方出使，继者为谁？送西洋学生之事有望否？

---

① 此处有小字旁注曰：实业、明德明年必须加聘法德文教习。

致廖荪畡① （一）

荪畡仁丈先生执事：

季海兄至，奉读惠书，敬悉体履渐臻康复，甚以为慰。迩来乍暖还寒，诸祈卫摄。老年精力，少不如前，总以养心节劳为要旨。矿事猥杂，加以万夫邪许，民气烦嚣，在在皆劳苾虑。幸而一门才杰，代职有人，伟望精筹，出其余技，可以了群公十辈，知不以为苦也。尹翁画本，十已得其七八，昨微观之，其精妙实非诸人可及，宜其矜重绝艺也。俟脱稿，即当寄呈亨达利洋商。现在加筹资本，并无倒闭之谣，所亏局款，亦已分期筹兑矣。近惟白铅砂无销路，余均较胜往日。知注并及，肃叩道安。

梁焕奎顿首

致廖荪畡② （二）

昨因还勇，肃奉一缄，计承垂览。前闻道体偶有不适，此时必已早占勿药矣。慰想无似。湘绮老人著述，新于衡郡刻有《春秋王氏笺》及《唐诗选》二种，昨询老人，云当乞先生觅之可得，谨特遵以为请，伏求饬纪于肆中访求见寄，其价若干，即当照缴。近来时局日新，非求报纸，无由知其梗概。先生沉几观变，目营八极，知有不出户知天下之乐。顷阅《同文沪报》，见其精核博通，又有《京报》、小说，可资披览，因为先生代定一份，陆续寄呈，价八元，已垫付，无庸念及，知亦所乐为留情者也。肃上。敬请筹安。

复廖荪畡③ （三）

正念高情，忽承华札，快慰无似。读和章，语语如生铁铸成，

---

① 致廖荪畡信函均录自《珠泉草庐师友录　珠泉草庐文录》。据《珠泉草庐师友录　珠泉草庐文录》整理者廖忠敏考证，该信当写于光绪二十八年（1902）二三月间。标题均系编者所拟。
② 据《珠泉草庐师友录　珠泉草庐文录》整理者廖忠敏考证，该信当写于光绪三十四年底（1908）。
③ 据《珠泉草庐师友录　珠泉草庐文录》整理者廖忠敏考证，该信当写于宣统二年（1910）八月。

是由玉局上窥杜陵，此亦由年力所致，不可强也。某局之举动，直可野蛮待之，万不可再存姑息。此辈欺软怕硬，无庸以理遣情恕。肃此奉上，敬请颐安。

致廖荪畡①（四）

既至此间，未有不奉教珠泉者。久病之躯，惊魄未定，入山遂为风露所欺，迄今尚未脱体。拟俟晴霁之后，路干人爽，即当趋叩高斋。想一时未必出山，乘兴即来，当无俟先为邀约，至远劳道从，则殊非所安耳。舍弟顷无信来，不知时下又作何状，亦甚念也。自余面悉，不尽欲言。即请福安。

复廖荪畡②（五）

岁阑人倦，正忆清尊，使来接读惠书，释渴解饥，快慰何似！山舆承代饬工制成，已感厚爱，更有嘉赏之命，愧何敢承。揆之少贱不辞，不容不以礼经自勖，要当图他日之报，以申琼玖之好耳。春风舒和，即乘此再访衡田，过扰清斋，恐不免重拜细菜春盘之赠于行厨竹里时也。前次路途，曾得诗二章，比即写成，久未寄达，浅俚不足云诗，聊博公一粲，敬以补上。四舍弟二十一日赴江宁，约俟正杪始克还湘。大局似亦有底定之意。世有江东者，恐不如四世三公之佳，较操胜算，此亦人事之难量者也。手肃。敬请福安，并颂年禧。

焕奎顿首

复廖荪畡③（六）

承示大作，七言逼近老杜，其苍劲处犹胜坡公。联语笋老一联，

---

① 据《珠泉草庐师友录　珠泉草庐文录》整理者廖忠敏考证，该信当写于宣统三年（1911）十月底或十一月初。
② 据《珠泉草庐师友录　珠泉草庐文录》整理者廖忠敏考证，该信当写于宣统三年（1911）十一月底。
③ 据《珠泉草庐师友录　珠泉草庐文录》整理者廖忠敏考证，该信当写于民国元年（1912）盛夏或初秋间。

早所佩服，近年以陶、李二联为最，其他亦非羌无故实者所可能，殆曾湘乡所谓一卷挽联行世者矣。壁耘老兄病状如何？甚以为念。秋凉后事局稍定，当上春泉堂痛饮数斗耳。暑中敬维起居珍卫。不宣。

致邵先生①

邵大夫子钧座：奉示诵悉。邹君需仆，昨周印翁已荐一人充其选，似可不必再说。此仆诚佳，或他处需材不难位置也。余不宣悉，专复。敬请道安。即希垂鉴。受业制焕奎顿首。

---

① 此信当写于1914年七月（梁母刘老太夫人逝世）后。录于湖南图书馆编《湖南图书馆藏近现代名人手札五》（岳麓书社2010年版）。

梁氏世谱[①]序（节要）

　　吾之先可考者，当元之初终元，世居河南汝阳，溯所自来，莫先汝阳矣。六传至鉴公，洪武中迁江宁，居江宁最久。子姓各以系属，别为四村，湖墅于四村为著。乾嘉间，永安君官粤，子弟寓桂林，于是再迁为临桂人，不再传。而金田变起，先曾祖携先府君避乱来湘，著籍湘潭。凡三迁，百年之间，转徙不常，门祚仅存，庸可忽乎！夫万物本乎天，人本乎祖，苟茫然不知其所先，亦人情之至可哀也。谱学盛于六朝，精于赵宋。近世名之为族，莫不有谱。先圣礼教重宗法，非国所与立然欤？吾宗之谱，修于乾隆五十二年，专以本支湖墅为主。其后迁临桂、迁湘潭，去修谱时已远。荡析离居间，就闻见有所补缀，不能议其疏略。先曾祖浮湘孤征，百物散弃，衣履不具，行箧中独存旧谱一帙，茫乎慨然，意盖有在。焕奎屏废家居，不亲笔砚，常念此谱未理，疚心不宁。庚戌之冬，叙次旧闻，令友人写为表传二十八篇，未及付锓，适罹国变。寻及甲寅，又遭先母之丧，危苦悲哀，益难自已。爰取前稿，增写四篇。族属散在四方，书问不详，无由备举。嗟乎！根本无磐固之基，枝叶有飘浮之感。在昔绵历千祀，继嗣无阙。数典不忘，宁敢旷坠！顾乃缌祖之亲，各不相闻，辄赋葛藟，为之忉邑。继自今长养赓续于万千世，是又私衷所属望于无穷者。若社会学家之言，谓宗法进于国家，谱牒可以不完，则岂予小子夙夜怵惕之心乎！

　　和林开国，莘莘天潢，因地授氏，杰哉大梁，述汝阳系世表系第一。

　　宗室典兵，奠此神州，圭卣联翩，与国同休，述元代世爵表第二。

　　归往事渺，世多莫详，千祀云遐，赖兹勿忘，述汝阳系生卒葬

[①] 辟垣公自1910年冬开始，据清乾隆间旧谱重修《梁氏世谱》，至乙卯仲冬（1915）由五橘堂刻印完成。原件由梁君大捐湖南省博物馆收藏。

地表第三。

出师滇池，效命疆圉，酬庸有章，世拥茅土，述明代世爵表第四。

承家幽燕，启宇巫夔，蔚为别族，星散飙驰，述保定阆中别支表第五。

崔巍帝都，云与龙翔，钟山之英，以蕃以昌，述江宁支世系表第六。

始居秣陵，有图与书，虽阙未备，可征在初，述江宁支生卒葬地表第七。

聚族隩腴，绵绵遗泽，崇祠攸托，先灵是宅，述湖墅支世系表第八。

来日往日，第其后先，不可勿识，宣尼泫然，述湖墅支生卒葬地表第九。

寻山来家，实领神秀，光远自他，奋迹名圃，述临桂支世系表第十。

流转之间，载笔罕传，亦有甄采，爰缀兹编，述临桂支生卒葬地表第十一。

节操不泯，播彼来芳，分道奋发，宗祚孔长，述京师长安侨居表第十二。

湖光岳气，长我子孙，明达有征，庶几高门，述湘潭支世系表第十三。

作事谋始，其命维新，近者录详，式视后人，述湘潭支生卒葬地表第十四。

内言在室，穆然宗风，一体之爱，无遗管彤，述内女表第十五。

作宾于王，峨峨髦士，岂曰国光，儒术伊被，述贡举表第十六。

良才不隐，有显斯秩，服勤夙夜，相彼簪绂，述职官表第十七。

善必称先，匪扬曷显，告身自昔，邦之令典，述封赠表第十八。

秦穆有言，膂力不愆，厥有美意，与之延年，述耆寿表第十九。

在庙升歌，上墓习礼，必洁必备，物其有矣，述祠墓田产表第二十。

落落懿行，文不足征，坠闻什一，斟举所称，述先世诸小传第二十一。

高情遐蹈，去危即安，郑公妙笔，觞酌盘桓，述朝议君传第二十二。

春官桃李，花发河阳，晚节蹉跎，不忝循良，述遵化君传第二十三。

胜概霞骞，逸想云浮，目光如电，鉴别群流，述资政君传第二十四。

志在四海，一官郁陶，举家投义，生轻鸿毛，述节愍君传第二十五。

西清侍从，慷慨外廷，尽瘁河壖，名照丹青，述永宁君传第二十六。

悃愊无华，贤哉汉吏，三秦之郊，有碑堕泪，述富平君传第二十七。

上马杀贼，下马草檄，跌宕人豪，蓬庐偃息，述太常君传第二十八。

令德不回，肇造家室，往轸迆遭，裕彼来辙，述先府君传第二十九。

贤母至德，生民若绵，世有迁固，登之简编，述先妣传第三十。

嘉树生庭，寝庙有作，遗光在遐，攸处攸托，述家庙记第三十一。

五亩之宅，迩止幽宫，雨花之灵，翩其来同，述墓庐记第三十二。

　　　　岁在旃蒙单阏夏正十月立冬日，焕奎谨记。

汝阳系世系表第一[1]

旧谱载，一世也先帖木儿公，云公为梁氏始祖。或曰，也先帖木儿官名，公本讳虎，居河南汝宁府汝阳县，葬汝阳陶台堡。生卒

---

[1]此处原刻本有小字注：子名系所生母下，旧谱未详者系父下。为人后者于本生别之，名系所后父下。以下皆以此例。

年月不详。世袭右翊万户。以五世成公生元统元年推之，公当在至元间。今考《元史》，也先帖木儿为世祖第五子和克齐之子，至元十七年袭封云南王，后改封营王。不言其子孙，亦不列传。惟诸公主表有"也先帖木儿之女适沈王王焘"一语。元世宗室统系，秘藏石室，外廷无由而知。宋濂修《元史》，仅据官书所载，多不详核①。由旧谱观之，吾宗或即营王之后。惟世居汝阳，非其食邑。继嗣名氏，纯与汉同，则何以故？意者元之宗室，多赐郡国为分地，世袭万户。营王本食福安岁赋，或别赐诸子以汝阳之地，亦不可知。营王晚年曾镇北方，当由诸子迎葬汝阳，非及身居之也。至入明时，元裔之未从顺帝北归者，往往改其旧氏。汝阳地属大梁，故以梁为氏。又史载和克齐之后有封梁王者，镇云南，封年无考，当其旁嗣。明太祖遣王祎谕降梁王，杀之。吾宗五世成公入明，官钱塘尉百户。此时当先已改氏。或缘梁王近亲，亦得氏梁。既改氏矣，何并先世名讳亦并易之？盖六世铭公，永乐时为典兵大将，以近宗有杀诏使事，虑为英主所忌，遂窜乱其宗牒，以图免祸耳。配，可考者多庶族，或中叶后，子弟出居分地，得通婚姻。或明初各追从其赐改之姓，年代既湮，玉步屡更，国史家乘，互有出入。本支自出，未容诬妄。旧谱严谨，亦不敢致疑。今姑依史传，参录于篇，以俟后来。并依旧谱世次，为《汝阳系世系表》一代，谨书单名，取同其后。（表略）

谨按：以名讳戚属而论，不当为元人，惟旧谱一世载也先帖木儿公；二世载志公也先帖木儿公长子，忠公也先帖木儿公次子；三世、四世皆分载袭右翊万户，灿然明白，似已足征。特果为营王与否，殊不敢必。元人国语命名，率多从同。或当时别有也先帖木儿其人，亦为贵近重臣，得赐勋爵者，正复难言。总之，入明后改易宗谱，实为必有之事。从两朝变革之后，读一家残乱之文，盖阙已难，其余莫慎，九京佑启，庶无憾焉。也先帖木儿，清乾隆间刊《元史》，译作额森特穆尔，元代无此官名，谨附识于此。

---

① 此处原刻本有小字注：本《元史·宗室世系表序》。

元代世爵表第二

　　元初以万户典军旅，世祖朝尝命宗臣为左右万户部兵翊卫，位在诸将上。其后定官制，以万户、千户、百户为世爵，视领军多少为爵秩。崇卑子孙，非有罪不除吾宗。旧谱始虓公，次志公、忠公，皆载为元右翊万户，又二世袭其爵，凡四世终。元世弗替，今依旧谱列为元代世爵表。（表略）

汝阳系生年表第三

　　凡生年横列左行，卒年、葬地纵列下行。录旧谱以世系为次，旧谱失传者阙之，后于旧谱者以闻见先后为次，闻见所未及者阙之，以下皆以此例。（表略）

明代世爵表第四

　　明封功臣五等，世及盖陷敌摘渠膏血原野，仅乃得之子孙，怙宠动见除绝，元勋世臣一二传，夷为甿隶者比比然矣。求其谨守节度，供宿卫镇戍之职，保持先业者良不多见。吾宗六世铭公，仁宗朝论北平守城功，封保定伯。七世宝公，以平贵州苗，以进爵为侯，子姓承家，爰及七世。旧谱载铭公夫妇生卒年月、葬地甚悉，以其别支，甚不详其世次。谱专湖墅，义例綦严，非必外之也。然奕世珪祖历年三百，明社既屋始失茅土，要亦宗族之光。谨检明史功臣表，录为明代世爵表，谱载追封三代，悉如其爵，今并著焉。（表略）

保定阆中别支表第五

保定伯，兄弟三人。伯既奋迹戎行，殒躯荒徼，镛公奉母居四川，鉴公奉父居江宁，故父母葬地各殊，兄弟亦因以异籍。保定子孙拥郡国之号，仅食岁禄，非有分地户数也。典职军旅，往来两京，燕赵之交，亦多苗裔。旧谱宗鉴公，以保定阆中为别支，不复详录究之。一本之亲，虽在疏远，不容割弃。今立为别支表，以待他日访辑收附，亦古者敬宗之谊也。（表略）

江宁支世系表第六

吾宗明初由汝阳迁南京，自鉴公始，初居江宁葛仙乡，保定伯衣冠墓在焉。六传稍繁衍，析居四村，曰上村，曰向上村，曰渌口村，曰湖墅村，皆江宁县地。湖墅村于四村为最著，故旧谱以湖墅一支为之主，余三村皆不致详。其旨约，其思专，与其泛失所守，固毋宁自狭也。江宁或有通谱，今不能明。兹次六世至十一世六传中未分以前所可考者，列为江宁支世系表。（表略）

江宁支生年表第七上（表略）

江宁支卒葬表第七下

茔域在江宁者，不书县名。湖墅支同。（表略）

湖墅支世系表第八

有清一代纪年及仕进所历,皆不加国号,以下悉以此例。

湖墅村在会城南八九十里许,出聚宝门有小水可达。循岸陆行约一日程。其地平衍肥沃,宜禾稼,亦多桑柘。居民以农田为业。村有市,列廛数十,贸米与丝者出焉。居者多吾宗人。吾宗自明中叶十一世丝公始居此村。絮袍营屦,守俭自给。大创甫平,既散复聚。三十年间,虽元气凋伤,而丁男百数,更已成族。固由眷恋夙昔,抑亦川原优美使然。光绪十九年,焕奎谒小南庄永安君墓,过其地,见弥望蓬蒿,巨础垒然,询之,则吾先人故宅也。① 迭经兵燹,遗构可寻。旁有祠宇,比岁新筑。榱桷粗备,规制不完。其日,宗人具鸡酒相饷,言笑甚欢,轩几之间,缅想盛时,桑麻被野,礼乐彬彬,风迹何如。今录湖墅支世系表,不禁释卷怃然也。(表略)

湖墅支生年表第九上(表略)

湖墅支卒葬表第九下(表略)

临桂支世系表第十

永安君作令广东,以循良见称。卒官,诸子留粤。粤多剧盗,声言行窃,宵旦警备,不遑宁处。闻桂林山水奇秀,徙家居之。子弟习书史,锐意举业,时重科目,追时会就试桂林。桂林人以其流寓,哗言不许聚学道门,势且捶辱。既罢,乃气矜不服,倾金结托,

---

①此处原刻本有小字注:康乾时有典肆在城中,曰裕隆,殖产甚饶。

数年竟得应举。已而领乡荐者五人，捷南宫者一人，附郡县学为生员者十余人。三世相继，一时称盛。江宁族属诧叹弗如，斯亦可为克自振拔矣。然仕宦出游，相率留滞，非侘傺不遇，未尝言归，岂道艰地僻，情有所惮欤？形家言墓地有离乡砂，理或可信。先曾祖卜筑独秀峰下，不乐他去。子弟官所奉迎，咸却不往。卒以赭寇犯城，避居长沙。遂留不返。今居临桂者益无多人。二纪之间，一门孝秀，强著户籍，不知其然，作临桂支世系表。（表略）

临桂支生年表第十一上（表略）

临桂支生年表第十一下（表略）

京师长安侨居表第十二

侨居不改旧籍，纪载在临桂支。

遵化君弃养京师，卜兆近畿。永宁君卒官西河，亦葬房山。遗嗣久居辇毂，继美凤池，无复归志。方今学术大通，贵宣恶蔽，峥嵘日下，贤于岩疆，孤守远矣。富平君仕秦有年，遗爱可称，良宦不迁，赍志以往，诸子皆入秦。后所生朱邑桐乡，疑无归葬之事，丘垄所在，为之子孙者，既流徙远处，往往不忍遽离。吾恐吾近亲诸家遂为东西南北之宗也，为京师长安侨居表，以志踪迹焉。（表略）

湘潭支世系表第十三

先是道光中，遵化君夫人周恭人由桂林溯湘随宦北征，道出湘潭，遘疾卒舟中，仓卒无亲知。询岸上居人，得江南梁翁，就访之，则遵化君族兄弟竹君先生也。绸缪款接，为之经纪其丧如家人。咸丰初，金田寇起，两犯桂林。先曾祖朝议君不肯轻去，会姻家临川黄君金门署湖南永明县事，朝议君女嫁其子某。地近桂疆，闻朝议君且居危城，遣县卒数辈，具资用，迎入湘。未几，黄君以事解官，朝议君携先府君从还长沙，于是过湘潭，求曩者竹先君先生。时先生方居雨湖旁雨花别业，轩槛清幽，有文酒游谦之乐，止朝议君居焉。后太常君以县籍得官，先府君亦试长沙，补弟子员，遂为县人。今以资政君竹君先生与吾家为湘潭支世系表。（表略）

湘潭支生年表第十四上（表略）

湘潭支卒葬表第十四下（表略）

内女表第十五

旧谱不载内女，以为女子适人，名在他宗，不复称列为家人。然春秋于内女书之，惟谨同气之亲，并为天属婚姻相通，动关休戚，比于路人，情非所安也。今表近宗内女可知者，以广旧例。（表略）

贡举表第十六

吾宗在江宁不竞科第，入桂林稍奋于乡举，然以文学置身台阁者，盖无其人。光绪癸卯岁，诏开经济特科，焕奎与族父济同荐于朝，未得显擢。未几，科目亦遂停罢，人材自学校出，焕彝、焕均、焕鼐先后以游学列国闻云。（表略）

职官表第十七（表略）

　　有清以来，吾宗无达官显宦，独以州县终其身，名为循吏者数世。牧令亲民，自古为治平之基。乃以世其家，知能乃心民事。《诗》曰：岂弟君子，民之父母。何必高爵厚禄，然后为贵盛乎！（表略）

封赠表第十八　　特赠附

　　子孙得官，贵其祖父，宜也。国家推锡类之仁，凡亲属尊长所当敬者，皆得以己之封貤与之。末世名器稍滥，封号逾三阶，又视其官之加衔为衡，虚数不吝，被之者得以为光宠，委委蛇蛇，象服是宜，在妇人尤乐其异等不同于摄盛矣。吾宗湘潭两家所称资政、朝议，盖当时各受其子婿若弟之所貤云。（表略）

耆寿表第十九

　　《洪范》五福，寿为称首，而所重康宁。《诗》三百篇，多言寿考。然则耆寿，安可不详。今谚有之曰：家有一老，黄金至宝。喜其历事既多，疑得取决也。兹表耆寿，不能悉举，后有考见，随补于编。（表略）

祠墓田产表第二十（表略）

先世诸小传第二十一
录旧谱

迁湘以前，先世言行，传闻盖寡。《旧谱》间附数语，略述生平，亦甚寥寥，久失甄采。嘉懿不章，节操成家，岂云未泯。夫言论事业非甚显赫，即亲近有所难详，乡里善人无足矜异，承学之士苟不著作，亦无以表暴于常人，家庭性行，自非餍饫，深切其孰能扬榷而传之者乎！《旧谱》所录，虽百不一二，然人往风微，稍见典型，亦道扬先业者所不可忽也，比次称引，姑著梗概云尔。

云从公　十六世　康乾间

公敦厚朴诚，居乡务农桑，以崇本计，尤好施予。湖墅村古道崎岖，公捐资修葺，行者安之。一生无半字入公门，当事重其德望，屡举乡饮，辞不赴。盖为善不欲人知，其本志也。

云升公　十六世　康乾间

公刚毅俭朴，顾盼有威，乡里咸畏敬之。课诸子弟尤严，有小过，虽授室必切责不贷。昆季三人，分任家务，伯君居守于乡，季君操作于城，公独任懋迁跋涉之役，故创业之劳，公为最焉。客都门日，寄家言大率皆以务勤俭、戒奢侈为念，而孝思纯笃，尤无一语不及太夫人之奉养云。

云生公　十六世　康乾间

公性温厚纯谨，施予不倦。乾隆丙寅岁，与叶君允中协陈君元亮修夹冈门之败堙者二十余里，往来行旅咸戴德焉。品行端方，闻于守令，乡饮之典，延致宾筵，乡里莫不荣之。

绳武公　十七世　康乾间

公幼有干略，十三龄随季父经营生计，井井有方，以故得高堂之欢心。先是美公，公中年去世，遗孤二子三女，长九龄，幼三龄，公抚育之，俾之成立。至其恤孤寒、济贫乏，则又克绍父风云。

从先公　十七世　康乾间

公性慷慨，敦大义，见善未尝不为。秣陵镇有乡农殷姓者，鬻妻以偿负。公适之乡，闻之恻然，曰："数十金小事耳，何吝一言，不以相告。"遂解橐与赎夫妇复完。其他善行，大率类此。故里之人咸啧啧称公之义于不衰云。

范如公　十七世　康乾间

公风度端凝，年未冠已无童心，洎壮益严谨，尤屏绝声色之欲。里党之无行者咸惧公知，盖公刚正，有以致其畏而生其愧也，搢绅先生莫不推公为第一人，而生平之勤勤恳恳者，尤在于宗族。先是云从公昆季三人，人各输己资，欲置祭田，奉合族祀。志未遂也，公继其志，而益恢之。前此族未有祠，公解囊千金，图惟百计，始获成功。族之人无不感公之义，而心折焉。至其独任宗事几三十载，经营措置，艰苦备尝，而先后数百金之捐输，其余事也。若夫接物谦，治家肃，为人谋而忠，与人交而信，则又公之天性云。

学易公　十八世　乾隆间

公天资惇厚，文采秀敏，弱冠蜚声黉序。三赴棘闱，甲午癸卯，两受知于主司，皆以额溢见遗，知而不遇，赍志以终，惜哉。

兆鹤公　十八世　乾隆间

少以诗鸣，多采入《白门菁华集》，有传。

学诗公　十八世　乾隆间

邑庠生，有传，有著作。

学礼公　十八世　乾隆间

有传。

以安公　十九世　乾隆间

郡庠生，著有《吾亦爱吾庐稿》，有传。

陟青公　十九世　乾隆间

有合传。

增谟公　十九世

有传。

增扬公　十九世

为人孝友端谨，行文朴茂敏捷，多刊于试牍，著有《七经荟钞》。

谨按：谱为乾隆中叶所修，小传皆雍乾间人，其他不详。盖得诸见闻者，如此而已。遥遥百年，阅人成世，虽乏匡君之略，岂无亢宗之才，载笔不及，遂尔湮沦。嗟夫，人见称或在邦国，或在都邑，或在宗族。行大者远，行小者近。大焉者无假于载籍，耳目啧啧焉；其小者，则有闻有不闻，各因其时之幸与不幸焉。一代之中，姓字登于典册者，固不可蕲，乃至立身行己之本末，或见遗于家乘，亦可悲也。由今以观，岂不以时哉。兆鹤公以下三称有传，而谱无其文，或别有记载，今简已脱，未可知也。

朝议君传第二十二　孔孺人附

先曾祖朝议君，字楚珩，号子明，一号紫蕢。少读书，不事举业。居桂林独秀峰下。宅后有园，杂植花果。暇则盘桓其下，写花叶枝干纵横之趣以为乐。意有所得，则取诸名家画册临之，久乃益精，遂以善画名于时。居常善饮酒，少醉则布素绢，纵笔为画，丹青陆离，貌取天然。初睹之若不工，储情玩索，生动夺真。画师多称为逸品，叹弗及也。人有求者，勿轻与。亲友欲得其笔迹，往往置酒令醉，无意请之，乃解衣脱帽，俄顷尽数纸。他日视之，自诧为奇。湘潭王检讨闿运及见君，尝言两家先人，姻娅交好，恨不得其遗墨，其为时所重可知。性淡泊，耻言仕进，亦不治生产。女妻临川李氏。李氏行盐两粤，君为料量出入，家偶匮乏，女辄以私财给用，略不訾省。或不继，亦不之取，自如园中采花果，门外货之。日饮酒斗许。尝曰："无米不足为苦，无曲蘖则不能堪耳。"弟遵化君官直隶，使来迎，以道远不乐去。洎遵化子永宁君官山西，又来迎，亦不肯往。但为书规勉，且言鄙性孤狷，不能与世周旋也。粤寇起，桂林时警，两来攻，皆未及陷城而去。咸丰六年，贼扬言大举围桂林，君度贼他窜，未遑避去。会子婿临川黄君，方侍其父永明县任所，闻桂林戒严，遣急卒走迎君。君念仅一弱孙一孙女在左右，衰孺扶携，万一有他，恐不得脱，乃袱被缒城出。濒行，出债券十数通，曰："吾今且不即还，入他人手奈何？"悉举焚之。至永明未数月，黄大令解官去，贼时已越湘下犯，君遂居长沙。当是时，阳湖恽巡抚世临、太仓陆粮储增祥，皆与遵化君有雅，闻君至，皆喜。湖南方榷饷征东军，招礼贤能，强使君赴衡州雷市，分治其事。君以奔走之余，暂托生计应之。旋往来衡湘间。其在湘潭，居资政君所，日寻诗酒，意度洒然。常集高年者六人，绘六老图，流连泉石，情出尘表。君暨资政君主之，监利王公柏心、长沙王公先谦为之序记，锓图于石。今在雨花别业壁间。同治五年，卒衡州榷舍，年七十有二。初，先曾祖母来太君有老母，目盲多病，君迎与俱。稍失意，怒不已。君谨事之，不少衰。太君精饮馔，尝中夜作羹，君亦命酒强起。又喜妆饰，日市珠贝。君始意颇非之，仓卒避寇，卒赖以济云。

孔孺人，初为先曾祖侍婢，专事烹饪，庖丁莫能及。先曾祖每饮酒，必令治肴蔌，他人为之，不适也。先曾祖母及其老母皆不易事，孺人曲意承迎，往往得其欢心。先祖母早殂，先祖远游，先府君洎适，蒋氏姑幼小无依，先曾祖母一以委孺人。孺人夙夜护持，衣食不愆。及先曾祖母与其老母先后下世，先曾祖乃命孺人为之妾。然孺人仍事爨下，未尝以侧室自居。寇起，当出避，孺人乃跣足持筐，坐蒋氏姑，负之夜缒城出。在道仅一肩舆，先曾祖怜蒋氏姑弱，命之坐，己乃与先府君及孺人步从，数日得达永明。其后，先府君建立家室，孺人事事经理，至纤至悉，臧获不能欺。厨人从学治馔，手刀匕，指授不倦。晚岁病目，遂失明。然检察盐米，不失累黍；缝纫衣履，斩然佳制。自奉至约，布裙菜根，不移其素。笃老多病，犹扶出问事，不以为劳。光绪三十一年卒，年七十有五。

谨按：朝议君居桂林时，二子皆好远游，节愍君年少孤征，其弟杏村就婚番禺周氏，妇家殷富，往往久留不归。既生子长大，益不迎还，杏村君遂长客妇家。寇起，来太君及其母已先下世，所与依者，孔孺人与二稚弱。仓皇风鹤之际，乌有不引避以求免者乎。幸而寇乃逾湘下犯，长沙安堵，仅得经画弱小，自全天年。虽流离委顿，朝不遑夕，而放意文酒，未尝少衰，不可谓非履道君子矣。

记梁宝善画①

杨钧

自照相之术行，而作书画者之得名更易，艺之精否未及问，其姓名已触于世人之耳目矣。三十年以前之人皆未得以此速效，帮乾嘉老辈咸集扬州。自上海辟埠，后起之人遂居彼处，视之百年前已觉易显。然以较之今日，又悬殊特甚。故隐居僻地，又无显贵为之推助者，遂没世不得以闻。

青郊居士之曾祖梁子明先生，讳宝善，慕桂林山水，居独秀峰下，性喜绘事，室后有圃，花木甚盛，玩其枝条体势，纵笔写之。性复嗜酒，傲兀不乐与人近，亲友之欲得其画者，必乘其醉后，画成即取去，故藏者多未加款。余得见之，卷首有壬寅春日王湘绮先生手迹，题"春信图"三大字，并为小记，其文曰："子明梁先生，循吏世家，高隐不仕，客寓桂林，避地还湘，以诗画自娱，醉中往往作画求者未尝与焉。阎运大父，姻娅交善，余家亦无其遗墨也。其曾孙辟园孝廉出示所藏，企想清风，敬题帧首"云云。《春信图》长丈五六尺，皆折枝花卉，略似李孟法。尚有古松扇面，气尚不薄。其子柳清先生能指头画，仅见芦雁扇面。若如今日海滨名士悉影印以求名，自可暄热一时，不落人后，而世无能举其名者，即可证余前言之不谬也。噫！梁公于湮没之际，得王湘绮之开盲起废药，而名可永留弗坠，可知书画之道，冥冥之中自有呵护者。而况其道之大于书画者乎？

遵化君传第二十三

遵化君讳宝书，字子文，号香初。少以孝友闻于乡，值家道中落，负书游四方以自给。性端悫沉毅。道光甲午举广西乡试，庚子会试成进士，以即用知县发直隶，署龙门县事。先后授为定兴、正

---

①此文由本辑编者录自杨钧著《草堂之灵》。

定、清苑等县知县，升授遵化直隶州知州。咸丰中，开州城工加六品衔。永定河河工加运同衔。服官勤勤以爱养为心，听断精审，吏民折服。治定兴，尤实惠在民，志书称有清二百余年，得循吏二人，一谢某，一即君也。定兴之人，至今犹能举其遗事，称道弗衰。每到官，凡前官有亏负，悉为举之。去官又不以累后官，同僚咸乐与相接，称为长德，宦直隶久者，盖无不知之。在遵化日，以事迕上官，被吏议罢去。仕宦数十年，清贫如老诸生，举债既多，至不能还里，流寓都门，晚而益困。光绪五年卒，年七十有六。配周恭人，生子一承光，女四；侧室徐宜人，生子一承华。周恭人先由桂林北征就官舍，道出湘潭，卒于舟中，还葬桂林。君既没京师，久之无以归葬，因于阜城门外田村窆焉。

谨按：遵化君以书生作吏，口不言钱，虽所至有声，而生计大窘。向使循分迁擢，浡登显秩，亦不能如筐箧俗吏之为，相矜以华胲也。况一言不合，拂衣竟去。平生卓荦清介，谓有能苟以自存者乎。古人言：廉吏不可为而可为，不于其身于其子孙。君长子永宁君自有传。次子承华，字蔗香，同治中从军花马池，归化城边地，有劳边帅景公秋坪奏保，以知县归部铨选，赏蓝翎。淡于仕进，留滞京华，诸孙就学，远近名绩斐然，虽不侈利禄，然负荷先志，不可谓无人云尔。

资政君传第二十四

资政君，讳锡勋，字建猷，号竹君。少居江宁，七岁而孤。年十八，出游大湖南北，至湘潭，家焉。金田寇入湘，依戚属陈氏避之安庆。及寇东下，犯安庆，据金陵，复悉家还湘潭。君为人伉爽有才辩，明断若神。嘉道间，湘潭市廛号极盛，四方宾客往来，游止不绝，各以其乡相约，结为会馆。馆有长，曰客总。其乡自有事，或与其他之乡有事，皆取决于长。江南人乃推君为之长，事无大小，就君受论，莫不释然。已而，其他之乡闻声推服，率以事来告，语君理之，亦如江南，无有争抗不悦者。远近无识不识，皆称曰梁老。

建湘潭雨湖，有烟柳堤，清旷幽秀，据一邑之胜。君居湖上雨花别业，收揽湖光，风物尤美。君好结纳，既治园亭，具壶榼，文人才士，省僚郡吏，以暨方外知名之辈，咸与过从，文酒无虚日。当时新息杨公翰、监利王公柏心、汉阳黄公文琛、长白廷公芳及湘潭罗公汝怀，皆与为莫逆。自县人王岱秦开雨湖诗社以来，未之有也。黄忠壮公润昌未遇时，褴缕落拓，言语不羁。君一见奇之，妻以女。家人不谓然，君曰："黄君有侠骨，当建功名。"已而，忠壮领兵平江南，援贵州，勋节赫然，卒如君言。郭武壮公松林，初出击贼，命子承祖从之，转战数省，皆有功，人以此多服其智识。以子婿官布政，貤二品，封为资政大夫。卒后，湘潭诸客总鲜有能继之者，江南商业亦遂不振。君事继母何太安人以孝闻。后避寇安庆，遘疾卒。及还湘潭，乃从安庆扶柩葬之稠泉薛家屋场，君没亦葬其地。

谨按：资政君质直不欺，好行其德，终其身，人无轻诋之者。继之，太常君亦廉公有威，操行卓然。两世言论事功得诸传闻者，什不一二，观其立身本末，固亦翘然有以自拔，乃君子之泽不及三世，忽焉零替至今，过别业之门，知其两世生平者，莫不为之歔欷。积善余庆，何无征也。

节愍君传第二十五

先祖节愍君，字柳村。读书倜傥有大志。弱冠弃举子业，独行求功名。时海口互市，广东有十三行，海外巨商集焉。君游广东，以谓今日治内必先知外情，欲习外情必通其语言文字。于是往来于十三行之间，学为英吉利语。君在外，不常寄家人书，谓志业不得一，当毋为屑屑。以故游数岁，家人恒不省其踪迹。朝议君未入湘，得其一书，言且入浙，初以筹饷例，得官知县，至是谋入仕籍。未几寇起，朝议君入湘，是时长江郡县多陷贼，邮置梗绝，益不相闻。咸丰中杭城再陷，先府君每闻报则忧泣不食，又不敢以白老人。朝议君既衰，不复离左右，心常怒焉。同治六年，朝议君见背，先府君发愤如杭，榜姓名通衢，求之不得，迫事归。逾年又往，居数月又不得。同治九年,以终不自安,更往求如前,杭城老幼皆知梁某求父,于是有仁和叶某诣先府君言:"若父者十年前居此,实娶妇为吾戚属邹氏女,举三丈夫子。杭城初陷,吾与若俱得脱。岁辛酉,吾以事如苏,其冬汪广洋大举陷杭城,杭之人歼焉。以吾所闻,吾诸戚无幸生者。吾不知若父如何也。"先府君闻之大悲,更求之,他无所闻,仓皇归,将持服行丧。太常君暨先外王父训导刘公华锳止之曰:"道路之言,安知不妄?以年计之,齿发未衰,人子不忍遽丧其亲,曷俟诸尔父年八十为期,义为安也。"先府君悼心失图,忍泣从之。光绪二十二年,先府君弃养,遗命以衰绖殓,不敢从。既归葬,焕奎乃补行承重丧,招魂葬衣冠如礼,哀哉!浙江之陷数月,江南军洎援浙军皆不得报,官吏人士俱尽死,事状无有传者。君慷慨好义,不苟流俗,当此之时,有不引义自决者乎,妻若子必无存理,又可以情事决之矣,哀哉!特援朱穆谥父之义,谨谥君曰节愍。君工书画,以指头作芦雁图,意象超逸,有遗墨藏于家。先祖母曹,临川人,贤而早化,君出游,先已丧偶,故在浙复有邹氏之嫔。

谨按:节愍君孤游入浙,老父若弟若子女皆流散四方。杏村君转徙南方,不知所适。君虽娶妇生子,颠沛之间,烬余丧乱,孤宗弱绪不绝如缕。千钧之延在先府君,以君兄弟日事行役,弃安即危,无寇变亦且累卵,况东南沸乱,十室九亡,而谓有能瓦全者乎!兄弟五郡,父子三州,江南之哀,岂堪回首!斯又古今之所同悲者矣!

永宁君传第二十六

永宁君讳承光,字迪人,号星阶,一号稚香。幼聪颖过人,十岁随叔父国学君宝儒,奉母北征,途中遭丧,哀恸若成人。既至定兴父所,锐意经史,尤耽吟咏。中道光己酉科顺天乡举试举人,七试礼部不第。遵化君罢官,贫苦旅食无所资,君乃奔走供给,俭逾寒素,官内阁中书舍人。会咸丰十年,创设总理各国事务衙门。初与外人交涉,一切规画,茫无依据。恭忠亲王奏调君为总署章京,凡所计议,皆得体要,文牍一出君手,王倚重之,远过侪辈。其时同列所亲昵者，如潘文勤、孙文恪诸公，皆才望相埒。亲衰，恨无以养，亟谋改外，遂以同知截取出都。恭忠亲王固止之，不可得，分发山西。年余，陇回叛变，谋度河扰晋边。太原戒严，朝廷命按察使湘乡陈公湜率师扼防黄河。大吏以永宁当秦晋要冲，为叛回东犯所必经，防守尤重君。前条陈兵事，多中机要，遂奇君才，奏补永宁知州。至州之日，寇警日急。君率吏役，部署守卫，昼夜无少懈，兵民皆有所倚。视事河干，感寒疾大作，同治六年正月遂卒。陈公方劳苦君，闻状大悲惜，奏请照军营积劳病故例赐恤，得俞旨。君好为诗，所著有《淡集斋诗集》四卷，大学士寿州孙公家鼐、元和陆公润庠并为序之。孙公言："咸丰壬子春闱，闻旁舍生论广西兵事，侃侃有奇气，询知为君，因订交。"陆君读君诗，也谓其慷慨论事，经济才也，即君生平可知矣。卒时年三十六，惜哉！配刘恭人，读书晓大义，自官所扶榇如京师。家贫，手写书史，教孤子至于成立。治家有法度，日讲陈文恭遗规及儒先法言以自课。殁葬房山县公村，祔永宁君墓。侧室陈恭人，生子一：济。光绪乙酉科顺天乡试举人，民政部员外郎。

　　谨按：永宁君闳识伟抱，倾重时贤。使稍假天年，展其所蓄，必为一朝柱石重臣未可。以踽踽州郡，限其名业，乃未及强仕，中道告殂，国丧其宝，匪直家门之殃。遗孤仰承德泽，贫苦力学，卓然树立，为一时闻人。迹其平生，初从义塾读书，已乃以孝廉继为舍人。庚子之乱，大学士崑公岫派办留守事宜，和议成，加侍读衔。癸卯，奉天学政郑公叔忱奏荐经济特科，皇史宬修补先朝实录告成，以誊录官奖候补侍读，加四品衔。初设巡警部，调为警学科主事，旋改民政部，以员外郎候补。居游朝市，恪恭无间。国步既更，悯世愤俗，三上书，弃职不顾。贫益盛，时人怪之。诸孙游学国外，究心西籍，所造日深。焕鼎年始弱冠，著有《究元决疑论》《晚周汉魏文钞》诸书，皆极精审，名流推服，信乎能导扬先美者矣。

富平君传第二十七

　　富平君讳承馨，字心荃。弱冠能文，有声庠序。同治丁卯科举于乡，屡上春官，久之乃以大挑得知县。初分发陕西，以亲老例得改，近移湖南。既至年余，将授清泉，适遭父丧，仓卒还桂林。服阕应仍如原省，遂挈家人入陕。未几，补华阴县知县，旋调凤县，未莅任，檄署长安、三原、咸阳等县知县。寻复调补富平。在华阴日久，吏畏民怀，颂声不绝。治富平二年，民情爱戴。再至，以劫案撤回，几罹吏议。养疴会城，居宅不戒于火，物业荡尽。前事既解，复任富平。无何，遂以疾卒秦中。书问阔疏，治行多不能详，但于所传闻，纪其宦辙。配况恭人，先卒，葬桂林。侧室唐安人，由桂林随侍入秦者。白安人则娶于秦中。子二，本谦，陕西候补县丞；本诚，候先府经历。

谨按：富平君行第五，光绪初莅湘，过湘潭双桂园旧居，先君呼焕奎出谒，称为五叔祖。丰颜硕体，须眉有光。聆其言，温温如也。其后西行，复经湘潭，焕奎更谒唐安人舟中，其时，安人方有娠，叔祖命焕奎曰：若而生子当名之，继长，时梅岑叔父方物故，意以后芝山公也。自是焕奎随宦江南，遂不相闻都中，亦但略识踪迹，颇言其身后无余资，未能复邦族而已。

太常君传第二十八　　知县君附

太常君讳承祖，字武卿。少好学，读书目数行下，能为文章。不拘拘绳墨，屡应童子试不售，则弃去。资州李公榕布政湖南，闻其才，延入宾幕，主文牍，兵事、吏事多就决焉。郭武壮公治军湖北，招君总营务处。郭公不习文字，一切委之于君。问对如流，案无滞牍。其时东征诸将，笺奏书檄无优于郭公者。臼口之败，郭公弟芳䄄殉焉。君与郭公亦陷贼中，贼酋问君在军何典，以书职对。酋乃命君作字。会贼徒有蒯某，向效役郭军被胁入者，识君与郭公，为感畴昔，夜启扉，因进贼中衣物强被之，即夕相将俱出，从间道得归。初郭公统武毅诸军，君常以营务处兼领中营。在军中十数年，叙劳官湖北直隶州知州，以道府用，赏孔雀翎，加盐运使衔。君为人沉密练达，不苟言笑。每广坐论事，常以数语了决，人莫能易。

军中计划、攻守，不喋喋抗辩，然多奇中。好饮酒，兴至，谐谑间作，光彩动人。性孤介，与人常落落，独以郭公推契至密，欢若兄弟，后亦以论事不合，时有违迕。郭公薨后，君亦引疾家居，杜门隘巷，不通宾客。李文忠公鸿章，前知君在郭公军书记良才，是时使君友望江倪中丞文蔚为书招之，不赴。更致书币，又却之。未几遘疾，虽偃卧，仍手不释卷。属纩之夕，为联语自挽，掷笔遂卒。联曰：名利总成空，未老已如僧退院；妻孥果何恋，此行权当客辞家。其后，武毅宿将多在直隶，以君有旧勋，言于李文忠公，得请恤如例，诏赠太常寺卿。诗文集若干卷，均佚。子一：本源。

知县君讳本源，字汉槎。跅弛自负，不乐绳检，胜衣就傅，久之稍能属文。资政君既逝，太常君不恒家居。遂日疏放，游江浙间，久无所遇，旅用常不给。以太常君袭荫，得官知县。未及赴引，客死归安。子一：焕文，寄养苏郡。

谨按：李布政榕，以文采自负，太常君初出，治官书，多被开益。黄忠壮每过见之，自谓弗及。当时东南将吏，皆自奋于功名，稍负干局，辄专城领方面。君出，当用兵之初，又以能文章，有时誉，才辩纵横，人多相下，使其从容推挽，开藩陈臬，唾手可得。而顾不乐，介绍为军师，虚礼羁縻，局促以就衰老，惜哉！至其晚岁，怀才自匿，军中旧游，罕得觏面，惟日对简编，如白首经生，见之者谓其无复前此雄健，以为有所甚不平云。

先府君传第二十九

先府君字向生，七岁丧母，父好远游，依大父孤单成立。幼有宿慧，据短榻作字，端若素习。朝议君尝寄书亲串，会病，授意令府君成之，未尝不能达也。年十六，随朝议君避寇入湘，踉跄扶携，所历多艰，行旅况瘁，不废书卷。言不苟出，见者敬惮。居湘潭资政君所，资政君命授读其孙。已复从李司马鸿钧，洎姑夫黄忠壮公读，如是者数年。又尝从忠壮公读刘直牧元会家，学为诗歌、古文辞，动与古合。会文之日，援笔立成。外王父刘公奇其才，以女妻之。勤苦自励，所为文岁一巨册，皆极精整。学书宗欧阳率更，属草必用楷法。同治五年，旌德吕公朝瑞督学湖南，补君县学弟子员。先是，朝议君主榷衡州雷市，既没，当事以府君继之，精审过其先人。数年，移榷洱江；寻移朱亭，先后营榷务十有六年。持以平恕，人无几微之怨。日征月解，纤悉无差。忒尝谓人曰："厘金为国家不得已之政，道在宽以恤商，特察仆役，不能宽尔。"闻者以为知言。初，府君壹志制举，以为词馆可登，及七入乡闱，三膺房荐，卒不得第。壬午报罢，遂绝意科目。会山西大灾，捐赈叙官江苏县丞，加理问衔。光绪九年，赴官江苏。府君性廉退，落落不谐于俗。然应事有识，职无不举，人往往以长德见称。湘人官江苏者，推为之长。从粮储道有事海运，奖知县。复捐赈，加五品衔。寻办仪征木厘、杨属运河堤工，所至有劳，上官多激许之。府君丰颐广颡，右唇微欹，髭鬚髿然。生平无疾言遽色，遇妻子仆隶皆温温若呐。跬步必依规矩，不以造次失常度，有非礼，未尝少假借辞气之间，不怒而威，人亦各自敛抑。独居危坐，襟裾秩秩。与人交，事无不可言，言无不尽意，虽黠桀，相见折服。所与游好，尝举名字，示子弟为法。好饮酒，诸子侍，辄津津道前人言行，随事教诫。间亦不主故常，语际辚然，闻者莫不欢跃。读经史，丹黄满纸，有疑义，常下己意，凡为经说数十篇。于古有所论议，或于时有所计划，皆系以小诗，凡得咏史七言绝句数百首，大都有远识，多诗人论家所未及。光绪二十二年春，自五河盐榷遘疾，还江宁，遂不起。临终，神识不衰，且曰："人言气绝时，当见鬼物，殊不然也。"年五十有六。有《蜗寄庐丛稿》。

谨按：先府君天质纯懿，不假矫饰，自然近道。篇中不敢为溢美之辞。入湘以还，凡百创造，初依外王父以居，数年乃别宅有所建立。在榷所，岁中不时还。每还，必携焕奎造外王父。尝论古今事理，焕奎从容间出问难，嘲噱为乐。焕奎幼颇黠，为外王父所钟爱。一日，语先府君曰："儿善属对。"先府君因曰："目空一切。"焕奎应声曰："心雄万夫。"亦不知所出。因又曰："三光日月星。"又应声曰："四诗风雅颂。"乃视外王父，喜相笑也。自奉清俭，虽子女成行，岁入有赢。光绪初，买宅县城双桂园，是为治产之始。庚寅之岁，举家东征，淡泊相守，而聚处之欢，多于曩时。居江宁，尝独侍泛小舟黄天荡，以赴仪征。薄暮，暴风起，焕奎失色。先府君端坐自若，因执手诫之曰："忠信以涉波涛，心惟有主，故无恐。世道之危，何时不尔。"后为人述之，多服其言。呜呼！以先府君为人，而退无以养其志，进无以显其名。夫非小子之罪欤，夫非小子之罪欤！

先妣传第三十　附墓志铭、墓表

先妣湘潭刘氏，讳韵簧，外王父永顺县学训导讳华锁次女也。同治初，先府君依资政君居雨花别业，从黄忠壮公读，外王父奇先府君文，女焉。同治六年于归，时先曾祖妾孔孺人病瞀，先妣事之，能曲尽其意。七年，焕奎生；九年，大妹赓生；十三年，焕章生；光绪二年，焕彝生；七年，焕均生。十余年操持鞠育，室无婢妪，裁缝浣濯，一身当之。子若女自初生至成童，一发之沐，一履之制，未尝假人。严冬盛暑，夜分不休。当食，手匕箸率哺儿于怀。先府君官江宁，先妣留湘教养。光绪十一年，先府君为焕奎娶，回湘。逾年，妹炳生。十六年，焕奎及诸弟妹侍先妣如江宁。十七年，焕廷生。二十二年，先妣为遣妹赓适同县王氏归，适先府君遘病江宁，三月弃养。先妣闻病东下，不及见，哀痛几绝。其年秋，还湘潭。时焕章已授室有子，家人渐多，以焕奎从事矿局，命移家省城，先后为焕彝、焕均完婚，诸孙男女诞育日繁，扶持保抱，劳过其母。二十七年，嫁妹炳同县齐氏，衣襦饼饵之属，靡钜细悉躬料检，力疾送之二百里，成礼而后返。三十一年，为焕廷取妇，婚嫁之事粗毕。然以勤勉，率先诸妇，问病苦、察米盐、治麻缕，仆仆行室中，无一日少就安逸。省城外青郊别墅，有橘二百株，屋一椽，先妣喜其地幽旷，新而居之。居二年，岁戊申，先妣年六十，焕彝归自欧洲，兄弟五人皆侍，亲友集为寿。适园橘熟，有橘一枝，五实并蒂，诸孙得之，以奉先妣，肌理联属，跗不歧缀，观者以为大奇。宁乡杨焯见而为之图，太姻丈王湘绮先生、曾重伯太守比各赋诗以张其瑞，其后和者数十家，咸叹为先妣仁慈，感天所致云。辛壬之变，国步改革，居民惊扰，焕奎兄弟始奉先妣避居宁乡山中，先后三年，大局稍定乃还。先妣平昔之教焕奎兄弟也，以平实为主，而先以不妄语。焕奎及诸弟妹六七龄时，未入塾或入塾之暇，必命以小几凳列坐室中，教以字义，教以珠算，己于旁执作他业，听其误处，呼而正之。及年既长成，则教之各因性质而异，于焕奎教以刚果，于焕章教以通敏，于焕彝教以严整，于焕均教以谦慎，于焕廷教以谨饬。随时随事，盖罔不矫其所短。当科举时，恐诸子误于帖括，以为世变所趋，宜通中外之务，故命焕彝、焕均先后赴日本留学。焕廷年十二，即命随诸兄东渡。及焕彝东京毕业，乃命赴美赴欧习矿业专门，凡十年始归。焕廷毕业长沙，亦命赴英。尝曰："望子弟成学，不可令近在家门。若诸子远游，老人有戚戚之容，彼必不安，故吾颇不以游子为念。"先妣性淡朴，不令诸子入仕途。焕奎学宦未一年，遽召归。诸弟纳粟得官，则曰："以家资助赈，良善，吾终不乐尔辈为官也。"宣统二年，以焕均官，依例加三级，请一品封，则笑曰："制冠帔，他日敛我可矣。"先妣以国贫瘠，弊在贱工商，谋工商莫先采矿，时时以勖焕奎兄弟，焕奎兄弟故皆致力于坑冶。然平日以所业有赢告，先妣不以为意；及以贫苦有所借贷、公益有所补助告，则未尝不色然喜也。先妣知医术，于本草方剂，深有研究，己有疾及家人有病，均自主方，戚属有危疾者，见误服医方，辄为改定，莫不奇效。然固求之，又不欲以自任，述己意以告医者而已。好施与，亲旧贫乏及行路之以穷苦见告者，无不倾囊予之。笥中恒蓄各种药剂，尤多珍品，若瓶若裹，标识了然，随患者所宜给之，全活甚众。以故先妣所至，远近闻者多来求药。暑日散葵扇草帽，岁暮散衣米以为常。然好持斋，不许杀牲，曰："此固佛戒，裨于身心修养，不可非薄也。"自奉甚俭，鲜衣美食，皆非所乐。家人时进甘旨，多却不御；为制新衣，亦但置之箱箧。姈娅或劝讽之，曰："吾家内外近稍汰侈，吾意欲且抑之，奈何以丰腆倡也？"岁甲寅秋七月，病微肿，自制方服之，曰："若消，可治；否则，勿进他药。"既而尽数剂不愈，家人强延医诊之，亦不效。二十九日未刻，竟不讳，年六十有六。先妣晚耽内典，日持《金刚经准提咒》，且曰："佛学求真如，真如者，吾心之虚灵而已。日日焚香静坐，收摄心神，敬畏生而妄想灭，即是佛旨。膜拜求福无益也。"与焕奎兄弟言，常有禅理。见家人读小说书，以语多虚造，曰："世界非真，何为更假？"病中见家人以为虑，则曰："病者非我！"其了彻多类此。尤洞明生死，寿六十之年，即自治椟，又于先府君墓道东北营生圹，笑谓家人曰："吾所以自寿者如此。"生平姁霭有容，待子妇仆媪，温温如对宾客，虽遇横逆，颜不变，曰："吾肝气素王，非不能怒，但少忍即平耳。"其殁也，无内外疏戚，哭之尽哀。

诰封一品太夫人梁荣禄妻刘氏墓志铭并序
王闿运撰并书

太夫人刘氏，讳韵簧，湘潭人也。父讳华镁，永顺县学训导，夙承世德，晚乐闲居，以经史授女，用传庭诰，淑嬺有闻。同治五年①，归江宁梁氏。夫讳本荣，字珣笙，初旅桂林，辟地还湘，依族祖居湘潭南郊，从黄忠壮受经。训导君过忠壮，见所课文，惊赏其才，遂请昏焉。入门之日，独王舅携妾旅食，樵苏不爨，四壁萧寒，黾勉有无，克庄以敬，燃糠佐读，靡念室劳，十年之内，育四男一女，缝纴浣污，悴其十指，劭勤撙节，竟以成家，强近之亲，曾无永叹。夫以六困乡举，爰营薄宦，叙生员，佐榷军税，用县丞分发江南，留家湘潭，俾教诸子，贫可安也，离又伤之，往来江湘，经营婚嫁。晚更生一子一女，三妇生孙，羁旅漂流，乃成繁縶。及长子焕奎癸巳乡举，旋以特科廷试，用江苏知县；次焕章、焕彝、焕均、焕廷并游学西洋，习业有闻，矿冶专门，今为湘冠，门庭赫奕，乾荫早倾，欲报劬劳，岂忘风树？既营筑别业，犹憾未宏，大启高门，众称轮奂。而俭勤之德，不异初终，施予有加，饔飧如素，家人率礼，在富能贫，论者不美其安贫，而钦其处乐。晚益繁盛，笄总鲜鲜，容色怡然，未尝有忤。而诸子弥谨，若奉严君，侈汰之情，不戒自戢。秉性仁惠，雅习方书，和药施诊，瘳悛应手，冬衣夏扇，岁施有恒，是以仁声远闻，祝其康寿。幼通释典，暮彻准提，年六十有六，偶尔微疾，子孙问安，辄笑曰："病者非我。"甲寅七月，丁未日稷，假寐不寤，遂尔捐尘。虽善逝有终，攀号靡及蠢矣。前六十岁满，已自卜生圹于湘潭二都大叶塘夫茔东北，粤以岁十月，

---

①原文如此，当为同治六年。

奉葬高原，辰山戌向，永惟淑德，宜睹徽音，言镌玄石，式慰幽潜。其铭曰：

梁伯游吴，孟德始彰。彭城之淑，亦显于湘。爰始执笄，食贫恐鞠。肄肄不违，悠悠思服。相夫翼子，譬彼桓禽。四方之志，无响予心。有子奋飞，或翔区外。万里户庭，岂伤慈爱。还依闱闼，其色愉愉。宁异畴昔，呷唲灶觚。一菀一枯，其容不改。况彼人世，桑田沧海。营此幽宅，近望青冲。雨花非远，怅忆何穷。

诰封一品太夫人梁母刘太夫人墓表
王补原名龙文顿首拜撰并书

维有清末季之宣统三年辛亥，武汉肇兵，长沙继之，不断月而九叶苞桑，危于一呼，社屋之孽，比户皆惊。当是时，吾友梁君焕奎奉其母太夫人刘氏避居宁乡山中，兄弟怡怡，共承色养，令堂上不知有兵革之忧，庶几乎古所称天下乱而一家治者。历二年，癸丑乃返，居长沙郭外碧湘街里第。明年秋七月，太夫人以微疾卒。既卒，哭葬湘潭二都四甲大叶塘，距赠公墓道东北三里，太夫人所自卜也。岁乙卯，焕奎述太夫人事行，告同岁旧史氏王补曰："吾母氏之殁，湘绮王先生既志其墓而铭之矣，虽然梁氏再世遘难，天祚母氏，食蓼反甘，所为飘摇拮据，系吾播越之宗祧，家室之成毁者，亦即世变隆替之故，不可以弗纪，惟吾子有述焉。"

按状，太夫人姓刘氏，讳韵簧，湘潭人，江苏补用知县赠荣禄大夫梁公讳本荣之妻，永顺县学训导讳华镁之第二女也。幼颖慧，多所开悟，父母爱之甚，而择婿綦严。时赠公方从黄忠壮公润昌读，训导公奇其文，特女焉。当是时，赠公以金陵旧族，转徙桂林，再迁而占籍湘潭，补邑学官弟子员，继其祖朝议公讳宝善，办理衡州厘务，嗣调湘潭易俗河、朱亭各榷，以信义著闻。太夫人综治内政，家无婢妪，次第生子五人，女二人，一发之沐，一履之制，皆亲职之。已而，赠公以县丞官江宁，积劳海运，保知县。太夫人或随宦所，或家居，营治勤剧，不易初度，赠公尤以是无内顾忧。尝语赠公曰："梁氏数世，惟公一身，诸子不力学问自立邪？"光绪十九年，焕奎获湖南乡举，已又举经济特科，授江苏知县，加同知衔。太夫人顾不乐诸子仕进，旋召归，教曰："国家贫瘠至此，奈何不思所以疗之？贵工商，先矿采，庶有瘳乎？"盖焕奎宦游不一载矣。于是焕章以河南知县、焕彝以分部主事、焕均以直隶道员、焕廷以岁贡士，毕相率致力于坑冶，遂振湖湘之困而塞诸夏之漏卮，今日言湘中矿产者，辄曰梁氏云。

焕奎又尝寓予书曰："吾宗系出元世祖第五子，代相袭为右翊万户。洪武初，以世居大梁，改姓梁氏，迁江宁。太高祖兆鹏公官广东永安县知县，子孙留粤不归，悦桂林山水，遂居焉。曾王父朝议公隐桂林独秀峰下，不欲仕；金田变起，倚姻旧署永明县知县黄君金门，避乱来湘，家无有，独与一孙居，即先赠公也。甫抵长沙，而永明君罢职，曾王父以垂白之年，奔窜流离，祖孙相怜甚，仅依曾叔祖讳锡勋者以居。会湖南粮储道陆公增祥与曾叔祖讳承光者善，檄创办厘税于衡州，以佐军输。未几没，是岁同治五年也。逾年，而先妣始归我赠公。不逮事舅姑，而曾王父妾孔氏病瘖，先妣事之谨。先是曾王父既高隐遁，王父承宪公谋以禄养，宦浙江，曾王母与王母皆前卒。及发逆披猖，楚越糜烂，天戚佴离，音问阔绝，赠公痛念所天，存没未可知，时时东向，望辄泣下，先妣护慰百端，怆然不觉泪之内坠也。乱平之后，赠公寻亲万里，卒不获；久乃遇叶姓者，始知王父以辛酉杭城之难，与继配邹宜人及所生幼子三人者皆被害，吁恸胡可言邪？今贱兄弟得粗有立者，繄先妣之赐。"补敬受而读之，窃叹族姓之兴，其始或遭值颠蹶，罹于兵燹，其势疑未可以复振，然卒赖祖若父积庆衍绪，委祉于后，又必得贤母氏者以宏其助，绳绳秩秩，如以一缕引千钧，乔木再蘖，骤致径尺者，古今类然也。《绵》之诗颂太王避狄，居岐之初，而曰："爰及姜女，聿来胥宇。"笺者以谓："著太姜之贤。"知郝佰常状先世事迹，必详及母许负舅遗骸，步陟太行之险，以归附陵川。为其当金元构兵之冲，大有造于郝氏，非闺阁之常德也。[是]之二者，事大小殊，而其理则一。方太夫人之始嫔也，赠公子身单门，孤寄湘上，梁氏殆无家矣。太夫人肃礼裕仁，约乐一致，终赠公之世，遂闲有家。而诸子籍以昌，其宗日益丰显，以视郝母奚愧邪？焕奎誓墓之词，援《绵》诗以勖来，许其述先德，为不诬已。大《易》之义，坤道无成，而代有终，乃特本梁氏系世之详，表之美道，以昭示母仪，庶后之职彤管者取则焉。其他好施济，通方药，精研内典，湘绮悉著之志中，兹不赘云。岁在柔兆执徐春正月，赐进士及第、前翰林院编修、武英殿协修、国史馆协修、湘乡王补原名龙文顿首拜撰并书。

长沙五里牌家庙记第三十一 附五橘堂记

古之人将营宫室，先营宗庙，岂不以己则有托，而先人之遗灵无所凭依不自安也？吾宗之有庙在江宁，迁桂林未尝立庙。先曾祖避地来湘，既殁，祀主于寝。越数年，先叔祖富平君，始自临桂将先祖妣曹太君神主及先高祖考妣、先祖妣画像以来，乃奉主祔于寝之次。洎先府君弃养立主，更招魂为先祖立主。先曾祖侧室孔孺人殁，亦为立主。其后既立庙于是，先妣主亦祔焉。光绪三十一年，焕奎奉先妣居青郊。青郊者，在长沙东门外五里牌，平田万顷，树林蓊翳。先妣曰："是地幽静，神所安也，宜祀先人于此。"焕奎兄弟乃谨筮日告于神，奉木主而祀于青郊，岁冬至及中元日，家人之居于城者咸集，修祀事焉。焕奎兄弟皆壮且老，子若侄日加多，今而后或更蕃衍不可知，乌可以不为先人立庙？是地幽静，神所安，吾先妣之所命也，且尝有五橘之瑞，则立庙于兹实宜。田园台榭，吾子孙于是乎游息也；鱼米果蔬，吾子孙于是乎供祭祀也。庙制不备，他日者葺而新之，其有待乎？

附尊藏遗像目：镇仁府君遗像一轴，王太恭人遗像一轴，洗太恭人遗像一轴，子明府君暨来太恭人遗像一轴，曹太夫人遗像一轴，武卿府君遗像一轴，向生府君遗像一轴，刘太夫人遗像一轴。

宝藏书画遗迹目：子明府君画着色花卉《春信图》长卷一束，又画着色花卉册子四帧，又为竹君府君画松芝扇面，柳村府君为子升府君书行楷扇面，又指头画芦雁扇。

五橘堂记

盖闻先哲言：人事必有瑞应，所以示休祥，期之永久。故田氏三荆，稚子连理，并垂劝戒，昭示来兹，虽休勿休，承之以敬。五橘堂者，长沙梁氏青郊别业纪瑞应所题建也。梁氏，固江南旧族，迁居长沙，将衰复兴，兄弟孝友，起家矿冶，致资巨万。以母老乐静，筑室长沙东门外，颜曰"青郊别墅"。园亭闲旷，杂植花果。长沙尤宜种柑，通谓之橘。昔贾生宅有双柑，即屈子所颂橘也。梁园虽有橘树三百余株，岁取其实，率负担以市。宣统元年，母寿六十。八月生辰前，橘初熟，采实者就树扑摘，偶落一巨实窗前，适太夫人行过，见孙男女争玩之，取实视之，则并蒂五果，巧结所不能，固诚天瑞所示，以象五子共母俱成实也，故当生日之前而显瑞焉。值姻好盛集，五子俱侍，赞叹嘉征，图画其祥，以承其休，因以名别墅之堂。后又于墓庐绘堂题额志之，欲后知祯祥之有自来也。橘与柑异，今南方通呼柑为橘，字书"柑"为酸果，古经以柑为某，乃误作梅，柑为苞贡不如橘。橘者，屈子作颂以拟荀卿，荀子遭乱而隐。今梁君焕奎，亦以令归隐。兄弟五人并有异才，和以致祥，故五橘应之，同根并蒂，适为母得，非偶然也。《尔雅》月阳以橘当乙，今医家书"橘"为"极"，盖先困后亨，由于母德致此，固乙乙其难乎？梁氏兄弟其敬承之。盖橘之生性不迁，及其成实，足以致远。今五子皆有致远之才志，由母教也。教虽由母，而成之在子，以名其堂，其非侈乎？因为文以勖之，将以示其后人。乙卯二月辛未，王闿运记。

湘潭贺家铺墓庐记第三十二

道光中，先叔曾祖资政君自江宁来，家湘潭，著籍为湘潭人。其殁也，葬薛家屋场。先曾祖朝议君之殁，卜葬地不吉，权厝于下五都一甲之江南公山。其后数十年中，先府君屡谋迁葬，皆不果。而形家颇以为其地宜子孙，不主迁葬。光绪二十二年，先府君殁于江宁，焕奎兄弟扶榇归，卜葬于青山冲。去朝议君墓六里，而近先祖。节愍君殉难杭州，求遗骸不可得，以葬先府君之岁，招魂葬衣冠于朝议君东南数十武。先祖侧室孔儒人殁，亦葬其地。甲寅之岁，先妣见背，遵遗命葬大叶塘西南，去先府君墓三里许，去朝议君墓五里也。于是，吾三世丘垄相望。先妣之丧，营贺家铺墓庐，有田数亩，在朝议君墓东北一里。先妣既葬，焕奎兄弟谋曰："是可为吾先人三世飨堂矣。"资政君始迁湘潭，太常君、知县君皆葬江南公山，去朝议君墓皆可数十武，亦三世与朝议君以次行辈相等。惟资政君墓稍远耳，乌可不为资政君三世立飨堂？乃于东偏别建寝室三楹祀之。其西偏厅事颜曰"五橘堂"以纪吾家瑞应。呜呼！资政君自江宁来，朝议君更来自临桂，转徙不常，仅获安居。资政君子姓几绝，可谓危矣。先府君子身避乱，爰立家室，流离孤寄，遂以成宗。然则先妣之勤劬鞠育，哀感何极。《绵》之诗述周室播迁之由，自土沮漆率西水浒，至于岐下，乃曰："爰及姜女，聿来胥宇。"其归美，有不可以已者。皋门冢土之兴，其旨深哉。兹之墓庐，乃由先妣之丧以成，吾故称《绵》之诗告吾子孙，以无忘吾先妣之德也。

附墓地契约

下五都九甲青山冲：光绪二十二年六月十四日，接买袁星彩阴地壹区，上至下三丈伍尺，左至右贰丈叁尺。光绪二十二年八月初一日接买费庭槐山地壹所。上至梁坟，左直上岭脊骑苍分水，下至坡心合水正中；左至梁坟，左至岭脊迤南，至坡心横界线止，骑苍分水，右至刘姓坟界一线直下为界。光绪三十三年十月初七日，接买陈汉庭山地壹所，在庄屋对面，左抵小大路徐姓荒山，右抵李姓荒山，上至骑苍分水，下至岭脚水圳为界，界内原有坟壹拾壹冢。

二都四甲大叶塘：宣统元年四月二十九日，接买张黄氏母子阴地壹区，上至侯姓坟界外，发尺直至下五丈，右至张赞庭山界边，发尺向左横量伍丈为界。民国三年阴历九月十九日，接买张选杰及侄绍梅山地壹所，上自张姓住宅上首围山骑苍分水起，下齐张姓田边左中觜，上自岭顶骑苍分水绕右直下张姓田边，右抵张赞庭山境直下张姓田边为界。

梁氏世谱后序

谨按：旧谱不著何人修辑，有序有例。又载龙江、文模、胜公三公封敕，今并录之。以存其旧序。

曰：我梁氏，元朝阀阅，明代公侯。伟烈殊勋，勒丹盟于胜国。孤忠大节，征青简于兴朝。史书固极纪载之详，家乘亦资参考之绪。第水源木本，虽共此一脉而传，而派别支分，必溯厥始迁之祖。稽之老谱，梁氏以河南汝宁府汝阳县为发源之地，及后遂散处四方，各分支系。六世祖讳镛公者，留居于四川之阆中县，而直隶保定亦有丘墓在焉。至金陵则自六世祖讳鉴公者始，凡我大宗族人，皆其所自出焉。公初卜居于秣陵之葛仙乡，迨子姓日繁，以公之一支，而又分为四分，一居上村，一居向上村，一居禄口镇，一居湖墅村。而湖墅村则又自十一世祖讳丝公者始，凡我小宗族人，皆其所自出焉。嗟呼！爵裔衰微，纂修无据。大宗涣散，访辑维艰。若乃生配死葬之周知，立身行事之足考者，惟小宗而已矣。爰立简编，以纪其实，所望合族及后世子孙者，惟是聚而毋散，信而有征，勿附会以失其真，勿粉饰以淆其实，一披册而历历如在目前也。庶有幸夫！时大清乾隆四十三年戊戌仲夏月上浣之吉。合族公识。

例曰：一谱有数代一修者，谓通族之谱。族大丁繁，居址不一，必俟大修，然后可汇聚而总登也。若梁氏湖墅村之一支，在乡在城，皆比间聚处，生配死葬，自可随时登入，不至有代远难追之虞。

一、湖墅村以十一世丝公为始迁之祖，丝公以下各支悉详列于谱，丝公以上只追嫡派。其分为别支者，则于所共之祖后，低一格书其名字、配及生卒，以别于本支，仍注另支字样，庶阅者不至混淆。

一、宗谱书法，务在周详。是谱每代每人备载名字、配某氏、享年几十、生卒年月时、葬某山向，可考者必录，不可考者亦不附会，疑似以失其真。至夫妇同穴则书合葬某山，不同穴则书俱葬某山，不同山则另书之。

一、本宗族人，或已仕或未仕，凡受诰勒封赠者，皆详列于前，所以彰恩荣，光宗族也。至嘉言懿行之足传者，立一小传，附载本人之后，以为后世子孙之所矜式。

一、继嗣遵照古礼。长房无子，次房不得有子。次房无子，以长房之次子为其子；倘本房无子，则遵家训，必同宗相立于本宗名下，书出继某人为嗣，于继父名下书继某人第几子为嗣，于继子名下书本某人第几子。入嗣必昭穆合自然之序，不得以弟承兄，以孙袮祖。其或有立孙者，必有子已娶而早亡，然后可择族孙而立之。为生者立孙，仍为故者立子也。倘无子及有子未授室而殇，则只立子不得立孙，以紊世序。其无子而又未继立者，于本人名下书"止"字，不曰"绝"。而曰"止"者，于心有所不忍也。

一、授室者为成人，虽无嗣图与谱，必列名焉，以备考也。如未授室而殁，虽壮亦等于殇耳，图谱皆无容录；倘虽未授室而有继立之子者，不在此例。

一、婚配以处子为正，故配处子则书配某氏，再醮则书娶某氏，继配继娶书亦如之。妾而生子者，书侧室某氏。收婢女而生子者，亦书侧室。其未生子者，皆不录。

一、妾虽有子，其夫未告庙而立为继者，不得列于宗图，以享公祭。盖古礼有祭于私室之义，为之子者，情虽无尽，而理不可逾也。然其所生之子，不可没其所自出，故谱亦载之。如正妻无子，赖妾子承祧者，亦得列于宗图，则于某氏上书侧室以别之。夫别嫌明微正家务者，在所必先，不得阿私以徇所好。①

一、出母嫁母，遵照古礼。母出与庙绝之义，不得列于宗图。至谱则有配者不可书，无配无母者尤不可书无母，皆于本妇名下书大归以别之。不书出嫁而书大归者，存忠厚之义，且无伤雅道也。

一、他谱有书女几人，适某人者，未为不可。但女续他姓之祧，其夫家之谱必录之，且关于本宗支系，今概不录，以免烦赘。

一、妇之父为外父，他谱亦有书某公女者，但娶妇赖以承祧，初不必原其所自出，且妇族参差不齐，每有讳见告者，今只书某氏，余概不录，以归画一。

一、本宗名讳，先代定例，用五行偏旁取相生，以分代数。但年久丁繁，偏旁之字取用殆尽，今立十字排行。自十九世起，一代一字：增、锡、承、本、焕、培、钦、法、懋、光。十代之后，当更议之。

龙江公封敕曰：奉天承运皇帝制曰，求治在亲民之吏，端重循

---

①此处原刻本有一小号字注：按《朱子家礼》云：庶母不可入祠堂。其子当祀之私室。若嫡母无子，而庶母之子主宗祀者，亦当附嫡母之侧。

良；教忠励资敬之忱，聿隆褒奖。尔梁龙江乃候选州同梁文模之父，禔躬淳厚，垂训端严。业可开先式穀乃宣猷之本；泽堪启后，贻谋裕作牧之方。兹以尔子遵例急公，赠尔为儒林郎，锡之敕命。于戏！克承清白之风，嘉兹报政；用慰显扬之志，昭乃遗谟制曰：朝廷重民社之司，功推循吏；臣子懔冰霜之操，教本慈帏。尔候选州同梁文模之母张氏，淑慎其仪，柔嘉维则，宣训词于朝夕，不忘育子之勤；集庆泽于门闾，式被自天之宠。兹以尔子遵例急公，封尔为安人。于戏！仰酬顾复之恩，勉思抚字；载焕丝纶之色，用慰劬劳。乾隆九年二月十四日。

文模公封敕曰：奉天承运皇帝制曰，锡类推恩，朝廷之大典；奉公効职，臣子之常经。候选州同梁文模，赋质纯良，持身谨恪，佇服官之奏绩，先报国以诚，素悃克昭，新纶宜贲。兹以尔遵例急公，授尔为儒林郎，锡之敕命。于戏！宏敷章服之荣，用励靖共之谊。钦兹宠命，懋乃嘉猷制曰，良臣宣力于外，効厥勤劳；贤媛襄职于中，膺兹宠锡。尔候选州同梁文模之妻陆氏，终温且惠，既静而专。綦缟从夫，克赞素丝之节；苹蘩主馈，爰流彤管之辉。兹以尔夫遵例急公，赠尔为安人。于戏！敬尔有官，著肃雍而并美；职思其内，昭淑慎之遗徽。制曰：阃仪济美，既并播其芳声；策命扬徽，宜均沾乎渥泽。尔候选州同梁文模之继妻邢氏，素娴内则，劼协女箴，相夫载著，勤劳宜家，克彰令誉。兹以尔夫遵例急公，赠尔为安人。于戏！苹蘩继媺，式扬彤管之辉；纶綍同褒，勉赞素丝之德。乾隆九年二月十四日

胜公公封敕曰：奉天承运皇帝制曰，任使需才，称职纪在官之美；驱驰奉効，报功膺锡类之仁。尔梁胜公乃广东韶州府经历梁兆鹏之父，雅尚素风，长迎善气。弓冶克勤于庭训，其裘丕裕夫家声。兹以覃恩，貤封尔为修职郎、广东韶州府经历，锡之敕命。于戏！肇显扬之盛事；国典非私；酬燕翼之深情。臣心弥励。制曰：奉职无怠，懋著勤劳之绩；致身有自，宜酬鞠育之恩。尔乃广东韶州府经历梁兆鹏之母刘氏，淑范宜家，令仪昌后，早相夫而教子，俾移孝以作忠。兹以覃恩，貤赠尔为八品孺人。于戏！贲象服之端严，诞膺钜典；锡龙章之涣汗，永播徽音。制曰：佐庶司之经理，爰奖通才；劝百尔之孝思，用章慈教。尔乃广东韶州府经历梁兆鹏之继

母杜氏，德可型家，恩能育子，顾复无殊于所出，荣光适逮于乃身。兹以覃恩，貤封尔为八品孺人。于戏！师贤母之风，励兹清白；沛熙朝之命，慰此劬劳。乾隆二十六年十一月二十日

后之述者，或有考尔焉。

太常君尝序旧谱，其文后幅残缺，兹录其可读者曰：封建废而世禄不行，宗法即因之不讲，此其故匪今伊始矣。有宋伊川程氏起原服制定祭礼，使上下通得祭其高曾祖祢为四亲。此后世族有支祠，犹古小宗亲庙之意，为人情之所至安，故久之而无能易也。承祖家自皇考资政府君，由江宁徙潭，数年后而族侄本荣之大父朝议公，又先由江宁迁临桂，转而徙潭，其先世金陵湖墅村之祠、之谱已烬于兵燹。吾府君先携有宗图，其上十九世皆详。道光中，祀朝议公之仲弟运同公方以进士官直隶，其季弟国学公奉仲嫂周恭人自粤赴其任道潭，而恭人遽殁于舟次，国学公为谋权厝之地，闻吾府君本江宁梁氏，因以来谒，出其所录之谱，实与吾府君同为太高祖正銮公所出。叙宗谊甚笃，而朝议公后来为运同、国学两公之胞长兄，故益以洽。此已非世俗之强与人合族者可同日语矣。承祖恭按宗图，吾家始于仕元之也先帖木儿。公居河南汝阳县，子孙世其官为右翼万户。五传入明，有铭公者以功封保定伯，晋为侯，世袭其爵。侯有弟鉴公，迁江宁之葛仙乡，又四传至丝公，始别居湖墅村。盖自也先帖木儿，至此已十一世，是吾祠支祖也。丝公后又三传至十五世，为正銮公，是朝议公与吾府君之太高祖也。正銮公生三子，长龙渚公，季龙江公。龙渚公生胜公。公为前知广东永安县事，兆鹏公之父。兆鹏公生三子，其三垕公，迁广西，朝议公之长子也。龙江公者，以子文模公候选州同，得赠儒林郎。文模公生三子，其次学礼公。学礼公有二子，长增厚公，次增元公。而增厚公，吾府君之考也。府君生，七岁而孤，何安人抚之成立。嘉庆庚申，年十八岁，时游大江南北。道光甲午，承祖之妣周太夫人以府君之命，奉姑何安人就养于潭。越明年，而承祖以生。何安人初不忘东归之志，咸丰壬子，发贼洪秀全已突阳朔围，逾岭入湘，府君乃挈妻子奉何安人避地东下，依安人季女之婿陈氏家于安庆。讵是年冬，何安人考终旅第，值贼陷武昌、九江，下逼皖城，不得已权厝其柩。其明年，乘间举室回湘，至于冬而周太夫人以殁，择葬稠泉之山，与蒋

家屋场相对。迨辛酉秋,大兵复安庆,而金陵未克,故远奉何安人之榇以南。又九年,同治庚午恸遭吾府君之丧,启太夫人圹合葬之。而左少上即为何安人之墓。府君固先买得相毗一山,上有屋数楹,颜其楣为"梁氏墓庐",盖时犹以故里丘墟不得归为憾也。至于后则子女皆长成,已婚嫁,于是命承祖就潭籍试不利,乃出从军,稍稍邀末秩,未能为前人光云云。亦可考见湘潭两家会合之崖略,与资政君父子始居湘潭之梗概,故谨序之。太常君能文章,稿佚不传,于此聊见一斑也。焕奎谨记。

附录

梁焕奎年谱

梁健雄　梁晓新　李自强　梁世雄　梁钢①

公讳焕奎，字星甫，号青郊。湖南湘潭人。祖父梁承宪，讳承宪，字柳村，浙江候补知县，殁于清咸丰十一年（1861）太平军陷杭州之役，诰赠荣禄大夫，其继室邹氏及所生三子均已同时殉难。父梁本荣，字向生，入江苏，奖知县加五品衔；母刘氏，讳韵簧。

据公续修《梁氏世谱》②（以下简称"《世谱》"）云：梁氏本系蒙古族，始祖也先帖木儿公，讳虤，元代世居河南汝阳，世袭右翊万户；元末明初，改为汉族梁姓。明初，六世祖梁鉴迁江宁，形成梁氏江宁支系；清乾隆年间，十八世祖梁兆鹏在广东为官，后子弟迁居广西桂林，形成梁氏临桂支系；咸丰年间，二十世祖梁宝善携孙梁本荣避乱从临桂来湘，落户湘潭，与先居湘潭之族弟梁锡勋，形成梁氏湘潭支系。

清同治七年戊辰（1868），一岁

十月十二日（11月25日）戌时，公生于湖南湘潭。公讳焕奎，字星甫，字璧元，又作辟园、辟垣、璧园，号青郊。

《世谱》：焕奎，同治七年戊辰十月十二日戌时。

梁漱溟《访章行严先生谈话记》（以下简称"《谈话记》"）：愚即以璧兄与我的宗族关系告之。璧兄名焕奎，字璧元，与我同高祖。他的曾祖与我的曾祖为亲兄弟。但他的曾祖从桂林避乱出来，就在湘潭落户，后人遂成为湖南人。而我的曾祖在京得中进士，宦游北方，至我们一辈犹保持桂林籍贯未改。

朱德裳《三十年闻见录》（以下简称"《闻见录》"）：青郊之名，

---

①本年谱编者系辟垣公之孙女及孙女婿，是在健雄兄、世雄姐2015年9月所修定之年谱基础上，增加史料，重新编撰而成。

②梁焕奎续修《梁氏世谱》上、下两册，乙卯仲冬（1915年农历十一月）五橘堂刊，先父梁君大捐湖南省博物馆收藏。

由青郊别墅始矣。梁辟园诗集即以青郊名，故青郊为梁辟园所独有，学者称青郊先生云。

清同治九年庚午（1870），二岁

是年，公大妹赓出生。

《世谱》：九年，大妹赓生。

是年，公父向生公第三次赴杭州寻父，获知柳村公与继室邹氏及其子本华、本富、本贵在太平天国陷杭州时殉难，此前曾于同治戊辰、己巳两次寻访。

梁焕奎《青郊六十自定稿》（以下简称"《自定稿》"）：先君失父耗，三往求之殷。（同治戊辰、己巳、庚午间事）号泣行通衢，嗟哉零丁文。

《世谱》：二十一世，宝善长子承宪，字柳村，国学生，浙江候补知县，咸丰十一年（1861）殉难杭州，诰赠荣禄大夫，有传。子四。配曹氏，诰赠一品夫人，生本荣。继配邹氏，诰赠一品夫人，生本华、本富、本贵。

清同治十二年癸酉（1873），五岁

八月十九日（10月10日）巳时，公二弟焕章（字端甫）生。

《世谱》：焕章，同治十二年癸酉八月十九日巳时。

清光绪元年乙亥（1875），七岁

是年，公入塾。长肄业昭潭书院，院长吴劭之孝廉，月课经史词章，公屡列第一。

《世谱》：先府君……立在榷所，岁中不时还。每还，必携焕奎造外王父。尝论古今事理，焕奎从容间出问难，嘲噱为乐。焕奎幼颇黠，为外王父所钟爱。一日，语先府君曰："儿善属对。"先府君因曰："目空一切。"焕奎应声曰："心雄万夫。"亦不知所出。因又曰："三光日月星。"又应声曰："四诗风雅颂。"乃视外王父，喜相笑也。

梁漱溟《哀启》：七岁入塾，……长肄业昭潭书院，院长吴劭之孝廉，月课经史词章，府君屡列第一。

清光绪二年丙子（1876），八岁

七月初九日（8月27日）巳时，公三弟焕彝（字鼎甫）生。

《世谱》：焕彝，光绪二年丙子七月初九日巳时。

是年，公父向生公在湘潭购双桂园宅，始治产。

《世谱》：自奉清俭，虽子女成行，岁入有赢。光绪初，买宅县城双桂园，是为治产之始。

清光绪七年辛巳（1881），十三岁

五月十四日（6月10日）巳时，公四弟焕均（字和甫）生。

《世谱》：焕均，光绪七年辛巳五月十四日巳时。

清光绪九年癸未（1883），十五岁

是年，山西大灾，公父捐赈叙官江苏县丞，赴官江苏。

《世谱》：会山西大灾，捐赈叙官江苏县丞，加理问衔。光绪九年赴官江苏。

清光绪十年甲申（1884），十六岁

是年，公随父宦游南京，尝从邓白香（辅纶）① 先生学诗，此后雅好吟咏。

梁漱溟《梁焕奎事略》②（以下简称"《事略》"）：梁焕奎随父宦游江宁。十六岁随父宦游南京，尝从邓白香先生学诗。此后雅好吟咏。

清光绪十一年乙酉（1885），十七岁

是年，公随父回湘潭准备婚事。

《世谱》：光绪十一年，先府君为焕奎娶，回湘。

---

① 邓辅纶（1829—1893），字弥之，湖南武冈州大甸湾（今湖南省武冈市大甸乡）人，官浙江候补道。幼贫困，读于村塾，好韵语；与王闿运同学城南书院，尝于岁暮同走衡阳风雪中，宿废寺或逆旅，酌酒谈诗以为乐；壮年兼为商。性慷慨，好急人急，曾得遗银五十，遇同学晏生丧母，尽以赠；中二十系代曾某收者，归，质衣以偿，人称其义。再出将兵，不获一展，遂闭户不出，著述以终。辅纶诗学选体，文追汉晋，著有《白香亭诗集》《白香亭文集》等。因作者家乡有白香湖，故以"白香亭"名集。
② 录于《湖南文史资料选辑》1984年第18辑。

清光绪十二年丙戌（1886），十八岁

是年，公与湘潭曾广勔结婚。

《清封一品夫人梁母曾夫人圹志》①（以下简称"《圹志》"）：夫人湘潭曾氏，讳广勔，字秉渊，安徽巡检纪浚公女也。年十九②，归同县梁君焕奎。时焕奎以辞章有声庠序，夫人素习文史，相得甚欢。事姑刘太夫人，慈孝交尽。

是年，公二妹梁炳生。

《世谱》：光绪十一年，先府君为焕奎娶，回湘。逾年，妹炳生。

清光绪十三年丁亥（1887），十九岁

是年，公以诗赋见赏于太仓陆佰癸③学使，补弟子员。

《世谱》：焕奎，字辟园，县学附生。

《哀启》④：府君……光绪十三年丁亥以诗赋见赏于太仓陆伯癸学使，补弟子员。

徐桢立撰《梁君辟园墓志铭》⑤（以下简称"《墓志铭》"）：学使陆公宝忠激赏之，补学官弟子员。

清光绪十六年庚寅（1890），二十二岁

是年，公夫妇奉先祖母孔孺人并率家人赴南京，居于父亲向生公任所。淡泊相守，而聚处之欢，多于曩时。

《世谱》：庚寅之岁，举家东征，淡泊相守，而聚处之欢，多于曩时。居江宁，尝独侍，泛小舟黄天荡，以赴仪征。

《哀启》：时先祖以知县需次江苏，庚寅府君奉先祖母率家人赴宁。

---

①选自赵志超著《梁焕奎夫妻合葬墓》，《湘潭政协》2001年第1期。
②曾广勔出生于清同治七年戊辰三月初三日，本年当为18岁。
③陆宝忠（1850—1908），字佰癸，城厢镇人，清末教育家。光绪二年（1876）进士。先后授庶吉士、编修等职。光绪十一年，任湖南督学使，疏请整顿教育，广设学堂，被朝廷采纳并付诸实施。三十一年，又疏请设立文部，管理自京师大学堂、译学馆以下的各省学堂。他主张加强职业教育，多设商、农、工、蚕、林学等科目，使青少年学有一技之长。
④原件由先父梁君大捐湖南省博物馆收藏。
⑤原件由先父梁君大捐湖南省博物馆收藏。

是年，武冈诗人邓辅纶掌教江宁文正书院，约公助其评阅课卷，公遂从之学诗，为其门下高足弟子。

《哀启》：时先祖以知县需次江苏，庚寅府君奉先祖母率家人赴宁。会武冈邓弥之观察，掌教文正书院，约府君助阅课卷，遂从之学诗，为门下高足弟子。

清光绪十七年辛卯（1891），二十三岁
四月十一日巳时公五弟焕廷（字硕甫）生。
《世谱》：焕廷，光绪十七年辛卯四月十一日巳时。
是年，公与汤蠹仙编《崀阳遗韵》六卷。

清光绪十九年癸巳（1893），二十五岁
九月初九日（10月18日），重阳节，族弟梁漱溟出生于北京，名焕鼎，字寿铭、漱溟。
《世谱》：焕鼎，光绪十九年癸巳九月初九日。
《梁漱溟年谱》：十月十八日（农历九月初九日——重阳节）梁漱溟出生于北京，名焕鼎，字寿铭、漱溟。
是年，公自江宁回湘参加恩科湖南乡试，中举。
《湘潭县教育志》：湖南乡试光绪十九年癸巳恩科中式第七名举人梁焕奎。
《世谱》：焕奎，光绪癸巳恩科湖南乡试举人。
《事略》：分试得中举人，更见才华，有志事功，而此时恰是国家危难之秋。
是年，公到南京湖墅村小南庄，拜谒十八世祖永安君梁兆鹏墓。其日宗人具鸡酒相饷，言笑甚欢。
《世谱》：光绪十九年，焕奎谒小南庄永安君墓，过其地，见弥望蓬蒿，巨础垒然，询之，则吾先人故宅也。迭经兵燹，遗构可寻。旁有祠宇，比岁新筑。榱桷粗备，规制不完。其日宗人具鸡酒相饷，言笑甚欢，轩几之间，缅想盛时，桑麻被野，礼乐彬彬。
《自定稿》：有"四百年来侯者裔，连村相约事躬耕""功名留岭峤，子姓散江湖"句。

清光绪廿年甲午（1894），二十六岁

四月，公赴京恩科会试，未被录取。

《自定稿》：孤游客思四千里，竟岁闲情十二篇。

六月二十三日（7月25日），中日"甲午战争"爆发，中国战败。公悲愤至极。

《自定稿》：海舰夜突声呜呜，洪涛激荡风力粗。狂拿怪吼大海裂，片铁鸣空飞赤血。千尸伏船卧澎湃，一将麾军奋忠烈。谓邓公世昌。……

清光绪廿一年乙未（1895），二十七岁

春季，公留京参加光绪乙未科会试，不第。

《自定稿》：昔我游帝京，高志蹙云汉。扶摇不得上，两戢秋鹏翰。

三月廿八日（4月22日），公与湖南举人黎承礼、杨度等参加公车上书。

《北京史地·民俗学会二十年文集》：湘潭会馆有分别四次上书的梁焕奎、黎承礼、黄笃实、万治谟、周维特、朱先辉、黄昺隆、李邦屏、李大澄、刘鸿度、盛德水、孙文昺、孙楷、王国栋、萧洪钧、谢作庸、杨承接（杨度）、杨昀十八人。

《戊戌变法史事考二集》："湖南举人任锡纯等条陈"，上奏人为湖南举人任锡纯、曾廉、周先稷、曾熙、江宗汉、戴展诚、梁焕奎等。

十月十二日（11月28日），巡抚陈宝箴到湘接受关防。湘绅争取粤汉铁路入湘。

汪叔子、张求会《陈宝箴集》：兹于十月十一日行抵湖南省城，十二日准前任抚臣吴大澂檄委署长沙府知府裕庆、抚标中军参将景元，恭赍王命、旗牌、书籍、文卷，并湖南巡抚关防一颗，移交前来。

《湖南近百年史事日志》：熊希龄等争取粤汉铁路入湘。

马卫中、董俊珏《陈三立年谱》：十月，陈宝箴抵湘，就湖南巡抚任。

清光绪廿二年丙申（1896），二十八岁

正月二十八日（3月11日），陈宝箴上《开办湘省矿务疏》，拟于省城设立矿务总局，为湖南近代矿业出现的标志性事件。

《陈宝箴集》：（光绪二十二年正月二十八日）矿产为自然之利，正宜设法经理，少佐赈需。且行之目前，既可以工代赈，如渐办有成效，尤可次第推广，以为练兵、制械之资，冀补库藏之所不逮。拟于省城设立矿务总局，……择湘士之有志节识度，不为利疚者，量才委用，南、北洋及各处熟谙矿务机器之人，亦即随时商调，以资指臂。先择铜、煤、铅、磺等矿较有把握之处试行开采。

郭钦《湖南近代工业史》：1895年湖南矿务局的成立，结束了湖南矿业小规模、自发开采的历史，是湖南近代矿业出现的标志性事件。

二月廿二日（4月3日），湖南矿务总局获朝廷批准成立。

三月二日（4月14日），公大妹梁赓适县学生候补训导湘潭王勋（王实平），杨度赴湘潭县城贺婚。

《世谱》：本荣女长适县学生候补训导湘潭王勋。

《世谱》：二十二年，先妣为遣妹赓适同县王氏归。

杨度《丙申日记》：三月二日，雨。饭后，乘舁赴县城中梁家贺婚，午后归。

三月廿三日（5月5日）酉时，公父向生公于江宁辞世。后归葬湘潭下五都九甲青山冲。

《世谱》：本荣，卒年光绪二十二年丙申三月二十三日酉时。葬地湘潭下五都九甲青山冲丑山未向。

光绪二十二年春，自五河盐榷遘疾，还江宁，遂不起。临终，神识不衰。且曰："人言气绝时，当见鬼物，殊不然也。年五十有六。"有《蜗寄庐丛稿》。

《自定稿》：茅冈西南望，蕤然得青山。极视泪沾衣，青松不可攀。……儿诗父欢领，旧句皆已忘。挥涕诵何言，长风吹白杨。

五月廿日（6月30日），公遵父嘱，为祖父节愍君承宪按礼招魂，葬衣冠。

《世谱》：光绪二十二年先府隆中弃养。遗命以衰，经硷不敢从既归葬，焕奎乃补行承重丧招魂葬衣冠如礼。

《世谱》：湘潭江南绘祠后山，黄家大塘左侧，丑山未向。系光

绪二十二年五月二十日亥时招魂葬衣冠。

五月廿五日（7月5日），杨度致唁辟园公。

《丙申日记》：五月二十五日，晴。复仲畅、葆生书，又书唁辟园。

秋，公奉先祖母暨全家由江宁迁回湘潭，时焕章已授室有子，家人渐多，众口嗷嗷，全家教养均系于公任矿务局文案之薪俸。

《世谱》：适先府君遘病江宁，三月弃养。先妣闻病，东下，不及见，哀痛几绝。其年秋，还湘潭。

《哀启》：丙申先祖病殁。诸父诸姑皆幼，众口嗷嗷，府君独当大事，复奉先祖母暨全家返湘。

巡抚义宁陈中丞（宝箴）力筹富强之策，创设湘矿务局，聘府君为文案，月薪仅十六金也。全家教养皆系于此。

八月廿日（9月26日），杨度补吊梁家，与辟园公夜谈将晓始睡。此后，连续多日宿梁家。

《丙申日记》：八月二十日，晴。肩舆入城，补吊梁家。璧原趋墓，待之至暮方归，夜谈将晓始睡。八月二十一日，晴。与璧原同过傅伯梅，又至郭武壮祠，遂赴龚。文生招饮，伯梅、季鹄在座，夜散，还宿郭公祠。八月二十二日，晴。清晨郭葆生、杨叔云至，新与矿师采访归，仲恒亦至，旋去。偕至辟园家。八月二十三日，晴。至龚宅访许笃斋，晚，还宿梁家。八月二十四日，晴。笃斋来，少坐去。饭后遇笃斋，谈良久。遇季鹄少坐，还宿梁家。

清光绪廿三年丁酉（1897），二十九岁

四月五日（5月24日），公在常德矿务局，杨度往访。

杨度《丁酉日记》：四月四日抵长沙。

四月五日，阴。与文育访胡子晋，乃往常德矿务局访梁璧原，亦回湘潭。

夏，公等呈文陈宝箴，为时务学堂筹款。当时的许多新政设施和社会活动，辟园公盖都直接间接参预。

《事略》：那许多新政设施和社会活动中，辟园公盖都直接间接参预的。例如，兴办新式教育，则受任学务处文案；兴办工矿实业，则受任矿务局文案（后升任提调）。一身兼数职，职位不高，而事属

首创，多所擘画。其先受知于陈公宝箴，而其后任俞廉三、赵尔巽两公亦复加倚畀之故。

周秋光《熊希龄传》：两江总督衙门立案呈陈宝箴文具呈翰林院庶吉士熊希龄、翰林院庶吉士胡矩贤、翰林院编修赵启霖、前国子监祭酒王先谦、候选内阁中书黄忠浩。……拣选知县梁焕奎等，为筹措时务学堂经费，奉两江督宪电准，于前拨盐款五千金外加拨二千金以补不足，公恳宪恩，咨移两江督部堂衙门永远立案事：窃绅等上年议设时务学堂，曾蒙宪恩批饬兴办。嗣以筹款维艰，拟于部议东征筹饷加价二文盐行余厘项内，每年补收二分，作为学堂经费，于本年四月前赴江宁，呈恳两江督宪加恩提拨。

冬，公膺陈宝箴之聘，任矿务总局文案，规划湘省矿务。得新化、益阳、安化、沅陵锑矿数十处，兴工开采，公深感"无数阿堵物，藏之泥土中。……能者探取之，使我民力充"。此为公从事矿业之始。

《自定稿》：无数阿堵物，藏之泥土中。……能者探取之，使我民力充。

《闻见录》：巡抚初办矿务总局，用黄修园为提调，梁辟园（垣）为文案。

《长沙通史·近代卷》：农历二月二十二日，清政府批准了陈宝箴设立湖南矿务总局的奏请，随即该局正式成立。总局创立之初，陈宝箴委派候补道刘镇为矿务总局总办，广东补用道朱彝（朱昌琳之子）为会办，邹代钧和张通典为提调；到该年冬，又重新委派刘镇和候补道蔡乃煌为总办，朱彝仍为会办，邹代钧和黄笃恭为提调，俞兆蕃会同办理，梁焕奎充文案，黄鸿飞充收支。

《湖南历史资料》1958年第3期：时矿局办事者为湘潭黄笃恭氏，于筹款一事，备极焦劳，心力交瘁。又湘潭梁焕奎、长沙黄鸿飞二氏，在事公同擘画，不惮勤劳。

是年，以公从事矿局，全家由湘潭迁居长沙。

《世谱》：时焕章已授室有子，家人渐多，以焕奎从事矿局，命移家省城。

《圹志》：夫人湘潭曾氏，岁癸巳，焕奎举于乡，从事湘中矿政学务，始居长沙。

清光绪廿四年戊戌（1898），三十岁

正月廿三日（2月13日），辟园公向杨度介绍当时省中名人梁启超（字卓如）。

杨度《戊戌日记》：正月二十三日，晴。饭后，泊省城外，入城至王宅。湘绮先生已之衡州……。过辟园，问省中知名者，曰：梁卓如，主讲时务学堂。正欲闻康氏之学，乃往访之。……还宿辟园处。

正月廿四日（2月14日），辟园公与杨度访问皮锡瑞，不遇。

杨度《戊戌日记》：正月二十四日，阴。与璧原至共赏书局。又过皮鹿门，不遇而返。

正月廿六日（2月16日），辟园公与杨度自矿务局去时务学堂拜访杨毓麟、梁启超等。杨度劝辟园公：不必厌薄词章，以求经济，舍长就短。

杨度《戊戌日记》：正月二十六日，阴。涟舟欲还，乃将行李运入矿局，与辟园舁过佩初，不遇，……至时务学堂问杨老师，则引见梁老师，邹沅帆在焉。卓如竟患疟疾，陈君移檄，何如杨子《春秋》。还局，则吴少阶守候半日，辟园牌友也。技痒必欲一试，竟赢数元，色喜而去。以言规辟园，恐其随波，致无所成，余之过也。又谓其不必厌薄词章，以求经济，舍长就短，人不胜天，而自谓干才，牢不可破。夜大雨霰。

正月廿八日（2月18日），辟园公挽陈三立母逝，杨度为其对之。

杨度《戊戌日记》：正月二十八日，大风。辟园挽陈伯严母，余为对之：有子是欧阳永叔一流，千古庐陵双母德；黄氏为诸葛孔明之妇，当年梁父两高吟。

正月三十日（2月20日），辟园公谓杨度太孤高。

杨度《戊戌日记》：正月三十日，大风，微雨。饭后，润堂去。胡大先生书称，须待二日。心迹日安寂寞，未作京华之想。茫茫何适，踌躇吾行。辟园谓我太孤高，实则薄世难处。既无烈心，任其所遇而已。

三月初一日（3月22日），公四弟和甫报考时务学堂第二班，以第一名被录取为内课生。考官为皮锡瑞、李经羲。

《湘报》第三十七号：时务学堂第二期取准学生榜示：内课生三十名，梁焕均名列第一。同时录取的有林锡珪、范源廉等。

皮锡瑞《师伏堂日记》：招考时务学堂诸生于学会讲堂中，中丞齿痛不来，李廉访①来。考生一百余人，……是日考题为《论黄老之学最能害事》《论孟子恶乡愿》《论南学会有益》。

闰三月，时务学堂月课考试，公四弟和甫获超等奖。

湘报第八十号《时务学堂闰月课榜》：总理湖南时务学堂为月课事，照得本学堂，今将阅过闰月份内课附课各生课卷，评定甲乙。计应奖者二十八人。酌于有奖项下提银壹拾伍俩肆钱，分别批注卷面，即向本学堂收支处照领。合将姓名、奖数榜揭于后，须至榜。计开超等奖者十八名：张伯良、……唐才质、……蔡良寅、梁焕均……

闰三月十五日（5月5日），公与皮锡瑞在矿务局相见。

《皮锡瑞日记》：午后到矿务局拜黄、武二君，见梁君焕奎，云长庆轮船将开，已告季泽。

八月十三日（9月25日），戊戌变法失败，谭嗣同等六君子被难。公赋诗悼之。

《自定稿》：昔有三良悲，今为六士哀。

八月廿一日（10月6日），巡抚陈宝箴、其子陈三立被革职。时务学堂停办，右铭公所行之新政，遂次第寝罢，惟矿务得不废。

《湖南省志·大事记》：8月21日，清廷以湖南巡抚陈宝箴滥保匪人，着革职永不叙用。8月22日，湖南布政使俞廉三任湖南巡抚。

《陈三立年谱》：八月廿一日，时六君子已被难，因杨锐、刘光第系右铭公保奏，罪及举主，又经御史黄均隆等联章弹劾，遂有旨切责右铭公，以封疆大吏，滥保匪人，着即行革职，永不叙用；公亦以招引奸邪之罪，着一并革职，右铭公所行之新政，遂次第寝罢，惟矿务得不废，保卫局以有奇效，亦为市巷私延其法，余皆荡然而尽。

十二月廿日（1899年1月31日），杨度得长沙辟园公书，言年

---

① 即李经羲。李经羲（1860—1925），安徽合肥人。字仲山，又仲仙，号悔庵，又有仲宣、仲轩、宓生等称，晚号蜕叟。晚清太傅李鸿章之侄，光禄大夫李鹤章第三子。时任湖南按察使（此职宋、元时为廉访使）。

望轻浅,不得书院本朝资格之习也,是又不可不讲洋学闻。

《杨度日记》:十二月二十日,晴。邓福堂自省归。得壁原书,言年望轻浅,不得书院本朝资格之习也,是又不可不讲洋学闻。

是年,公三弟鼎甫(时年22岁)结婚,配湘潭曹氏。

《梁鼎甫氏生平略历自述》:与湘潭曹氏①成婚,时年二十三岁。

清光绪廿五年己亥(1899),三十一岁

正月廿二日(2月12日),湘抚俞廉三奏称:光绪二十一年冬间在省设立总局,选用士绅分投设局,……前抚臣博访广营,不惜物力,诸绅士凿山涉险,倍极艰辛,两年以来,不无所获。

俞廉三《清理矿务详陈现办情形折》(光绪二十五年正月廿二日):窃查近年叠次钦奉谕旨饬令各省开办矿务,经前抚臣陈宝箴查明湖南矿产,奏请开办,于光绪二十一年冬间在省设立总局,选用士绅分投设局,勘线采砂,开有煤、铁、铅、锑、金、银各矿。惟宝藏所蕴,必在崇山,采之不深,则出之不旺,工程既大,需费不资,且试办伊始,多未历练,或遇阻而废,或久无成功。前抚臣博访广营,不惜物力,诸绅士凿山涉险,倍极艰辛,两年以来,不无所获。

五月廿四日(7月1日),致函上海汪康年求代购新书以应贫士。

上海古籍出版社《汪康年师友书札(二)梁焕奎致汪康年信》(以下简称"《师友书札》"):近日朝廷起八股之废疾,图邑学徒,间多蒙晦。新书钜籍,传播无多,以致乡曲之士,昏如摘涂,洲土不详,遑论掌故。大君子饥溺犹已,谅所深忧。敝戚曹丈福田,惓惓末流,思为拯救,因念今日所急,莫如购求图书以应贫士。

是年,因官办板溪锑矿久未获利,湘抚俞廉三招商承办。公变卖家产与黄修园、杨叔纯合伙商办中路久通锑矿公司,并在新化等地开设民营履和福等10余家分公司。其草创规划,盖出于壁垣公。公仲弟端甫为坐办。其时,湘中锑矿砂只能由官局督同粤商大成公司,在省城设炉,订约包炼。

---

① 为湘潭曹典植(曹纳安)之妹。

梁培肃《湖南华昌炼矿公司经过略述》①：益阳沅陵等处矿质较低，幸苗路尚觉宽广。板溪初归官办，因久未获利，己亥年俞廉三抚湘，招商承办，乃有久通公司之设。其草创规划，盖出于吾父也。

《闻见录》：初营益阳本（板）溪锑矿。本（板）溪锑矿者梁辟园、黄修园、杨淑纯三人夥开之公司也。

《桃江县志》：清光绪二十一年（1895），板溪发现辉锑砂。次年，湖南巡抚陈宝箴委办中路九通矿务公司，在板溪开发锑业，是为全国第一家锑矿。……久通公司开办之初，因缺资金和经验，经营数年，获利甚微。于光绪二十五年（1899）由梁焕奎、梁焕廷兄弟私资顶办。

王汉梁《桃江板溪锑矿开采简史》：早在清光绪初年，农民在蒋家冲（板溪锑矿的一个村）的臭石坑发现锑矿。1896年（光绪二十二年），陈宝箴抚湘，创设矿务总局。在此设中路久通矿务公司。当时不知炼锑技术，仅以锑砂矿石销售外国，每遭洋商控制，锑砂滞销，加以成分稍低的矿砂，又无法利用，是以无甚成效，并时有亏损。1899年，矿务总局号召商人承包。原该局文案梁焕奎，即以数百银圆承顶板溪锑矿，仍名久通公司。从此，该矿由官办变为民办。公司经理由其弟梁端甫充任。并在沾溪设立生锑炼厂，专炼板溪锑砂。以品位较低，仅炼生锑，殊不合算。同时所炼锑品又必由官局代运代销，价格甚低。故虽竭力经营，仅能顾本。后再三向官方交涉，才获得自由运销。

《湖南通鉴》：是年，益阳板溪锑矿成立，陈宝箴在此设立了久通公司，初建时为官办企业。该矿矿藏丰富，占地3000余亩。但锑矿生于石英脉内，成分不纯，约含辉锑（硫化锑）30%，矿质较差。因此，开矿两年后，成效不大。光绪二十五年（1899），由曾在矿务总局任过职的梁焕奎接办该矿。梁焕奎接手后，将其改为民营久通公司，并在新化等地开设了民营履和福等10余家分公司。梁焕奎接办益阳板溪锑矿后不久，被派往日本任留日学生监督，他利用这一机会，认真学习矿业知识。回国后，升任湖南矿务总局提调。由于

---

① 原载《湖南实业杂志》178号。作者梁培肃系梁焕奎之长女，手稿原件由其父梁君大捐献给湖南省博物馆收藏。

梁焕奎善于经营，积极引进并采用新技术，矿质较差的板溪锑矿也办得较有特色。

《湖南华昌炼矿公司经过略述》：其时湘中仅能提炼生锑（即硫化锑），又只官局督同粤商大成公司，在省城设炉，订约包炼。

七月中旬，公三弟鼎甫（23岁）入上海南洋公学中学班。

《吴稚晖日记·南洋公学记事稿》：己亥七月十三日（8月18日），安排学生教室、卧室等。七月十五日（8月20日），学生到之七。七月二十四日（8月29日），湖南学生曾某因痢殁于虹口同仁医院。李提调……及学生方传鸾、梁焕彝、张孝准视殓送梓平江公所。

《梁鼎甫氏生平略历自述》：赴上海入南洋工学中学班。

十月廿日（11月22日），鼎甫长子君悟（培颖）生。

《世谱》：培颖，光绪廿五年己亥十月廿日子时生。

十二月初七日（1900年1月22日），公复函上海汪康年，告其湘省送留日学生、矿务、衡山向道隆谋反诸消息，并认为"湖南此后不得为干净土。所恃以维持之者，财在矿务，人则在学生"。

汪康年《师友书札》：湘中送学生事，屡与局中诸公商及，均极口称善。初谓待廙帅归议办，现在廙帅不日可归，明春或能定议，弟当尽力一怂恿之也……尝试数之，外患之类有五，内忧之类有七，正恐分割之祸，不在强国，而在为之驱除者矣。湖南此后不得为干净土。所恃以维持之者，财在矿务，人则在学生，岂三五年内所可恃者耶……湘矿缴税，总署采总税司之议，指陈右帅原奏无出口字样为言，已行湘照缴。继因廙师在都，力请与总署诸公，始准予亨达利所订之锑砂三万吨，由关暂行登记，俟运竣再由湘省补缴，其余一并照章完税……十月间，衡山县有茂才向道隆谋反……未发而歼。

冬，收到汪寄来中外日报多册。

是年，公与王先谦、张祖同等人发起铁路废约运动。

高伯雨《听雨楼随笔·王先谦学案》：光绪二十五年（1899年），……因美国合兴公司违背粤汉铁路合约，（王先谦）与张祖同、梁焕奎等人发起废约运动，上书督抚，请求收回合约，自办铁路。

清光绪廿六年庚子（1900），三十二岁

正月五日（2月4日），公致函汪康年，因北方义和团事正烈，恐外人从此干预内政，瓜剖之事不可遏；公致函上海汪康年，求转汇款给公在杭州日文学校的三弟鼎甫，为出国留学之资。

《师友书札》：弟揣度尊意，必谓湖外向多志士，复有绅权，宜若可以迫促抚军一为奏阻，因以原电交夏观察言于虔帅，毫不为动。适王祭酒在虔帅座，见此电亦殊漠然，于是知无复可望矣。变故之奇，为数千年来所未有。然及此犹可侥幸挽回，乃南皮不能要约各省疆臣一奏，力争强邻不能舍绝觊觎，同弭国难，则箭已离弦，不复可止，草泽之士，尚何言哉？正恐外人从此干预内政，寇贼奸宄，且倡义声。瓜剖之事、鱼烂之机并起，而不可遏耳。以后如有要闻，并乞随时电示。

《师友书札》：外寄三舍弟江浙一函，有洋银三十元，邮局不能递，已托大成公司胡煜如在沪拨交，乞饬取，从速寄去，至感至感。

《梁鼎甫氏生平略历自述》：梁焕彝（24岁）入杭州日文学校。

正月廿三日（2月22日），公招鼎甫公急速返湘。

《师友书札》：兹有要事，急盼舍弟鼎甫还湘。

六月十五日（7月11日），与王闿运诸师友会于王宅。

《湘绮楼日记》第四卷：六月十五日，叶麻来久谈，欲出未得，已至午矣。乃遂与女孙摸牌。移席门堂，客来殊不欲顾，二彭久坐之，乃延同话。屈与樵亦来，梁璧元后至。客散遂之。

六月十七日（7月13日），与王闿运诸师友会饮王莘田处。

《湘绮楼日记》第四卷：六月十七日，申正至王莘田处会饮，……叶、朱先在，黄修、梁璧元、孔钦师、屈兰谕同集。将上灯，余出城上船。

7月28日，鼎甫公自湘返江浙途中，住汉口湖南会馆，助"中山先生密派入长江运动革命第一人"戢冀翚潜离武汉。

戢焕奇、高怀勇、刘锋《民国笔记小说大观·留日先驱戢冀翚事略》：1900年7月28日，唐才常于汉口谋发动自立军起义，事泄被捕就义。是夜，作为晚清"留日学生最初第一人，发刊革命杂志最初第一人，亦为中山先生密派入长江运动革命第一人"的戢冀翚，"走避至湖南会馆梁焕彝处"，翌日潜离武汉。

清光绪廿七年辛丑（1901），三十三岁

五月廿一日（7月6日），公致信汪康年，补悼其母逝，并求汪照拂三弟，拟令四弟去沪就学。

《师友书札》：前得讣音，知伯母太夫人鸾驭辞尘，不胜悲怛。……沪上法国学堂陈师曾在彼读书，不知即圣诺翰否？规模何似？拟令四舍弟往学，能以详细情形垂示否？三舍弟当于夏间游学东洋，届时尚须一求照拂也。

七月，三弟鼎甫为湖南抚院官费生，与张孝准二人派赴日本留学，就读于东京成城学堂。

俞廉三《奏为派员随带学生出洋考求矿务折》：臣反复思维，求所以倡导之术，非选派干练人员，随带明敏学生游历外洋，博访周咨，考求精蕴，断难获有用之人才，收利益于无既。前七月间，已派学生梁焕彝、张孝准二名，赴日本成城学堂肄业。

《梁鼎甫氏生平略历自述》：辛丑回湘，由湖南矿务局给官费派赴日本，留学东京成城中学。

十一月，公连续多日与王闿运诸友谈诗、会饮、赴王生日宴。

《湘绮楼日记》第四卷：十一月十六日，午后仍雨。俞抚部来，谈绅士，坐之久，余出答席督销。过雨怡、黄提调、梁文案，旋至洋局会饮。十一月十八日，阴寒又雨。尹和伯来，示画梅，即以为寿。……梁辟园来，谈诗。十一月廿九日①，晚，与功儿议发帖请客，杨儿必欲唱戏，遂留莲太耶、梁辟园、朱稚泉摸雀八圈。戏子乃来，草率丑陋，不成局面，三更后散。

是年，公小妹梁炳适京师译学馆毕业生湘潭齐翼。

《世谱》：（本荣女）适京师译学馆毕业生湘潭齐翼。

清光绪廿八年壬寅（1902），三十四岁

正月初一（1月29日），公过王府为湘绮老拜年，僧舍斋集。

《湘绮楼日记》第四卷：正月初一，王女已来拜年……还舍受贺……过午乃有客至，凡见杨儿、任师、丁孙、梁辟园，旋过僧舍斋集。

---

① 当日为王闿运生日。

正月十五日（2月12日），公应邀赴湘绮老处集饮。

《湘绮楼日记》第四卷：正月十五日，夕始催客，客不待催已陆续来。黎竹云、刘省钦、梁辟园与王、廖同集，更招朱稚泉。

二月十五日（3月24日），公致信汪康年，告湘矿公司事，求代购各国史志书数十种，并询报刊印制工本费用。

《师友书札》：湘省矿务公司事，前函已略述其旨，知必非前途所乐闻，现在湘绅，微有愿出任此者，俟议有眉目，当以奉商。兹欲购求新旧编辑各国史志书数十种，有于报中寻出名目者，亦有闻见所未及者，并拟搜求无遗。已开单专人前来照购，……或有新近译出未经登报者，但属史志一类，即乞垂示，以便购取，至盼至盼。再，以后如各处编辑处续出史志等书，一经印行，即乞速为代购见寄，……闻尊处代办石印书籍，自为嘉惠士林起见，弟处亦有一书拟付石印，请将办法、价目示悉，以凭遵照。

二月廿七日（4月5日），公复函汪康年补开代购书籍清单。

《师友书札》：昨遣局勇赴沪购求书籍，附上一函，计承察览，并为代垂指示一切矣。尚有数书，行时未及开入单内，兹并寄上，乞转饬加购。

二三月间，公致信问候廖树蘅，谈尹氏画本并告矿山近况。

《致廖树蘅》：矿事猥杂，加以万夫邪许，民气烦嚣，在在皆劳苶虑。幸而一门才杰，代职有人，伟望精筹，出其余技，可以了群公十辈，知不以为苦也。尹翁画本，十已得其七八，昨微观之，其精妙实非诸人可及，宜其矜重绝艺也。……现在加筹资本，并无倒闭之谣，所亏局款，亦已分期筹兑矣。近惟白铅砂无销路，余均较胜往日。

三月一十二日（4月19日），公再为购书事致信汪康年。

《梁焕奎致汪康年》：购书事渎扰神明，弥抱不安，惟乞念及为上游开风气，不以为罪耳。兹复忆及译书公会曾译有史志书二十余种，不识曾否刊行？市间是否觅得？伏祈查明示知。去勇如可购求，总以必得为快也。如承代购，价目若干，乞饬该勇照缴。又乞饬赴南洋公学购蒙学课本初二、三编各十册。

三月二十四日（5月1日），公请王闿运题曾祖朝议君梁子明先生指头画。

《湘绮楼日记》：三月二十四日，王、朱并集，梁辟园来，请题先画。①

《自定稿》：湘绮标题取春信，云芝霜柏冬夏坚。

四月初八（5月15日），公致信汪康年与论湘矿事，求购书，并请汪康年在上海报刊发声支持留日学生。

《梁焕奎致汪康年》：矿事诚如尊论，然自外部新颁定章以来，各国之窥我矿产，其注目又非复往时之比，恐即欲中分篝金，亦不可得，奈何？身处事中，即一隅之故，亦不能有所补救，此诚无如何也。前托代求各国史志，原欲有所编纂，以饷吾乡后来之士，乃坊间诸多缺乏，所得仅十之一二。昨又托同文沪报馆之筱原邦威代为购致，尚未寄到，不审可得几何？拟俟筱原书至，再于其未得者，更以奉恳。惟最新出之书，此间旧无所闻者，仍乞随时觅购见寄。……顷闻有遗人流寓东瀛者，倡为亡国二百四十二年纪念会刊，有一启为各留学生所大不谓然。窃恐内地讹传，以为康焰复炽，必至为留学诸生之累。现当公使、学生相持之际，尤不能不力为辨明，敢请著论报端，声明此旨，以保全吾国一线之生机。

四月初八（5月15日），公致信汪康年推荐即将赴日的杨度，并请汪向其介绍日本禁俗等。

《梁焕奎致汪康年》：兹有杨晳子孝廉度，吾邑志士，为弟素所推服，学业能洞见本原，为近来所仅见，于中外之故，尤能悉深达壸。先生晤之，必引为同志无疑。顷自备资斧游学东瀛，不挈朋侣，不携傔从，只身万里，可谓壮矣。弟特患其于彼中禁俗无所知闻，嘱其过谒执事一询途径，倘有所以语之，甚幸甚幸。

五月初七（6月12日），湖南成立学务处，公兼任学务处文案。

俞廉三《奏开办湖南学务处情形片》（五月十九日）：臣前于《遵旨改设学堂并派人出洋游学折》内陈明，应于省城另设学务总局管理，乃专责成。光绪二十八年二月二十三日奉朱批："着照所拟办理，务当督饬，认真讲求，随时考察，期收实效。"钦此。当即钦遵恭录，分别咨行。两月以来，各属中小学堂经臣督同司道等严加董

---

① 当为辟垣公请王闿运为曾祖朝议君梁子明先生指头画题词。见杨钧著《草堂之灵》：梁公于湮没之际，得王湘绮之开盲起废药，而名可永留弗坠，可知书画之道，冥冥之中自有呵护者。

率，据报开办者已有四十余州县，惟各属情形不同，又事属创始，无成法可循，筹办往往歧出。臣维挽救时艰，以正人心为急，而欲正人心，必以齐学术为先。若设学而县各异制，异日各挟其是以相牴牾，转无以收一道同风之效，是非专设一总汇之处，不足以资表率而挈纲维。第事关重大，必须得学识通敏之员从事其间，方资集益。第事经藩、臬两司暨各局、司、道详请开办前来，当饬于臣署东偏修葺房舍一所，刊发木质关防，文曰"奏办湖南学务处之关防"，委布政使张绍华，署按察使、盐法道继昌会同办理。查有道员用尽先补用知府朱益浚，奏留直隶委用知县罗正钧堪以提调局务，其余应用文案各员，由臣随时遴委。所需各费即由善后局按章支给，作正开销，业于本年五月初七日开局。所有省城大学堂以至各府厅州县之中、小、蒙养学堂，并省城已设之农务工艺学堂，现设之武备学堂，统归该处督率稽核。并与该司道等酌拟兴学要义三端：曰培养德性以作忠孝，曰开拓知识以致实用，曰作兴志气以振顽懦。其各学堂办法三端：曰循序渐进以定学程，曰严立规则以回积习，曰划分年限以收实效。一俟管学大臣颁到课程表格，谨当督同该处司道严饬一律遵办，以归划一。

《梁焕奎复汪康年》：四月①以来，俞抚台开办学务处，以其事委之弟与罗训兄，坚辞不许。分其心于彼，终日纷纭，不复能看书，遑云编辑。

《梁焕奎事略》：而在当时，那许多新政设施和社会活动中，辟园公盖都直接间接参预的。例如，兴办新式教育，则受任学务处文案；兴办工矿实业，则受任矿务局文案（后升任提调）。一身兼数职，职位不高，而事属首创，多所擘画。其先受之于陈公宝箴，而其后任俞廉三、赵尔巽两公亦复加依畀之故。

《湖南近百年大事纪述》：为便于统一领导，6月12日（五月初七日），又成立了学务处，任命道员尽先补用知府朱益璿、奏留直隶委任知县罗正钧，担任提调。

六月十三日（7月17日），公为周郅生父亲办学拟筹款之法。

《皮锡瑞日记》是日记载：到（周）郅生处，问立老病有起色。

---

①当为学务处筹办时期。

学堂事以为捐款不易，乡捐可止，梁璧垣拟筹款法可择行之，乃翁愈后当出共议。

九月十五日（11月3日），公参与发起创办之《游学译编》出版。该刊"专以输入文明，增益民智"为宗旨，是由公等发起并支持三弟鼎甫公与同在日本留学的湘人杨度、周家树、杨毓麟、黄兴、张孝准等人于日本东京创办的，共出版12期。其国内印刷所设于湖南长沙府城金线街矿务总局内。

《游学译编》第7期：梁焕奎经手为湖南省矿务局、善后总局等单位、个人捐款给游学译编社。其国内印刷所设于湖南长沙府城金线街矿务总局内。

黄林《近代湖南出版史料》：翻阅成童时笔录，有《湖南编译社总章》一种。忆此社为吾湘留学日本诸人所发起，新化邹沅帆、湘潭梁辟园、邵阳魏迩先诸先生亦均在发起人之列。以创办责任，均属湘人，故定名曰湖南编译社。其股本似定为十万元，分为二千股，每股五十元……此社之里面，盖为宣传革命而设，特以处满清专制之下，须借编译书籍为之掩盖耳。并告以此社发起之时，为光绪二十八年秋季；成立之期，则为光绪二十九年春夏之交。上海总社设在三马路苏报馆，社员最盛之时曾至一千余人云云。先生之谭此，为宣统元年春初。时则清廷之缉拿革命党甚为严密，先生既未肯多言，不佞亦不敢多问，若以当时之词色察之，先生似亦为社中……经费扩张后，始于各省设立分社。

《中国新闻事业编年史》：《游学译编》每月出50页左右1册。编辑人有杨毓麟、陈天华、梁焕彝、樊锥、黄兴、周家树、杨度等，国内由长沙矿务总局代为发行。以翻译国外书刊上的文章为主。分学说、教育、军事、时事、历史、传记、地理、外论等栏。1903年11月3日（癸卯九月十五日）出至第12期后停刊。

刘晴波《政见分歧终为挚友——黄兴和杨度关系述略》：游学译编社的成立和《游学译编》杂志的创办……杨度与杨笃生、梁焕彝、黄兴、樊锥等都是中坚人物。

十一月初八日（12月7日），公复函汪康年，告病状并深忧湘省矿务为外人所谋。

《梁焕奎复汪康年》：前奉惠书，因集股刻书之事尚无头绪，久未作答，已而卧病床蓐，日困呻吟，遂以淹绵数月，歉怅无似。……矿事经此番改章之后，谋夫孔多，沪上之注目湘矿者，尤为鬼怪百出，不可捉摸。好在湘中自奏设总公司以后，已于部中严办防堵，暂时非有国家势力不能遽下毒手。

十一月十八日（1904年1月5日），公与王闿运谈诗。

《湘绮楼日记》：十一月十八日，梁辟园来，谈诗。

是冬，在公与罗正钧的努力下，学务处送师范学生至日本，开办省城师范馆。

《梁焕奎复汪康年》：初意以为学务为今日切要之图，冀得与训兄竭其心力，以稍开敝省风气。奈抚台以朱菽卿太守为提调，朱为弟与训兄之房师，生平主张排外，论议动辄龃龉。两人心志千百，不能发见一二，闷不可言。现仅办到送师范学生二十人至日本，以四年半为卒业，及开一师范馆二事。

《三十年闻见录》：辟园于学务颇有主张，及见新旧交哄，则又大惧。刻《朱子语类》一卷，欲有所矫正焉。

《湖南教育史》：张百熙奏定各省设置师范馆。湖南巡抚俞廉三遵旨创办了全省师范所，以一年为期毕业。冬天，开始筹建省城师范馆，馆址在黄泥街，第二年正月开学。

是年，公建议就乡试落第学子中选拔人才，赴日留学，得当局采纳。公以一身兼矿学两要政，烦剧杂沓，疲精倦神，体力就衰，目疾基于此矣。

《哀启》：戊戌后继抚湘者为山阴俞中丞（廉三）外患日迫，学术日新，复创设学务处。阳湖张君鹤龄充总办，又聘府君为文案。时值科举学校绝续递嬗之交，大吏议取乡试额满高才生，精选严择，派赴日本留学，应试者万数千余卷，府君穷日夜力披阅之。湘中真才搜拔靡遗，极为学子所崇仰。然府君以一身兼矿学两要政，烦剧杂沓，疲精倦神，体力就衰，目疾基于此矣。

《梁焕奎事略》：八国联军入北京，国几不国。谋国者群趋于出洋考察留学一途。公则建议于省当局，就乡试落第许多试卷中选拔其间可造人才派赴日本留学。此事既为当局采纳实行，即嘱公经理其事，任为留日学生监督，率同所选拔诸生东渡。

徐桢立撰《梁君辟园墓志铭》：巡抚陈公宝箴、俞公廉三伟君才，先后任君主矿务局、学务处文书。君尝言，造士在知古今。乃延君即乡试备荐卷中，拔尤遣肄业日本。复以君监督日本游学诸生。

是年，长女培肃（字君恪）出生。

清光绪廿九年癸卯（1903），三十五岁

正月廿一日（2月18日），公与朱德裳在学务处谈警察之要。

朱德裳《癸卯日记》是日记载：在学务处与梁璧翁高谈警察之要，谓吾弟体质颇宜此学，吾弟亦欢欣有愿学之意，俟到东瀛再图之。

二月五日（3月3日），公任留日学生监督，率杨昌济、陈天华、刘揆一、朱德裳等留日学生十点钟舟发长沙。

《癸卯日记》二月五日：十点钟发长沙。

《三十年闻见录》：岁在癸卯，正月春王，湖南增遣学生，裳等谬厝其选。君为之搜遗才，为之典考试，为之定膏火，为之理征装。初发轫于长沙，继息踵于蓬岛。凡所缪谋，甚有恩纪。

《哀启》：以君监督日本游学诸生。

《梁焕奎事略》：公此次所率同东渡者，计有扬昌济、陈天华、刘揆一、石陶钧、朱德裳等多人，而公胞弟焕均、焕廷一并同行。

二月廿九日（3月27日）申刻，公与诸留日学生安抵东京。《湖南官报》以《游学抵东》为题报道：梁君来缄，报告出发及抵达时间。并附五十名留日学生名单。公四弟和甫在官派之列，五弟硕甫自费随往。

《癸卯日记》是日记载：下午一点钟抵横滨，晚至东京本乡伊势荣旅馆寓焉。

《湖南官报》三月初九日报道："此次湘省派赴日本留学诸君业于（二月）二十二日夜由上海乘博爱丸轮船东渡，顷得梁君来缄，知已于二十四日抵长崎，二十七日过神户，二十九日申刻安抵东京。湘中父老闻之，当亦为之一慰也。兹将同游诸君姓字开列于后：泸溪廖笏堂名缙、武陵吴剑秋友炎、湘潭朱师晦德裳、善化陈子美家瓒、善化刘耕石颂虞、临湘黄宇澄圣清、长沙杨华生昌济、蓝山彭淡村世俊、湘阴仇蕴存式匡、安化陶叔晦思曾、善化王俊声阆宪、新化曾凤冈继梧、武陵戴抱贞修礼、湘乡陈壬林尔锡、湘潭吴子昂

家驹、溆浦舒子彝和钧、湘潭梁和甫焕均、芷江张容川学济、邵阳石醉六陶钧、新化陈星台天华、蓝山成集力凤韶、宁乡廖麓樵楚珩、湘潭王文郁代懿、湘潭黄稚彝笃恺、醴陵张毓鲲翼鹏、湘潭黄续臣笃谧、湘潭杨重子钧、凤凰朱湘溪树藩、善化贺瑞文家焜、安化李卓然云龙、宁乡袁润玫宾翰，以上官费。湘潭胡彦远荣迈、湘潭李倜君侻、湘潭张祝吾藻六、湘潭罗孽明宜照、长沙孙湾伯传第、善化张竹生振曦、湘潭吴子骏家骏、龙阳余松筠焕东、衡山刘霖生揆一、武陵吴涛秋友松、湘潭周稼生大备、湘潭朱礼庭德裘、龙阳刘立夫棣茂、湘乡杨伯鸿秉谦、江华骆梧生通、宁乡齐朴农璜、宁乡齐暗农琳、宁乡廖千旋秉衡、湘潭梁硕甫焕廷，以上自费。统计凡五十人。”

5月，因湖南抚院俞廉三保举梁焕奎、欧阳中鹄、吴廷燮、廖树蘅、傅以潜、王代功等参加经济特科考试，公自日本返国，偕杨度进京赴试。公从父梁济①在北京亦被诏试经济特科不赴。

廖树蘅《自订年谱》：光绪二十八年　抚院俞保举经济特科凡六人：三品衔内阁中书浏阳欧阳中鹄、署山西宁远县通判江宁举人吴廷燮、宜章县训导宁乡廖树蘅、举人湘潭梁焕奎、山阴副贡生傅以潜、湘潭县廪贡生王代功。

《梁焕奎事略》：清廷为求人才以济时艰，有诏举办经济特科。湘省当局即荐公应征。公亟返国入京赴试。经录取后，命以特用江苏知县赴南京候补。

杨云慧②《从保皇派到秘密党员》：（清政府）下令凡三、四品京官保荐人才，都要进行经济特科考试。父亲由陈荪石学士保荐，也去北京应试。……父亲和同乡梁璧垣（焕奎）同路进京，就住在伯祖母的家中。据我的四叔回忆，他们两人到达北京后，成天伏案读书，非常用功，准备应试。

《自定稿》：癸卯岁与叔同举特科。

《梁漱溟全集》第一卷：光绪二十九年癸卯，公四十五岁。……诏试经济特科，公被征不赴。

①梁济（1858—1918），字巨川，一字孟匡，别号桂岭劳人，以字行，广西桂林人，梁漱溟之父。清末官员、学者。

②杨云慧系杨度之女。

五月十三日（6月8日），公与罗正钧、杨度赴通州拜会皮锡瑞，并同饮观戏。

《皮锡瑞日记》是日记载（这一天是在天津通州——原编者注）：顺循与梁璧垣、杨锡祉来，约同上酒馆。饮毕，听戏，女人颇能唱。归三鼓矣。

闰五月十五日（7月9日），公参加经济特科正场考试。

《听雨楼随笔》：特科考试，定为论一篇，策一道。论题是《大戴礼保保其身体傅傅之德义师导之教训与近世各国学校体育德育同义论》，策题是《汉武帝造白金为币分为三品当钱多少各有定直其后白金亦屡更竟未通行宜用何衡整齐之策》。

闰五月廿日（7月14日），经济特科初试发榜，公擢二等，奉旨以知县用，分发江苏，加同知衔。

《清史稿·选举志四》：（光绪）二十九年，政务处议定考试之制，如廷试例于保和殿天子亲策之，凡试二日，首场入选者始许应覆试，均试论一策一，简大臣考校，取一等袁家毂、张一麐、方履中、陶炯照、徐沅、胡玉缙、秦锡镇、俞陛云、袁励准等九人，二等冯善征、罗良鉴、秦树声、魏家骅、吴锺善、钱铩、萧应椿、梁焕奎等十八人。追授官命下，京职外任仅就原阶略予陞叙，举贡用知县州佐，以视康干时词科恩遇，寖不如矣。

《湖南省志·大事记》：闰五月二十日，经济特科初试发榜。……七月复试。

《申报·金陵官报》六月初二（7月25日）：此次经济特科复科取列一等袁嘉合……二等……梁焕奎……于本月初十（8月2日）带领引见。

六月廿七日（8月19日），公告皮锡瑞，将往日本聘矿师并师范教习。

《皮锡瑞日记》是日记载：梁璧垣至，将往日本聘矿师并师范教习。云特科初意甚好，误于樊增祥之面奏、吴逢甲之参奏，顽固人诚不足责也。

秋，公参加经济特科考试后返日履职，于回国前作《题癸卯上野公园饯别图》诗；因湖南巡抚赵尔巽奏留，公任湖南矿务总局提调。

《自定稿》有句云：夙心与今古，莫忘眼清醒。

《哀启》：适辽阳赵公调任湘抚，锐意新政，耳府君名，奏调充矿务局提调。

《梁君辟园墓志铭》：湖南巡抚奏留君提调矿务局事。

梁奇《华昌炼锑公司及其创办人梁焕奎》①：先父于1903年被荐试列二等，他非常高兴，以为从此可以发抒自己的志愿了。孰知竟分发他为江苏知县，为他始料所不及，正在焦急不胜，幸亏湖南方面奏留他主持矿务总局提调，嗣后，他便长留在湖南专一经营他所创办的锑矿。

9月30日（11月18日），《申报·金陵官报》报载公已回湘；公与王闿运谈诗。

《申报·金陵官报》是日报道：二十二日，将军奎会、知县梁焕奎，奉司委赴湘，查探军情。梁焕奎辞赴湘。

《湘绮楼日记》第四卷是日记云：梁璧垣来，谈诗。

十月十六日（12月4日），公住长沙矿务局，拜访皮锡瑞，告之印刷厂机器用工费用。

《皮锡瑞日记》是日记载：梁璧垣至，住矿务局。俟往回拜，并伊弟鼎甫、刘伯耕、周伯勋诸人。梁云印书机器一千九百余元，须雇东洋匠，又须月五十元，川资百元在外，费甚矣。

十一月十八日（1904年1月5日），公以罗正钧有归志相告皮锡瑞。

《皮锡瑞日记》是日记载：回梁璧垣拜，云顺循不得意，有归志。

冬，公深感国家要复兴"救之靡有他兴，言及教育"，向巡抚赵尔巽条呈："国家富源在尽地利，而地利在矿，开采矿利在得人，非先作育人才，无从阐发地藏。"当局采纳此议，委公创办省垣实业学堂并任学堂第一任监督。公遂从湖南矿务总局拨借基金银1.6万两，就长沙贡院旧址创办实业学堂。

《皮锡瑞日记》十二月初八日（1904年1月24日）记载：梁璧垣委农工商矿学堂总理，翁教习副之。保俞寿丞深谙韬略，复保叶、

---

① 出自《湖南历史资料》，1959年第2期。作者梁奇系辟园公之子梁君大笔名。

陈、金仍办枪炮厂。

《自定稿》：光绪癸卯岁，余创议建实业学校，初就贡院为之，旋复再徙。未及一期，余婴疾去湘。迨今曹君构造宏善，效实渐章。

《哀启》：府君以为：国家富源在尽地利，而地利在矿，开采矿利在得人，非先作育人材，无从阐发地藏。与湘人士议办实业学堂，当道允之，聘充监督。后扩为高等实业学校，旋更名为高等工业学校，即今之湖南大学，吾湘最高学府之基础也。

毛注青《黄兴年谱》：癸卯年冬，赵尔巽从湖南留日学生监督湘潭梁焕奎之议，开办湖南实业学堂，修葺旧贡院为校舍，推焕奎主其事。焕奎聘翁巩为监督，李树藩司教务。初招十余龄之少年四五十人为甲班，名曰预科生，甲辰年春，甲班正式开课，翁巩之侄翁乃伟、李树藩之弟李恢，均与我同班。翁巩号幼恭，福建侯官人，系华兴会成员，原在明德学堂任教，因之实业学堂课程多由明德教员兼任。

《湖南教育月刊》刊曹典球之《湖南高等实业学堂记略附醴陵瓷业学堂略记》：湖南高等实业学堂，为前清光绪二十九年（公元1903年）湖南巡抚赵尔巽所奏办。初以湖南贡院为校址。

是年，和甫入东京法政大学，硕甫入宏文学院。公作《癸卯东游放歌》等诗，祈愿"惟将一掬池边水，尽洗中原满目癥"。

《自定稿》：饥食富士山中雪，渴饮箱根山下泉。何须苦求不死药，持此差可参神仙。……海东寒裳旦暮生，长风会当揭取灵。旗还禹域矫云中，三十六道苍精龙。

惟将一掬池边水，尽洗中原满目癥。

是年，因对杨昌济人品、学识雅契于心，公嘱幼弟焕均拜其为师从学。

梁漱溟《访章行严先生谈话记》：杨先生诚恳木讷，是其特点，璧兄雅契于心；东游时携有幼弟焕均同行，即嘱焕均拜杨先生为师而从学焉。

是年，公三弟鼎甫随杨度等赴横滨拜会孙中山先生，亲历杨与孙辩论中国国是；章士钊（字行严）求任实业学堂教员，公则劝其求学深造。

刘成禺《世载堂杂忆》：杨度在东京时，欲谒中山先生，辩论中国国是。予为李书城、陈明超、梁焕彝介往横滨,孙先生张宴于永乐园辩论终日,杨皙子执先生手为誓曰:"吾主张君主立宪,吾事成,愿先生助我。先生号召民族革命,先生成,度当尽弃其主张,以助先生。努力国事,期在后日,勿相妨也。"皙子回来,喟然叹曰:"孙先生畅谈竟日,渊渊作万山之响,汪汪若千顷之波。语言诚明,态度宽大,他日成功当在此人,吾其为舆台乎!"

《访章行严先生谈话记》:章先生谈辟园先兄往昔在长沙主持实业学堂时,聘张溥泉(继)先生等多人任教员,章本人原在其内。辟园发见他年纪轻,劝他宜求学深造,不必当教员;章既纳其忠言,至今不忘于怀。

清光绪三十年甲辰(1904),三十六岁

正月,公与鼎甫公邀集当时湘中名流龙绂瑞、陈保彝、谭延闿、魏肇文等十二人,发起创设湖南图书馆兼教育博物馆。

《创设湖南图书馆兼教育博物馆募捐启》:远览列强之成规,上稽近古之已事,深维天演之公例,痛心种族之前途,中夜旁皇,揽衣屑涕,信呼图书馆之不可一日缓也。

《东方杂志》第四期:由梁、龙诸君创捐巨款,购办中外图书及人体动植物模型光化等仪器列置其中,设馆三所,曰图书,曰教育,曰博物。

3月,湖南图书馆兼教育博物馆在省垣长沙成立,此系我国最早成立的省级公共图书馆,公为发起成立的第一人。

邹华享《发起成立湖南图书馆的第一人——梁焕奎》:1904年3月,湖南图书馆兼教育博物馆在省垣长沙成立,它是我国最早成立的省级公共图书馆。而发起成立的第一人,就是梁焕奎先生。肇始之功,功莫大焉。

四月十一日(5月25日),巡抚赵尔巽调离湖南,陆元鼎署湖南巡抚。

《湖南省志·大事记》:四月十一日清廷召赵尔巽入京。陆元鼎署湖南巡抚,张绍华护理湖南巡抚。

《湖南省志·湖南近百年大事纪述》:1904年4月巡抚赵尔巽调离,5月至1904年11月,陆元鼎任湖南巡抚。

6月2日,《申报》报道：公等联名上禀湖南巡抚赵尔巽,奖励黄氏捐资兴学之义举。

《申报》是日报道：湖南巡抚赵《奏为孀妇节孝好义捐资兴学折》……窃据在籍江苏试用知县梁焕奎等联名禀称。

九月初三（10月11日），华兴会事败，王先谦开具公与黄兴、胡元倓、周震鳞、翁巩等八人名单，付湘抚陆元鼎，"皆须斥退"。

《师伏堂日记》是日记：到（汪）孟荣处，云陆（时任湘抚陆元鼎）、王（王先谦）一气，王开三俞、黄轸（兴）、胡元倓、周震鳞、梁焕奎、翁巩八名付陆，皆须斥退。陆付张（学政张鹤龄），张甚难之。

九月初五日（10月13日），公次女培怿（字君悦）出生。

是年，公三弟鼎甫在日本东京成城学校毕业归国，仍由湖南矿局派赴美国留学。

《梁鼎甫氏生平略历自述》：三十年甲辰（1904），在成城毕业归国。仍由湖南矿局派赴美国留学。……在旧金山卜忌利地方，入美国大学预备学校，名布恩司学校。

清光绪三十一年乙巳（1905），三十七岁

正月初一，立春日（2月4日），公在江宁，与陈三立诸君游处。

《陈三立年谱》：春，陈三立在江宁，与梁焕奎、李世由、王德楷、顾云、缪荃孙、张仲炘、张通典、徐乃昌、俞明震、陶森甲、魏豫、刘慎诒、梁茞、吴用威、薛华培、吴学廉、李瑞清、江瀚、易顺豫等游处。

陈三立《散原精舍诗·酬璧元以元和诗见示》：兆岁逢春第一辰（是日立春），雍容裁句报闲人。到门车马尊前影，堆案鐓孟雪外尘。莫挈牢骚供世役，犹堪傀儡转天钧。连墙奇士吾能数，知共樗蒲涕笑新（谓君同居李晓暾大令）。

二月初八日（3月13日），《申报》报道梁焕奎仍归江苏，到火药局提调差。

《申报·金陵官报》是日报道：知县梁焕奎禀知到火药局提调差。

四月十二日（5月15日），致函梁焕彝，告以携妻女居江宁，病体未愈，又加患两目昏瞀、胃口呆滞诸症，已遍求中西医生，莫得收效，在内地已觉计穷，拟请病假东渡求医。故乡戚友纷纷来觅衣食，几于无日不有，因照顾戚友，经济大窘。

《梁焕奎致梁焕彝信》：兄居此已数月，局中事不甚烦，颇复足以自怡，惟病体未愈，近又加患两目昏瞀、胃口呆滞诸症，不复能辨人眉目。每日所食不足三盂，顽疾腹痛亦尚如昨。三月半间，四弟来宁相视，劝往东京就医。兄现已遍求中西医生，莫得收效，在内地已觉计穷，不得不异体于东京之一往。已决计同四弟于十六日应行东渡，此行系请病假两个月……惟故乡戚友纷纷来觅衣食，几于无日不有。

四月十二日（5月15日），致信三弟鼎甫，称粤汉铁路事恐遂终成画饼。

《梁焕奎致梁焕彝信》：粤汉铁路事一无点效，近盛京保亲至鄂垣，晤于南皮，不知作何计划。湘绅意见、举动不能取胜。其初犹恃粤绅会到，伍财宝已逃，黄公度又殁，恐遂终成画饼。如何？！如何？！江南官场腐败不堪，一无可言者。

五月十九日（6月21日），信告三弟鼎甫，粤汉铁路废约事，已有九分可望，但以后如何办，正须用意耳。

《梁焕奎致梁焕彝信》：粤汉铁路废约事，已有九分可望，此自弟等之功。但以后如何办正须用意耳。

是日，为支持湘省官绅抵制日商在水陆洲设立打米公司，公写信嘱三弟鼎甫，在美国详查打米机械行事，欲集资自办打米公司。

《梁焕奎致梁焕彝信》：湖南因日本人欲在水陆洲设立打米公司，于是湘省官绅谋集资本，先行自办以资抵制。现在发官本五万两，惟商股一半尚未集成。查打米机器，惟美国最精。顷在沪上打听似价值太昂，故特嘱吾弟，一为详查，从速查覆，以便照办。

六月十四日（7月16日），梁焕彝致信梁焕廷。

《梁焕彝致梁焕廷函》：若我等以祖国哲理蕴于中，以欧美实学致于用，则将来我辈经营，不惟可以振兴东亚，且当愧煞全球。兄因近来历观白人所谓上等社会种种举动，其器局之小，多可哂处。盖欧美今日实不过一盗跖世界，科学盛而道学衰故也。我等若举二者而并进之，吾知日后白人当拜服我黄人矣。

八月二十五日（9月23日），公东渡日本治眼疾。

《梁焕奎致梁焕彝信》：兄于（八月）二十五日东渡，二十八日抵神户，初一日到东京。在船中微有伤风，尚不要紧。惟陈云亦有伤风，较重，大约数日可全愈也。四弟处房子尚好，居此颇觉安适。拟俟伤风愈后即至医院诊察，上海医生有一绍介书荐往医科大学也。

12月8日，留日学生陈天华抗议日本《清国留学生取缔规则》，愤而投海，公作《哭陈天华》诗悼之。

《青郊诗存》：猖狂溃决复何言，浊酒独酌心烦冤。屈平切切爱楚国，鲁连默默哀中原。遗文悲动后人魄，海水狂噬贤者魂。万古梅花大森月，寒波永夜流啼痕。

是年，公寄款周震鳞，赞助其革命救国运动。

梁漱溟《访章行严先生谈话记》：周道腴（震鳞）先生是革命派老辈人物，当我读中学时先生任教中外地理。一九五〇年相遇于全国政协会，当先生稔知我与璧兄关系后，曾语我，清末（1905年前后——编者注）他因奔走革命困于南洋（群岛）某埠，曾得璧兄兑寄二千元。璧兄之赞助革命救国运动，于此见一斑。

是年，公之曾祖母孔孺人去世，享年75岁；五弟焕廷与金氏成婚。

《世谱》：孔孺人……光绪三十一年卒，年七十有五。

《世谱》：焕廷，配金氏。

清光绪三十二年丙午（1906），三十八岁

丙午元日（1月25日），公在日治疗眼疾，西望家国，赋《丙午元日诗》。

《自定稿》：各把酒樽忘主客，共看棋局卜安危。遥知故国东风起，却望瀛洲寄所思。

春，公作《丙午留日本学生以公愤相约罢课归国诗以止之》。

《自定稿》：怒触牛能止，狂驰骥可回。

夏，公目疾未全瘳，经沪归长沙，有《留别东京诸君》《丙午夏由日本还长沙入吴淞口作泛长江溯舟还长沙作还家》诗。

《自定稿》：四载浪游三去国，一身残病暂还家。

《哀启》：以目疾日甚，假赴日本医治，迄未全瘳，乃归长沙。

九月，公同周印昆、唐明皆、张润龙游岳麓山，有《丙午九月同周印昆唐明皆张润龙游麓山憩白鹤泉叹逝伤离凄然有作》诗。

《青郊六十自定稿》：旧日清歌不再闻，屐痕裙影认难分。……心魂到此都飘荡，送酒移船且一群。

十月初四日（11月19日），公在长沙东郊五里牌购聂崇德堂地，造屋、立家庙，卜居奉母养疴，自号"青郊居士"。日以吟咏为事，不谈政治，而天下事如指诸掌。

《世谱》：长沙明道都一甲五区五里牌……瓦屋一栋……前后橘园两区；出授人聂崇德堂；受业年月：光绪三十二年十月初四日①。

《世谱》：光绪三十一年②，焕奎奉先妣居青郊，青郊者，在长沙东门外五里牌，平田万顷，树林蓊翳。先妣曰："是地幽静，神所安也，宜祀先人于此。"焕奎兄弟乃谨筮日告于神，奉木主而祀于青郊，岁冬至及中元日，家人之居于城者咸集，修祀事焉。

《自定稿》：遽病目东渡，就医不愈，乃还长沙。筑青郊别墅，奉母养疴。

《三十年闻见录》：辟园中年盲于目，不谈政治，而天下事如指诸掌。能为诗。起别墅于五里牌，有花木园林之胜。今所称青郊诗集，即此地也。

秋，廖名缙归长沙，公与好友刘人熙等为其接风，并推荐廖名缙去湖南高等实业学堂任职。

张景龙《世彩清辉耀千古——追记辛亥革命先驱廖名缙》：廖名缙被撤职后携家眷回到长沙，其好友刘人熙、谭延闿、梁焕奎、黄忠浩、曾熙、贝允昕等人为其接风。席间，时任湖南矿务总局提调的梁焕奎邀请他去湖南高等实业学堂任职。

十一月六日（12月21日），公至贾祠会王闿运诸师友，两日后又与王及蒋少穆、王心田、冯心坨、翁树堂、叶德辉饮酒盐局。

《湘绮楼日记》是日记：至贾祠待客，梁璧元尚未至，莘田在局，顷之梁来，蒋少穆、席沅生、欧阳子明继至。

---

①此日期当为正式签约日期。
②此年份当为筹划筑屋时间。

《湘绮楼日记》是日记：十一月八日，夕过彭少泉不遇。遂饮盐局。蒋少穆、梁焕奎、王心田、冯心坨、翁树堂、叶麻同坐，二更散。

十二月初十日（1907年1月23日），《申报》报道匪徒迭劫安化锑矿事。

《申报》是日以《匪徒迭劫安化矿厂》为题报道：湘省安化县矿产素富而尤以锑矿为最，近年多设公司集股开采，惟该处匪徒素多，时向各矿厂抢劫滋闹。本年十月间，鸿通锑矿公司被匪抢劫。十一月中又有横路上匪徒聚集党羽，向各公司任意滋闹。二十一日有万通公司被横路上匪目李光明等邀合白羊塘奎溪圩两处党徒数十人，在该公司所管矿山恃强开挖，经该公司拿获一人，诓匪等分作两班，以一班劫夺所拿之人，以一班飞石击屋。该公司即在鸿通招人援助，幸将匪徒击退。次日该公司司事张国卿、石工曾广华、蒋闰昌因事出外，匪等怀挟前恨，结合横路上党徒各持戈矛枪棍，拦路殴击。蒋、张乘间脱逃，曾被围住用铁械击破头颅。该公司当即鸿诸地方团保，始将受伤之曾广华救出。惟该匪党在外扬言，某等滋闹之处，如有人阻挠，无论某公司某等人，即当随时击杀云云。吁其亦可见匪势之横矣。

冬，久通公司原股东黄修园既殁、杨叔纯欲为州县吏，黄、杨撤股，久通公司股权乃为梁氏独有。

《三十年闻见录》：初营益阳本①溪锑矿。本溪锑矿者梁辟园、黄修园、杨淑纯三人夥开之公司也。光绪三十二年冬，黄、杨撤股，矿遂为梁氏独有。翌年遂大发展。先是时，修园既殁，淑纯能文章，规欲为州县吏，以为作州县一年而不能建生祠数百者，非丈夫也。

是年，公为久通前途计，认为非在山内设炉提炼，并采用西法，提高技术，别无良策。公与王铭忠、杨度、谭顺理及四弟和甫诸人商议创办华昌炼矿公司，遣三弟鼎甫赴欧西，精求炼锑新法。

《哀启》：与王丈铭忠、杨丈度、谭丈顺理及四叔父诸人创办华昌炼矿公司，遣三叔父赴欧西，精求炼锑新法。吾湘纯锑著名世界，府君发其端也。

---

① 此地名当为板溪，疑为湘潭话"板"与"本"读音近似所致。

《湖南华昌炼矿公司经过略述》：吾父以病目郊居，凡所经营矿业，悉由四叔父和甫主持。于是一门之中，思想言论皆属于矿。

《华昌炼锑公司及其创办人梁焕奎》：故为久通前途计，非在山内设炉提炼，并采用西法，提高技术，别无良策。先父有兄弟五人，因此，遂派遣二叔父端甫坐驻益阳，整顿山场，又于1901年资助三叔父鼎甫留学日本，1904年又去美国，四叔父和甫与五叔父硕甫分别留学日本和美国，一律学习矿冶。他自己又从矿务总局拨借基金一万六千余两，创办实业学堂，培养采冶、化验、机械等方面的人才。1906年，当局以矿务总局无所成就，奏定改为矿政调查局，多方鼓励和支持商办矿业，至此，先父乃酝酿组织华昌炼矿公司。

是年，公三弟鼎甫公赴欧，游历英、法、德、比诸国，旋乃入英国伦敦矿学专门学校深造。

《梁鼎甫氏生平略历自述》：1906年在该校①毕业后，因调查研究纯锑炼法，由美赴欧，游历英、法、德、比各国。旋于伦敦入矿学专门学校。

第二十九期《云南教育官报·宝华公司董事局成立——华昌代表梁君焕彝演说中国锑矿历史》：近数年锑价暴落，湘中锑矿公司停办者几十之八九。当时，焕彝正在美国留学，闻而忧之，再四思维，欲图补救：非改炼纯锑，别无良策。美国矿产虽富，独无锑矿，更何论炼厂？于是，焕彝束装渡大西洋，偕王君宠佑，遍游英、法、德、比各国几半年，不得要领。焕彝仍返伦敦，投入英京矿务大学堂肄业。

清光绪三十三年丁未（1907），三十九岁

二月十四日（3月27日），《申报》详细报道益阳地区锑矿厂土人聚众与官兵格斗事。

《申报》是日以《详志矿厂聚众与官兵格斗事》为题报道：省湘益阳县西村锑矿，前年经湘潭廪贡杨昭朴购地开采。该处土人□羡已久，去冬集股在其左近另开□口，向内取挖。杨遂于去□禀请益阳县暨省垣矿务局饬派兵役驰往查禁，仍不遵行。前日该县令亲

---

① 系指美国布恩司学校。

率干役会同巡防队前往查封，该土人竟聚众千余人与之格斗，至将县主及巡防一围住猛攻。某管带以兵少不敌，令其施放空枪以图吓退。讵该土人始则退后，既见并无子弹，复奋力前扑。队勇势将不支，并有三人被其捉去。某管带情急，因令二人装入子弹，击毙三人，始各退散。惟扬言须将杨昭朴杀毙，以泄众忿。现闻官兵退后，该土人已将杨之矿厂尽行焚毁矣。

二月三十日（4月12日），《申报》报道锑砂价值松减。

《申报》是日以《锑砂价值松减》为题报道：湘省各属所产锑矿以新化县出砂为最旺，安化、益阳次之。去岁因价值大涨，各矿厂加工采挖，一律运到省城。迨至年底销场稍滞，各处存砂已如山积，今正又陆续运到南城外，各堆栈几于无地可容。价值每墩又约减三四十两。

六月初七日（7月16日），《申报》称现因销场不畅，锑砂囤积甚多，以致汉上各洋行故为抑价，并有三个月不购湘省锑砂之约。三路总公司及各矿商亦将议结团体，以后不得将价值提高，无论时日远近，决不出售。

《申报》是日以《总办赴汉查察矿务》为题报道：湘省新化益阳等县所产锑矿出砂甚旺，现因销场不畅，囤积甚多。以致汉上各洋行故为抑价，并有三个月不购湘省锑砂之约。矿政调查局得信后，即议以五个月不准将锑砂售与洋商。近日三路总公司及各矿商亦将议结团体，以后不得将价值提高，无论时日远近决不出售。闻调查局总办涂观察懋儒已于日昨赴汉查察一切矣。

七月十二日（8月20日），《申报》报道：湘省各属锑矿出砂甚旺，爱特集众会议设立恒益公司，招集股本借给矿商，庶各商得资周转，不至减价售出，已经拟订章程二十三条，以为抵制洋商之策。

《申报》是日以《湘省维持矿利办法》为题报道：湘省各属锑矿出砂甚旺，近因不甚营销，价值亦逐渐减落。前由矿政调查局探闻，洋商有三个月不售湘省锑砂之说，调查局亦拟五个月不将锑砂售与洋商等情，曾志前报。现在各路矿务分公司议结团体，以为数月以来锑价日跌，各处矿商或有资本不裕者运砂至省，急于求售，易为洋商把持抑勒。爱特集众会议，设立恒益公司，为维持大局起见，招集股本借给矿商，庶各商得资周转，不至减价售出，即不至损失利权。已经拟订章程二十三条,广为刊布,以为抵制洋商之策云。

七月三十日(9月7日),《申报》报道,华昌炼矿公司业已成立,并经南北洋各筹补助经费四万两,山东亦筹解开办经费三万两,湖北则以五万两借款改为补助。

《申报》是日以《杨京卿创设华昌炼矿公司》为题报道:杨京卿度在湖南省垣青石桥开设华昌炼矿公司,由张中堂、袁宫保极力提倡,业已成立,并经南北洋各筹补助经费四万两,山东亦筹解开办经费三万两,湖北则以五万两借款改为补助。

10月,公与范旭东、和甫等筹备湖南宪政公会,有意拥杨度为会长。

《辛亥革命和立宪运动时期的长沙》:10月,杨度回湘潭为其伯父奔丧,"此时,梁焕奎、范旭东正在筹备湖南宪政公会。……他们邀集咨议局副议长陈炳焕及绅、商、学各界重要人士,组织了"宪友会湖南支部",谭延闿被推选为总干事,陈炳焕、龙璋、黄忠清、仇毅、梁和甫、周名建、廖名缙、姜济寰、曹世昌、雷光宇、胡迈、谭传恺等咨议局议员或具有一定影响的地方新派绅士踊跃参加。

《长沙通史·近代卷》:1907年夏杨度在北京设立宪政公会后,积极联络各方建立各地立宪组织,扩大立宪力量。他决定从日本回国,推行自己的立宪主张,发展国内立宪派组织。恰恰在是年10月伯父去世,杨度赴家乡湘潭奔丧。此时,梁焕奎、范旭东正在筹备湖南宪政公会,有意拥杨度为会长。

九月廿日(10月26日),《申报》报道,矿商中有资本者现又纷纷囤买,冀以重价私售出口。

《申报》是日以《矿商囤买锑砂》为题报道:湘省各处锑矿所产锑砂,向称饶富。嗣因不允售与洋商故,出口之货顿少。近闻沪汉砂价已有渐涨之势,矿商中之有资本者现又纷纷囤买冀以重价私售出口云。

十月十二日(11月17日),公生辰日,与诗友唱和,有《杨俶纯以四十贱辰赋诗见赠次韵奉答》诗。

12月,公与杨度、谭延闿、范旭东、龙绂瑞、黄忠绩等人一起,在长沙成立了宪政讲习会湖南支部,定期宣讲地方自治与宪政知识。

是月下旬成立了宪政公会，推举杨度为会长，起草《湖南全体人民民选议院请愿书》。

《世彩清辉耀千古·追记辛亥革命先驱廖名缙》：廖名缙……并于12月初跟杨度、谭延闿、梁焕奎、范旭东、龙绂瑞、黄忠绩等人一起，在长沙成立了宪政讲习会湖南支部，定期宣讲地方自治与宪政知识。为了敦促朝廷速开国会，成立民选议院，他们还于当月下旬成立了宪政公会，推举杨度为会长，起草了《湖南全体人民民选议院请愿书》，由杨度带去北京上呈朝廷。

是年，公三弟鼎甫函商购买法国赫伦士米德氏"蒸馏炼锑法"，公与四弟商之杨度，谓此举实湘省大利，必不可错过。杨度入鄂，请赵次珊制军垫银五万元即日汇巴黎作定，道出江宁过济南入都，得袁世凯、端方、袁树勋三公之助，筹得补助银十六万两。购得赫氏炼锑法后，遂决定改组华昌炼矿公司。

《大清宣统政纪7大清宣统政纪卷》之三十九：又奏，拨助湖南华昌炼矿公司银三万两。由筹赈局赈捐项下支拨。

《申报》1908年1月27日以《鄂督致湘抚岑中丞函（为拨款炼锑事）》为题报道：昨据湖南久通矿务公司经理杨绅度、王绅铭忠、梁绅焕奎等呈称，湘省每年所产锑砂为数甚伙，现因洋商把持，货滞不销，湘商为之大困。英德日各商又各谋在湘省及上海汉口等处，设厂提炼纯锑，湘省完全无缺之矿利，恐难保存。非改生货为熟货，直接销售，别无挽救之策。议就益阳久通板溪锑矿公司创设纯锑炼厂，并托矿学士王宠佑、留学英美矿学专门梁焕彝百计在巴黎购得赫仑士米会社提炼纯锑新法专利权约，并购旨锅炉机器共费法币二十万佛郎克之谱，合华银五万两以外。近接王梁电称约定签字之期届满，迟恐捷足，现在湘省招集新股。银期未届，事机甚迫，请息借官款银五万两，存在汉口外国银行，以便汇法随时付价。务于一年之内陆续清还等情。查湘省锑矿成效卓著，若令受制于人，败坏可惜。且该公司系属借款，并非请附官股，一年之内陆续清还，为期尚不甚缓。湘鄂两省虽库储支绌，然此事关系颇重，不能不合力资助。拟由两省共借给官款银五万两存于汉口银行专为汇购买炼锑新法专利权约及锅炉机器之需，不得挪移别用。利息从轻，酌定限于光绪三十四年一年之内本息全数缴清。已饬湖北官钱局遵照办理，除嘱该绅等亲自赴辕禀恳外，用特函告。尚祈尊处即为筹银二万五千两，汇由湖北官钱局并发给领。事关公益想台端无不乐观厥成也。

《熊希龄集》第一册《为唐款、华昌炼矿公司捐款等事致王莘田函（8月8日）》：华昌炼矿公司前由訚帅充助三万金。嗣和甫到宁，帅以财政困难，无法筹措，又恐南京官绅有所借口，商之于弟。弟乃请从前提湖南善后外销款作为编译经费之四万金，仍提还湘用，于义甚合。帅始充诺。而贵公司又加入万金，可谓财运发达。和甫回湘当已面陈矣。

《湖南华昌炼矿公司经过略述》：板溪矿质极低，由二成至三成不等。仅炼生锑殊不合算。家三叔在伦敦皇家物理大学毕业，闻法国赫伦士米炼厂有专炼低质锑砂成纯之炼法，甚为秘密，乃偕王宠佑博士前往巴黎访赫氏，叩其秘法，乃知与提炼板溪锑砂极为相宜。因其炉式用铁筒九折以风鼓动，就末端吸取磺烟，锑质经过筒中渐次成养，再入倒焰炉，便成精纯，实为唯一无二之妙法。大喜，以为非购之不可。请其价则大昂，非咄嗟所能办，急以函商之湘中，时吾父与家四叔正谋发展，适世叔杨君皙子（度）奉令入都到湘，知此事，谓此举实湘省大利，必不可错过，而赫氏秘法及其专利权非辇金十万不能到手。他商争购，约期迫切。计无所出，乃决计先电巴黎许之。由杨叔入鄂，请赵次珊制军垫银五万元即日汇巴黎作定。道出江宁过济南入都，于是得项城（袁世凯）在枢府及端午乔（端方）制军、袁海观（树勋）中丞三公之助，竟得购其秘法以归。乃改组为华昌炼矿公司，就长沙南门外大设炼厂。

是年，公养疴于省城外青郊别墅，呻吟之中，歌声间作，以病目不能手写，皆友人代为录者。公任湘潭县教育会会长。

《青郊诗存·跋》：丁未养疴省城外青郊别墅，闭门多暇，呻吟之中，歌声间作，率尔寄兴，不复深思，自是累年，辄多纸墨，以病目不能手写，皆友人代为录者。

《自定稿》：柴桑抱羸疾，杖策归田园。得酒便取醉，赋诗常累篇。

《湘潭市教育志》：湘潭县教育界人士在原昭潭书院内组建湘潭县教育会，以"研究教育事项及发展地方教育为目的"，梁焕奎任会长，……宣统元年（1909）胡元倓继任会长，……该会自始创至民国成立之前，实际上担负着全县教育行政和教育研究双重任务。

是年，廖名缙筑瓠尊山馆与公为邻，落成之日，公酬以诗，后又有与诸友饮宴唱和诗。

《自定稿》：山川悠悠长不灭，百年苦乐如飘瞥。莽荡微尘著汝我，放眦乾坤五情热。……自今褰裳荆棘底，且与负锸桑麻边。双丸踯躅催玄鬓，愿取曲糵倾流泉。

笏堂野兴阗湖滨，结屋喜与青郊邻。高楼碧叶落愁眼，茅亭山花生远春，……今朝却忆京华春，登场傀儡谁家子。东风吹云飘客衣，酒罢欲行不肯归。

清光绪三十四年戊申（1908），四十岁

二月，久通公司改组，湖南华昌炼矿公司成立，试炼纯锑。公因眼疾加重，仅任董事长，由二弟端甫任板溪驻山经理，三弟鼎甫出国求取技术新知，四弟和甫任公司总经理，后，五弟硕甫任纽约经理处经理。

《梁君辟园墓志铭》：湘故丰矿藏，所孕锑尤甲寰宇，炼锑以行远，自君始。

《梁焕奎事略》：1908年，华昌锑业之跃然兴起，盖源于购得法国赫伦士米提炼纯锑的新技术。而此事则公之三弟鼎甫游学欧美寻访接洽以成者。公于双目失明后，一意培植诸弟学业，俾公成其业。诸弟资质不同，二弟端甫忠厚稳重，则以任板溪驻山经理，督饬工人群众；三弟鼎甫勤恳好学，则以出国求取技术新知；四弟和甫治事精干，才略不凡，则以任公司总经理；五弟硕甫年轻，通习英语，则以任驻美国办事处，掌握国际贸易情况（此职其后由姻亲李国钦继任）。

《我国锑矿开发的先驱者——梁焕奎五兄弟与华昌炼矿公司》：焕奎兄因早自1905年即患眼疾，至1908年华昌创建时，眼疾更加重，于是公司总经理一职由四弟焕均出任，负责领导全公司事务。

《湖南省志·大事记》：光绪三十四年二月，杨度与久通公司经理梁焕奎在长沙组设华昌炼矿公司，设炉炼锑。抚院立案。

正月十七日（2月18日），《大公报（天津版）》报道：公与四弟同湘绅黄忠绩、廖名缙等认为，湘省官矿局与矿务总公司职权不

清，不利矿务，亟宜预先防范，免致临时束手，因结合同志拟办一矿务研究会。

《大公报（天津版）·长沙函云》是日报道：湘省矿务一切稽查考究之责，从前概由总公司主持，省城矿政调查总局不过总其成而已。岑尧帅以绅权太重，特添设官矿总处，札委沈翼荪观察祖燕充当总理，以抵制总公司，将开采履勘允许各项特权，概行提归官矿局办理，总公司遂成虚设。而各矿商以湘省既设调查局，总公司复设官矿，不知何所适从。沈观察到局后，以总公司无稽查三路分公司款项之权，三路分公司亦从未申赍报销清册。局因是每事多与三路公司反对，三路公司慎极酿成绝大之冲突。现在矿商每进一禀，呈递何处，则由何处批答，如三处同时并进，则又批答各异。湘绅黄忠绩、梁焕均、廖名缙等以为如此办理，将来矿务必至不可收拾，设有奸商私引外人开采，官矿处一时耳目不及，草率批准，贻患不堪。设想亟宜预先防范，免致临时束手，因结合同志，拟办一矿务研究会，直接三处。凡关于稽查私砂，改良办法，严盗卖，杜绝奸商，体察矿情，维持砂价，考核分厂，联络感情以及调和意见，疏通隔阂等等项，概由该会担任。以期保全湘矿，维持全局。闻俟章程拟妥，即当克期开办云。事各等情。一再呈恳，情辞迫切，皆系实在情形。

二月十四日（3月16日），《申报》报道，因突遇暴风，久通锑矿一装运锑砂赴长沙的船只在湾河口沉没。

《申报》是日以《锑船遇风沉没》为题报道：湘省益阳县久通锑矿公司日前装运锑砂到省，行经湾河口，突遇暴风，全船沉没。事后查知，该船共装有毛砂十五吨云。

二月廿三日（3月25日），《申报》报道，中路矿务公司生锑炼厂归并改为华昌炼矿公司，原中路炼厂所存锑砂，由华昌公司一并承办，暂行提炼。

《申报》是日以《矿厂开炼生锑》为题报道：湘省创办纯锑炼厂，业已将中路矿务公司生锑炼厂归并改为华昌纯锑炼矿公司，于初八日兑价承办。惟现在提炼纯锑机器一时不能到湘，而中路炼厂所存锑砂尚如山积，只得由华昌公司一并承办暂行提炼，于本月十六日开炉。所有中路炼厂炼费，应由中路总公司清理，嗣后归华昌经收，以清界限。

三月十三日（4月13日），《大公报（天津版）》报道，公四弟和甫以铁路股东身份，与湘省绅商联名恳饬派袁树勋回湘主持铁路事宜。

《大公报（天津版）》是日以《湖广总督赵尔巽奏湖南绅商恳饬袁树勋回湘主持路事折》为题报道：奏为谨据湖南绅商公呈，恳恩饬令湘路公司总理袁树勋回湘主持铁路事宜，……本年正月迭据湖南在籍绅士前闽浙总督魏光焘、前署江西提学使汪诒书等二十人，湖南股东代表童光业、梁焕均等三千五百二十三人联名恭呈，吁恳奏请钦派现任民政部侍郎袁树勋暂回湖南主持路事等情。

五月初二日（5月31日），《申报》报道，公将益阳县久通锑矿公司矿山、器物等作为股本，归入华昌炼矿公司。该公司股本募集情况良好，正在购扩充厂房，一俟机器运到，洋工师来湘，即行提炼纯锑。

《申报·纯锑炼厂认股之踊跃》是日报道：湘绅杨皙子、京卿王莘田、观察梁令璧垣大令等现就省垣创设华昌炼矿公司，已在法国聘请工师，订购机器，来湘开办，提炼纯锑，并议将梁令及中路矿务总公司所管益阳县久通锑矿公司矿山器物等作为股本洋六万元归入华昌公司办理。此外尚须招集股本二十四万元合成三十万元，已于去冬，经杨京卿在鄂面禀前鄂督赵次帅，准由湘鄂两省拨借官款五万元，暂存汉口银行，电知法国作为购买专利权、教授法、机器等项之用，并在汉招集商股七万元，已交二万余元。湘省绅商先后认定七八万元。杨京卿于本年二月入京之便，由南北洋招得股本八万元。其北洋之四万元已于日前电汇到湘，该公司现在就左右附近收购地址，扩充厂屋，目前尚在提炼生锑，一俟机器运到，洋工师来湘即行提炼纯锑矣。

是年，华昌公司为了报答杨度，送其干股五万元。

何汉文、杜迈之《杨度传》：华昌公司为了报答杨度，送了他五万元的干股。后来他看到华昌营业发达，又陆续投资，共拥有股本二十万元。

七月，公三弟鼎甫在巴黎为购赫氏专利签约。

《云南教育官报》第二十九期《宝华公司董事局成立华昌代表

梁君焕彝演说中国锑矿历史》：焕彝遂在巴黎签约于戊申七月。

七月廿二日（8月18日），《申报》报道，华昌公司纯锑炼厂所需各项机器，约计本月二十日左右到湘，正在添筑厂屋，预备一切事宜，俟九月后工程完竣，即当开办。

《申报》是日以《纯锑炼厂将次开办》为题报道：湘省新设之华昌公司所有纯锑炼厂，前在法国赫仑士米会社购买提炼法及专利权，并所需各项机器，约计本月二十日以外可以到湘。该公司正在添筑厂屋预备一切事宜，约俟九月后工程完竣即当开办。

八月二十六日（9月21日），辟园公母亲刘韵簧六十大寿，亲朋集宴于青郊别墅，五兄弟皆侍适园中，有五橘并蒂之瑞。公作《五橘并蒂歌》诗以纪之，王闿运、曾广钧等均有诗赞贺此祥瑞之兆。

王闿运《五橘堂记》：五橘堂者，长沙梁氏青郊别业纪瑞应所题建也。

《自定稿》收有《五橘并蒂歌》及王闿运《为辟园兄弟题五橘并蒂图》、曾广钧《梁辟园兄弟五橘并蒂图》等诗。

十月初十日（11月3日），《大公报（天津版）》报道，华昌炼矿公司矿砂堆积，几有应接不暇之势。

《大公报（天津版）》是日报道：湘省矿山林立，各处砂运省提炼，络绎不绝。新设之华昌炼矿公司矿砂堆积，几有应接不暇之势。

十二月初四日（12月25日），《大公报（天津版）》报道，鼎甫公与王宠佑组织致远公司，以购赫仑士米之秘法及机器之专利，现由商部允准除通行各省督抚外并饬沪道立案。

《大公报（天津版）》是日报道：留学英美矿学毕业生王宠佑、梁焕彝，因中国矿产甚多，惟提炼一法并不讲求，专以生货出售，常受各国炼厂把持。爰组织一致远公司，专学提炼五金矿质，特购法京巴黎赫仑士米会社遂竹里氏所发明之提炼纯锑、水银、白铅、雄黄各种矿质之秘法，及机器之专利。权票由出使驻法刘大臣咨明农工商部立案，不准他人在中国境内仿造冒用。现由商部允准。除通行各省督抚外，并饬沪道立案。

年底，公致信问候廖树蘅，求湘绮《春秋王氏笺》及《唐诗选》，并帮廖公代定《同文沪报》、《京报》等报刊。

《致廖树蘅》：前闻道体偶有不适，此时必已早占勿药矣，慰想无似。湘绮老人著述，新于衡郡刻有《春秋王氏笺》及《唐诗选》二种，昨询老人，云当乞先生觅之可得，谨特遵以为请，伏求饬纪于肆中访求见寄，其价若干，即当照缴。近来时局日新，非求报纸，无由知其梗概。先生沉几观变，目营八极，知有不出户知天下之乐。顷阅《同文沪报》，见其精核博通，又有《京报》、小说，可资披览，因为先生代定一份，陆续寄呈，价八元，已垫付，无庸念及，知亦所乐为留情者也。

是年，公病中赋诗，为杨昌济、李佩君赴欧洲饯行。

《自定稿》有《廖笏堂吴子昂陈子美黄宇澄招饮荫园为癸卯同舟会并饯杨华生李佩君欧洲之行予以病不克往赋诗见意》诗，中有："忆昔泛沧海，春流一碧铺""各有鲲鹏志，聊为雁鹜驱"等句。

清宣统元年己酉（1909），四十一岁

正月初六、七日（1月28、29日），华昌公司试炼纯锑成功。

《申报》于2月11日以《纯锑炼厂开工试办》为题报道：湘省华昌公司于去岁十月间由该社派洋工程师两人，偕同留学英美矿学毕业生梁、王两君到湘，将机器安设配置，至腊底始行安妥。当经试炼锑养，今正初六七日又试炼纯锑，均有成效。惟现在机件尚未十分完全，约须二十日内外始能开办。

正月，华昌机器安装甫毕，试炼无讹，所聘法国工程师回国。

《云南教育官报》第二十九期《华昌代表梁君焕彝演说中国锑矿历史》：己酉正月，机器安设甫毕，试炼无讹，遂遣法工程师归去。

正月廿七日（2月17日），华昌炼矿公司呈请农工商部奏准立案：华昌炼矿公司遂获准享国内新法炼锑专利权10年，"无论何国官商，不得在中国境内设同样之炉座，亦不得在湖南境内设他样提纯之炉座"。日人关注华昌成立经营情况。

《湖南省志·大事记》：宣统元年正月，华昌公司在农工商部注册，获准享新法炼锑专利权10年。

《湖南近百年大事纪述》：华昌炼矿公司成立之后，当即呈请农工商部奏准立案，并获得了承炼全省锑砂之专利权。官局准其在湖

南专办十年，无论何国官商，不得在中国境内设同样之炉座，亦不得在湖南境内设他样提纯之炉座。

李少军编译《武昌起义前后在华日本人见闻集》：华昌炼矿公司，光绪三十四年一月一日由杨度创办，公司设于长沙府城外，有股金三十万两，每股一百两，为股份有限公司，提炼锑、锡、水银、硫黄。宣统元年二月十七日注册。

二月十八日（3月9日），《大公报（天津版）》报道，农工商部允准致远公司将所购巴黎赫伦士米会社提炼各种矿质秘法及机器专利权全行售与华昌公司。

《大公报（天津版）》是日以《转买矿业之交涉》为题报道：闻已前农工商部咨致各省督抚，以现已由本部允准留学英国矿学生梁焕彝留学美国矿学毕业生王宠佑禀请，将致远公司所购巴黎赫伦士米会社提炼各种矿质秘法及机器专利权全行售与华昌公司。所有一切权利以后悉归华昌公司享有，并将致远公司名目及专利原案一并取消等情，除咨致出使法日葡国大臣转咨法外部，知照赫伦士米社会外，相应知照贵督抚立案存查。

二月廿八日（4月18日），《申报》报道，农工商部允准致远公司愿将所有在赫伦士米会社购得提炼纯锑、水银、白铅、雄黄各种矿质之秘法及机器专利权，并合同内所有一切权利，全行售归华昌公司管理。

《申报》是日以《华昌炼矿之专利》为题报道：农工商部咨行浙抚院略谓：据华昌炼矿公司总理候补四品京堂杨度呈称：致远公司愿将所有在赫伦士米会社购得提炼纯锑、水银、白铅、雄黄各种矿质之秘法及机器专利权，并合同内所有一切权利，全行售归华昌公司管理。查致远公司禀请存案时，声明无论中国及外国人，除由致远公司购与专利权一种或数种外，不得在中国境内仿造及冒用致远所购得之炼矿法及其机器。经本部允准通咨在案，今此专利权既由致远售与华昌，则无论中国及外国人，除由华昌售与专利权一种或数种外，不得在中国境内仿造及冒用华昌所购得致远之炼法及其机器。自应与致远公司前案一律办理，应请通咨各省督抚存案并咨出使法、日、葡大臣，辑咨法国外部知照赫伦士米会社，日后如有应与该会社交涉之由华昌直接交涉。等情前来。查此案前据出使日、法、葡国刘大臣,咨开留美学生王宠佑等购机组织致远公司各节,当经本部通饬在案。兹据华昌公司呈请前情,自应查照前案,一律办理。

闰二月七日(3月28日),王湘绮至青郊别墅访辟园。

《湘绮楼日记》是日载:未朝食,舁出门,自小吴门外问梁卝局住处,颇有知者。顾一舁夫,前进三里许至青郊墅,辟园出迎,已不似前貌,其弟更不似西湖相见时。

三月初七日(4月26日),《大公报(天津版)》报道,华昌公司与英商郭克逊公司之附属支那矿业公司签订包销合同。

《大公报(天津版)》是日以《英商订购湘锑续约》为题报道:湘省锑矿自经华昌炼矿公司将生锑练成纯锑后,成色优美,颇为外商所欢迎。宣统元年曾有英商布卢特在南门外设立支那实业公司,专办湘省生纯各锑。与全省各锑商订立合约,分别生锑、纯锑,价值每年各销若干,按期兑银。交货订约后,试办数月,因其中尚有未妥之处,现将前约取消,复由布卢特氏与锑业中人议订续约,大致与前约相同,已议定每岁共销生锑八千五百吨。除一千吨径交生锑外,其余六千五百吨应由华昌公司炼成纯锑,约合华昌自炼之纯锑每月应共交纯锑三百吨。价值涨跌随时酌议,暂以三年为期。如其间并无意见不合之处,不得轻议废约。此约未废,倘有他商购锑,亦只按照一成以八百五十吨售出。目前已订草约签字者,已有华昌、集益等公司五十四家。

《湖南华昌炼矿公司经过略述》:先时郭克逊英商虑华昌出品过精,相形见绌,屡遣熟华情英人来湘,愿为垫价包销。时华昌以各国商埠无人经理,创办之初喜其便利,遂与订约。

六月二十八日(8月3日),三弟鼎甫公之次子培伟(字君大)生,奉母命出嗣长房辟园公为子。

《世谱》:培伟,宣统元年己酉六月二十八日辰时生。焕彝配曹氏,生培颖、培伟(出嗣焕奎)。

夏间,华昌纯锑入市,西商争相定购,几乎应接不暇。

《云南教育官报》第二十九期《华昌代表梁君焕彝演说中国锑矿历史》:及至夏间,始出大批纯锑,入市求售,乃湘汉各西商争相定购,几乎应接不暇。

七月初六日（8月21日），因华昌公司发展迅速，内部事务需要处理，辟园公请杨度主持华昌工作。

《湖湘文史丛谈（第二辑）》之《话说杨度》：8月21日奉上谕批准，旋即离京返湘。这时正值华昌公司发展迅速，内部事务需要处理，梁焕奎请杨度主持一段工作。杨度是重要股东，故未推辞，将精力投入其中。

九月初十（10月23日），杨度在华昌公司款待王闿运。

彭国兴《杨度生平年表》：（清宣统元年己酉）35岁，九月初十（10月23日）在华昌公司款待王闿运。

十月廿二日（12月4日），《大公报（天津版）》报道，华昌炼矿公司今春开办以来，所建纯锑出货多，销路亦广，质量在世界著名之英商郭克逊之上。

《大公报（天津版）》是日以《纯炼厂之成效》为题报道：省城外奏办华昌炼矿公司今春开办以来，所建纯锑出货既多销路亦广。如记三井及大洋行争舆承销。闻该公司所出纯锑，各洋行运至泰西各国时，经各国矿学家化验，成色为各国制炼所不及。因各国所炼纯锑含有砒百分之五，至少亦有百分之三。惟华昌之纯锑则含砒仅百分之一。故各国矿学家皆赞赏不置。闻该公司炼砂铁炉（即初次以矿砂练成锡养之炉）系自法国购来。近为扩充计，即在长沙本厂，用翻砂法仿造数座，所有铁板铁管、风鼓及一切器械均与法国原炉无异，且比较原炉每日炼砂多出四分之一。其成分亦较原炉所炼约高五成之一云。

《湖南华昌炼矿公司经过略述》：以此法并可提炼白铅、珠砂、雄黄等矿物，数矿皆湘中所产，其时方谋悉举而炼之故也。数月炉成，丝毫不假外人之手，所出纯锑运往欧美，由各国都会化验公所试验，成色在世界著名之英京郭克逊所炼纯锑之上。以后各国商报关于纯锑价值，均列华昌于郭克逊之前。

十一月廿七日（1910年1月8日），公兄弟与湘潭众友为湘绮老贺生。

《湘绮楼日记》十一月廿七日，潭人酿贺生日，莘田、苏畡均与，龙、郭、杨、二梁、一张、二周（大烈、大椿）一黎，到者五人。

是年，为提倡实业起见，湖南巡抚岑春蓂奏请将华昌炼矿公司筹借官款银两改作补助。

湖南巡抚岑春蓂奏折：光绪三十四年，据在籍职绅杨度等呈称：拟就长沙城外创设华昌炼矿公司，恳请立案等情，当经批准照办。是年三月，准前任督臣赵尔巽咨杨度等，购买法国提炼纯锑机器，签字期届，事机甚迫，所招股款未能遽集。恳筹借款官银五万两，湘鄂各半，以应急需。请湘省筹借官银二万五千两，汇鄂给领。等因。当饬善后局如数筹拨汇鄂，并请将借据咨送备案。嗣于五月准督臣陈夔龙咨准原任大学士张之洞电开华昌公司，现在股份未齐，缺款十五万两，已商允北洋、南洋、山东等省各筹补助，请将两湖借注之五万两亦皆改作补助，并将原具领字发还。等语。又经饬善后局遵照办理各在案。查该公司在长沙设厂提炼纯锑，自保利权，于中国实业关系甚钜，借拨前项官款以示提倡。鄂省慨允补助，湘省自不能不力维持。所有改借为助办法，实为提倡实业起见。除咨度支部、农工商部查复外，理合会同湖广总督陈夔龙附片具陈，伏乞圣鉴，谨奏。宣统元年。

是年，端甫公参与创办湖南电灯公司。

《长沙通史·近代卷》：湖南电灯公司的创办人是陈文玮、梁端甫等人。

清宣统二年庚戌（1910），四十二岁

正月廿二日（3月1日），《申报》报道，华昌所炼纯锑成色优美，致为外商所争购，业已添加炉灶，益谋扩充，诚足为中国实业上之成效最著者。

《申报》是日以《华昌纯锑炼厂之成效》为题报道：湘省南城外，奏办华昌炼矿公司，系由杨晳子京卿组织成立，由德国赫氏炼厂购得提炼纯锑各项秘授法及专利权来湘仿办。现在甫届一年，所炼纯锑成色优美，致为外商所争购。业已添加炉灶，益谋扩充，诚足为中国实业上之成效最著者。

正月廿七日（3月8日），公邀王闿运、曾广钧、周印昆、谭延闿等诗友来青郊看梅赋诗。

《湘绮楼日记》是日记载：午出城至五里牌梁家看梅。重伯、周

印昆已先到矣，莘田、杨生旋至，会元亦来。赶城入犹早。（王当日作诗：青郊别墅小集）

二月初八日（3月18日），公与曾广钧、周印昆、王闿运、廖树衡、王莘田、黄诚斋、龙研仙、胡少潜、谢重斋、胡子靖、杨度兄弟、梁和甫、谭延闿，宾主十四人，集于长沙城东郭氏之园，群贤唱和酬酢，相聚甚欢，并合影留念，公于照片右则题诗。

湖南图书馆馆藏《郭园雅集》：宣统二年仲春八日，曾霆伯、周印昆招同廖荪畡、王莘田、黄诚斋、龙研仙、胡少潜、谢重斋、梁辟园、胡子靖、杨皙子兄弟、谭组安，宾主十四人，集于长沙城东郭氏之园。园即湘潭郭武壮故居。余与周、梁、二杨、子靖皆潭人，廖、曾、胡、谢又潭邻县人也，壁垣慨怀郭园盛时，有诗寄意，余与荪畡及见初营建时，又历数城中故宅兴废之迹，尤有慨焉。今此之会，虽未敢拟昔名流，要宜各有表见，不随时盛衰，因召照相人于倚石、临桥时，各留一影，使同集之人皆有以自镜焉。春分后三日，王闿运记。

《郭园雅集》照片右壁垣公题诗：名园集幽清，游春得嘉会。主宾杂裙屐，谐谈脱麈麈。况有上智人，悠悠群物外。情欣方赋诗，意倦自解带。鉴取松柏姿，澹尔苍容霭。危石履欲坠，虚堂寂无害。念彼华屋存，闲襟啸林籁。纵怀趣不孤，观物心转泰。①

《郭园雅集》：右湘潭梁辟园奂奎作也。是年二月，印昆、重伯二髯招饮于郭氏山庄，园林之胜，仿佛辋墅。宾朋之盛，无谢应刘。湘绮一老，灵光岿然。微言庄论，杂以谐谑。谈笑方酣，辟园踵至。扪石披萝，相携拍照。桥光倒映，一泓澄然。幽赏未已，继以清谯。刻烛伸怀，用纪嘉会。辟园遂成是篇，以病目故，子清为援笔书之。时同坐者十有四人，具详湘绮所为记。宣统二年三月上巳湘乡胡子清跋。

二月十六日（3月26日），安重根在中国大连旅顺英勇就义，公闻知后作《吊朝鲜侠士安重根》诗以悼之。

《自定稿》：荆卿报国仇，一死功无成。……勿复侮亡国，烈士须臾情。

---

①此诗《青郊六十自定稿》中有收，诗题为《饮郭氏山庄》。

三月五日（4月14日），长沙发生抢米风潮。公作《庚戌三月五日长沙书事》诗纪其事。

《自定稿》：斗米八百钱，半饱不易得。不闻平籴令，邻粜无停息。忍饥求一逞，窃窃与官敌。积怨有由然，况谓夺民食。……吁嗟牧民者，庶几忧元元。

四月二十八日（6月5日），南洋劝业会①在南京举办，华昌所炼纯锑获赛会一等奖。

《申报》11月1日以《湘人自诩出品之特色》为题报道：湖南出品协会总理龙研仙观察，日前由南洋劝业会回湖。述及此次赛会之湖南出品，当以华昌炼矿公司所炼之纯锑最为特色。良由此项纯锑炼法，不特向为中国所无，即在西国炼厂亦以此项为最新发明。今华昌购得此法，开办未久，即已成绩昭，以视他项实业较为优美。现在已经该会审查，将拟奏请奖励，以示特别优异矣。

《历史的回眸》：南洋劝业会奏奖（一等奖）题名录："矿业，纯锑，湖南长沙府华昌公司。"

七月十八日（8月22日），韩国总理李完用与日本代表寺内正毅签订《日韩合并条约》生效，将朝鲜的主权永久让与日本。公闻知后作《闻日韩合并作》诗。

《自定稿》：兔死狐不悲，唇亡齿已寒。

八月，公致信廖树蘅，斥某局之举动。

《复廖树蘅》：某局②之举动，直可野蛮待之，万不可再存姑息。此辈欺软怕硬，无庸以理遣情恕。

八月初七日（9月10日），清廷同意署粤督袁树勋关于粤省官商合办宝昌锑矿公司之奏请。此前，王宠佑、梁焕彝曾赴广东宣传推广湖南华昌锑矿公司专利技术，并提出设厂用西法采矿冶炼请求，

---

① 南洋劝业会是中国历史上首次以官方名义主办的国际性博览会，由时任两江总督端方于清宣统二年（1910）6月5日在南京举办，历时达半年，共有中外30多万人参观，会址南起丁家桥，北至三牌楼，东邻丰润门（今玄武门），西达将军庙口，占地700余亩。南洋劝业会借鉴了美国万国博览会、比利时博览会、意大利米兰博览会的做法，并成功吸引了全国有22个行省和14个国家及地区，设馆展览，展品约达百万件，时人称之为"我中国五千年未有之盛举"。

② 据《珠泉草庐师友录　珠泉草庐文录》整理者廖忠敏考证，此或指谭启瑞与三家外商签约，以水口山矿作抵押事。

获准专办10年，集股20万元，官、商各10万元，由梁焕彝任公司总理。

《署粤督袁树勋奏官商合办锑矿公司请明定专利年限折》：奏为官商合办宝昌锑矿公司，恳乞援案明定专利年限并酌减税项，以维实业而资提倡。……适有美国矿学毕业生王宠佑、梁焕彝自湘至粤，据称前在湖南创办纯锑炼厂，发明法国赫伦士米会社提炼纯锑秘，渐著成效，拟在粤推广设厂，并用西法采矿。当以此举果能办理得宜，于矿务前途大有裨益。经与王宠佑等一再筹商，拟定官商合办之法，集股二十万元，官商各十万元。官股以现在之矿山厂屋器具及已经采出运省之锑砂，公平估价，作为股本。尚有不敷，另筹补足。商股由该生等邀同殷实职商李锡恩等分别担认，名曰官商合办。宝昌锑矿股份有限公司并与商订合同六章凡五十一节，于上年十月详准转咨农工商部立案，旋准部咨以该公司既指定地段开办矿务。……惟粤省矿业甫在萌芽，此次官商合办，苦心经营，朝廷俯予维持，则群情必愈鼓舞，实业前途关系匪□。除咨部查照外，所有宝昌公司援案陈请各缘由，理合恭折具陈伏乞皇上圣鉴，敕部议覆施行。谨奏。宣统二年八月初七日，奉硃批："该部议奏。"钦此。

《中国古代矿冶成就及其他·中国近代锑矿开发概貌》：光绪三十二年（1902年）以前，广东锑砂主要运至广州。然后归礼和洋行、永兴公司两家售买，每50千克生锑收购价仅11元，不如加工后的售价划算。曲江县獭老顶锑矿，绅商陈启沅曾造炉冶炼，50千克生锑可炼熟锑35千克，但洋商抵制，所炼熟锑很难获利，遂停止冶炼。宣统二年，王宠佑等在曲江县成立宝昌锑矿股份有限公司，性质属官商合办，对公司"明定专利年限，并购减税项，以维实业"。据《华制存考》记载，当年王宠佑、梁焕彝由湖南来到广东，宣传湖南华昌锑矿公司使用"法国赫伦士来会社炼纯锑秘法（即赫伦斯密特法，Herenschmidt Proeess），渐著成效"，要求在广东设厂，用西法采矿冶炼。经同意，批准在广东境内专办10年，由梁焕彝任公司总理，集股20万元，官、商各10万元。厂址选在广州城之城南云科乡海地一段，购地设厂、兴工建筑、置炉开机。并将獭老顶、观音山、莲山等处原有锑矿接收承办。

苏仲湘《记辛亥革命老人苏鹏》：苏鹏离广州去香港，绕道上海，回故乡暂息。其后他到广东韶州办锑矿。1910年在广东组织宝昌锑矿公司。

九月，清廷宣布资政院成立，公赋有《九月朔资政院开院有述》诗。

《青郊诗存》：莽荡星辰齐北极，飞腾雷雨接欧洲。君民共治三权立，蒙藏同归两戒收。

秋，公三弟鼎甫过日本，调查日本足尾铜矿。

梁焕彝《日本足尾铜矿游记》（见《实业杂志》第四期）：庚戌秋，余过日本，曾至足尾铜矿一游，特将此调查分为九节：一、位置；二、历史；三、地质及矿脉；四、采矿；五、通运；六、唧水；七、选矿；八、炼矿；九、水电。其中历史一节，最可惊者，则近三十年来，每岁产矿额增加之猛，进步之速，实不可不察也。

九月廿五日（10月27日），《申报》报道，为抵制外商抑勒，湘绅已就南城外碧湘街设立锑业公会办事处。

《申报》是日以《设立锑业公会办事处》为题报道：湘省矿产最富，而尤以锑矿居其多数。惟近年锑价日松，不免受外商抑勒，前由某绅等发起组织一锑业公会，以资维持。曾经禀奉大宪核准，并由劝业道出示晓谕在案。现在已就南城外碧湘街设立锑业公会办事处，所有一切应办事宜，暂由该处办理矣。

十月初九日（11月10日），《申报》报道，华昌炼矿公司由本厂自铸炉灶加工提炼，甚为合宜，现拟大力扩充，添铸电鼓、铁炉等件。

《申报》是日以《华昌炼矿公司扩充办法》为题报道：湘绅杨晳子京卿等奏办之华昌炼矿公司，其所炼出之纯锑早已卓著成效，曾由本厂自铸炉灶加工提炼，甚为合宜。现在仍拟大加扩充，再由本厂添铸电鼓、铁炉等件。惟向有之锅炉机件，因马力过小，虽敷应用，现已向瑞记洋行另购锅炉全具，闻不日即当寄运来湘矣。

十月廿一日（11月22日），公与廖荪畡等拜会王闿运，约会青郊别墅。公此后几日与王闿运等人往来较多，当与作王闿运乡举周甲呈文有关。

《湘绮楼日记》是日记载：廖荪畡来，吴文甫、梁辟园来。

《湘绮楼日记》：十月廿四日，阴。晨起办轿出城。在梁家约饭，尚未来催，乃朝食。……至五里牌，休于逆里，荪咳轿过，呼令少停，不应，乃随至青郊墅。见菜担在路，知为客设也。辟园出谈，和甫旋到，心田亦来。

《湘绮楼日记》：十月廿八日，答访梁师及刘道台启翰。……梁和甫、汪颂年、刘绂荣、沈子登续来。

《湘绮楼日记》：十月廿九日，梁辟园来，言请宴，呈稿，词太繁多，似保折也。

十一月，湘中士绅公举辟园公为湘绮君乡举周甲作呈文。

《湘绮府君年谱》：是月湘中士绅以府君乡举周甲，为咸丰壬子科重宴《鹿鸣》，例由本籍巡抚先岁题奏，公举梁焕奎作呈文，呈请湘抚代奏。

《前清湖南巡抚岑奏在籍湘潭县绅士王闿运湛深经术淹贯礼文请特予褒奖折》：奏为爵耆绅湛深经术，恳恩特予褒奖，以维朴学而振儒风，恭折仰祈圣鉴事：窃为致用必本于通经，而通经莫要于治礼。昔人谓礼为群经之根本，故凡治经之家未有不精于礼学者也。方今朝廷修明典礼，专馆特开，上有绵蕞之儒臣，亦下有求野之黎献，网罗遗典，著作等身。备问山中，宜本草未起之征士；知名同下，有稽古叨荣之经生。臣疆寄悉膺，访求名宿，责在表扬，粗知梗概，不敢雍于上闻。查有湘潭绅士礼部奏派礼学馆顾问官王闿运，咸丰丁巳，补行壬子、乙卯科举人。发逆之乱，出入于原任大学士臣曾国藩、左宗棠、李鸿章、湖北巡抚胡林翼诸戎幕，赞画军事，不受时名。既而退居衡阳，以著书立说为事。原任四川督臣丁宝桢、兵部尚书臣彭玉麟，先后聘主成都之尊经、衡阳之船山各书院讲席，凡二十年，成就之士多至数千人。光绪二十九年，前江西抚臣夏时，奏请派充江西高等学堂监督，奉上谕："王闿运昌明经术，学有本源，力拒邪说，深明大义，着传旨嘉奖，等因，钦此。"旋仍回籍，主讲船山书院。迹其生平学力，博通经史，尤覃精《三礼》。综其著作，不下三十余种。所著《周易说》《尚书笺》《诗经笺》《礼记笺》四种，前因学部奏准咨行，延访经师人师，征送著述，经臣送部查核。其余已刻者，尚有《论语训》《尚书大旨笺》《周官笺》《公羊穀梁笺申义》《尔雅集解》《夏小正注》《庄子注》《墨子注》《鹖冠子注》《楚辞释》以及《湘军志》、湘潭衡阳桂阳各志，并《湘绮楼诗》《古文辞类》，凡二十三种。未刻者则有《逸周书校注》《二十四史赞》《老子校注》《水经校注》《本草宏道集》及诗词各选本又数种。元元本本，粹乎撷诸儒之奥，卓然成一家之言。至于旷代艺文，国家掌故，靡不穷源竟委，讨论精详。今行年七十有七矣，犹复睹记聪强，讲学不倦，海内耆宿，巍然犹存，洵足光国家右文崇儒之雅化。臣查光绪七年，前两广督臣张树声，奏举广东绅士知县朱次琦、举人陈澧；光绪十一年，前署抚臣庞际云，奏举在籍绅士员外郎徐荣；光绪十八年，前抚臣吴大澂，奏举绅士道贡周乐，均以敦品积学，蒙恩赏给卿衔，况值此世变所趋，群言日杂，有能保存古义，昭示来兹者，几成今日之绝学，尤宜特诏褒扬，以风多士。伏惟圣祖仁皇帝，召试博学鸿词，一时以布衣诸生授翰林检讨之职者，颇不乏人，皇风沾被，百代犹兴。在圣朝之旷典，固千载而一时；而名世之文章，亦百年不载觏。今举人王闿运，论其撰述，固近代之鸿儒，语其行年，亦中兴之耆老，人文独擅，士论翕孚，合亟仰恳天恩，特升殊荣，以昭异教，借资观感，庶藏山之业得天宠而益彰，承学之徒知儒修之可贵，出自逾格鸿慈。臣为表彰宿儒，维持礼教起见，谨会同湖广督臣赵尔巽，恭折具奏，伏乞皇太后皇上圣鉴，训示谨奏。光绪三十四年三月十四日具奏。四月初九日差弁赍回原折，奉朱批："王闿运着赏给检讨，钦此。"

十二月下旬，公作《送三弟彝滇游》诗。

《自定稿》：子奋海峤游，趑若庭中趋。巧拙恒任天，贤智谁能逾。……愿子他日归，我病皆已除。起命五洲驾，汗漫与子俱。渺渺云中雁，绵绵波间鱼。何以慰我心，十日一寄书。

十二月二十四日（1911年1月24日），新授桂抚沈秉堃至湘省南城外华昌公司细加考察。前在滇藩任内，曾主张云南设立宝华炼矿公司，与湘省华昌炼矿公司合资开办，并令该公司将开办以来一切办法开具清折，以便寄呈滇督李经羲，借资则傚。

《申报》1911年2月18日以《沈中丞注重实业》为题报道：新授桂抚沈幼岚中丞，原拟于正月初八日由湘启节赴桂履新。……并闻中丞前在滇藩任内，曾就滇省设立宝华炼矿公司与湘省华昌炼矿公司合资开办，去腊二十四日中丞曾至湘省南城外华昌公司细加考察，并令该公司将开办以来一切办法开具清折，以便寄呈滇督李仲帅借资则傲。

十二月二十六日（1911年1月26日），梁焕彝抵云南省会，拜见云贵总督李经羲、云南布政使沈秉堃及绅界陈、顾、李诸公，会商提练云南纯锑办法，经商定扩股二十万元之多，官绅各负其责。此前，焕彝应云南护理巡抚沈秉堃电聘其赴滇，创办宝华纯锑炼厂，并往开化、广南产锑各处考察一周。

《云南教育官报》（第二十九期）载《宝华公司董事局成立　华昌代表梁君焕彝演说中国锑矿历史》：去年华昌甫成立，乃王夑生观察不惮险阻，跋涉来湘。闻其在洞庭湖中舟破，几乎遇险。华昌同人因感王君之为宝华公司而来，出于至诚，遂慨充派员来滇相助。去年冬月，焕彝抵滇。遂往开化、广南产锑各处游览一周。见其锑矿较湘尤富，锑质较湘尤佳，将来产额日旺，驾湖南而上之，实意中事。焕彝腊月二十六日始抵省，得见制军李公、方伯沈公及绅界陈、顾、李诸公，会商滇锑矿办法，乃三日而大局遂定。扩股二十万元之多，官绅各负其责。现已派员分途举办，云南纯锑指日出现，数年之后，云南之锑发达，当不亚于湖南。

《梁公鼎甫传略》：宣统二年（1910），云南护院沈方伯，慕鼎公名，电聘赴滇，创办宝华纯锑炼厂。

《云南近代矿冶档案史料选编（上）》（1990年印本）：有清一代的铜矿开采，皆由人工打槽入硐取矿，槽硐其小无比，人皆匍匐蜿蜒出入，矿砂装入褡链式麻袋，背负而出，据清末梁焕彝对汤丹铜矿的实地考察，每人入硐背矿，每次仅能拖出二十斤，硐之深者每日不得二次。

十二月底，梁焕彝向云南商界介绍湖南华昌公司提炼锑砂情况称，华昌本年预计炼锑炉添至二十座，每年获利当不下一二百万金。

《云南教育官报》（第二十九期）载《宝华公司董事局成立华昌代表梁君焕彝演说中国锑矿历史》：昨接湘电，知华昌已与西商立约，湖南所有锑砂概由华昌提炼，一手经售。本年华昌扩张预计炼锑炉添至二十座，每岁商业当不下一二百万金矣。

冬，公整理《梁氏世谱》，令友人写为表传二十八篇，后又增写四篇。

《世谱》序云：吾宗之谱，修于乾隆五十二年，专以本支湖墅为主。其后迁临桂、迁湘潭，去修谱时已远。荡析离居，间就闻见，有所补缀，不能议其疏略。先曾祖浮湘孤征，百物散弃，衣履不具，行箧中独存旧谱一帙，茫乎慨然，意盖有在。焕奎屏废家居，不亲笔砚。常念此谱未理，疚心不宁。庚戌之冬，叙次旧闻，令友人写为表传二十八篇。未及付锓，适罹国变。寻及甲寅，又遭先母之丧。危苦悲哀，益难自已。爰取前稿，增写四篇。

是年，公为便于焕均出入官府，赈灾为四弟焕均捐得三品衔直隶补用道，出任湖南电报局总理。父梁本荣诰赠荣禄大夫，母刘韵簧诰封一品夫人；公貤封荣禄大夫，夫人曾广勋貤封一品夫人。

《世谱》：焕均，三品衔直隶补用道；本荣，以子焕均官赠；本荣配刘氏，以子焕均官封；焕奎，以弟焕均官貤封。……宣统二年，以焕均官，依例加三级。

《我国锑矿开发的先驱者——梁焕奎五兄弟与华昌炼矿公司》：公司总经理一职由四弟焕均出任，负责领导全公司事务。为了便于焕均出入官府，代表公司进行联系交涉，我曾听说他们向清廷吏部纳银万两，为他捐得一个二品衔候补道①（二品衔方可带红顶子）。

是年，以湖南华昌炼矿公司试炼纯锑有成效，清廷批准"将五省拨款作为永远补助，免改股款借款及本部照案呈准展长十五年期限，亦均为提倡维持起见。"

《全国商会联合会会报》（第八期）：兹据该公司总理杨度禀称，五省筹拨银十六万两，经前农工商部于宣统二年奏准，作为永远补助。惟当时呈部文内，有俟将来公司完全发达，再行报效国家之语。……即前农工商部奏准该公司于湖南境内，先行专办十年，并将五省拨款作为永远补助，免改股款借款及本部照案呈准展长十五年期限，亦均为提倡维持起见。

是年，华昌公司代炼全省各地锑砂，集中出口。

《华昌炼锑公司及其创办人梁焕奎》：全部落成后，又经请准专利十年，任何人不得仿造。自此以后，全省各地（包括新化锡矿山）锑砂均由华昌代炼，并由华昌集中出口，操纵了全省锑矿经营，并暂时阻遏了外商长期以来在湖南廉价收购锑砂的情况。

---

①此处当以《梁氏世谱》记录为准：三品衔直隶补用道。

是年，传言空青石能治眼疾，黄忠浩以益州山中所得空青石相赠，公作《空青石歌》诗酬谢。

《自定稿》：将军抱持色大喜，谓与我友开双眸。云鸟翩翻动西极，郁林归舟带春色。袖中东海生九华，慰我幽居意凄恻。

是年，以公所作诗咏四政要艳体四章，名流和者数十人，以王闿运、曾重伯所作为最工，一时脍炙人口。

见本辑《青郊六十自定稿·戏为艳体四首》。

易宗夔《新世说》：梁焕奎诗咏四政要 光宣之间，岑云阶、瞿子玖、袁慰亭、端午桥诸要人，相继罢免。梁辟园以目疾闲居长沙，作艳体四章分咏之。名流和者数十人，以王壬甫、曾重伯所作为最工，一时脍炙人口。

清宣统三年辛亥（1911），四十三岁

正月十五日（2月14日），《申报》报道，华昌所炼纯锑早已卓著成效，东西各国争相订购，遂加扩充，每月出货较之从前约加两倍。

《申报》是日以《纯锑炼厂之扩充》为题报道：湘省南门外奏办华昌炼矿公司，所炼纯锑早已卓著成效。东西各国争相订购。去岁南洋赛会亦得奏奖。该公司可以出货无多，爰拟扩充办理。曾向瑞记洋行添购大号机器一具，已于去腊装运到湘，现已安配完好。增加炼炉即于腊底开机，本年元旦接续提炼，并未停工。每月出货较之从前约加两倍云。

3月，公作《寿朱雨田阁学丈九十》诗。

《自定稿》：子弟群英聚，家庭百宝兴。……宗风无与比，世变日相仍。

三月四日（4月2日），王闿运、廖树蘅、王礼培来二学园，公与王礼培谈工厂事，甚愤愤。

《湘绮楼日记》是日记曰：出城自二学园，雷雨稍至。至梁家，荪陔已到矣。又有王佩初与辟园谈工厂，甚愤愤。和甫后来。

三月廿九日（4月27日），《申报》报道，因华昌纯锑成色优美，颇为外商所欢迎，清廷税务处决定特予税收优待，所有该公司出口纯锑，暂准照生锑完税，至宣统五年为截止之期。

《申报》是日以《税务处优待锑业办法》为题报道：湘省南门外奏办华昌炼矿公司所出纯锑，异常优美。去岁南洋赛会得蒙奏奖，由是声名益著，销场日辟，各洋商向之购订者络绎不绝。昨闻税务处以中国锑业尚在幼稚时代，亟应特予优待，以示提倡，爰议定办法。所有该公司出口纯锑，暂准照生锑完税，惟此系特别办法，应于宣统五年截止以示限制。

六月十二日（7月7日），宪友会湖南支部在长沙成立，和甫公等咨议局或具有一定影响的地方新派绅士踊跃参加。

《湖南通史·近代卷》：7月上旬，在长沙成立了宪友会湖南支部，谭延闿被推举为总干事……梁和甫……等咨议局或具有一定影响的地方新派绅士踊跃参加。

八月十九日（10月10日），武昌起义，辛亥革命爆发。

九月初一日（10月22日），长沙首应辛亥武昌起义。公随后奉母避兵宁乡，寓居灰汤附近之罗家坪。

《诰封一品太夫人梁母刘太夫人墓表》：维有清末季之宣统三年辛亥，武汉肇兵，长沙继之，不数月而九叶苞桑。危于一呼，社屋之孽，比户皆惊。当是时，吾友梁君焕奎奉其母太夫人刘氏避居宁乡山中，兄弟怡怡，共承色养，令堂上不知有兵革之忧，庶几乎古所称天下乱而一家治者。

《梁焕奎事略》：1911年（辛亥革命）曾避兵宁乡，迄于1913年始还长沙。

《珠泉草庐师友录　珠泉草庐文集》：（梁焕奎）辛亥国变，避地来宁，寓居县西南灰汤附近之罗家坪。盖其弟焕均为邑人清如皋知县罗君先觉之女夫也，故假寓罗氏。

是日，湖南巡防营统领兼中路巡防营统领黄忠浩①在长沙小吴门被杀。辟园公闻知，作《挽黄泽生四首》诗以悼之。

《自定稿》：一死名何属，平生意可哀。……恢恢谁汝匹，测测不胜情。

十月底（或十一月初），公避兵宁乡，致信廖树蘅，告以病况，

---

①黄忠浩（1859—1911）清末将领。湖南黔阳（今湖南省黔阳县，位怀化市东南）人，字泽生。

并作邀约。

《致廖树蘅信》：既至此间，未有不奉教珠泉者。久病之躯，惊魄未定，入山遂为风露所欺，迄今尚未脱体。拟俟晴霁之后，路干人爽，即当趋叩高斋。想一时未必出山，乘兴即来，当无俟先为邀约，至远劳道从，则殊非所安耳。

十一月底，公致信、赋诗与廖树蘅，谢其饬工制成山舆，将再访衡田，并抄寄前次拜访所作诗。

《致廖树蘅信》：释渴解饥，快慰何似！山舆承代饬工制成，已感厚爱，更有嘉赏之命，愧何敢承。揆之少贱不辞，不容不以礼经自勖，要当图他日之报，以申琼玖之好耳。春风舒和，即乘此再访衡田，过扰清斋，恐不免重拜细菜春盘之赠于行厨竹里时也。前次路途，曾得诗二章，比即写成，久未寄达，浅里不足云诗，聊博公一粲，敬以补上。

《自定稿》之《谢廖苏畡丈惠山轿》诗有句云："扶病下床安可马，却制篮舆盖如瓦。……自从仓卒适罗村，更借于人刚一把。……丈人爱我乞得之，旦夕不畏风雨下。"又有《廖苏畡赠蔬笋佐以新诗并依韵谢之并索后惠》《苏畡答前诗复以蔬笋见惠赋此奉酬》等诗。

是年，公避兵借居宁乡期间，与罗玉阶等游东鹫山等地，吟诗多首。

《自定稿》有《东鹫山》《过宁乡蒋安阳侯故宅》《罗村》《游东鹫山和罗玉阶》等诗。

是年，鼎甫公被滇督李经羲坚留考察、开发云南全省矿务，兼主工矿学校，又奉派赴美考察铜锡矿业，数月后回滇，著《铜矿及锡矿采炼工程》一书，出任个旧锡矿公司协理兼化验所所长。

《梁公鼎甫传略》：宣统三年，滇督李经羲坚留开发滇省矿务，并兼主工矿学校。复专派遣奔走美国，调查铜锡矿业。数月回滇，著《铜矿及锡矿采炼工程》一书，又兼任个旧锡矿公司协理，及滇省化验所所长。经营设计，煞费心机。

是年，公作《三弟再游地球归应李仲仙之约经画滇矿赠以此诗兼怀滇中诸君》诗。

《自定稿》：子奋海峤游，趑若庭中趋。巧拙恒任天，贤智谁能逾。……愿子他日归，我病皆已除。起命五洲驾，汗漫与子俱。渺渺云中雁，绵绵波间鱼。何以慰我心，十日一寄书。

是年，公以学农、学圃为乐，将青郊别墅改称"二学园"①。

《自订稿》有《自述》诗云：只学农书酬岁月，尽留游债与湖山。已知世事难回复，自向孤村一往还。……取携花鸟弄春天，多谢桥南二顷田。白璧只应惭著作，黄金谁许学神仙。却看星斗还中夜，偶忆江湖向百年。缓带高楼人中酒，一声残磬白云边。《二学园》诗云：雨中爱新绿，风下来生香。时复一樽酒，持与野老尝。岂伊明劳酬，聊使吾意偿。躬耕自云乐，谁为尼父详。

是年，公赏识李国钦才华，资助李留学英国伦敦皇家矿业学院，并促成四弟妻妹罗步歌与李国钦婚事。

《青郊诗存》有《题李炳麟所集时贤画册》云：我自厚君惭手笔，略随诗兴写交亲。

章执中著《李国钦》：李国钦（1887—1961），字炳麟，湖南长沙人。1910年毕业于湖南高等实业学堂矿科第一班。为该学堂监督梁焕奎（号壁元）所赏识，旋即送往英国伦敦皇家矿业学院深造。

《湖南资料手册（1949—1989）》：1910年毕业于长沙湖南高等实业学堂矿科，后在该学堂监督梁焕奎的资助下，留学英国伦敦皇家矿业学院，获矿冶工程师证书。1914年后，任长沙梁氏集团华昌炼锑公司业务部副经理、纽约分公司副董事长兼总经理。1916年纽约华昌贸易公司正式成立，自任总经理。

李廉凤②《两片灵芝》：那时爹爹刚从英国回来不久，在湖南矿务局任职。因为梁焕奎曾是实业学堂的校长，和爹爹算得是前后师生，因此梁大先生很赏识爹爹，便在外公面前，夸奖我爹爹，说此人前途如何不可限量，提议外公③把女儿④嫁给他，……喜事定于次年，也就是1912年的元月15日……大厅上放满了庆贺的喜联，其中梁大先生的赠联，被众人赞为最出色。他写的是：君子好逑，民国国钦真国士；绸缪今夕，纪元元月庆元宵。

---

①此诗最先录入《青郊诗存》，而《青郊诗存》是在壬子年（1912）三月印制完成。所以"青郊别墅"改为"二学园"的时间当在1912年前。
②李廉凤系李国钦之女。
③即公好友、四弟岳父罗玉阶（罗先觉）先生。
④即罗玉阶之次女罗步歌。

民国元年壬子（1912），四十四岁

三月，四弟焕均收集壁垣公从 1903 年东游日本至 1912 年间的诗作及旧稿，题为《青郊诗存》，于长沙刻成。

《青郊诗存·跋》云：右伯兄辟园先生壬子纪元以前所为诗也。兄性好吟咏，童年所作，意不欲以璞示人，未尝留稿。弱冠随侍金陵，受学武岗邓弥之先生，于古体致力甚专，得诗积多。癸巳还湘，失稿舟中，惜不复能省忆，其后遭 家大人丧，洎膺世事，遂无意韵语，亦无暇及之。偶成篇什，亦未尝留稿。癸卯丙午间，三游日本，稍有酬赠友朋流连光景之作。然多效近体，向所不为也。顾以有关游迹，日记中存之。丁未养疴省城外青郊别墅，闭门多暇，呻吟之中，歌声间作，率尔寄兴，不复深思，自是累年，辄多纸墨，以病目不能手写，皆友人代为录者。凌乱几箧，未遑检校。焕均惧其复就散失，爰请于兄次，东游以后，逮今所作，抄为六卷。又杂拾旧稿数篇，羼诸卷端，题曰《青郊诗存》付之剞劂。匪曰问世，凡以遗四方知旧之见存问者云尔。壬子三月湘潭梁焕均谨识。

7 月，鼎甫公参与由黄兴领衔、胡元倓等人共同署名的《呈教育部请准拨款增设明德大学于汉口文》。

《湖南大学校长评传》：1912 年 7 月，正是孙中山、黄兴分别北上与袁世凯会谈前两个月，黄兴领衔，串联了张謇（时任内阁农林、工商部长）、汤化龙（时任参议院副议长）、蔡锷、陈三立、李维格、赵凤昌、陈汉第、叶景葵、王璟芳、胡瑞霖、沈秉坤、谭延闿、龙璋、朱恩绂、黄忠绩、聂其杰、袁思亮、章士钊、梁焕彝、张式恭、章适骏、张辑光、陈介、李傥、龙绂瑞。胡元倓等人共同署名，当系由胡元倓拟就的《呈教育部请准拨款增设明德大学于汉口文》。

夏秋间，公致信廖树蘅，赞佩其诗，问候其长子廖基植病况，约秋凉后再聚春泉堂痛饮。

《复廖树蘅信》：承示大作，七言逼近老杜，其苍劲处犹胜坡公。联语笏老一联，早所佩服，近年以陶、李二联为最，其他亦非无故实者所可能，殆曾湘乡所谓一卷挽联行世者矣。壁耘老兄病状如何？甚以为念。秋凉后事局稍定，当上春泉堂痛饮数斗耳。

11 月上旬，公将江西萍乡尚株岭铁矿赠黄兴。

《三十年闻见录》：黄兴返长沙，居六堆子赐闲湖。梁焕奎将江西萍乡尚株岭铁矿送予黄兴。黄兴携广东矿冶工程师和学生余焕东到尚株塘勘矿。

《杨度集·附黄兴复杨度电》：（1912年11月22日）教育部范总长转杨皙子先生鉴寒电因兴赴萍乡看矿，昨始接阅。

12月22日，《申报》报道，杨度作为湖南华昌炼矿公司代表，参加由开滦、汉冶萍、临城、井陉、中兴、华昌六处矿务公司发起，在天津召开的中华全国矿务联合会筹备会议。

《申报》是日以《矿务联合会之发轫》为题报道：开滦、汉冶萍、临城、井陉、中兴、华昌六处矿务公司，久拟协力组织一共同机关，以为维持矿务之用。现草案及一切办法大致已定，于二十二号在天津开筹备会。六公司代表均已到会，共计二十余人。汉冶萍代表为袁思亮，华昌代表为杨度，开滦代表为施肇祥，井陉代表为李士伟，中兴代表为张莲芬、朱养田等。当议定会名为"中华全国矿务联合会"，其入会之资格限定有五十万元之基金，而用西法冶炼者，乃可加入此会。其会中之宗旨有四：一、维持权利；二、扩充销路；三、调查矿产；四、研究新法。在津开会后并已通电六公司及全国各矿务公司，令其各举代表赴津开正式大会。并拟定明年阳历三月一号为开会之期。俟各省代表到齐，当□正式开会，议决各种议案。此吾国自有矿务以来第一盛举也。

是年，华昌生产数量为纯锑2307吨，生锑5947吨。

《湖南省志·矿业志》：华昌历年生产数量，1912年，纯锑2307吨，生锑5947吨。

民国二年癸丑（1913），四十五岁

1月16日，《大中华民国日报》报道，杨度通电宣示："华昌宗旨，求统一，不求垄断，若不统一，必如曩年散漫相倾，为外人所乘，湘矿前途无术挽救。"总之，不能让"外人乘隙而来湘设厂炼锑"。

《大中华民国日报》是日报道：有关杨度通电京中，明白宣示"华昌宗旨，求统一，不求垄断，若不统一，必如曩年散漫相倾，为外人所乘，湘矿前途无术挽救。华昌炼法，高低并炼，不仅久通低砂，司呈殊为失实。至于炼纯过少，乃因数年外国各纯锑厂减价相倾,栗栗自保,何敢扩张?并建议"由部责令华昌自定期限;扩张管灶,包炼全省锑砂成纯,是一法也。否则令华昌自与锑商筹画统一办法亦可"。总之,不能让"外人乘隙而来湘设厂炼锑"。

2月22日,《民主报》称,当时舆论赞赏"杨度之所主张,亦甚光明磊落,非专为一公司谋者也"。

《民主报》是日报道:有关当时舆论赞赏杨度之所主张,亦甚光明磊落,非专为一公司谋者也。工商部却将华昌专利之事交湖南都督府转咨省议会核议。

3月1日,湖南华昌炼矿公司参加在天津召开中华全国矿务联合会成立大会。

《大公报(天津版)》3月11日报道:中华全国矿务联合会于三月一日在天津开成立大会。计到会者为开滦矿务总局、汉冶萍公司、湖南华昌炼矿公司……各代表颇极一时之盛。

是年,华昌炼锑专办权,呈准袁大总统延长专利权十五年至民国二十一年止,但华昌专利权频遭外商蓄意破坏,亦屡为湖南各属矿商相率乘机仿造,政府不能制止,华昌遂一切不问,唯运货出口时,仍由华昌发出凭单,换照报关,以符对外统一之旨,其在长沙投资百数十万元所建炼厂及码头、轮驳等设备遂成废物。

《湖南华昌炼矿公司经过略述》:民国改元,呈经大总统批准继续有效。民国四年①复经在京湘绅以此项权利关系湘省实业不小,呈准袁大总统延长专利权十五年至民国二十一年止。

朱羲农、朱保训《湖南实业志(二)》:迨民国二年华昌公司购置机械,创设纯锑炼厂,无论成分最低之锑砂及氧化锑,均可不经拣选,即行提炼,得利甚厚。各锑矿商鉴于有利可图,乃仿照华昌锅式,纷纷建筑土法炼纯锑厂,其法先将锑砂烘成锑氧,再将锑氧转化为纯锑。于是向所废弃之花石及氧化锑,均能一一利用矣。现在矿上所有炼厂,完全提炼纯锑,至于生锑炼厂,几乎绝迹。

《大公报(上海版)》(1949年3月16日)载有张邵棠《误锑为锡的开发——湖南锡矿山全貌之二》:新化有一名刘铁逊者,原为其锑矿公司雇员,居留山二十余年,熟悉矿务情形,在长沙与粤人以

---

①原稿如此,经查核应为民国二年,即1913年10月。

土法试炼纯锑成功，乃由现任本山锑业公会理事长谢国藻（时谢任湖南审计处长）代表矿商赴北京联络，在京湖南同乡向政府请愿，所持理由为华昌取得清政府之专利权，在民国时代应属无效。结果虽未能取销华昌之专利权，但得袁世凯准允。许人民以土法为由采炼，于是商民于本山争设炼厂从事冶炼。月产纯锑五百吨至二千吨，一本万利，可称本山黄金时代。

《湖南省志·大事记》：法商施乃甫、阿罗佛分别组设开利洋行和多佛洋行于新化锡矿山，仿华昌公司赫氏炉制炼纯锑。

《湖南工业百年大事记》：法国商人施乃甫、阿罗佛在新化锡矿山分别组设开利洋行和多佛洋行。仿华昌公司赫氏炉制炼纯锑。……德商也开办多福等公司，略改炉式，在锡矿山大设炼厂。

《长沙工运史研究资料》第11辑：民国二年（1913年），锡矿山矿商刘铁逊（今新化城关镇人）、曾广轼（今新化维山乡人）等以华昌专利，影响其收益，起而与华昌对抗，筹建美利炼厂于长龙界，广大职工，苦心钻研技术和多次试验，用氧化锑矿（磺）提炼纯锑成功，经曾广轼等活动，得到其盟兄蔡锷（时任全国经界局督办）与熊希龄（国务院总理）的支持，获准立案，华昌出来反对，并由其股东杨度（参政院参政）出面，向中央交涉，认为一地设两厂无此办法，且侵犯他人专利权。锡矿山矿商则以华昌专利系清廷批准不能有效于民国为理由，双方控诉于北京农商部。后经调解，由华昌公司与美利炼厂合资经营，改名新华昌公司。集资十万银元，华昌占股份百分之二十，各矿商占股百分之八十，其中蔡锷从滇借银万两投入，并经袁世凯批准，继续延长专利十五年。

刘晴波《杨度集》：对于华昌炼锑专办权，除一直遭外国商人蓄意破坏，又屡为湖南矿商所倾。湖南实业司曲从异议，刘承烈必欲推翻之，公函工商部，批评华昌炼矿公司只炼久通一矿之砂，炼纯过少，且规模不大，难以包炼全省矿砂，似有垄断之嫌，请求工商部推翻原议。该公司总理杨度氏闻有此说，遂通电京中。指陈实业公司此举"是破坏统一，自撤藩篱，致湘锑必为外人把持，华商无立足之地矣"。杨度致电工商部明白宣示"度于华昌宗旨，求统一不求垄断。若不统一，必如曩年散漫相倾，为外人所乘，湘矿前途无术挽救。华昌炼法，高低并炼，不仅久通低砂，司呈殊为失实。至于炼纯过少，乃因数年外国各纯锑厂减价相倾，栗栗自保，何敢扩张？"并建议"由部责令华昌自定期限，扩张管灶，包炼全省锑砂成纯，是一法也。否则令华昌自与锑商筹画统一办法亦可。"工商部却将华昌专利之事"交湖南都督府转咨省议会核议"。工商部用这种婉转的方式，等于放弃了前已同意华昌在湘专办的意见，但并没有正式否定华昌炼纯锑的专办权。

《湖南华昌炼矿公司经过略述》中关于《华昌解放专利权情形》：华昌得延长专办，其时本有对内均利、对外统一之宣言。然全省之锑矿产岁得一万六千吨至二万吨。既负有专办之责，即不能禁人之不托我代炼，遂不得不建设大规模之炼厂。乃就长沙南门外购得三千数百方之地皮，设铁质养炉数十座，皆用塞门德筑地为之，所费不资。新化锡矿山产锑最多，本地矿商以运砂来省就炼不便，与华昌商立新化分公司，用华昌双环商标。尚属尊重原案。及德商开炼多福等公司，略改炉式，在锡矿山大设炼厂，政府不能制止。各属矿商相率乘机仿造，改铁为砖，易电机为风鼓，费用省而效力不殊，风起云从，所在皆有。华昌以外人蓄意破坏，既难以力争，岂容对于本国同胞有所歧视。遂一切不问，唯运货出口时，仍由华昌发出凭单，换照报关，以符对外统一之旨。而长沙百数十万元之炼厂及码头轮拨等设备遂成废物矣。

是年，华昌公司以借贷方式赠与蔡锷五千银圆，作华昌公司新化分公司的股份。

王启山《蔡锷与杨度》（1982年10月5日《长沙晚报》）：1913年，蔡锷时任云南都督，他家却无一椽之屋，无立锥之地。其母寄居在邵阳乡间，依靠一个姓何的亲戚生活。真可算得上廉洁奉公了。蔡锷的朋友，当时长沙华昌公司总经理梁和甫，是经营新化锡矿山矿业的民族资本家，并在新化设有分公司。他见蔡氏如此情状，十分敬佩，乃拿出五千银圆以借贷的方式赠送给蔡锷，且声明此款已投入华昌公司新化分公司，作为蔡氏股份。

是年，华昌生产数量为纯锑2659吨，生锑1387吨。

《湖南省志·矿业志》：华昌历年生产数量：1913年，纯锑2659吨，生锑1387吨。

是年，公由宁乡返长沙，居城南碧湘街；三弟鼎甫公由云南请假回湘，任水口山矿务局局长。

《诰封一品太夫人梁母刘太夫人墓表》：维有清末季之宣统三年辛亥……吾友梁君焕奎奉其母太夫人刘氏避居宁乡山中……历二年，癸丑乃返，居长沙郭外碧湘街里。

《梁鼎甫氏生平略历自述》：民国二年（1913）请假回湘，时年三十八岁，任水口山矿务局局长。

民国三年甲寅（1914），四十六岁

1月，公作诗以贺好友杨度40岁（虚岁）生日。

《自定稿》：一别四千里，相知二十年。

3月11日，《大公报（天津版）》报道，俄、法、德等外商专为攘夺利权，暗地提供资金，支持国内矿商设炉炼锑，破坏华昌专利。并通过私商砂贩，伙通山主豪劣，破坏彼此之团结，制造混乱局面，湘省之矿权从此遂不堪问。

《大公报（天津版）》是日报道：从前王宠佑、杨度、梁焕均等开办华昌炼矿公司，系在致远公司购约秘，得曾在农工商部立案，他人不得仿造冒用，并不得在湖南境内设炉提炼纯锑。旋由公家补助银十六万两，始将秘约取消，特许该公司专利。自反正后，营业又极发达，每岁纯利多至三十余万。如是各矿商纷纷效尤，有梁光瓘等发起福湘公司，又有杨括求等发起美祥公司，各积资本百余万至数十万不等，又有专为攘夺利权起见。不意华昌乃运动英商克纳虚，呈请英领事缄达外交部行文到湘，勒令福湘、美利一律停办。现福湘已与俄商立有秘约，美祥与德商立有秘约，均送京力争，以图要挟，否则即运动俄领事电京抗议，以期必达目的而后已。噫！湘省之矿权从此又不堪问矣。

《华昌炼锑公司及其创办人梁焕奎》：及至华昌组成，"洋商始格于形势，渐告敛迹，另作经营，不敢闻问矿事矣"。其实，事情并不如此简单，当华昌经营最盛的时候，他们一只手与华昌保持密切联系，争相供应采冶设备，从机械到化验用品，从冶炼用碱到炸药，尽其所有，打着笑脸和华昌做生意；而另一只手则广泛结纳华昌以外的各地矿商，特别是与新化私商关系至为暧昧，阴谋篡夺华昌炼纯的专利权，并通过私商砂贩，伙通山主豪劣，破坏彼此之间的团

结，制造混乱局面，以威胁逼迫华昌，"用心至险且毒"，先父所特别痛心的，尤以当华昌将巨额资金投入炼厂的基建工程以后，这些洋行忽串通新化各私商炼厂，纷纷仿效，并代为设计，略加更变炉式图纸，鼓动各厂自立门户，自炼自销，又低价供应各厂设备，暗中周济资金，使与华昌对抗，以利于各个击破。这样由于湖南矿商之间的盲目竞争，锑价竟抑勒贬降到每吨不过二三十元。结果湖南的矿商无不相互受到牵连，生产利润不能维持成本开支，一齐同归于尽。

三月初三日（3月29日），公赴海印上人之招，修禊碧湖诗社，即送社长王闿运入都，有《甲寅上巳禊集碧浪湖有作》诗。

《自定稿》：一苇新河流，鸥鹭与亲切。何如曲水心，胜景聊可悦。

4月3日，《大公报（天津版）》报道，梁焕均为矿务监督，署佥事。

《大公报（天津版）》是日报道：大总统令：农商总长张謇呈请任命程毓璘、徐隽、梁焕均、刘武为矿务监督，署佥事。

七月廿九日（9月18日），公母刘老太夫人逝世，享年65岁，后葬湘潭二都四甲大叶塘。

《哀启》：先妣知医术，……好施与，亲旧贫乏及行路之以穷苦见告者，无不倾囊予之。筒中恒蓄各种药剂，尤多珍品，若瓶若裹，标识了然，随患者所宜，给之，全活甚众。以故先妣所至，远近闻者多来求药。暑日散葵扇草帽，岁暮散衣米以为常。先母平时之教不孝兄弟，……大要不外平实二字。……其施教之法，于最幼者主奖励不主束缚，于稍长者主感化不主督责。

《世谱》：岁甲寅秋七月，（先妣）病微肿，自制方服之，曰："若消，可治；否则，勿进他药。"既而，尽数剂，不愈，家人强延医诊之，亦不效。二十九日未刻，竟不讳，年六十有六。

《谭延闿日记》：11月18日，作联语挽梁辟园母刘，其词曰：拜母昔升堂，一度沧桑惊隔世。……

杨昌济《达化斋日记》：二十日，梁碧园丁母忧，其哀启云：先母平时之教不孝兄弟也，随时随地不易其方，万绪千端难以悉数，大要不外平实二字。而尤以不妄语为本。尝曰："自己受不得的总不教他人受。"又曰："凡事做不到的就不要说。"对三四龄小儿皆曰："不要说谎。"其施教之法，于最幼者主奖励不主束缚，于稍长者主感化不主督责。又曰：先母性好佛学，而不以流俗迷信为然，日持金刚经准提咒。尝曰："佛学术真如，真如者吾心之虚灵而已。"每日焚香静坐，收摄心神，敬畏生而妄想灭，即是佛学；膜拜求福无益也。与不孝等言，常有禅理。见不孝等阅小说书，曰"世界非真，何为更假？"有病，见不孝等以为虑，则曰："病者非我。"其解悟多类此。

赵志超《梁焕奎夫妻合葬墓》①：梁焕奎兄弟的母亲刘老太夫人逝世，享年65岁。葬湘潭二都四甲大叶塘②。王闿运撰并书《诰封一品太夫人梁荣禄妻刘氏墓志铭并序》。杨度的弟弟杨钧为其墓前华表书写"青松夜月留慈荫""丹橘秋霜展孝思"题词。

8月，公五弟焕廷以暑假游伦敦，因欧洲战事，让其转美国偕眷入学。

《自定稿》有《寄怀五弟焕廷伦敦》诗。

9月28日，王闿运等湘绅联名致电汤乡铭，拟请援例速订禁连现银出口办法，以维持华昌等矿商。

《大公报（天津版）》是日以《湘省矿业之现状》为题报道：国史馆长王闿运、煤油督办熊希龄及杨度、向瑞琨、梅馨等，昨日联名电致汤将军、刘巡抚，云欧洲战事起后，湘省土货毫无销路，矿商尤困，设使全体破产，矿工失业，地方治安所关非小。上海丝业罢工，政府曾商中外银行放款数百万始克维持。拟请我公饬今湖南银行放款二百万，令各矿商得作抵押，借以救厄。在湖南银行不过增加纸票之发行，而各矿商实受无穷之患。又前以救济湘省金融，曾由闿运等面商交通总行，饬湘分行设法放款。据称，湘中现有一种奸商，专以销化银圆运汉牟利为事。银行恐因此纷兑，营运困难，必须湘政府严禁现银出口，方敢担任等语。查吉林省因纸币充斥，历年禁运现银出口币价得以维持，甚见成效。拟并请援例速订禁连现银出口办法，饬关厘同卡严查。俾该银行得以安心放款。实于地

---

①《湘潭政协》2001年第1期。
②现湘潭市雨湖区高岭路口五号湘潭大学第四校区——能源工程学院校园之内。

方经济人民生计所关甚重（中略），应请传知矿商华昌公司等，与交通分行接洽妥议，再请核办，庶较妥善。

是年，华昌属下之裕阜公司在资兴县瑶岗仙主办人罗泽春，将收集之被工人称为"坳子"的新矿砂样品送华昌公司，经公三弟鼎甫鉴定为钨。华昌公司系在湖南钨矿之第一家，乃组织进行开发，并于当年向外出口钨砂，获利10倍。

民国《中国矿产》：资兴县之瑶岗仙，……民国三年（1914）时，有人于此拾得钨矿一方，误以为方铅矿。华昌公司遂领得采铅矿照。后知为钨矿，即行改换执照，此该处发现钨矿之始也。

《梁鼎甫氏生平略历自述》：瑶岗钨矿实由余用化学干试法鉴定于始，李炳麟在美证明于后，华南一带始有钨矿之名。于是乃正式组织公司，立案开办。大庾钨矿系由瑶岗矿工散去始渐发展。湘赣钨矿今日竟为国际要品，溯本穷源，余所贡献于国家者，岂不伟哉！回忆余于1907年在英国宽瓦尔锡矿实习时，即见有德国式电气分析钨锡机，当时已知钨之可贵矣。

朱羲农、朱保训《湖南实业志》①：我国钨矿之最早发见地，首推河北之迁安与抚宁两县，前北京政府时代曾于该地设立官矿开采，未几即告停歇。民国四年湖南始有钨矿开采之发起，当时矿区在资兴之瑶冈仙地方，是后汝城、临武、宜章、茶陵、郴县等地相继开采。至民国七年，湖南钨业，可谓盛极一时。公司林立，大有雨后春笋之象。年产额达五千吨，全国钨产，除江西外，湖南列于第二位。大战告终，湖南钨业亦随之衰落，公司停歇者有之，减缩产量者亦有之。

《湖南工业百年大事记》：本年华昌公司经营的裕阜公司在资兴县瑶岗仙开采铅、砒过程中，发现另一种矿砂，送长沙化验后方知是钨。华昌公司嘱咐主办人罗泽春保密，以铜元10文1斤的贱价，大量收购贩运出口，获利10倍。

《湖南省志·矿业志》：1912年以前，这里只有一个烧磺灰的小

---

①《湖湘文库》说明：本书初版于1935年（民国二十四年十月），原名为《中国实业志·全国实业调查报告之四湖南省》，是民国政府实业部国际贸易局为了全面了解民国时期中国的经济发展情况，统一规划，全面调查而编纂出版的。此书在写作时，称《湖南实业志》，这从该书原序中可以看出来，故今纳入《湖湘文库》出版，名《湖南实业志》。

公司，厂址在炉场坪和灶厂坪一带。仅有工人二三十人，经营者是湖南华昌公司的罗泽春。磺灰（即二氧化砷，俗称矾土）是用毒砂烧成的。在采砒过程中，工人经常发现黑而光泽的东西，比重非常大，但识别不出是什么东西，当时工人称他作"坳子"，并说发现"坳子"是非常背时的预兆。1913年，资本家罗泽春认为这种东西是非常有用的东西，便收集了一些样品，送长沙华昌公司转该公司驻美国纽约代表李国钦①，经化验证明为黑钨砂，从此瑶岗仙便成为中国第一个发现钨的矿山②。

《湖南省志·矿业志》：最先在瑶岗仙采钨的是裕阜公司。该公司于1914年开办，系湖南华昌公司（当时最大的办矿企业）的派出单位。欧战期间，德国人利用钨做弹药和高速切削钢成功，钨的销路打开了。帝国主义之间随之展开了对钨的争夺。因此钨价陡涨，每吨可卖银洋2500元至2700元（国内收购价）。

是年，华昌公司加大投融资力度，加强矿区建设，提高机械化水平，声威之盛已不限于公司本身，还囊括了全省的其他各类矿藏如瑶岗仙的钨矿、宜章安源的锡矿以及各地煤铁诸矿，一公司税入过湖南省款税额三分之一，辟园公一时有财神之目。

《华昌炼锑公司及其创办人梁焕奎》：作为华昌公司的基地，则为益阳县的板溪（亦称滑板溪）锑矿场，并从板溪到桃花江的运距约四十余华里之间，自费修筑敷设了板桃铁路，拥有两个火车头和二十余列车厢。在矿场内部有全套的机械设备，以保证排水与打风和直井矿石的卷扬。坑道四通八达，自东至西贯通了整个苗脉，上下左右窿内走道有十余华里，深入地下有八十余丈，并在主要干线中，敷设轻便铁道，以利矿砂疏运。矿区范围内，包括采矿工、选砂工、窿内外运输工和机械工总数经常在三千人到五千人之间，最盛时竟达万人以上，板溪矿场当时在工程方面的设计是很有名的，公司聘任了国内最有声望的工程师谌湛溪驻山主持一切，力求赶上和超过当时采矿窿内设计的国际水平，投入了巨额资金，不但充分发挥了谌氏的学力，而且也反映了公司的魄力和雄心，从而大大提

---

①此处有误。李国钦1913年尚在英国留学，1915年底方由华昌公司派至美国纽约任销售经理。
②此说有误，当以前引朱羲农、朱保训在《湖南实业志》之记载为准。

高了公司在国内外的地位。

《华昌炼锑公司及其创办人梁焕奎》：当1914年第一次世界大战爆发，华昌所产纯锑，每吨以2240英镑计算，为上海银子一千七百余两，折合光洋二千二百余元，售价达到最高峰。现在虽难以正确核算当时生产成本，但根据当时矿工工资的微薄（日计每工约二百文至四百文）和一般物价的低水平大体估算，每吨除直接成本约二百五十元。每吨纯锑产品，实际达到了接近二千元的高额利润。且以资金足、产量高、周转快，而公司内部又发行一种工资票，且能流通于市面，以此辗转剥削，于是转瞬之间，公司资本的积累至为惊人，对湖南的金融市场有很大的影响，以致吸取了大部分游资专门来为公司服务。华昌公司虽然是有限公司，而实际上在资本运用方面是无限的。因此，华昌公司当日声威之盛已不限于公司本身，同时还囊括了全省的其他各类矿藏如瑶岗仙的钨矿、宜章安源的锡矿，以及各地煤铁诸矿。我听得先父生前闲谈时说过：华昌破产后，已无力缴纳矿区税款，因而自动申请撤消矿业权的即达一百余处。不过，华昌一直没有来得及经营煤、铁诸矿，但曾大力开采瑶岗仙的钨和安源羊牯町的锡，特别是曾经一次投资达六十余万两，企图垄断江西大庾岭的全部钨矿矿区。

《三十年闻见录》：湖南梁辟园，以华昌公司起家。当其盛时，一公司税入过湖南省款税额三分之一。例应得勋三位，辟园不屑屑也。然碧湘街上，甲第连云；一夕摴蒲，盈千累万。梁氏宾客，几如山阴道上，应接不暇。于是华昌公司资本千万，而辟园亦有财神之目。故南北有两财神焉。

黎泽济《文史消闲录三编·财神居士亦诗人》：其实民初真堪称为梁财神的，除梁士诒外，另有一人。其人名梁焕奎，湖南湘潭人，以创办华昌公司、经营矿产起家。公司业务全盛时期，资本逾千万，所交税款，占湖南全省总税额三分之一，为湘省财政税收所利赖。

曾重伯《天运篇》①（赠邹价人向乐谷述右铭旧事）：前辈将才余几个，义宁孤立古君臣。我时谒告游巡署、日接黄（遵宪）梁（启超）一辈人。健者谭（嗣同）唐（才常）时抵掌，论斤麻菡煮

---

① 此诗录自《民国诗话丛编》。

银鳞。廖（树蘅）梁（焕奎）诗伯兼攻矿，一洗骚人万古贫。沅水黄（忠浩）熊（希龄）来应梦，双珠（萼生、鞠生）盐铁佐经纶。中丞东阁贪宾客，公子西园赏好春。楚士英英多入彀，十梅礼绝平原虞。兰亭醉本搜辛亥，只欠人间一陆云。

是年，华昌生产数量为纯锑1888吨，生锑357吨。

《湖南省志·矿业志》：华昌历年生产数量，1914年纯锑1888吨，生锑357吨。

是年，李国钦出任华昌炼锑公司业务部副经理。

《湖南资料手册（1949—1989）》：（李国钦）1914年后，任长沙梁氏集团华昌炼锑公司业务部副经理、纽约分公司副董事长兼总经理。

民国四年乙卯（1915），四十七岁

4月9日，鼎甫公作为湖南水口山官有锡矿局总理、湖南华昌炼矿公司总理、唯一的矿业代表，随中华游美实业团赴美参观在旧金山举办的巴拿马博览会。该团是由农商部选择的全国工商业界实业经营成绩卓著者，熟悉商业情形、素有声望者组成，是为开展国民外交，增进中美关系。

《农商部·中华游美实业团报告》[①]：经过一番准备，中国实业考察团正式组成。团长是全国商会联合会会长张振勋，副团长是上海总商会大实业家聂其杰，团员有余日章、陈廉伯、陈升、朱礼琦、黄炎培、龚心铭、梁焕彝、孙观澜、施肇祥、吴在章、俞燮、张应铭等10多人。实业团成员主要从事银行、丝、冶铁、棉纱、茶、面粉制造、农，以及商业等项职业。他们代表中国农、工商各行业赴美考察美国的农、工、商业的情况。1915年4月9日，实业团在上海乘船出发，由知名人士出席欢送。

《梁鼎甫氏生平略历自述》：民国四年奉农商部聘为赴美报聘实业团团员，赴美参观博览会，游历数月而归。

罗靖《中国的世博会历程》：在美方的盛情邀请下，1914年4月，中华全国商会联合会第一次大会讨论了组团访美事宜，一致认

---

① 由商务印书馆于1916年出版。

为，此次组织赴美考察实业团很重要，实不容稍缓，它在商业外交上是必不可少的，通过这次活动可增进国际上之睦谊，加强中国商人与外国商人的交往，将来必能发生效力。经过与会代表详细讨论，原则上确定了组团访美之事。农商部筹划在全国商实业界选择成绩卓著者20～30人组成中国实业代表团，团员每人由农商部补助2000元，实业团各项费用均由巴拿马赛会赴赛预算内实业团补助费项下开支，实业界中如有人愿意自费随同赴美，亦可报农商部审批。农商部还致函北京、天津、上海、汉口、广州五处商会，要求各推荐一名该地熟悉实业情形、素有声望的实业家们作为团员，共襄盛举，扩见闻于异域、收福利于将来。

3至4月，农商部为维护华昌专利，多次拒绝德商嘉利洋行发放锑品运单的无理要求。

农商部多次拒绝德商嘉利洋行发放锑品运单的无理要求。据台湾"国立"故宫博物院图书文献处馆藏号03-03-009-01-005"外交部通商司实业科于民国四年三月二十六日致德馆：德商嘉利洋行炼锑出口事宜与华昌公司原案不符，未便发给运单，希饬该商知悉由。"馆藏号03-03-009-01-006文件："外交部通商司实业科于民国四年四月十四日复德华使：农商部复德商嘉利洋行炼锑出口事，未便发给运单，希转饬知悉由。"

4月30日，《申报》报道，湘省发起救国储金，各界响应踊跃，华昌缴纳以万元计，所属工人也认储普及。

《申报》是日以《湘省救国储金之踊跃》为题报道：湖南巡按使署内务科长吴耀椿等以救国储金，虽因激于中日交涉而起，然此项事实乃为济□帑修内政问题，于外交截然两事。凡属国民俱负有一分义务，特在公署内设立储金库，每月酌提薪资一成储库备缴，已片请书记以上各员会商一切办法。并闻省城各官厅均已先后发起，以警界尤为踊跃，此外各县知事公署相继而起者亦已不一而足。省城公私男女各学校办理救国储金事，固已风起云涌，书不胜书……省垣各行商号对于此项储金异常踊跃，每日将认储名单投函各报馆，请为披露及持款向交通银行缴纳者，几于络绎不绝。其中为数较巨者如华昌、保利各炼矿公司以巨万计者，亦属不少……又华昌炼矿公司本城炼厂、机械电机炼炉及各项工人，亦皆分□认储并通函本公司所辖各县矿厂工人一律认储以示普及。

5月22日，民国政府大总统令，准华昌炼锑公司补助金本息拟请暂免归还，听其自行报效，以示维持。

农商部呈大总统文并批令：五月二十二日，华昌炼锑公司补助金本息拟请暂免归还，听其自行报效，以示维持由。为华昌炼锑公司补助金本息，拟请暂免归还，听其自行报效，以示维持，恭呈仰祈钧鉴事。窃本部前于开办棉粮林牧等场，拟具筹备经费办法案内，以华昌炼锑公司曾由直、东、苏、湘、鄂五省，拨助银十六万两，原案有逐年将营业情形报部及将来报效之语。该公司营业近已发达，以前后七年年息七厘计算，共本息银二十三万八千四百两。应令自本年起，分五年缴还，作各场预备金等语。于本年三月间，承奉批令照准，转饬遵照在案。兹据该公司总理杨度禀称，五省筹拨银十六万两，经前农工商部宣统二年奏准，作为永远补助。惟当时呈部文内，有俟将来公司完全发达，再行报效国家之语。现公司成立，仅历七年，屡遭变乱，金融奇窘，苦费经营，实属勉强支持，并未完全发达。拟请转呈大总统，将华昌公司补助金本息仍照旧案，免于归还。至于报效国家，拟请暂从缓议等情到部。查现值经济竞争时代，各国于对外贸易，无不取保育政策，以资发展。纯锑专销国外，自应力加扶植，俾得角胜商场。即前农工商部奏准该公司于湖南境内，先行专办十年，并将五省拨款作为永远补助，免改股款、借款及本部照案呈准展长十五年期限，亦均为提倡维持起见。本部前以棉、糖、林、牧等场急需开办，呈请将补助金本息，饬令分年摊缴。原以该公司日形发达，冀得稍资挹注。兹即该公司总理禀称，近岁迭遭变乱，并未完全发达，若令岁输巨款，实属力有未能等语，尚系实在情形。拟请将前期补助金本息，准予暂免归还，俟该公司营业发达，听其酌定数月，自行禀部报效。其棉、糖、林、牧各厂所需经费，仍照预算案筹拨。该公司总理闻望素优，且深知国家财政困难，需款极为迫切，但使力所能及，自必踊跃输将，决不俟政府督催，致负一再维持之意。所有华昌公司补助金本息，拟请暂免归还，听其自行报效。

《全国商会联合会会报》第二年第八号法令：大总统批令农商部呈华昌炼锑公司补助金本息拟请暂免归还，听其自行报效，以示维持由。准如所拟办理。即由该部转行知照。此批。中华民国四年五月二十二日。国务卿徐世昌批令：准如所拟办理，即由该部转行知照。此批。

5至6月，因锑价暴涨，矿山中砂石稍含锑者即可易钱，各处矿山附近之无业游民群起生心，华昌公司各处矿山、锑砂皆被抢劫，房屋、窿洞、设备均遭破坏，直接损失达4万余两，间接损失无法估量。

《长沙大公报》（1916年5月2日）之《湖南华昌公司报告》：从前锑砂因价格低落，所值无几，经锑价涨后，山中砂石稍含锑质即可易钱，因此各处矿山附近宵小（无业游民）群起生心。去年五、六月间，各处矿山皆被抢劫，锑砂损失及房屋破坏，加以窿洞因停工被水，补苴整理，耗费尤多。其直接损失约四万余两，而间接损失未能计算。

6月8日，日本驻长沙副领事深译远向日本外务大臣加滕高明详尽报告了华昌公司制炼纯锑专利申请、专利权限、专利使用过程出现的阻碍及生产状况，为日商来华设立炼厂出谋划策。

机密信第二十二，大正四年（1915）六月八日。驻长沙领事代理副领事深译远致外务大臣加滕高明：近闻工学士春原隈太郎拟来中国，计划与当地人合作设立炼厂诸事，现特将湖南华昌公司"锑"专利权的情况呈上，因专利权有"不得在中国境内仿造及冒用华昌所购得之炼矿法及其机器。"之规定。现将华昌专利情况介绍如下：一、该公司专利申请时间（略，下文同）；二、申请专利理由；三、农工部奏请的宗旨；四、农工部奏请的结果；五、民国成立后，该公司请求继续该专利，得到认可；六、华昌公司第二回申请结果（因实业公司华昌再次申请，得到批复：申请阅悉，该公司所购纯锑炼制专利，湖南境内专利年限应继续有效，得以延长5年）。

6月，湘中反对华昌专办案风潮渐就平衄，和甫公在长沙开矿业大会上详细宣布均利对内、统一对外之旨，大众为之释然。

毛注青、李鳌、陈新宪《蔡锷集·致曾广轼书》1915年6月：昨唔晢子，谓湘中反对华昌专办案风潮，近已渐就平衄，日前于长沙开矿业大会，和甫到场，将均利对内、统一对外之旨，详细宣布，大众为之释然等语。要之，专办及百里限制，既经由部呈准，彼反对者当可默尔而息，纵有后言，似无足虑也。闻新化分公司炼出之锑，较总公司所出者成色为低，此事于销售有无妨障？如能改良或改用机器，似更佳也（购机器费当不多）。

7月3日，《申报》报道，因锑价暴涨，近来官绅商界纷纷赴各产锑地方争相收买，痞徒乘之，遂有邵阳之龙山、新化之锡矿山、益阳久通锑矿东厂、安化钧裕锑矿厂等被焚抢之风潮。

《申报》是日以《湘省焚抢锑矿之风潮》为题报道：湘省锑矿最多，其产额之旺，不仅为中国各省之冠，且为欧西各国所不及。自去年欧战发生锑价逐渐加价，半年以来其价格之高已较前增至十倍。凡经手贩卖之商人因此骤发巨富者不一而足。近来官绅商界纷纷凑集资本派人赴各产锑地方，争相收买，以致附近居民率同男妇大小麇集各锑矿山厂及各□运处，以捞检碎砂为名，乘机窃掠。偶有所得，到处可以易钱，由是愈聚愈多充塞道路，痞徒乘之，遂有聚众抢劫之事。前四月间，邵阳之龙山曾出有抢砂巨案，聚众至万人之多。六月初，新化之锡矿山（山名锡矿其实产锑最富该处商办锑矿多至二百余厂）亦曾被抢，县城因而失陷，后经警卫团设计克复。近则益阳安化警电纷驰，始而益阳久通锑矿东厂被抢，继则安化钧裕锑矿全厂被焚，抢劫殆尽；未几而益阳望三洲转运处有毁局抢砂之事，又未几而益阳久通东西两厂有抢劫一空之事。各该县知事及各该矿总理禀请将军、巡按使派兵镇压之警电，几于络绎不绝。日昨中央统率办事处亦电致靖武将军，请予派兵保矿。闻久通、钧裕两矿均系华昌公司所属，为杨皙子参政所经佃。此次中央所发派兵保矿之电令，当系杨皙子面请总统颁发也。

7月，华昌公司将开办时政府之补助款十六万两照数缴还农商部，作为调查矿产经费。

《湖南华昌公司报告》：本公司成立之始，领有政府补助款银十六万两，当时奏案，有"俟营业发达再俟报效国家"之语。去年锑价涨后，政府责令报效，公司乃于七月将原补助款十六万两照数缴还农商部，作为调查矿产经费，即充报效。

8月31日，《大公报（天津版）》报道，华昌锑矿标本在旧金山巴拿马博览会采矿冶金馆展出。

《大公报（天津版）》是日以《中国巴会记》为题报道：交通馆

出品为各路铁道模型，招商局轮船模型，广东江轮模型，中国邮政计表，黄河桥模型，汉冶萍铁轨，均足以表示中国近年交通之进步。采矿冶金馆出品为各省矿苗矿物及湘省水口山煤矿模型，华昌锑矿、汉冶萍钢、启新洋灰公司、西门汀耐火各处标本。

9月，公被杨度介绍成为湖南第二次劝进请愿书87名请愿者之一。

何汉文、杜迈之《杨度传》：这时，筹安会以及请愿团的人马都加入请愿联合会。并且规定：凡上参政院递请愿书，都要经过筹安会和请愿联合会的会员，同时又是参政院参政的杨度、严复、孙毓筠、梁士诒、张镇芳、那彦图等二十五人中五人作介绍。例如湖南在九月下旬有叶德辉、胡子靖、李傥、薛大可、易顺鼎、左学谦、方表、曹典球、雷光宇等六十一人的请愿书和王闿运、唐才质、赵恒惕、陈复初、梅馨、梁焕奎等八十七人第二次请愿书，都是由杨度、孙毓筠、严复、梁士诒、张镇芳作介绍。

10月4日，《申报》报道，为维护湘省矿权，公签名参与湘绅电拒湘矿督办陶思澄。

《申报》是日以《湘省又电拒陶思澄》为题报道：湘矿督办陶思澄氏为湘绅电拒，曾致函京报自办，已志昨报。兹闻湘省绅士最近又有公电到京，其文云：参政院蔡松坡、杨皙子两先生联鉴，湘矿督办实吾民生死关头，迭经电陈，未奉复示，肥脊视若秦人，实所不解，大计攸关，况在桑梓，公不之省，民实望焉。除上政事堂平政院电文一通另抄送察外，用特公恳联□呈乞收回成命，以完待破产而回将绝之，生言尽于斯，不知所□，仍祈察复，湖南省教育会会长叶德辉……公民汪诒书、刘棣芬、劳鼎动、程颂万、梁焕奎……又闻内务总长关怀此事，将与新任湘巡按出面调和，陶思澄此行或遂可以已乎。

10月28日，华昌公司在《申报》刊登启事，声明并无报效筹安会款项之事。

《申报》是日刊登《湖南华昌炼矿公司启事》：启者。近闻京沪各地报载，有敝公司报效筹安会五万元之语。敝公司纯粹经营矿业，向不与闻政治，近亦无报效筹安会款项之事。特此声明。

仲冬，公续修之《梁氏世谱》在五橘堂完成刻印。

12月底，华昌公司与英商廓克逊所订垫价包销之约期满废除，但因其在各国市场均先出己货，次销华昌纯锑，致华昌公司折损至359000余两。

湖南《大公报》1916年5月2日：《湖南华昌公司报告》：其后几经磋商，始将此约解除，然仅能改约，不能废约，改为无论售与何人若干吨，皆与支那公司以佣金，其期限为一年，至民国四年（1915年）12月底止始期满作废。合计所损归还前约借款，占去汇水银六万三千二百余两及全年佣金并贴水银二十八万六千四百余两，二共为三十五万九千余两。

《湖南省志·近百年大事记》：华昌所出之纯锑，经欧美各国都会化验公所试验，其成色在英京廓克逊所出之上，以后各国商报关于纯锑价值，均列华昌于廓克逊之前。英商廓克逊虑华昌出品过精，相形见绌，遣人来湘，愿为垫价包销。华昌创办之初，无人经理销售，乐其便利，遂与订约。后经考察，始知其谋：在各国市场均先出己货，将华昌压在其次。后因欧战起，英商延期不能交款，乃乘机与之废约。

12月25日，蔡锷等在云南发动武装讨伐袁世凯的护国战争。

年底，华昌公司派公五弟梁焕廷与李国钦共同在纽约筹设办事机构，以便销售锑品。

章执中《李国钦》①：李国钦……第一次世界大战爆发后，去欧海运中断，华昌炼锑公司为了在美国开辟销路，原本要我父亲前往。但因他辞不受命，乃改派李国钦前往，并和早在美国偕眷入学的梁焕廷（梁壁元之五弟）共同在纽约筹设办事机构，以便销售锑品，这已是1915年底的事了。

《两片灵芝》：也就是1914年欧战正开始的时候，梁家想派个人去美国替他们销售锑矿，他们第一个想到的人选，便是我爹爹，因为爹爹已经间接地通过妈妈和大姨妈，和梁家成了姻亲，是所谓的"自己人"了。爹爹本来在矿务局做他的"官"，只希望平地一声雷地升为部长，并不想离家背井而去。但照中国人喜欢说的"帮帮自己人"，一讲到亲戚的情谊，便有点义不容辞，只得应诺。

---

①作者系华昌业务部经理、总经理章勤济之子，此段源自作者交编者手写复印件。

是年，公弟鼎甫自美归国，辞水口山局长，专办华昌扩展西法采炼事宜。

《梁鼎甫氏生平略历自述》：赴美参观博览会，游历数月而归。时1915年，欧战正酣时，纯锑暴涨。遂辞水口山局长，专办华昌扩展西法采炼事宜，时年四十岁。

自华昌成立至今，代炼全省各地（包括新化锡矿山）锑砂，并集中出口，华昌代理了全省锑矿经营，并暂时阻遏了外商长期以来在湖南廉价收购锑砂的情况。省垣城南一带，机声喧扰，烟囱林立，厂房屋舍，鳞次栉比，湘江沿岸，火轮电艇，络绎于途，无非皆华昌所有，规模之大，可见一斑。

佚名《梁公鼎甫传略》：当时华昌业务发达，年获巨利，盛极一时。益阳矿场采掘工程，全部机械设计装置，皆由鼎公朝夕指导，不遗余力。旋复敷设板桃铁道，亦皆鼎公所建议主持。至于长沙总公司事务所以下，分设冶炼、化验、水电、修理、翻砂、航运诸部。机构复杂，组织庞大，全部员工达数万余人。省垣城南一带，机声喧扰，烟突林立，厂屋房舍，鳞次栉比，湘江沿岸，火轮电艇，络绎于途，无非皆华昌所有。情况之盛，规模之大可见一斑。

《华昌炼锑公司及其创办人梁焕奎》：华昌公司坐落在长沙市的南门外，从碧湘街到西湖桥河边一带，占有约十余万平方公尺面积的建筑物，它的办公大楼紧靠着面临湘江的楚湘街，包括有自己经营的轮船码头、机械修理车间、仓库、工人宿舍、堆栈、化验室和一连串大型冶炼纯锑的设备与厂房，并附属有电力厂与自来水厂等，再加上耸立达数十丈之高的——在长沙各类工厂最高的——炼锑的烟囱和直接间接为华昌公司服务的各类大小商店，全体构成一幅资本主义的场景。至于组织方面，自"总公司事务所以下，分设冶炼、化验、水电、航运诸部，机构复杂，组织庞大，全部员工达数万余人。省垣城南一带，机声喧扰，烟囱林立，厂房屋舍，鳞次栉比，湘江沿岸，火轮电艇，络绎于途，无非皆华昌所有，规模之大，可见一斑"（三叔父梁焕彝传记）。此外在湘江、资水流域，以至于直达上海港，经常有华昌公司自己的轮船华运号和成千吨的五艘铁壳驳船及华运号浅水汽轮，往来行使。

是年，板溪矿山矿工多达二千多人，盛极一时。

张作林等《我县最早的矿业工会》：矿山（指板溪矿山——编者注）盛极一时。除本县不少劳力来矿做工外，还有四川、湖北、江西等五省十一县的无产者，来此谋求生计。矿工多达二千多人，使我县出现了一支庞大的矿业工人队伍。偏僻的板溪山乡，一跃而被人们称之为"小南京"了。

是年，赵柏岩重至长沙，辟园赠示旧作，赵赋诗酬答。

赵柏岩《酬梁辟园》①：辛亥，余还桂林，路过长沙，辟园昆仲招饮，一见如故交。乙卯重至长沙，辟园以当年见赠诗示余。赋此酬之，并柬芷荪丈。其一，牧之当日领华筵，回首风光隔五年。世局久随云变幻，交情愿订石贞坚②。青山愁人新丰酒，皂帽犹思太华毡。梅尉变名惭愧甚，赠言感子意拳拳。其二，为访荃荪放小舟，今年又作楚天游。九嶷重叠堪供目，岳麓苍凉近人眸。握这间临杨大眼，吟诗当逊范长头。孤篷聊适江湖兴，惆怅元龙百尺楼③。

是年，华昌生产纯锑7200吨，生锑7895吨。

《湖南省志·矿业志》：华昌历年生产数量，1915年纯锑7200吨，生锑7895吨。

民国五年丙辰（1916），四十八岁

3月11日，《申报》称袁世凯命查抄蔡锷家产。梁和甫得讯，请杨度出面承认蔡锷华昌股份已归杨所有。

《申报》是日刊登译电《抄没蔡锷股金》称：北京电：政府抄没湖南华昌锑矿公司蔡锷股份洋三万四千元，且命各省查抄蔡锷产业。

王启山《蔡锷与杨度》④：1916年1月，护国战争爆发后，袁世凯密令邵阳县知事陈继良查抄蔡锷的家产。消息被谢邦干和曾叔式获悉，谢、曾二人亦为蔡锷挚友，他们一口气跑到梁和甫家里，把听到的消息告诉梁和甫。梁氏得讯后，非常着急，为了保全蔡锷在华昌的股份不被没收，他考虑只有请杨度出面。要杨度"表面承认

---

①此诗录自《赵柏岩诗集校注》，当作于1915年。
②此处原刻本自注：辟园拟设西法炼铅矿厂，余有同心。石贞坚：言交情坚贞若金石。
③此处原刻本自注：时辟园大造洋楼。
④源自《长沙晚报》，1982年10月5日。

此项股份归杨出名式顶,以抵制政府查抄"。对于梁和甫的这个要求,杨度满口答应,而且,事实说明行之有效。

5月2日,长沙《大公报》刊载《湖南华昌公司报告》,向各界报告华昌公司自成立以来的经营情况。

长沙《大公报·湖南华昌公司报告》是日报道:本公司自前清光绪三十四年(1901)开办以来,至民国三年(1914),其间营业互有赢亏,而此七年之中,数遭饥民之乱,厂屋尽毁;再遭水火之灾,停工数月;反正(辛亥)以后,金融紊乱,市面恐慌,本公司迭受影响。加以补助款问题累为官府所延,专办权(专利)问题屡为矿商所倾,应付支持,竭尽心力。开办以来,锑价日趋跌落,纯锑每吨仅售银一百余两。公司极力樽节,犹恐不支。数年之中,办事之困难与经过之波折,千辛万苦,历濒于危,勉力支持,幸而未败。其中情形,实非笔墨所能罄述。直至欧战发生,锑价大涨,去年第八届营业,获利甚丰,若专以营业所入计算,其数约达长平银三百万余两。惟以公司义务所关,暨不可避之损失以及经营应办事宜,保固根本办法,所耗经费,其数甚多。兹将各理由事实分述于下:一、前数年中,锑价日见跌落,所有长沙炼厂及各处矿山工程皆因经费不充,未能完备。去年(1915)锑价突涨,正宜趁此有利之时,将应办各事宜乘时布划。因求出货之多,不得不予矿山、炼厂各处工程概行推广,以乘此千载一时之善价。去年炼厂所出之货,较之常年约增两倍。以此余利所得,用于采矿经费及财产用款者,其数为长纹四十二万三千余两。此应说明者一也。二、本公司成立之始,领有政府补助款银十六万两,当时奏案,有"俟营业发达再俟报效国家"之语。去年锑价涨后,政府责令报效,公司乃于七月将原补助款十六万两照数缴还农商部,作为调查矿产经费,即充报效。此应说明者二也。三、从前锑价跌落之原因,实缘锑之用途不多,销路甚狭。公司为求销路起见,爰于民国元年(1912)与英商支那矿业公司订有包销合同,锑概归彼买,不得零售他人,且每月有一定之吨数,不得超过。在平常销路甚狭之时,公司出货有限,并不望其多销,而每月有一定之收入,借以维持一切,亦未始非策。不料欧战发生而锑价上涨,支那公司受其本国战争之影响,不能按约按期收售,即令为约外之通商,而又以伦敦之价低于纽约甚远,种种束缚，于公司至为不利，而公司期约又不能售与外人，因此公司于锑价涨后，外人争买之时，不能违约售销。坐困者几及三月，所损失者已为数不少矣！其后几经磋商，始将此约解除，然仅能改约，不能废约，改为无论售与何人若干吨，皆与支那公司以佣金，其期限为一年，至民国四年（1915）12月底止始期满作废。合计所损归还前约借款，占去汇水银六万三千二百余两及全年佣金并贴水银二十八万六千四百余两，二共为三十五万九千余两。此应说明者三也。四、从前锑砂因价格低落，所值无几，经锑价涨后，山中砂石稍含锑质即可易钱，因此各处矿山附近宵小（无业游民）群起生心。去年五六月间，各处矿山皆被抢劫，锑砂损失及房屋破坏，加以窿洞因停工被水，补葺整理，耗费尤多。其直接损失约四万余两，而间接损失未能计算。此应说明者四也。五、凡办公司，断不可少者为折旧费，此普通应备之款，亦稳固根本之计。而本公司自开办迄今，前此锑价既低，七年之中亏赢相抵，仅足支持，更无余款可以提存为折旧之费。故数年中所置动产、不动产及各消耗用费，均系照原价原数存底，明知非固本之法，然财力所迫，莫可如何。加以锑价涨跌至大，且跌时多而涨时少。去年以欧战关系，始有些空前之高价，然而不可恃常。而公司所存各原料如生锑、锑砂等，均约照现在时价作底，常存积至数千吨之多，然非有此，又不足以供炼炉之用。万一跌价，则此项存底损失若干，殊难预料，若不于此时将各项动产及不动产成本减轻，实于公司根本大有妨碍。去年获利较丰时，将历年所置动产、不动产照价折减，以固根本，其数为长纹一百一十万余两。此应说明者五也。以上所述种种事由，所耗经费为数甚巨，然皆在营业范围以外，实为稳固公司基础不得已之举。兹特于营业余利中除去此等数目二百零八万余两外，实获净纯利银一百二十万两。今将八届各项账目造具清册并附说明，敬希公鉴。

6月6日，袁世凯去世。华昌公司总理杨度因被通缉，其在华昌公司所占矿"概行拨由湖南矿务总局督同该公司经理人经营管理，如有应拟红利，即应另款存储，听候解决"，使公司当事者勋受逼迫。

《湖南华昌炼矿公司经过略述》：不意丙辰（1916）因袁项城下

世,公司经理及董事股东多与政局有关(指杨度等),牛恩李怨,风潮遂烈。当事者家四叔及姨丈谭君芪生,动受逼迫,有岌岌不可终日之势。

《长沙文史资料》第七辑:华昌公司内部的人事关系也不大协调,主持人多与政局有关,一旦政局有变,公司就蒙受影响,牛恩李怨,风潮时起。又如1916年袁世凯复辟帝制失败后,华昌公司总理杨度因有牵连,其在华昌公司所占矿股,被省府通令"概行拨由湖南矿务总局督同该公司经理人经营管理,如有应拟红利,即应另款存储,听候解决"。①

6月18日,蔡锷要求将其在华昌股金提走,作为护国战争费用。

毛注青、李鳌、陈新宪编《蔡锷集·松坡军中遗墨》有日《致刘命侯曾广轼电》云:万急。宝庆飞送新化华昌公司刘命侯、曾叔式先生鉴,昨由洪江周康生转致一电,计达。敝军窘迫万状,故远作将伯之呼。在诸公不过腾挪一时,珠仍还于合浦;在敝军借资饱腾!不啻解燃眉之急,临电无任翘企,盼速复。锷叩。巧。

夏,华昌公司投资湖南中华汽船公司,鼎甫公被选为董事,华昌股东代表谭某为经理。

《实业杂志》(1920年第三十号)载敦尹著《湖南中华汽船公司建设之历史及其最近之情形》云:五年夏,南北统一,谭督军重来湘省,兵燹初弥,四民安堵。该公司营业畅盛,复于前状。时因吨位有限,不能应顾客之需求,乃另招新股。有华昌公司股东梁鼎甫、韦志道等,以锑矿获厚利,愿各入股银数万元。一方面俾该公司资本雄厚,可收多钱善贾之效;一方面可使华昌锑砂易于出口,而得守望相助之益。但该公司既招新股,而旧股东所享权利须以一部分让给新股东,于是重开股东大会,票举董事监察人曾广江、左念贻(号绳荪,现任公司总经理)、梁鼎甫、韦志道、许志皋(按许曾经介绍凡人入股自身实未曾出资,依照章程,似无充任董事资格)五人被选为董事,复由董事会推左充总理,曾充协理,谭某(谭为华昌股东代表)为经理。一面筹画进行方法,一面添制船只。适有海轮海通,向来行驶沪杭,因不适于航海,愿以低价出售。该公司闻

---

①源自《顺天时报》,1917年3月2日。

此消息，立以银五万两购得，因吸水量过深，不便驾驶内河，即请上海机器制造厂重加改造，前所谓华泰者是也。该船长约十七八丈，宽约二三丈，吸水量七八子，载重六百八十吨，其马力机器舱位构造，均较华盛为优，计船价及修理费，合用银十七八万两，往来湘江，如凫逐水，观者称美，时民国六年三月也。

《湖南华昌炼矿公司经过略述》：国际邮船运货舱位往往不能通融，无国际银行则货到之时偶值价跌，则跟单押汇，难以延期，均为极大痛苦。华昌既直接与欧美厂家议价销货，感受此种困难，加入中国汽船公司股份，并与广东及上海商业银行妥筹国际信托汇兑之法。虽所谋未成，衰耗已见，然当日之苦心惨淡可概见矣。

10月14日，谭延闿致电熊希龄，称"华昌极力维持，不至破坏，近已扩充招股，更可免尤。浪人狙伺，徒虚语也"。

《谭延闿集》收有《谭延闿为华昌公司等事复熊希龄电（1916年10月14日）》云：湘事实不易为，闿亦支持一日是一日，当官而行，不敢苟且，如是而已。华昌极力维持，不至破坏，近已扩充招股，更可免尤。浪人狙伺，徒虚语也。

10月26日，因和甫公函约入华昌新股，熊希龄电请刘艾堂代为挪垫。

《熊希龄集》第五册有是日《乞公代垫华昌股款致长沙刘艾棠电》云：华昌欠交通行款，顷由吴君与京行商榷，允照按年摊还之议，已电告华昌矣。和甫函约入华昌新股，龄愿入，惟目前经济困难，乞公与和商酌，代为挪垫，候后筹还，公意如何？

是年，华昌公司对板溪锑矿进行了一系列的技术改造，初步形成了机械化较高的矿山企业。时全矿工人达二千，月产锑砂千吨以上。矿山下部，小溪两岸，商贾云集，俨然一山间集镇，诚极一时之盛。中外官商来参观者极口赞之。

周维良《湖南经济·世界第一之湖南锑矿》：板溪锑矿，在益阳县城西南180里，距桃花江80里，……因山路崎岖，交通不便，故当时决定修长板桃铁路。在民国五年购地已经竣事，铁轨车头均已购齐，铺枕架轨，工程亦已过半（已由板溪修至沽溪，计长50里，仅余沽溪至桃花江之30里尚未修成），由桃花江至益阳城之船筏，完全造就。由益阳城至长沙所需之铁驳小轮，亦已置备。

王汉梁《桃江板溪锑矿开采简史》：此时豪商巨贾，纷纷投资开采，1916年对板溪锑矿进行了一系列的技术改造，把过去沿用的土法改为西法经营，采用了平峒斜井的正规开采方法。平峒分入砂道，东西过入山道，平巷掘进应成一定坡度，用轻便铁道与矿车运输。又于入山道开凿盲斜井，两侧每距30米中段平巷，其间开沿脉小巷。采矿方法多用蚕食留矿柱法，当头矿石用人力搬运至平巷，再用矿车转运斜井提升，转到入山道，然后运转到地面。井下通风以自然通风为主，局部则采用风箱的办法，以手摇鼓风。排水则机械与人工并用，在第三层平巷开凿水池用抽水机排出。工作地点用竹筒抽水，俗名孔明车，亦颇著成效。此外用电灯照明。初步形成了机械化较高的矿山企业。在我省锑矿开采中，板溪锑矿还早于采用正规方法开采、号称锑都的锡矿山。当时全矿工人达二千，月产锑砂千吨以上。矿山下部，小溪两岸，商贾云集，俨然一山间集镇，诚极一时之盛。矿砂主产与日俱，但外部运输较为困难。久通公司乃于1917年（民国六年）募集资金60余万元，拟创修自矿山至桃江镇的一段轻便铁道，全长70华里。但后来因锑砂价落，产量减少，仅建成厂矿部至望山洲一段，全长70华里。产品由轻便铁道运至望山洲后，用大箄伐水运至沾溪，再换帆船或小火轮运抵益阳、长沙市。

是年，锑价迅速跌落。每镑纯锑，4月以前尚值美42生司，至5月终则仅值30生司，至6月终则仅值20生司，至11月则仅值12生司，华商所受损失乃至不堪言状。

《申报》1919年5月4日载静观《锑矿业之过去与现在》云：乃曾几何时势局骤变，英既得西班牙锑砂之供给，美商在纽约又有联合抑制华商之举。于是华锑之价乃大落，当民国五年四月以前每一镑纯锑尚值美四十二生司，至五月终则仅值三十生司，至六月终则仅值二十生司，至十一月则仅值十二生司。跌落之速乃至于此。华商所受损失乃至不堪言状。考其所以失败之由，虽曰美人并力开采锑矿，顾其产量至微，究不足与我国锑业相颉颃。盖彼之所以制胜我者不在工业一方面，仍在商业一方面也。西人商业上手腕之灵敏与夫团结力之坚固，中国人实望尘莫及。当锑矿市价抬高之际，中国锑商既不能自结团体，互相维持，又不能透察国际贸易上供求之状况。乃纷纷装运锑砂至美,托人代售,以致纽约存锑过多,即予西商以抑勒之柄。未几,各小锑商以运输不便,资本缺乏,辍业者踵相接。即数家大公司,从前虽获有厚利,至此亦复支持维艰。此则大可为吾国矿界惜也。

是年,华昌生产数量为纯锑8600吨。

《湖南省志·矿业志》:华昌历年生产数量,1916年纯锑8600吨,生锑(未详)。

是年,李国钦在美国纽约自开华昌贸易公司,利用华昌声誉和华昌驻美国办事处经理职权,开始了他的"长袖善舞"。

《李国钦》:李国钦到达美国后,出任华昌炼锑公司纽约分公司副董事长兼总经理,梁焕廷任董事长,但李氏却掌握了经营管理实权。由于他勤奋工作,广交朋友,经常奔波于美国的纽约与旧金山之间,为时不久,便成为可以左右美国锑产品市场的人物,名声大振。因为国内的纯锑已全部集中于华昌,华昌又全力以寄售方式出口美国,从而形成了中国纯锑垄断了世界锑产品市场的局面。然而,属于战略物资之列的锑的价格,是随着战争的形势而波动的。李氏既已有掌握锑市之能力,在锑市价格变化多端的情况下,也就有了套购得利的机会。

是年,为支持护国战争,龙璋向华昌公司梁焕均借款。

龙永宁《从绅士到革命家——我的祖父龙璋》:当时湖南护国战争各路人马所需甚巨,龙璋向人借贷能够开大口的除了黄兴,就是原来在长沙与他合股开公司的一些大实业家。……龙璋当初在湖南所办众多实业,……还有些大公司招股,他也曾参与,如华昌炼锑公司等。加之他是湖南商会总会长,各大公司老板都常要与他联系。此时,为筹集反袁斗争经费,四处设法,他想到了湖南华昌炼锑公司老板梁氏兄弟,当初他与梁焕奎也曾常有交往。现在华昌生产发达,业务兴旺,时任总理的是梁焕奎四弟梁焕均(字和甫)和龙璋亦有一定的交情,龙璋即写了一信向他借钱。

民国六年丁巳(1917),四十九岁

正月,华昌开股东大会,改组加股,增原股90万元为300万元,章勤济为坐办,汪颂年为总理,公之四弟和甫公退出管理职位,

梁氏仅为股东。

《湖南华昌炼矿公司经过略述》：又值锑价稍跌，货滞不销，支用过巨，掉运较难。建议改组加股，洁身引退，以图后效。六年正月（1917）开股东大会，增原股九十万元为三百万元。其实公司产业虽属笨滞，估价当在三百万元以上。所以股额虽钜，一呼即满，拒退之数且达二十余万元。改组以后，章君勤济为坐办，汪君颂年为总理，大体虽仍旧贯，局势则非前日紧饬之比矣，未及一年，尚分红利。至此，公司冗员充滞，办事效率大为降低。

春，梁和甫成立天一公司，在庐山小天池购地"一万方"，建筑宝塔、寺院、肺病疗养院以及十几幢别墅，修通至莲谷、姑塘、大寨、牯岭道路。

《庐山续志稿》（1947年版）：民国初年，小天池一带还是草荆丛茂，水石交鸣，曾经的一点佛教圣地，早已荡然无存。梁和甫于民国五年（1916），曾在庐山莲花谷青年会区域内置房以居。但以信仰与家庭生活习惯不同，致情感隔阂，有迁居之意。在一小天池居民介绍下，在"民国六年（1917）春，始以天一公司名义，在小天池购地一万方，划分区段，建房修路。所修之路，南通莲谷，北达大寨，东至姑塘，西至莲牯路，是为小天池新建筑之所由始。①

4月4日，《新闻报》报道：为黄兴、蔡锷国葬，借用华昌公司拖轮乘载二位灵柩，以过湘江。

《新闻报·筹备黄蔡国葬种种》是日报道：黄蔡灵柩均由小西门渡河，借用华昌公司拖轮乘载，另用湖南银行轮船拖绕猴子石，经过水陆洲，直达对河牌楼口起坡到山。

4月8日，谭延闿等来访青郊别墅，与公谈甚久。

《谭延闿日记》是日日记云：4月8日，论黄克强墓铭事。午，舆出城，至青郊别墅见梁大，陆三、曹子谷、刘艾堂先在，久之，梁四、梁三来，汪九后至。入座，皆蔬菜、鸡、猪，设……平远楼，遥望平畴，葱翠如洗，使人心旷神怡。与梁大谈甚久。

---

① 此文还记述："民国二十六年，其地共有房屋三十六栋，三分之一属梁业。是年夏，梁病喘日剧，自知寄身无常，慨然以自置房地产八处（7—14）捐奉为诺那塔院，由诺那弟子陈圆白、韩大载负责掌管。其肺病疗养院，全部包括在内，惟初建之胜鬘精舍，仍由其妻子居住。"抗战后，小天池一带建筑，尽毁于日寇炮火中。

4月15日,撰联挽黄兴。

《黄克强先生荣哀录》录梁焕奎挽黄兴联云:羁旅忆绸缪,海国谈心,蚤知以击云蜺夺白日为志;贤豪恸摧丧,乡关回首,谁复有蹴昆仑障百川之才。

5月12日,公弟鼎甫公出席湖南少年义勇团总会成立大会。

《湖南省志·大事记》:5月12日,湖南少年义勇团(童子军前身)总会在长沙成立。谭延闿任会长,陈润霖任副会长。

《湖南教育史》:湖南少年义勇团总会举行成立大会,与会者有……梁焕彝……等三十多人……少年义勇团的目的是培养团员的国家思想、合群性、纪律性、尚武意识,以求德智体全面发展,做一个合格的国民。

6月20日,因近来锑价陡然跌落,市面恐慌,金融奇窘,锑业同人数十人在南城外志记公司开会,决定成立湖南锑业公司,要求华昌公司承诺出面维持,所有生锑请华昌代炼成纯并直接运销外洋,除立即具备公函,请求华昌查照外,并禀陈都督核准备案施行。

《申报》6月30日以《湘省锑业之大恐慌》为题对此报道称:湘省出口货物其能与谷米茶叶并称者,当以矿产为大宗。而矿产中又实以锑为最,产额、销额约占全球各国之过半数。盖锑为军用必需之品,自前年欧战发生,锑价逐渐加涨。吸收外资为数甚巨,年来市面恐慌,金融奇窘,而各行商业犹得勉强支持、未即凋敝者,皆如锑价收入之力。其涨价之原因,固由欧战延长之趋势,亦实根于强有力之华昌公司为能左右而提挈之也。该公司自有锑矿甚多,产砂即旺,又能自炼纯锑,直接运销欧美各国,且于自炼自砂外,并随时收买生锑,常至数千吨之多,使零星锑商得依时价卖出,不至受外商卡抑,故价值得以加增。顷近以来,锑价陡然跌落,推原其故,一因金价之低落(英金美金同时跌价),一因产额之过多(湘中去岁新开锑矿及已停复开者甚伙,又将从前抛弃之锑矿锑渣提炼净尽),而其尤有关系者,则以华昌公司迫于时局之艰危,中交银行之停顿,不得已停止收货。彼投机之外商,探悉此中内容,利用此种机会,抑价卡买,并一面在外国放盘。各锑商无法抵抗,不得不俯就范围,其存货新者固不甘受其卡抑,然苦于财力之不逮,未能持久。多□纯锑生锑向湘汉各埠洋行暂为押款,嗣后各洋行函电交驰，限期催赎，并声明逾期低价拍卖。各□商睹此现象，恐其陷入漩涡，大为恐慌。邀集锑业同人，于本月二十日在南城外志记公司大开会议，到者数十人，共商维持方法。旋由大众表决，组织一极大公司，命名湖南锑业公司。其股份尽由锑商认定外，再招各资本家担任，先将已经抵押洋行之生纯各锑尽数赎回。此项公司，已由各锑商要求华昌承诺出面维持，所有生锑，或请由华昌代炼成纯并直接运销外洋。金以此事系为固结团体，力谋统一，挽回价格，顾全公益起见，当可得华昌之允许，立即具备公函，请求华昌查照外，并据情禀陈都督，恳予核准备案施行矣。以上办法，在各锑商之意，以为欧战未已，锑价实无骤落之理由。不过以时局之艰危，金融之窘滞，外商因而卡勒，致酿成此极大之恐慌。倘能及时救济，亦不十分为难。盖金价已有转机，各处矿山近因匪氛不靖，大半停工，一时断难恢复，产额不至顿增。市价存货，亦只有此数，以新组公司之财力，就目前而论，将一律收尽而有余，此事恐不难达到目的也。

7—10月，公族弟漱溟从司法部去职后到长沙，居青郊别墅三个多月。返京时，感于内乱战祸之烈，撰《吾曹不出，如苍生何》一文，呼吁社会各界有心人出来组织国民息兵会，共同制止内战，培植民主势力。

《梁漱溟问答录》：张耀曾司法总长下野，我亦去职南游，经苏州、杭州而湖南。时值在衡山的北洋军阀旧部王汝贤等率部溃走长沙，大掠而北，沿途军纪极坏。正巧我与溃兵同时进京。一路所见，触目惊心。我有感于内乱战祸之烈，撰写了《吾曹不出，如苍生何》一文，呼吁社会各界有心人出来组织国民息兵会，共同制止内战，培植民主势力。到北京后，我将此文自印了数千册，到处外送与人。

《梁漱溟先生年谱》：五月中旬，安徽督军张勋拥清逊帝复辟，张耀曾先生随政府改组而下野。先生亦去职南游，经苏州、杭州而湖南，居同族璧元兄家三月。时值在衡山的北洋军阀旧部王汝贤等率部溃走长沙，大掠而北，沿途军纪极坏。十月，先生由湖南回北京，溃兵此时亦正北撤，一路所见，触目惊心。

10月，以衡山北洋军阀溃退，公携全家避难汉口市区。

《梁焕奎事略》：1917年，复以衡山北洋军阀溃退而避难汉口市区。翌年即携眷北上，聚居在我家中。

《自定稿》中有《兵灾行》诗曰：饥鸢莫食死人肉，中有弹丸贯腰腹。眼前牵衣妻若女，池中先此死人死。死人屋在池水东，朝掠至暮鸡犬空。池南池北数十宅，宅宅皆与此屋同。一翁避掠走深壑，壑中如与豪儿约。片衣不许翁身留，牵翁出行负以橐。三月水深田不秧，村农逃死饿且僵。群牛充食皆已杀，布谷催耕空尔忙。吁嗟乎！片言支吾动兵革，杀气阴森四郊塞。湖南此劫从古无，敢告元戎我心恻。

11 月 16 日，为湖南赈灾事，公与聂其焜等联名致电熊希龄。

《熊希龄全集》：石驸大街熊督办台鉴：湘南兵燹，又值歉岁，人民流离，极堪悯痛。同人等拟设法恍恤，而力不从心，前西路抚绥处，公所创办，良规在前，应如何仿效提倡，伏望主持，速示方略，并望转致同乡诸公。毋任感祷。聂其焜、曹济湘、汪怡书、朱恩绂、王铭忠、曹典球、左宗澍、梁焕奎、刘芬、谢国藻、宾步程、周子贤。咸。

下半年，因华昌公司破产，失去重要经济来源的杨度，只好将母亲李氏、妻黄仲瀛送回长沙，寄居在南门外碧湘街华昌公司办公楼。

何汉文、杜迈之《杨度传》：他（杨度）原为华昌炼锑公司的大股东，欧战中锑价暴涨，营业兴旺，他所得红利很多，是他的重要财源。欧战结束，锑价惨跌，同时因经理负责人李国钦把资金物资盗窃一空，华昌宣告破产，这一重要财源也没有了。因此，他在天津的寓公生活也捉襟见肘，无法维持下去。由于他和湖南家乡上层人士一向关系恶劣，家里又无祖业恒产，在此走厄运的时候，也无法返回原籍居住。所以复辟失败以后，他只好把母亲李氏、妻黄仲瀛送回长沙寄居华昌公司，次妻徐粲楞送回苏州原籍，自己在京、津、沪、汉等地过着流浪挂单的生活。

彭国兴《杨度生平年表》：（1917 年）下半年，将母亲李氏、妻黄仲瀛送回长沙，寄居华昌公司，将次妻徐粲楞送回苏州原籍。

《从保皇派到秘密党员》：我们回到了长沙，住在南门外碧湘街华昌锑矿公司办公楼的旧址内。我祖母、母亲黄华和姑母杨庄从天津搬回湖南后，就一直住在那里。这是一座旧式的二层楼房，光线充足，间数也很多。楼房的右隔壁，从院子里的小门可通向华昌锑矿公司所属炼矿厂的厂址。左隔壁就是梁焕奎家。他们五房弟兄都住在一起，人口众多，小孩也特别多。房子很大，是中国式的大厅大院，有好几个院子。

我在长沙无事，就和梁家的小孩玩耍。我们跑到华昌锑矿公司的断垣残壁上面跳来跳去，做着打仗的游戏，分成两队互相追逐。这时，华昌公司已经倒闭几年了，人去楼空，剩下一堆废瓦残砾，那高耸天空的大烟囱，孤独地挺立着，显得一片荒凉。一个由梁氏兄弟和我父亲共同兴办的实业，如今却成了一个废墟，只能供我们这群孩子来玩耍、凭吊了。

是年，华昌生产数量为纯锑8200吨。

《湖南省志·矿业志》：华昌历年生产数量，1917年纯锑8200吨，生锑（未详）。

民国七年戊午（1918），五十岁

春，公携眷避难天津并游京师，寄居于崇文门外缨子胡同从叔父梁巨川家。公精神上皈依佛法非一朝夕，公常嘱漱溟公共诵读《楞严经》以为日课。杨钧赠诗四十韵。

《曾夫人圹志》：戊午之春，偕入都门，喜其风物，留滞三载。

《梁焕奎事略》：1918年，公更以避兵北来，即聚居我家中，时常叙谈往事……。盖公精神上皈依佛法非一朝夕。早在1918年京寓时，常嘱漱溟共诵读《楞严经》以为日课者，曾一月有余也。

杨钧《梁辟园携眷避难天津并游京师》赠诗四十韵：论交逾廿载，各自以诗狂。我学王湘绮，君宗邓白香。当年称李杜，继后愧梁杨。古法研求苦，师承曲直商。怕翁仍独赏，璧老竟名杨。大集衷然在，清思焕矣张。新词惊俗眼，佳什斗春芳。豪语凌霄汉，奇文逸混茫。……读罢声频弱，吟多体欠强。好游心未倦，喜看目偏盲。携眷乘江涨，浮槎眺海阳。金陵随宦地，京国特科场。故物真难遇，抬头悉不祥。定知愁黯黯，空有泪汪汪。世事崎岖变，天时寂寞荒。孤怀徒郁抑，羁旅更凄凉。闾里干戈扰，人民性命伤。神州失纲纪，群盗益披猖。当道鲜英杰，贪官负咎殃。田畴皆死气，屋瓦尽秋霜。儿女趋穷谷，亲朋走异乡。别离因习惯，音信即销亡。

……生涯恁浊酒,壮志谢韶光。难睹唐虞盛,诚宜韫椟藏。

4月,公在北京与梁漱溟家亲友合影留念。

梁漱溟在合影照片右侧题字:戊午四月,辟园以避兵携眷来京师,与二叔祖家暨吾家合拍此照。坐中展扇者即辟园,立其后者其夫人曾氏,次者其长女培肃字君恪,再次其次女培怿字君悦,席地坐辟园前手抱草帽者其子培伟字君大。

10月26日,华昌电呈农商部,恳请与美交涉,免除增税。

《申报》是日报道:美政府现拟增加进口锑税。日前湘南华昌锑矿公司电呈农商部,恳请转咨外部办理。闻农部已据情咨行外部,请即查照一切,与驻京美使提起交涉免除增税。

十月初七日(11月10日)清晨,从叔父梁巨川于六十岁(虚岁)生日前三日,自沉于北京净业湖(积水潭)。辟园公赋《读先从父贞端公遗著感赋》诗纪之。

《自定稿》:投身净业湖中水,此志无因语俗人。

是年,鼎甫公设俊发公司在湘潭东茅塘大坡及五斗丘、油草塘、老山坳一带开采煤矿。

《湖南湘潭公家山中湘煤矿》:俊发公司梁焕彝于民(国)七(年)开采东茅塘大坡及五斗丘、油草塘、老山坳一带,设备齐全,四年产煤甚高。民十一至民十二年间因漏水,租与和利、和志两公司。

是年,公与在京的杨昌济和杨度诸君常相走访。

梁漱溟《访章行严先生谈话记》:盖1918年毛主席初到京时,住地安门鼓楼豆腐池胡同杨怀中(昌济)先生处,而辟园先兄则住缨子胡同我家。杨先生和我虽同在北大哲学系任教相识,但他时常来我家,主要是看望璧兄。毛主席习知其事,却又听说璧兄为湘人而我为桂人,颇怪既是一家兄弟,胡乃不同省籍?经我解释了,乃明白。

梁漱溟《忆往谈旧录》:杨度为湖南湘潭人,与焕奎兄同乡,又是挚交,关系不同一般。记得焕奎兄1918年来京借住我家时,杨度先生即曾来我家看望过他,而焕彝来京时,又常借住于杨度寓所。

是年,华昌的产量较去年减少近50%。

《湖南省志·矿业志》:华昌历年生产数量,1917年纯锑8200吨,生锑(未详);1918年纯锑4200吨,生锑(未详)。

民国八年己未（1919），五十一岁

春间，因一战结束，锑价惨跌，长沙纯锑价竟降到 90 元内外，甚且无人问津。

《湖南近百年大事纪述》：一战结束后，锑价惨跌。以纯锑为例，1918 年上半年长沙每吨市价尚能售到九百元，到了 1919 年春间，巴黎和会尚在举行，长沙纯锑价竟降到九十元内外，甚且无人问津。

8 月 6 日，《大公报（天津版）》报道，公与旅京湘绅呈文反对张敬尧出卖长沙第一纺厂，以保护湘人数千万汗血之资。

《大公报（天津版）》是日以《湘省争持棉纱厂之文电》为题报道：呈为合词陈请维持湘省公产，以继实业而利民生事。窃湖南省城于民国二年以地方款项订购纺纱机器四万锭，组设第一纺纱厂，经营数载，屡经挫折，始底于成。所费机件厂屋各备，将近二百万金，当时均取给予湖南银行，无非以发行票币之资金，为提倡实业之基础。嗣因公家财力支绌，复经谭前省长与湘商华实公司订立租赁契约，比即集合股本着手进行。旋以事变迭起，迟滞至今。乃近忽闻张兼省长有与鄂商李子云订立合同，以一百六十万元分为四期缴纳，承购该厂之议。并将纱机二万锭移往汉口。湘人目击情状，惊惶失措，迭次电请维持，词气极为激昂。查湘省纱厂既为湖前银行财产之一部分，即为将来收回票币之准备金。今若以此项纱厂售之于鄂，所缴之价又复移作他用，随意支销，则湖南银行票币永无清厘之日，湘人数千万汗血之资，悉归无着，揆之公理，岂得谓平！且湘中连年用兵，人民荡析离居，所在皆是，正宜多设工厂，振兴实业，以资救济。今转欲将已成之纱厂归之鄂省，是湘省贫民生计更蹙，隐患堪虞。此所以湘人视纱厂为性命，不容轻弃者也。湘鄂感情素洽，乃鄂商李子云未悉该厂根底，递欲投资承办。即使一时成为事实，以后湘鄂纠葛无穷，必以该厂为之起点。是湘固先受其害，而邓亦未必能蒙其利也。若其中果有外资，则嗣后风潮益难揣测。昨闻李商亦因湘民反对，恐滋纠万，拟先由外国律师向张兼省长购买，再由该律师转卖于李商等语。查内地各省政府或商民与外人缔结合同，非经外部及主管部批准，不能发生效力。该商此举殊违国法，且启异日无穷之隐患，不止湘省纱厂已也。且查湖北纱厂于前清末年租与沪商刘树森，辛亥后湖北政府及省议会以地方公款

关系悔约退租，迭经争讼，终由鄂商承租办理。今湘省纱厂亦系地方公款，与鄂商情同一律。揆之恕道，鄂商尤不应以己所不欲施之于人，致生将来纠葛。希龄等日来屡接湘省商会、省议会暨在籍士绅函电，咸称合同行将成立，事机万分危迫。希龄等同属湘人，对于桑梓公产、贫民生计岂能漠视，为此公同集议，具呈大总统，应请迅电张兼省长暨武昌王督军、何省长，剀切劝谕该商李子云，即日取消前议，并恳饬下外交部照会各国公使，饬令各埠外商勿得承受，并饬税务处、电饬长沙关遇有该项纺纱机器报关，应即扣留，不准装运出口。庶几湘省一线生机，借以保存。事在万急，伏祈迅赐施行，不胜迫切待命之至。谨呈大总统。旅京湖南士绅熊希龄、范源濂、汪诒书、梅馨、徐佛苏、黄赞元、王文豹、周大烈、陈介、胡元倓、张式恭、梁焕奎、骆通、刘冕执、程崇信、王恺宪、章华、陈士廉、杨登甲、黄丙焜、张缉光、左念恒、黄传、胡迈、熊崇煦、马邻翼、范治焕、周诒柯、朱后烈、胡子清、李傥、廖名缙、刘次源、徐森等上呈。

8月5日，因锑价落而滞销，矿界银根奇紧，华昌尤甚，梁焕彝致电向熊希龄，请其速电湘省当局，竭力维持。

《熊希龄先生遗稿（2）》（8月5日）：梁焕彝电报熊希龄：近日锑价落而滞销，矿界银根奇紧，华昌尤甚。似此情形，矿山、煤厂势将停办，十万数工人无所依靠，甚为危险。请速电湘当道，竭力维持，或可挽救，无任企盼。

9月5日，《大公报（天津版）》称，自矿砂价格骤落亏跌甚多，因无流动资金，华昌炼矿公司竟至不能撑拄，再次改组，公推杨度代理总理，章勤济任总经理，新股东周扶九代理理事长，极力撑持，计划拟另招新股若干，以便扩张办理，杨氏往京、津等处会，同壁垣公等商酌进行。

《大公报（天津版）》是日以《湘省工业之近状》为题报道：湘省工业本极幼稚，民国元、二年间，一般人士均视振兴工业为救国要图，且为湖南救贫之要着。斯时督湘者为谭延闿，对于工业一项亦极力提倡，凡属实业机关，无不拨款补助，即纯粹由公家举办者亦属不少，于是某实业公司、某工业筹备处之招牌触目皆是，及嗣后调查，则多数倒闭。究其所以然，则非经理人卷款潜逃，即系开支过巨，因而即亏本。真正热心工业之人，遂不敢再行问津矣。……华昌炼矿公司。该公司自矿砂价格骤落，亏跌甚多。因无流动资金，竟至不能撑拄。于是经股东会议决，公推旧股东杨度代理总理，新股东周扶九代理理事长，极力撑持。其计划拟另招新股若干，以便扩张办理。刻下杨氏已往京、津等处，会同梁焕奎等商酌进行。又闻某系以该公司为中国有数工业，且系与美国直接贸易，在外国亦甚有声，因即运动收买，以厚其经上之势力，现湘人已极力拒绝矣。

《杨度集》：公司总理汪怡书（汪颂年）以战后锑价大落，公司营运不振，提出辞职。公司再度改组。杨度出任公司总理，章勤济出任总经理。

9月5日，杨度在上海召开华昌各大股东及公司重要职员会议，决定取消华昌在美国纽约地方所设销售机构，以后所有运美之锑，均由中美贸易公司①代销，并在该公司投入50万两现银作股本。

长沙《大公报》于9月6日以《湖南华昌炼矿公司之转机》为题报道：杨度昨在上海召开各大股东和公司中之重要职员开一个会议，闻已议定了一个办法，将美国纽约地方所设之庄取消，以后所有运到美国的锑，就请中美贸易公司代销，并在该公司投入了五十万两现银的股本，这个股本就是以现在运抵美国的锑作价，中美贸易公司以后承认每年代销纯锑。

《申报》9月13日以《长沙噪声》为题报道：湘省华昌炼矿公司自前年锑价骤落，即已折不堪，两年来，业务停顿几至不能支持。于是另推杨度、周扶九等出任总理及理事长，设法整理。兹闻杨氏在沪已与中美贸易公司商定办法，华昌公司将所设纽约之庄取消。以后运销锑砂即由中美公司代办，并由华昌公司以五十万两之现金入作中美公司股本。即以已经运到美国之锑砂作价，中美公司承认以后每年代销纯锑一万吨，并允先行垫款，陆续交货，所需手续料即在垫款内扣除。此项办法并经召集各大股东及该公司在沪职员议决，至目下公司业务仍须相机扩充。所需之款，已由杨氏在某方面商借现洋一百万元，数日之内杨氏即将入京就商此事。此项消息为

---

① 即李国钦自办之中美华昌贸易公司。

该公司某要人传出，据云甚为可靠。

10月25日，《大公报（天津版）》报道，公与熊希龄、范源廉、刘揆一、杨度等在京湘绅，向总统徐世昌呈文，请阻止湘督张敬尧将全省矿产允许英商开采之事。

《大公报（天津版）》是日以《恳请禁阻张兼省长违法擅卖湖南全省矿产以保利权而全民命事》为题报道：湖南素号瘠贫，公私交困，凤持矿产收入为养命之源。近年频罹天变，罗掘俱穷，其得以延一线生机者，亦惟此矿产是赖。故前者当局有以水口山矿抵押外资之议，全湘人士呼号奔走，誓死力争，其事遂寝。今又有张兼省长敬尧以湖南全省人民相依为命之全省矿产，概行允给英商开采之事。此事若成，不啻将湖南全省数千万人民之生命举而投诸水火之中。迨听之初，群相震骇。嗣见该兼省长文电申辩，亦或以为事出谣传，后从各面切实调查，始知该兼省长阳则致电否认，掩人耳目，阴则诡秘从事，急于签定。观各报所载二十条之草约，不得不认为确凿。现京、津、沪、汉、湘、粤各处函电纷至，万喙一辞，咸谓此事由湖南水警所长朱舜卿，勾结英国银公司代表葛兰特，夤缘张敬汤，密向张兼省长献计，张兼省长遂迫令实业厅长吴曜金与英商葛兰特订立草约二十条，种种损失权利，擢发难数。其尤甚悖谬者，则擅违政府所颁《矿业条例》，以全省矿产之权利，概行允给第二部之英商投资是也。查《矿业条例》，虽有明准中外合办一条，然只限于一处所产之矿，矿之区域且有一定限制，凡盐、凡铁、凡煤应归国有者，均不在内。今张兼省长概行抹杀，而将一切矿产权利举以授之外人，宁非丧心病狂！此在前清三十年前，中国官吏不明外交为人愚弄，如四川、山西、云南等省，以全省矿产订立合同，致生无穷纠葛，犹可诿为顽固者之遗误。今者风气已开，稍有普通知识者，亦能略解国权，何至身为民上，悍然不顾，倒行逆施，愚呆一至于此？况四川摩根一案迄今数年尚未能结，政府当已饱经痛苦，一误岂容再误。为此，合词呈恳大总统严予驳斥，不准立案，并请饬下外交部照会英使，以杜巨祸而保主权。无任迫切待命之至。旅京湖南士绅：熊希龄、范源廉、刘揆一、汪诒书、杨度、任福黎、徐佛苏、吴德润、刘次源、陈介、胡元倓、梁焕奎、张辑光、刘芬棣、梅馨、王隆中、廖名缙、唐乾一、易顺豫等谨呈。

是年，子培伟在北京进留法勤工俭学学生创办的孔德小学读三年级。（据梁君大自制相册照片说明）

是年，《实业杂志》载称，自1915—1919年，华昌公司供给世界锑品共142800吨，占世界总数之60%。

《实业杂志》第187号《湘省矿业慨况》：（华昌公司）于民国四年（1915）起至八年（1919）止，共供给世界锑品142800吨，占世界总数之60%。

民国九年庚申（1920），五十二岁

1月22日，北京大学教授杨昌济于1月17日在北京病逝，梁焕奎、梁焕彝等领衔在《北京大学日刊》发表募捐启事，谋集资以恤其遗族。

《北京大学日刊》（第521号）是日刊载《蔡元培、范源濂等启事》云：先生既无意于富贵利达，薪资所储，仅具薄田数亩，平日生计仍恃俸，殁后遗族尚无以自存。……揆诸优待教员及尊重学者之意，同人等拟对其遗族谋集资以裨生活，积有成数，或为储蓄，或营生产，俾其遗孤子女略有所依恃。伏冀诸君子知交，慨加赒助。

是年，锑价仍无起色，华昌债台高筑，矿山、工厂生产完全停顿。

《湖南华昌炼矿公司经过略述》：民国九年（1920）锑价仍无起色，债台高筑，寸步难行。遂将山厂工作完全停顿。

《桃江县志》：后因第一次世界大战结束，锑价暴跌到每吨一百多元，华昌公司亏本，久通受其牵连，于民国九年（1920）年停办。

是年，公与兄弟等成立裕厚公司，开发江西大庾岭赣州等县露天钨矿，但经营不到两年。

《李国钦》：他（指李国钦）利用中国国内的原有关系，开拓业务。例如，他与我父及梁氏兄弟共同出资20万两银，组织裕厚钨矿公司，推我父为经理，让梁鼎甫驻江西，在赣南大庾岭等山岭中收购钨砂，集中出口美国，由他销售，这是他经营的又一战略物资。虽然裕厚公司经营不到两年，即拆伙解散。

《湖南近代实业人物传略》：1913年，章克恭受聘为华昌炼矿公司业务部经理，……不久，江西大庾岭赣州等县发现露天钨矿，章克恭又与梁氏兄弟商量,并邀在美国的李国钦参与,于 1920 年成立裕厚公司,共投资 20 万,章克恭任该公司经理。

是年,锑价暴跌,华昌大量运美纯锑积压,待电令纽约抛售存锑时,国外锑价已有回升,但因国内不知情,忍痛同意美国华昌贸易公司李国钦以最低价抛出存锑。李在美则以低价购进,高价抛出,从中获取巨额利润,国内华昌炼矿公司从此一蹶不振,终至停业破产。

《湖南华昌炼矿公司经过略述》:欧战骤停锑价遂日落千丈,乃无人过问,售得之美金当事者视为必涨,存不变价。不意亦复日落一日,沪汉及长沙债务以拆息过高,积至百数十万,货之运至纽约者约二千余吨,所得售价,仅供关税保险水脚之用,数十万元之采炼成本,概归乌有,遂成不可收拾势矣。

章执中《双重国籍的李国钦》①:李到美后,东奔西走,熟悉了美国的情况及生意经,结识了不少美国人。有这些美国人出面担保,李出面申请成立公司。当时美国政府指定必须由李出名注册申请,李注册华昌贸易公司,以示与国内华昌公司区别。李被批准为经理,国内以寄售方式将锑运美,使李成为垄断美五金市场的显要。……主要手段:虚报行情,先报升,骗取国内运锑,后报跌,甚至有意把运期锑也抛出,压低市价。把全部锑套到手中据为己有,然后勾结美国商人造成优势获取暴利。……李与一华侨巨商之女结婚,将财产过户到太太名下,自己申请入籍。

《李国钦》:李氏既已有掌握锑市之能力,在锑市价格变化多端的情况下,也就有了套购得利的机会。因此,待国内华昌发觉有可疑之处,提出质问时,李氏已是百万富翁了。其间,杨度(杨曾持有国内华昌股金 5 万元)向上海租界法廳(院)起诉,企图引渡回国相诉未果。国内华昌炼矿公司从此一蹶不振,终至停业破产。而李国钦为总经理的纽约华昌贸易公司于 1916 年经纽约市政厅批准正式成立。办公处设在 Wond Wonth 大厦之中。

邓负盦②《我所知华昌公司的一点内幕》(摘抄):锑过秤,有

---

①此文章执中写于 1965 年,原件现存湖南省政协文史办。因当时无复制条件,仅摘抄主要部分。以下邓负盦所写文献同此。
②邓负盦为实业学堂毕业生,曾任《实业杂志》主编。原件现存湖南省政协文史委。

英式2240磅长吨，美式2000磅短吨，李国钦对华昌用长吨进，短吨出。交货价又用短吨，李私吞240磅/吨。

1. 欧战将终，李建议速抛存锑，华昌不允，李先斩后奏，已先售。后价跌，华昌令其出售，李按最低价结账。2.1926年前后，砂价由1000元/吨降至100元/吨。3.向交通银行借款，股东抽走自己的资金。

《从保皇派到秘密党员》：过了两三年，第一次世界大战爆发了。锑是战略物资，价格陡然暴涨。这时，梁辟园等人就在长沙买进了一座小锑矿山和几条小火轮，准备扩充生产，大干一番。不料，李炳麟在美国看到华昌公司盈利很多，有一大笔款子在他手中经过，就起了黑心，自己另外开设了一个华昌贸易公司，把所有售得的锑款全部拿去作为它的资金。湖南的华昌公司急等钱用，多次打电报催他的款，李却置之不理；托人去找他，他又拒而不见。国内的华昌公司走投无路，只得宣告破产，梁辟园的一双眼睛都给急瞎了。而李炳麟呢，从此就改名为李国钦，在美国巧取豪夺，坐享其成，由一个伙计变成了独资老板。后来他又凭着华昌锑矿公司的这一笔财产投资经商，投机取巧，竟成了一个名闻世界的大富翁。当时，我父亲因政治活动失败，避居天津，一时无法过问此事。李国钦又远居美国，永不回来，谁也触动不到他一根毫毛。在我四叔杨敞的《暂兄遗墨》中，记载有华昌锑矿公司的这一段事实经过。最后，他还不胜感慨地写道：世之以成败论人者，孰知其人为因利乘便，巧取豪夺之巨子哉！

《两片灵芝》：因为当时的华昌公司，不知道为什么，一直在美国没有注册，只是叫爹爹用华昌特派所的名义在办事，所以爹爹立刻用他自己的名义，在美国另外开办一家公司，正式注册为美国华昌公司，也算代表了他多年①在美国的工作。同时，他用中国华昌公司的名义，把锑矿照市价卖给了美国华昌公司，所得的钱一文不差地寄给中国华昌的梁老四和梁老五，同时，他向中国华昌公司提出辞职。这件事究竟爹爹做对了，还是做错了，我也无从回答。为了这件事，中国华昌还曾控告过美国华昌，双方在中美两国，都打

---

①李国钦1914年始在华昌就职，1915年赴美，1916年即成立贸易公司。

过官司。结果，无论是在中国还是在美国，美国华昌都获得了法律上的胜利，可见得爹爹在法律上绝对没有犯错。我想爹爹是个精明的人，在这样的事上，绝不会允许自己出半点差错的。……爹爹告诉我的，只是这些铁样的事实。中国华昌要卖的决心，有多次电报为证。爹爹劝他们不要卖的好意，也有多次电报为证。后来要卖的价钱，也得到中国华昌的许可，同样有电报为证。卖后所付的钱，有中国华昌的收据为凭。至于美国华昌的成立，中国华昌以前没有在美国注册，可能是不想付大权于爹爹，这也是事实，也只能证明华昌的老板没有远见。爹爹用了在美国史无前例的华昌名义，有何错呢？……而湖南总公司里，已经没有人过问了，于是那些管事人，如何不偷一点？不抢一点？矿场上的情形更糟糕，老四老五从来不去矿场，不想管，也管不到，经理们便各自为政，监守自盗，偷的骗的，抢的拐的，什么都做。天下再大的矿，也禁不起人人作弊呀。于是，只在短短的一个时期内，到了1920年左右，便把一个天下第一的锑矿，弄得几乎分文不值。

是年，公携全家由京返湘，与曾夫人专研佛学，辟所居青郊为道场，长斋奉佛。

《自定稿·跋》云：辛亥壬子以后，兵戈扰攘无宁岁，又遭母丧，一窜沩山，再入庐阜，遂游燕市者数年。志意就衰病转甚，乃栖心净业，辟所居青郊为道场。长斋奉佛，不常作诗，经卷外惟苏子瞻书陶诗三巨册，以字大略可辨诵。

《曾夫人圹志》：庚申南归，于是专研佛学，栖心净土，持长斋诵经称名，日有常课。体质就衰，端居多病，虽日优游，实含凄苦。

民国十年辛酉（1921），五十三岁

冬至日，公呼杨钧夜饮。

杨钧《冬至日青郊居士招余夜饮即呈四韵》：青郊有酒频呼我，寒夜私惊酒不赊。已厌人间披鹤氅，只矜天上走牛车。数盘野菜清冷味，一盏斋灯灿烂花。诗兴正依梅蕊发，窗中能见几枝斜。

本年，因加股不可，募债难行，华昌公司股东大会决定完全收束，清理变卖产业，陆续偿还各处债务。

《湖南华昌炼矿公司经过略述》：十年（1921）开股东大会，加股不可，募债难行，决议完全收束，设清理变卖产业，陆续筹赏各处债务。……当初经营板溪之意，原欲使供求相应，山本减轻，可以操纵外洋市价，与欧美锑业争一日之胜。不意人事天时均不如愿，遂至今日残局亦难支持，满腔心血，尽付诸江楼烟雨中，良可惜也。

民国十一年壬戌（1922），五十四岁

1月14日，谭延闿与诸友人议论华昌事甚久，盖将控诉李国钦。

《谭延闿日记》是日记载：同大武至地丰路杨二家，袁大、梁四、梁五、砥青、苌生咸在。……说华昌事甚久，盖将控诉李炳林①云。

7月20日，谭延闿与硕甫诸友商华昌诉案。

《谭延闿日记》是日记云：钟伯毅来，甫欲长谈，尧翁偕朱宪之至，亦以华昌故来探问也。大武、吕满来。今日土根去，乃……屈永贵赇也。偕大武至伯夔家。同访王三，商华昌诉案。周采臣、李希易、梁硕甫来，子靖亦至。敬思以律师致农商部信见示，盖欲得华昌立案证据也，拟专人往托承之办之。

《谭延闿日记》1922年12月10日：大武至袁大家，周坦生先在，新自长沙来，言华昌股东会事，一塌胡涂，早在意中。

7月下旬，美商怀德持上年度与杨度所订立之聘约和借款契约，以到期不还为由，投诉于上海会审公廨。

《华昌公司案·堂谕》②：美商怀德持上年度与杨度所订立之聘约和借款契约，以到期不还为由，投诉于上海会审公廨。……股东杨度以公司总经理身份，聘美商怀德为公司经理，负责整理公司营业。后因股东意见相左，迎拒不一，怀德未能到任。后经杨度允可，其赴香港组中英银公司，专为华昌复兴筹款。后因怀德募债数月无着，内部意见不一而作罢。

9月5日，麓山大炮向长沙城中直射数十发，辟园公在战乱中奉佛。

《朱德裳日记》十一月二日，午后得梁辟园函云："长沙之变实

---

①即指李国钦，其字为炳麟。
②编号为一〇三八（2）88B，原件存南京第二档案馆，以下各堂谕均同此。

非意料所及，九月五日麓山大炮向长沙城中直射数十发而来，伤一人。自信此命非竖子所惜，戎众生不出险，我必不出险。战区即道场，炮声为击鼓，转觉学佛精进而已。见印昆及舍弟潄溟请告近状。湘波怒号，君尚思归否耶?"云云，道味溢于纸上，非浅尝者所能道一字也。当即为转印昆并作函致倾服之意。

10月31日，谭延闿在日记中称，怀德诉讼案被告律师请求注销讼案，以华昌无分公司在沪，不能由公堂受理。

《谭延闿日记》是日记载：至华昌公司公堂听审。宴夏五。观程亦舞台。……吕满仍归，同饭大武家。同赴华昌公司，见炳林兄弟。王三、袁大、梁五、希易……至。三时半开庭，被告律师请求注销讼案，以华昌无分公司在沪，不能由公堂受理。

12月16日，长沙《大公报》报道，华昌与英商合作未成，与李氏华昌贸易公司合并也告搁浅。

《长沙大公报》是日以《华昌公司之整理办法》为题报道：有关与英商合作未成，华昌公司于同年9月又谋与李国钦的华昌贸易公司合并，当时也订有条约，双方均已签字。其办法大致为组织新公司，资本定为美金300万元，华昌炼矿公司出资60万元。华昌贸易公司出资67万6千元，其余另行招集。嗣因华昌贸易公司营业欠佳，合并之事又告搁浅。

是年，公在青郊别墅与顾畴创办二学园道场，建岳麓山五轮塔。以圆融大小乘、显密教、世出世法为宗旨，吸收信众、戒众、行愿众、法众等四众弟子修学。

《吴立民的传奇人生》：文史专家陈先枢分析认为：主持修建五轮塔的人是1922年开始在湖南弘法的江苏人顾净缘。……在顾净缘所著《宝箧印经释》中，提到有一份《五轮塔缘起》。经笔者查阅，顾老在书中说"雷峰塔在崩溃之前二年，二学园之五轮塔建成"[①]。史载，杭州西湖雷峰塔于1924年9月25日倾圮。以此推算，五轮塔应是在二学园成立的1922年间，由顾老主持建造。……1922年，顾伯叙在湖南弘扬佛法，宣传佛教教义，同许多学佛的人组织了一

[①] 据民国岳麓小志关于五轮塔之记载：五轮塔，在刘昆涛墓下马路侧之坡上，高数丈，为麻石砌成。上有金书梵文五字。民国十三年，为赵恒惕主省政时所建。

个学佛的团体，清末翰林（此处有误，仅为举人——编者注）梁辟园（梁漱溟之堂兄）提供其别墅二学园作为修学道场（梁命名"二学园"，乃取学农、学圃之意），顾伯叙因其名，而取佛教优婆塞经中戒经所说"二学"的意义，仍名"二学园"，共同订立了一个学约，指明二学园是聚合信众、戒众、行愿众、法众等四众弟子修学的道场，二学园的宗旨是圆融、不诤：圆融是圆融大小乘，圆融显密教，圆融世出世法；不诤是不诤于世学，不诤于他教。顾伯叙想以这个宗旨去谋佛教的当机改革。学员都是同学，不立师长，在佛学上大家是同学，依经依律地去修学，在世法上各人有自己的责任，因此又有"入山门不言俗，出山门不言道"的规定，以此为公律，保持学园的纯洁与严肃。顾伯叙证得法多，精通显密教法，遂公推顾为二学园掌法，故又称其为顾掌法。由于顾伯叙对佛教有他独特的研究和学识，当时同他学佛的人很多，唐生智便是其中的一个。

是年，长女培肃嫁美国大学毕业之钱慕宁。

民国十二年癸亥（1923），五十五岁

11月19日，上海公共租界会审公廨第一次堂谕，判令华昌公司应偿还怀德借款及利息，以及应付给怀德的工资。

《华昌公司案·堂谕》①：十一月十九日上海公共租界会审公廨第一次堂谕，判令华昌公司应偿还怀德借款及利息，以及应付给怀德的工资。

民国十三年甲子（1924），五十六岁

1月23日，上海公共租界会审公廨第二次堂谕，判令执行第一次堂谕。

《华昌公司案·堂谕》②：一月二十三日上海公共租界会审公廨第二次堂谕，判令执行十二年十一月十九日堂谕。

5月10日，上海公共租界会审公廨第三次判定，呈请交涉公署致函湖南地方审判厅迅予协助强制执行。

---

①编号为一〇三八（2）88B，原件存南京第二档案馆。
②编号为一〇三八（2）88B，原件存南京第二档案馆。

《华昌公司案·堂谕》①：五月十日上海公共租界会审公廨第三次"堂谕"，再次判定，呈请交涉公署致函湖南地方审判厅迅予协助强制执行。

5月23日，公与碧湖诗社诸人聚会，有《甲子四月二十二日集碧湖诗社作》。

《自定稿》所收《甲子四月二十二日集碧湖诗社作》诗云：名湖托遐憩，历劫情逾新。玉池去已远，湘绮今无人。寂寞胜游地，风雅随飙尘。

9月5日，上海公共租界会审公廨第四次堂谕，呈请湘省官厅清理华昌公司财产，履行判决。

《华昌公司案·堂谕》②：九月五日上海公共租界会审公廨第四次堂谕，再次呈请湘省官厅，清理公司财产，履行判决。

9月24日，上海公共租界会审公廨第五次堂谕，因原告提出被告履行濡滞，准自本日起给予常七厘利息之罚金。

《华昌公司案·堂谕》③：九月二十四日上海公共租界会审公廨第五次堂谕，因原告提出被告履行濡滞，请求处本日起给予常七厘利息，判准。

12月11日，上海公共租界会审公廨第六次堂谕，呈请地方官厅强制执行以前之判决，会审公廨至函海关，要求扣留用华昌注册商标出口之一切产品。

《华昌公司案·堂谕》④：十二月十一日上海公共租界会审公廨第六次"堂谕"，判定，再次呈请地方官厅，强制执行判决。再由会审公廨函致海关，扣留用华昌注册商标出口之一切产品。

是年，次女培怿嫁美国雅礼大学毕业之曹维汉（曹寿炎）。

是年，锑价回升，情况稍好，由久通旧股与华昌债权团组织工厂恢复生产，华昌以产权入股，所分红利摊还债款。

《湖南华昌炼矿公司经过略述》：民国十三年起，即由债团组织工厂。初因窿路渍水过深，用机器车犀，历久始干，闻所费约八万

---

① 编号为一〇三八（2）88B，原件存南京第二档案馆。
② 编号为一〇三八（2）88B，原件存南京第二档案馆。
③ 编号为一〇三八（2）88B，原件存南京第二档案馆。
④ 编号为一〇三八（2）88B，原件存南京第二档案馆。

元有奇。现在工厂情形与前大同小异。每日约工人千余名，每月约可出砂千吨有奇，就山设立炼炉，系由长沙炼厂移去。每锑砂七吨可炼纯锑一吨。窿路向分四厂，系以东西二厂合为一厂，前中厂亦合为一厂。深者约八十余丈，浅者三十余丈。苗分两线。前厂宽约丈余，东厂稍狭。前厂至东厂相距约一里许，窿内有长峒相通，可二百数十丈，窿外辖地横三里有奇，纵达十里。机器安在前厂，均用本橐以风力鼓送，数递至东厂，时复借溪水衡动之，现在所用马力仅三百匹。运货出山至望山洲二十里，又至沾溪三十里，均有铁道，用摇车往来。再至桃花江水次约三十里，因铁轨尚未完成，暂用水运。由桃花江用竹牌送至益阳县城，溪流六十里，以后即入资江，可用轮运矣。

《湖南工业百年大事记》：本年，由于世界各国存锑基本耗尽，锑价大幅回升。长沙市场纯锑销售价格由上年的每吨 152 元涨至 244 元。

《湖南省志·矿业志》：由华昌公司债权团组织工厂恢复生产，华昌以产权入股，所分红利摊还债款。

《桃江县志》：锑价回升到 400—800 元之间，情况稍好，久通旧股与华昌债权团组合租赁久通矿区，定期十五年，成立维益久通公司，就山设厂，兴工复办。

民国十四年乙丑（1925），五十七岁

3 月 14 日，上海公共租界会审公廨第七次堂谕，驳回各董事、股东享受中国公司条例内规定之有限公司利益请求，要求湖南长沙审判厅迅速协助执行。

《华昌公司案·堂谕》[①]：上海公共租界会审公廨第七次堂谕驳回各董事、股东享受中国公司条例内规定之有限公司之利益请求，应呈请交涉公署转呈司法部查照前呈转饬湖南长沙审判厅迅于协助执行。

9 月 20 日，上海公共租界会审公廨第八次堂谕，再次要求饬令湘省司法官厅将本堂判决迅速依法执行。

---

① 编号为一〇三八（2）89B，原件存南京第二档案馆。

《华昌公司案·堂谕》①：上海公共租界会审公廨第八次"堂谕"称：长沙方面对于本公堂判决之执行既发生重要阻碍，应再呈请交涉公署转呈司法部及外交部查明，转饬湘省司法官厅将本堂判决迅速依法执行。

11月，《湖南大公报十周年纪念特刊》载文认为，华昌因采用了世界上最先进的炼锑技术，大大提高了锑矿的利用率。

《湖南大公报十周年纪念特刊》载《湖南近代锑业发展论述》云：湖南华昌公司建立后，采用了世界上最先进的炼锑技术，新法炼制锑产品，"所用原料，半为数十年来弃置不用之废渣，化无用为有用"，其他厂矿竞相仿制，客观上大大提高了锑矿的利用率。

是年，鼎甫公在美国留学专攻矿业冶炼之长子培颖（字君悟）被杀，华昌公司曾反复向高等法院控诉，无结果而罢。培颖年仅26岁，未婚妻王瑜以身徇情②。公有《连理女贞篇》诗，感伤培颖、王瑜事。

《华昌炼锑公司及其创办人梁焕奎》：三叔父的儿子梁君悟，当时正在美国留学，专攻矿业冶炼，看到李国钦各种卑劣可耻的行为，无法容忍，一再向他提出质问并加以揭露，决定回国一行，向先父辈面陈弊害，到了启程之前，竟被李雇用美国流氓将他枪杀了。华昌公司全体股东得知真象以后，极为愤慨，曾反复向当时高等法院控诉，无结果而罢。

《连理女贞篇》见《自定稿》。

民国十五年丙寅（1926），五十八岁

民十四五之交，淮北人顾伯叙游湘，善谈佛，为公所称许，遂馆于青郊别墅。唐生智拜顾为师，时时至青郊别墅执弟子礼，于是政客军人争趋青郊别墅。

黎泽济《文史消闲录三编》：人知梁氏喜研释家经论，谈禅之士多趋之。民十四五之交，淮北人顾伯叙游湘，善谈佛，为梁所称许，遂馆于青郊别墅。顾旋得识唐生智。唐其时声势煊赫。唐拜顾为师，

---

① 编号为一〇三八（2）88B，原件存南京第二档案馆。
② 王瑜乃王闿运之四子王代懿和杨度的妹妹杨庄夫妇的女儿，与培颖订婚。

时时至青郊别墅执弟子礼,于是政客军人争趋青郊别墅。唐生智后来叱咤风云,拥兵十万,尊顾为军师,命令全军信佛。顾和尚之名,由是传遍四方。究其发迹,实始于梁氏之青郊别墅。

4月26日,上海公共租界会审公廨第九次堂谕,要求查照前函,拘提被告公司湖南各董事及总协理到案,强制执行。

《华昌公司案·堂谕》①:由本公堂直接函请湖南省公署,谕令湖南地方审判厅转饬湖南初级厅,查照前函,拘提被告公司湖南各董事及总协理到案,强制执行。

六月二日(7月11日)申刻,夫人曾广勖,安详而逝。享年58岁。范源濂等致函吊唁。

《曾夫人圹志》:以丙寅岁六月二日申刻,面西念佛,安详而逝,临终气象学佛,人叹为希有。距生于同治戊辰三月三日亥时享年五十有九。子培伟,毕业中学。外孙女钱希荦,曹学川。夫人自营生圹于湘潭二都九甲黄陂冲,至是营葬焉,寅首申趾,虚其左,以谋他日同穴云。

《范源濂集》中有《范源濂致函梁焕奎》云:前接惠函,得悉嫂夫人仙逝,殊为愕惋。嗣奉讣书及《西归记》,展诵之余,乃证菩提。吾兄当此虽不免神伤,亦可以达观自慰已。弟与舍弟锐远阻山河,莫亲祭奠,谨具素悼一悬,付邮寄呈,敬请察存代荐为荷。至另寄诸友处讣函数通,已遵嘱分别送达矣。

6月28日,来沪参加中华国民拒毒会的前国务总理、北京分会董事熊希龄被上海会审公廨派人强行逮捕,引起公愤。

《申报》6月29日以《拒毒会欢迎熊希龄之波折》为题报道:中华国民拒毒会,以前国务总理北京分会董事熊希龄,对于拒毒事功,赞助甚力。此次因公来沪,该会特邀请各项委员暨各官厅长官各界领袖,于昨日午后四时,在圆明园路二十三号该会会所大厅,开欢迎大会,表示敬意,并请熊氏对于该会会务予以指导。是日到有各团体代表来宾四十余人,不料熊氏于赴会时,在该会门口,忽被会审公廨派探强制传去,以致欢迎会未曾开成,兹将情形详述如次。

---

① 编号为一〇三八(2)86B,原件存南京第二档案馆。

《申报》7月8日以《关于熊案昨讯》为题报道：旅京京师公益联合会、国民外交协会、北京银行公会、农务总会、中华教育改进社、中国回教俱进会、湖南旅京同乡委员会、世界红十字会总会、兰社、学术研究会、湖南旅京筹赈会等，于鱼日通电云：北京国务院、外交部、内务部、司法部、调查法权筹备委员会王代表、南京孙馨帅、上海淞沪商埠督办公署丁总办、道尹、交涉公署、江海关监督，并请朱监督转沪宁各团体各报馆公鉴。报载熊秉三先生因华昌与外人怀德讼案被沪廨越权违法，擅行逮捕，此间各界同声愤惊。查华昌为内地商业，熊氏为现任永定河工督办，沪廨何能擅行逮捕？真为侵我法权，辱我国体，已百喙莫辞！且查熊氏对于华昌董事，早已函达公司辞职，并登报声明在案。怀德讼案，又经本年四月沪廨第八次判华昌胜诉，董事无责。而怀德竟敢串通沪廨，以民国十三年九月二日之旧票，于宣告华昌胜诉以后，擅拘法律上无责任之董事，实属越权违法！当兹列国调查中国法庭之际，而沪廨竟出此谬，凡我国民，岂能坐视！用特合电??请，务乞严重交涉，取消沪廨，以保国权而平公愤，是祈至祷。

民国十六年丁卯（1927），五十九岁

春，公送儿子培伟（君大）赴日本留学。

《自定稿》有《送儿子培伟留学日本》云：神山秘籍多可读，撷取菁英朗然判。

2月12日，长沙《大公报》报道，长沙岳麓山二学园所属之五轮塔改为革命将士纪念塔。

长沙《大公报》是日以《总指挥祭奠纪念塔》为题报道：因将二学园所属之五轮塔，作为革命将士纪念塔。

长沙《大公报》是日以《总指挥祭奠纪念塔》为题报道：唐总指挥以此次革命阵亡将士，系为群众求解放谋幸福而牺牲，丰功伟烈，昭然日月。而第八军各将士，多已皈佛，慈悲救世，自当早得解脱。因将二学园所属之五轮塔，作为革命阵亡将士纪念塔，以安英烈，而永纪念。昨八军追悼阵亡将士大会筹备处，奉总座条谕，特通知各团体、各机关、各学校、各军队，订于本日齐集，前往致

祭。即此追悼会与祭各团体，均须按时前往参加，共襄盛举。①

三月四日（4月5日），辟园公邀约黎薇荪、杨钧诸友游曾为乱兵所占之青郊别墅。

杨钧《百心诗集》：三月四日，梁大约余与黎六丈游青郊，先过白心草堂。青郊为乱兵所占，移去才数日。感成四首，兼和梁、黎之作，并示高、柳两道人。

三月初，因时局动荡，公避乱出湘居沪。

《自定稿》中有《孤游篇怀亡妻曾夫人作》云：丁卯三月初，亡妻寿六十。香花颇设供，事事不堪忆。礼荐方告终，祸乱忽侵偪。耰锄起相忤，入室索我急。仓猝出避之，衣物检弗及。

《自定稿》有《丁卯五月避乱沪滨答周稼生寄怀》《丁卯六月偕陈伯严曾重伯饮上海武胜庙》《赠寺僧八指头陀法嗣传灯》等诗。

三月初十日（4月11日），与华昌公司、梁家相邻的杨均，记述农民协会纠察队夜入梁家攫人，误将其捕去的经历。

杨钧《草堂之灵》：丁卯三月十日（1927年4月11日）申刻……叶郋园丧命于东门外刑场……。叶死之前夜，余亦被农民协会捕去，囹圄滋味，五十年来第一次所尝，亦算大厄。余宅后坪，与华昌公司及左侧梁氏相通。华昌乃余伯兄组成之炼矿公司，梁氏则办理华昌而致富者也。十余年来，工人由后坪来往，已成习惯。不意时局陡变，协会之人，狂奔街市，口吹号笛，手持戈矛，登屋捕人，杀伐之声，惊魂骇魄。余外甥王麓孙新自杭来，寄居华昌。是日，协会纠察队入华昌捕司事，夜入梁家攫人，麓孙工人不知机变，仍循习惯，将其主人书籍衣被等物，由后门运存余宅。驻梁家纠察见之，以为所运之物皆梁家物，群入余宅捕盗。余闻声下楼，欲证明事实，人数太多，不易申辩，遂与工人一并捕去，拘禁一室。窗上有"入风头城"四个大字，盖"丰都城"之误写也。幸论及协会中人，皆谓我为善人，且认错谬，并负日后保护之责。归家细思，殊不自知如何得此善果。且农协总会以分会辱余，欲严加惩杀，余固止之，更不得不谓乱世之异数。昔闻燕军不惊王蠋，疑为空谈，

---

①出自王业国《梁焕奎与五轮塔》。据此认为，五轮塔不是唐生智新修的，而是利用已有的建筑；五轮塔为"二学园所属"，即二学园所有，如果不是梁焕奎出资修建，怎么能属他所有呢？

未之敢信,以身试之,诚非虚语。安贫乐道之人,自可免人猜忌也。拘禁虽半夜,所见甚多,不必再读《水浒传》矣。

7月17日,名报人林白水①发表时评:上海公廨收回之时机已到。

《林白水文集(下)》是日有《国民须举行大示威》文云:前国务总理熊希龄君,因湖南华昌公司讼案,为上海捕房所拘。查华昌锑矿公司设在湖南,而熊总理久住北京,并非上海住民,此为举世皆知之事,而公廨竟徇西洋流氓之请,擅出拘票,乘熊君赴拒毒会欢迎会之道中,拘捕到廨,并令缴一万元之保证金,始允暂行保释。上海公廨之无法无天,狂谬荒唐,真可令人痛恨。熊君为中华民国第一任之正式国务总理,其声望之大,久为外人所钦服。近年蛰居西山,专意于慈善教育之事业。今春政变,熊君与王、赵诸元老担任维持北京治安,其余如督办河工,赈济难民,凡属社会公益之事,皆不惮劳瘁。一身任之。论者谓此山中宰相,其频年所建之事业与功德,视前此当国时,十倍而犹不止。熊君之人格及其声誉,诚社会之中心人物,堪为国人矜式矣。夫以如是之人,不问华昌案情关系如何,公廨理应慎重其事。而乃不问管辖地域,及熊君是否租界住民,公廨有无拘传被告之权,而贸贸然擅发拘票,视与普通人一例。足见外人之藐视吾国,此而不争,中国从此可以不必再言收回法权矣。上海会审公堂之黑暗,几于有口皆碑。今幸遭此无妄之灾者为有名之熊总理,尚能稍稍唤起世人之注意。设为他人,则谁复过问者。其实每年每月,公廨所办类似此等之毫无理性案件,何止千百!中国人受枉屈于外人暴力之判决者,亦何止千百!特因其在社会不甚知名,其呼吁不足动政府及国民之听,遂相与容忍以终古耳。今以熊君之身份言,公廨即不应轻率至此。再以法理言,华昌之案,与熊君早无关系(因熊已辞去华昌董事长之职),又非上海住民,公廨无权审判。再进而考是案之内容,则原告自始本系以借款

---

① 林白水(1874—1926),原名林獬,又名林万里,字少泉,号宣樊、退室学者、白话道人,汉族,福建闽侯(今福州)青圃村人。中国近代史上著名的记者、报人,也是中国民主革命的一名战士。1926年8月6日,因在社论中屡次抨击军阀张宗昌,被张逮捕杀害。与在同一地点遇害的著名记者邵飘萍相隔近百日。因此,林白水遇害后,北京《自立晚报》报道其标题为《萍水相逢百日间》。

欺骗华昌，迫借款并不照付，又强迫华昌月付五千元之薪水。夫薪水至于每月五千元者，原为该公司贪图借得巨款，故情愿承此大亏也，及款不照付，则前提既失，该公司岂有无故月付五千元与介绍人之理。不料无耻流氓，竟借此绝无理由久经失效之契约，而串通捕房，擅行拘捕，其行为等于路劫，其用意同于绑票。堂堂公廨，竟昏聩糊涂，受流氓之利用，此真可骇怪之奇事。而号称文明，号称法治国之列国领事，竟熟视无睹，任令公廨作此倒行逆施之谬事，尤为可骇之至者也。上海交涉员许沅，庸俗无能，久为吾人所深悉。对于是案，办理不力，其别有肺肝，甚足致人疑骇。今政府若欲力争是案，其第一步必须先将许沅撤任，另派精明强干者充交涉之任，以示政府之决心。其第二步，必须与国民通力合作，由各省学界举行定期之大示威，以表现举国一致之态度。其第三步，即就熊案本身加以法律上精密之驳诘，使公廨失其立脚点。其第四步，即提出收回公廨案，严重向驻京使团交涉，必期达到目的为止，否则以大罢工继其后。盖熊案为外人无视法律，以野蛮殖民地任意办法，对待吾华人之表示。世人切勿以受辱者不过熊君一人之私，须知以熊君之身份、地位及声望，犹遭此无理无法之凌辱，则此后华人之路过上海者，皆无适当之保障，而随时皆可被人绑票。是上海不啻一绝大之强盗窟穴，土匪窝巢。租界虽然繁盛，而实为变相之抱犊崮（山东临城，即孙美瑶前年绑票之地）。会审官虽然文明，而实为变相之孙美瑶。吾人对于南北交通孔道之上海，今后不欲再履其地，斯亦已矣。否则非从根本上作收回公廨之解决，别无他道矣。

八月初九日，公与曾广钧同寓沪上，以诗贺寿。

《自定稿》中有《重伯六十诞辰余寿以诗迫病未就越二年同寓沪上值八月九日补成此篇》。

11月，女儿培肃（君恪）接公去汉口，为父做了六十（虚岁）大寿，后仍回沪居住。公作诗《丁卯六十生日酬座中亲友》，又作《自题六十岁小像》诗。

《自定稿》中有《丁卯六十生日酬座中亲友》诗云：乡望款云回菊圃，海居横霭入桑田。楼前一径通车辙，愁绝川原战鼓阗。

有《自题六十岁小像》云：二十余年病，吾生强半休。……已知家业尽，无复俗情牵。更解维摩意，余生但默然。

12月15、16日大公报连载《华昌公司之整理办法》。

《华昌公司之整理办法》(《大公报》1927年12月15日)：华昌公司日前开股东大会，合议整理办法，已略记简报。兹将详情补录如下。该公司自停业以来，所有长沙一部分之财产，已于民国九年□月，押与湘债团，欲整理非先结束湘债不可。最近，该公司与湘债团议定条款，业已签字，条约如下。

立条约字华昌炼矿公司（以下称公司），长沙元隆等二十一家债团（以下称债团）。今将公司偿还债团款项议定办法开列如后，以资信守。

○公司负欠债团账目迭经结算，议定本利总数为银元六十三万元。各家细款另单开列。本约所指债团以该单所列。十一家（编者注：与上文相对应，疑为二十一家，排字差错？）为限，由债团自行分配。

○公司现经董事会议决，愿将公司板溪存山锑砂五千吨作价银圆六万元；华运轮船一艘、铁驳两艘、木船四艘共作价银圆十万元；碧湘街第一堆栈、第二堆栈两处房屋基地作价银圆五万元；麓山玻璃公司股票长纹四万两，作价一万元。以上四项总共作价银圆二十三万元（录入者注：总数与四项之和相差一万元，不知错在何处）。概行交归债团营业。除房□另行立契，并验交股票外，所有轮船、铁驳、木船及存山锑砂即以本约签字为交割之据。

○前项存山锑砂将来交货时，如不足五千吨，应以公司板溪存煤抵补。每煤一吨作价银圆若干，临时酌议。再有不敷，归入下项款内结算，倘超过五千吨，亦在下款内按数照除。

○债团如须自将存砂炼纯炼锑，公司亦将益阳长沙一切应用机器炼炉厂屋地皮等项由债团搬移借用。

○除将上开产业抵还二十三万元之外，公司尚该债团□□四十万元。议定在板溪锑矿进行采炼后，公司所得租金及余利项下，优先提成摊还。其进行办法由债团自行集股组织新公司筹办采炼。所有租用公司采炼□及红利另□□□□□之。

○公司前交债团各项铺保契据，于组织新公司成立订约之日由债团全款交还公司。

○本议约□立两份，双方代表签字后发生效力，公司及债团各执一份为据。前约无效。

此约实行以后，再图切实整理办法。该公司□有四个办法：（一）与李炳麟所办之华昌贸易公司合并；（二）招募外债；（三）筹办第二纺织厂；（四）专采煤矿。

（未完）

《华昌公司之整理办法》（大公报1927年12月16日）（续昨）：与贸易公司合并之说，始自9年9月，当时定有条约。双方均已签字。大致组织新公司，资金定为美金三百万元。华昌炼矿公司（以下称华矿）以不动产及债权作为美金六十万元。华昌贸易公司（以下称华贸）以动产不动产及债权作为美金六十七万六千元。其余另行招股。华矿之铁道债券由新公司换发股票计美金三十万元。华矿、华贸之债权债务均归新公司清理。对于湘债另订有现还二成，其余给以八年无息摊还之债券一条。新公司总事务所设在上海。当议约之初，华贸状况甚好，嗣因营业亏损，即取消前约。遂与华矿公司等处借款。久而无着。由杨皙子以总理名义聘请外人怀德招募外债。订立合同。□债数月无着。用费洋二万余元。董事多反声。又抛弃募债之说。仍谋与华贸合并。此时华贸状况稍佳。正在进行时，贸易来信不肯合并。李炳麟自行回国索还华炼欠款。杨皙子先发制人，赶在李未到泸时，即在会审公堂起诉。李闻大骇，行抵小吕宋即行返美。嗣后不知如何情形，又将讼案取消。两方携手。不料此案平息，怀德又兴问罪之师。竟在上海将熊秉三、袁伯蔡诸董事以及股东谭祖安诸人一并控告。迄今案尚未了结。杨皙子已承认由他一人负责。现在合并与募债两说均已沉寂。股东会议之后尚未闻有若何办法。当此两说均难实现以前，该公司原有筹办第二纺纱厂及专采煤矿之议，因厂地机械均可就用，只须另增锭子等项。有主张招股自办者，有主张租于他人者，更有说改组纱厂并不相宜者。迄今无成议。至于专采煤矿之说，则系由数人所主张，究也不无道理。该公司之后，开昭潭两矿，经美国工程师勘验，说该处矿山所出之煤，成份甚好，可合兵舰之用。帮有人主张专采煤矿，但昭潭矿与该公司理事章克恭有公私不分之处。此说也未实行。总之，该公司办法虽多，董事多不负责，意见也极不融洽，故有此结果。昨经股东会举出检查员七人，敦促进行。想当有一种切实整理办法也。

是年，湖南华昌炼矿公司宣告彻底破产。

邓负盦《我所知华昌公司的一点内幕》：（华昌）至1927年宣布破产。

《三十年闻见录》：梁焕奎创办华昌公司至以不能包揽把持，而致大败，又近事之彰明大著者也。

《华昌炼锑公司及其创办人梁焕奎》：根据先父生前谈论：认为"办矿有三难：一曰洋人恃其国富、兵强、财产，对抗难；二曰山主、地头蛇恃人多势众、横蛮，讲理难；三曰军阀豪绅恃其权势，敲诈勒索，支应难。"……此外，华昌公司的失败，还有一个内部的原因，根据先父一辈谈及，那就是不该过分信任了李国钦。

李自强《湖南华昌炼矿公司的兴衰》[1]：1919年9月，华昌公司经营已陷极端困境，"股东杨度、周扶九等，不得不向上海银行借款一百万元维持，并将在美国所设之推销代办处概行取消，出口美国锑砂只可委托中美贸易公司代销，并接纳该贸易公司投资五十万两，以出口锑砂作价抵缴，始得每年脱销纯锑一万吨，暂时维持残局。"至1920年底，锑价仍无起色，矿山工厂工作完全停顿。1921年，召开股东大会，加股不成，募债难行，决议收束。设清理处，变卖产业，清偿债务。债团以矿山弃置可惜，议由彼等另行集股开办。1924年由债团组织工厂恢复生产，华昌公司以产权入股，对半分利，以所得之红利摊还各处债款。如此之状况一直维持到1927年，再无起色，乃宣告彻底破产。

是年，公之诗友杨钧为华昌失利，痛感世路多崎，人心愈险，诗以志之。

杨钧《百心诗集》中有《板溪十首》[2]：板溪者，华昌所属之矿山名也。伯兄因板溪矿盛，遂创华昌公司，以提炼之。而世务纷劳，不暇兼顾。余又苦难置词，以致美庄失利，公司难支，世路多崎，人心愈险，诗以志之。

夷商惯烧海，儒士乃开山。地宝不我惜，利孔始非奸。嗟嗟板溪水，白波日不闲。石烂泉共枯，物物国所患。愿将一掬素，持照

---

[1]作者系梁焕奎孙女婿，原文发表2008年3月《文史博览》。
[2]杨钧诗文录自《百心诗集》。

幽人颜。凿极张骞空，碧溅苌宏血。不惜陵谷变，缘遂金不结。泉枯龙梦干，不断风威烈。地厚土不痛，宝多若何说。俯念矿人识，心为周公热。泉脉一何灵，峥嵘凝玉星。朝吐金银气，夜迸细碎萤。刮割非相妒，廉德各有经。直刿小人怀，终愿君子庭。但恐贪婪夫，挠折不典型。歧路不可泣，染丝不可悲。和光德乃大，何用孤节痴。念此板溪石，幸有君子知。洪炉恣鼓铸，和钁逞神思。滑滑且混同，乃足便工师。遂令万国广，琐琐一卷奇。欲知石不顽，焰起城南时。咄咄石不顽，渡海三万里。是非鄙贱之，将以贻予美。磊落出荒村，的烁照秋水。昔辱山阴泥，今炫海头市。远道宽故悲，去国非新喜。对此磷磷溪，操奇恨之子。

是年，公二弟焕章去世，享年54岁。作《哭仲弟端甫》诗。

《自定稿》中有《哭仲弟端甫》诗云：恶语传沧海，长号眦泪枯。天乎茕在疚，痛绝藐诸孤。老去伤家难，悲来损病躯。雁行今断翼，冷露落庭隅。

民国十七年戊辰（1928），六十岁

1月1日《申报》报道：熊希龄与怀德涉讼上诉案，历时5年，因上海公廨诉讼程序不合法而结束。从此，怀德诉华昌案也不了了之。

《申报》是日以《熊希龄与怀德涉讼上诉案结束》为题报道：查本案前公廨于十二年十一月十九日判决，认华昌炼矿公司为有限公司，原告诉追之款，仅能对于公司请求，不能令董事股东等个人负责。……上诉人依照收回会审公廨换文内乙项所载，提起上诉，亦属不合。据上论结，本件上诉为无理由，依据《收回会审公廨暂行章程》第一条乙项暨《修正前会审公廨民事诉讼律》一百零三条第一项，并查照《民事诉讼条例》五百零八条第一项，特为判决如主文。

闰二月，公由二女婿曹维汉陪护，与族兄凯铭、漱溟兄弟等同游杭州西湖。

见《梁焕奎事略》《青郊六十自定稿·喜凯铭漱溟两弟相约来视即送凯弟还青岛漱弟还番禺》《杭游杂兴》等。

11月，公亲自订录诗稿，命名《青郊六十自定稿》，刻印完成。

《自定稿》按体裁分四卷，汇集其一生主要诗作500余篇，凡属牵涉华昌公司或愤世嫉俗之词均加删略。陈三立、夏敬观、余肇康、冒广生、程颂万、曾广钧、汪诒书、俞明颐、谭泽闿、秦炳直、黄俊、朱章、鼎甫、和甫公等，赋诗题韵。

《三十年闻见录》：青郊之名，由青郊别墅始矣。梁辟园诗集即以青郊名，故青郊为梁辟园所独有，学者称青郊先生云。青郊天资高深，于诗能以柔为世法。诗学于邓白香，虽无卓然独立之姿，要之温文尔雅，通才也。平生无疾言遽色，与人无町畦。杨度如袭人，方其事袁世凯也，心中目中只有一袁世凯，最不肯为人所用，独于青郊则甘心为所用之，度亦不讳言，青郊颇以此自诩焉。青郊之为诗也，由三百篇以通汉魏六朝，至唐韩退之南山诗止。故其五古博奥有法，过于其师。近体则无专工，大约以三山为矩矱。三山指李义山、黄山谷、陈后山也。后山为其法，山谷为其韵，义山为其词。于是以通于杜陵，此亦孔道也。惜青郊能行之而不能至其极耳。

《华昌炼锑公司及其创办人梁焕奎》：公曾喟然叹曰："今于华昌事可作盖棺论定矣，非败于内，实败于外，人曰物必先腐而后虫生，以华昌失败论，则乃虫先生而物后腐。苟非洋商作祟与各方恶势力交相煎迫，内部问题之调整，固不难也。"诗中凡属牵涉华昌公司的，或有许多愤世嫉俗之词，公均加删略。且谓："洋商险毒，非我诗所能道其万一，毋使污我白纸。"

曹衲安《梁壁园先生居庐山小天池以自刊青郊诗集见惠为题二首次集中乃弟原韵》①：文修五凤振奇人，花萼重楼晚更新。盲史传经无曲笔，漆园傲吏作遗民。炉开丹穴窥元象，诗定青郊赋隐沦。禅悦三生耽慧史，谁云龙虎气难驯。琼楼高处接仙寰，闻有瑶池青岛还。删去卮言成痛史，修来清福信名山。鸿归沧海初垂翼，日照扶桑远叩关。文字何须除结习，云璈曲奏落人间。

年底，公六十大寿，儿子君大自日本归，在上海的家人和故旧为公贺寿，并在上海北四川路积善里的家中合影留念。（见梁家老照片集照片及公之子君大手写说明）

黄俊《弈楼诗集》中有《次和壁垣六十自寿原韵》诗云：独弹

---

①录自《南社湘集》714页。

古调入秋弦，绝俗襄阳一米颠。老学草堂新订集，晚从莲社旧名贤。能开丹田十年利，剩有青郊二顷田。道眼东坡六十化，厌闻江上鼓鼙阗。

是年，公得诗友黄俊赠诗《沪上赠梁辟园》。

黄俊《沪上赠梁辟园》：昔年曾读青郊集，今日相逢黄浦湾。薇蕨隘夷栖北海，春秋盲左赞东山。乾坤半在疮痍后，事业都归梦幻间。至此雄心俱化尽，色空只与佛追攀。

民国十八年己巳（1929），六十一岁

二月，辟垣公将儿子培伟托付于族弟漱溟，培伟即随其北上赴山西考查，后去北京。

《我们的家》（相册）：春节后，梁漱溟离开广州北上考察农村，途经上海看望族兄梁焕奎。梁焕奎遂将子君大托付于梁漱溟，令随其北上。君大随梁漱溟一起北上，赴山西考察。

夏，公由次女培怿随侍，从沪赴庐，居庐山小天池别墅，又特建道场，弘扬佛法；同年王礼培曾来话旧，移晷而别。

《自定稿》中有《将入庐山留别沪上朋旧》诗云：深知膂力殚，遑言肝胆热。持此岁寒心，往看庐山雪。

王礼培《送壁园还小天池精舍念其目矇无巾栉之侍话旧移晷而别》诗云：倦客随缘破夏归，眼花犹郭驿尘飞。精庐归结天池子，疏布应缝出世衣。巷径草侵车辙少，庭帏风缓语音微。伯鸾一去名山远，谁护轻寒到故㡓。

民国十九年庚午（1930），六十二岁

己巳十二月二十二日（1930年1月21日），公于庐山小天池别墅病逝，享年62岁。以僧服装殓，族弟漱溟为培伟三姐弟代写《哀启》。

《哀启》：综计府君生平志愿，少壮欲展所为，有不可一世之概；中年实事求是，不尚空谈，欲以矫世人好高鹜远之弊，故提倡实业，不遗余力。而其生平境遇，起家艰苦，少则食力养亲，壮则经营筹划，劳心焦思，晚患目疾，继以干戈离乱，迁徙靡常，甚至一夕数惊，终其身无一日安宁，此不孝等所追思泣血，抢地呼天者也。差

幸晚年学佛，精进无已。近居庐山半载，终日持诵佛号，别有会悟。十八日偶有不适，尚能照常自课，二十一日食粥如恒，至晚六时似有解脱之意。请高僧及弟子数辈，环侍念佛，尽夜不息，次午端然而瞑。逾半日全身皆冷，脑顶独温，是为生西确证。

长沙徐桢立撰并书丹篆盖《梁君辟园墓志铭》：自余过君家，君资少替矣，堂宇深邃，帘几穆然，娓娓谈名理不倦。然虚衷，闻人有畸行悬解，亟褰裳往叩，惟恐失之。始，君好浮图氏言，已病目，要周君口讽其书，性强记，习为深沉之思，久之条达贯串，多所通悟。君与其弟焕均，尝筑室匡庐为习静地。遭时变衰，家益落，东游上海。己巳五月，将登庐山。或问君归日，君曰：子他时过我，吾不复下此山矣。十二月二十二日，卒于庐山小天池精舍，上距其生同治七年，年六十有二。

三月，公与夫人曾广勖合葬于湘潭县二都九甲黄陂冲麒麟山（今属湘潭市雨湖区姜畬镇塔岭管区古新村），杨均题写"青郊居士夫妻埋骨地"墓碑，陈三立、朱德裳、李肖聃等友人以诗文悼之。

《三十年闻见录》：以己巳十二月殁于庐山，庚午三月归湖南。其友人朱德裳、曾继梧、齐琳、陶思曾为文吊之。其词曰：维君躬白璧之姿，精黄石之记，柔嘉维则，周旋中规。少举孝廉，壮膺特科，中作矿人，老皈佛法。盖下学而上达，复出有以入无。加以广学甄微，陶新熔旧。当晦蒙鄙塞之日，求穷变通久之方。斯固有识所叹，允称吾党之导仰焉。而德裳所不能忘者，岁在癸卯，正月春正，湖南增遣学生，裳等谬膺其选。君为之搜遗才，为之典考试，为之定膏火，为之理征装。初发轫于长沙，继息踵于蓬岛。凡所缪谋，甚有恩纪。杨枝初长，举酒少保之祠；樱花欲阑，送别精养之馆。迄今回首，如在目前。裳等成习法政，或业陆军，为巨室而斫围轮，向扶桑而赊日色。志事未就，负公期望之殷；岁月已迁，均有蹉跎之感。独念君廿年转徙，一去不还。凡湘之人，无论知与不知，莫不同声悼灼，矧况裳等之曾亲炙謦咳其侧者哉。嗟呼！死者已矣，来日大难。四海纷纭，九原寂寞。曾吟黄叶，成一千首之诗；谁为青渊，修六十年之史。丹旐悬兮十丈，白衣送者千人。既望古以遥集，复感旧以兴悲。谨奉生刍，聊陈薄奠。鸣呼！华子鱼之萎姓字，足厌山川；曹吉利之文章，媵以鸡酒。云云。以青郊论交海内，客祭只此一文，人情之偷薄耶？抑米珠薪桂，为之未易耶？

陈三立《哭梁璧元》云：匡山有故人，移家历春秋。自慕莲社胜，间出商声讴。四时严佛课，内照废两眸。来寻敦凤契，幸托宗雷俦……雾雪隔道论，篇章仍互投。示疾迫旦暮，撒手毕唱酬。解脱五浊去①，诸天接悠悠。

曹衲安《题青郊居士梁璧园遗像》：故友徒留影，庐山面目真②。卅年如一日，未劫几完人。对此完情话，相期转法轮。我原僧服坐，同是种来因。

朱德裳《九君咏》之一序云③：焕奎字辟园，湖南湘潭人。孝廉。以病废为商，华昌公司其所创办者也。少时无以为炊，中年乃大富，号财神云。然贫富一节，行履素土也。博学多通，以禅自晦。与余交最久，亦殊深邃，其卒也，盖伤之。诗云：六经无究竟，粹语若为传。史在青渊后，诗成黄叶前。目盲犹见影，道大更无禅。再过故人宅，苍茫一院烟。

李肖聘《挽梁辟园》：学通性海，诗出香亭，少日擅风流，湖外声名留碧社；蜕化天池，魂招潭水，旧游如梦幻，城南烟雨忆青郊。

《谭延闿日记》：俞三信来，云梁璧元已去世，又少一诗人矣。

附言

2014年3月6日潭政发〔2014〕6号《湘潭市人民政府关于公布第一批市级文物保护单位的通知》，决定将梁焕奎夫妇墓及梁母墓等列为第一批市级文物保护单位。

---

① 此处原刻本自注：君临终前数日，报诗有"五浊不可居"一句。
② 此处原刻本自注：居士遁迹庐山于己巳冬生西。
③ 抄自《三十年闻见录》，其余八人为：张鹤龄、善耆、陈衡恪、范源廉、蔡锷、黄兴、仇亮、叶德辉。

传记资料

哀启[①]

孤哀子培伟、肃、怿泣血稽颡
期服弟焕章、彝、均、廷泣稽首
期服侄培慰、永、绍、辑、节、辅泣稽首
功服侄孙钦智、诲、颂、政抆泪稽首
　　　　　　　　护丧祖免弟漱溟拭泪代告

府君姓梁氏，讳焕奎，字辟园。晚岁于省城之东郭外筑别墅曰青郊，学者称为青郊先生。原籍广西桂林，先高祖紫虈公因洪杨之乱，率先祖向生公避难湘潭，遂家焉。

府君性颖悟，七岁入塾，外曾王父刘岳生先生试之曰："三光日月星，能属对乎？"府君应声曰："四诗风雅颂。"人皆异之。长肄业昭潭书院，院长吴劭之孝廉，月课经史词章，府君屡列第一。光绪十三年丁亥，以诗赋见赏于太仓陆伯葵学使，补弟子员。

时先祖以知县需次江苏，庚寅，府君奉先祖母率家人赴宁。会武冈邓弥之观察掌教文正书院，约府君助阅课卷，遂从之学诗，为门下高足弟子。

癸巳，中本省乡试举人。丙申，先祖病殁，诸父诸姑皆幼，众口嗷嗷，府君独当大事，复奉先祖母暨全家返湘。

于时，清廷新败于日本，湘中新学风气渐开。巡抚义宁陈中丞力筹富强之策，创设湘矿务局，聘府君为文案，月薪仅十六金也，全家教养皆系乎此。戊戌后，继抚湘者为山阴俞中丞，外患日迫，学术日新，复创设学务处，阳湖张君鹤龄充总办，又聘府君为文案。时值科举、学校绝续递嬗之交，大吏议取乡试额满高才生，精选严

[①] 原件由先父梁君大捐湖南省博物馆收藏。

择，派赴日本留学，应试者万数千余卷，府君穷日夜力披阅之，湘中真才搜拔靡遗，极为学子所崇仰。然府君以一身兼矿学两要政，烦剧杂沓，疲精倦神，体力就衰，目疾基于此矣。癸卯奉委监督日本留学生，率高才生二百余人东渡。居无何，以保荐经济特科，入京师应试，擢二等，以特用知县发往江苏。适辽阳赵公调任湘抚，锐意新政，耳府君名，奏调充矿务局提调。府君以为国家富源在尽地利，而地利在矿，开采矿利在得人，非先作育人材，无从阐发地藏。与湘人士议办实业学堂，当道允之，聘充监督。后扩为高等实业学校，旋更名为高等工业学校，即今之湖南大学，吾湘最高学府之基础也。

赵公去湘，府君仍归江苏，充洋务局提调。以目疾日甚，假赴日本医治，迄未全瘳，乃归长沙。与王丈铭忠、杨丈度、谭丈顺理及四叔父诸人创办华昌炼矿公司，遣三叔父赴欧西，精求炼锑新法。吾湘纯锑著名世界，府君发其端也。

府君性好静，以城居嚣隘，遂壁青郊别墅，奉祖母养疾，优游林下，日以吟咏为事，著有《青郊诗集》，并编《梁氏世谱》。府君诗初学六朝，复下逮唐宋各大家，以博其趣。综其指归，五言宗陶，近体宗杜，间及东坡。前年居沪，又有《青郊六十自订稿》，陈丈伯严所许为声名百代者也。十余年来，国中干戈不息，初避乱宁乡，山中匪风日炽，乃出洞庭，溯长江而下，或在北平，或在沪汉，虽两目渐瞽，而吟咏不废。虽造次颠沛中，绝无愁苦悲哀之语，学养盖有素矣。

晚年研求内典，尝约周丈稼生，讽诵诸经，听一遍辄解悟。博综三藏，于性相显密诸宗义趣，悉洞澈圆融，持诵精进，十余载无间寒暑，戚党中闻风归佛者殆不可胜纪。常语人曰："世人但知金刚经为破相，而不知其并空而亦破，盖得力于此深矣。"先是四叔父在庐山小天池筑精室，府君亦尝往来栖止，至是又特建道场，宏扬佛法，相约住山，同习禅定，盖将摆脱万缘，永离生死焉。

今年夏仲，不孝培怿随侍，由沪赴庐，以府君衰年多病，不可远游，故避粤东之约，而置子女于湘，独依依膝下。孰意天降之罚，而府君竟不示疾，遽于月之二十二日厌世离尘耶。不孝培伟就学北平，远道奔丧，五中惨裂。不孝培肃近在汉皋，去庐阜一衣带水耳，而病不能侍汤药，没不能视含殓，积罪疚心，百身莫赎。天乎痛哉！

综计府君生平志愿，少壮欲展所为，有不可一世之概，中年实事求是，不尚空谈，欲以矫世人好高骛远之弊，故提倡实业，不遗余力。而其生平境遇，起家艰苦，少则食力养亲，壮则经营筹划，劳心焦思，晚患目疾，继以干戈离乱，迁徙靡常，甚至一夕数惊，终其身无一日安宁，此不孝等所追思泣血，抢地呼天者也。差幸晚年学佛，精进无已。近居庐山半载，终日持诵佛号，别有会悟。十八日偶有不适，尚能照常自课，二十一日食粥如恒，至晚六时似有解脱之意。请高僧及弟子数辈，环侍念佛，尽夜不息，次午端然而瞑。逾半日全身皆冷，脑顶独温，是为生西确证。

府君平日宅心仁慈，处世平实，皈依虔诚，当为我佛所引渡。唯一去不顾，使不孝等于飘零浊劫中，是可哀也。肝肠寸裂，语无伦次，略述梗概，唯有道君子哀怜而矜鉴之。

梁君辟园墓志铭①

长沙徐桢立撰并书丹篆盖

梁君辟园，既卒之明年，葬湘潭黄坡冲古竹塘山阳，艮首坤趾。其弟焕彝，丐其友周君大备谒余，为铭墓之文。君晚与余订交，惧知君不尽，逡巡不敢应，而周君督益勤，不可以辞。湘故丰矿藏，所孕锑尤甲寰宇，炼锑以行远自君始。自余过君家，君资少替矣，堂宇深邃，帘几穆然，娓娓谈名理不倦。然虚衷，闻人有畸行悬解，亟褰裳往叩，惟恐失之。始，君好浮图氏言，已病目，要周君口讽其书，性强记，习为深沉之思，久之条达贯串，多所通悟。君与其弟焕均，尝筑室匡庐为习静地。遭时变，衰家益落，东游上海。己巳五月，将登庐山。或问君归日，君曰：子他时过我，吾不复下此山矣。十二月二十二日，卒于庐山小天池精舍，上距其生同治七年，年六十有二。

君少颖敏，能应声酬对，惊其坐人。比长，工骈体文词赋，学使陆公宝忠激赏之，补学官弟子员。中试光绪癸巳科举人。武冈邓先生辅纶主讲文正书院，君为阅课士文，因从受诗法，益有闻于时。

---

①此系据拓片原件录入并校点。柘片由先父梁君大捐湖南省博物馆收藏。

巡抚陈公宝箴、俞公廉三伟君才，先后任君主矿务局、学务处文书。君建言造士在知古今，乃延君即乡试备荐卷中拔尤，遣肄业日本，复以君监督日本游学诸生。时诏举经济特科，君被荐入试，列二等，用江苏知县。湖南巡抚奏留君提调矿务局事。君以为尽地利当育人才，又唱将粤汉铁路自筑，遂用君议，设实业学堂，习路矿。君旋一至江苏。会其弟焕彝、焕廷自远西求冶金法以归。遂专壹治矿炼矣。君所著有《青郊居士诗》《梁氏世谱》。

自其为诸生，所游处并一时才贤，交口推誉，未尝以此自多。接人无遽色疾言，虽非礼相加弗校。尝有所爱好书画，奉箧笥中，稍稍为人窃去。及知其人，亦不问也。盖周君之语余如此。

君讳焕奎，字星甫，一字辟园。曾祖宝善，妣来恭人；祖承宪，浙江候补知县，妣曹夫人；考本荣，江苏候补知县，妣刘夫人。先世为元也先帖木儿，讳虤，居汝南，后迁江宁，复迁临桂。君曾祖自临桂迁湘潭，遂为湘潭人。具详君所为《世谱》中。配曾夫人，前君三岁卒。君无子，以弟焕彝子培伟为嗣。女二，长适钱慕宁，次适曹维汉。铭曰：

其诗受世所称，而邈然不有其名；其才见矿所营，而翛然不有其赢。悲远览之芒苎，誓修心于内明；嗟委蜕其若遗，尚考信于兹铭。

梁焕奎事略[①]

梁漱溟

谨按：笔者我原名梁焕鼎，和梁公焕奎为同高祖的兄弟行。他的曾祖父与我的曾祖父是亲兄弟，原都家居广西桂林。大约在清道光末年、咸丰初年（约公元1851年后），以避乱先后北游。他的曾祖父一家人，路经湖南，就在湘潭落户，子孙辈便成为湖南人。而我的曾祖父则入京会试成进士，宦游北方。我的祖父和父亲，均以桂林籍贯先后在北闱得中举人，从而一直延袭说为广西人。虽然两地分居，却信息常通。1917年，我且曾入湘奉访。1918年，公更以避兵北来，即聚居我家中，时常叙谈往事。今为此文，大都依据公

[①] 本文发表于《湖南文史资料选辑》第18辑。

之口授而来，但难保无疏失。或失在公记忆不清楚，或失在我的记录不明确，大有待于治近代史者采访时加以勘正之。1981年9月，梁漱溟识。

梁公焕奎，字璧元，一字辟园。生于公元1868年（清同治七年）。自幼读书好学。16岁随父宦游南京，常从邓白香先生学诗。此后雅好吟咏。晚年有自订《青郊诗存》付印，公盖尝于长沙浏阳门外筑有青郊别墅居之云。1887年（光绪十三年），公18岁，得中秀才。1893年公24岁，乡试得中举人，更见才华，有志事功，而此时恰是国家危难之秋。甲午（1894）中日大战挫败，被迫签定《马关条约》，割地赔款，丧权辱国。于是，在朝野激起变法维新运动。维新运动固风动全国，而首屈一指必数湖南。湖南巡抚陈宝箴、学政江标、按察使黄遵宪倡导于上，地方士绅熊希龄、谭嗣同、唐才常等多人鼓吹于下，宝箴之子陈三立介居官绅之间，沟通合作，相得益彰。成立南学会，发展及于全省各地。又开办时务学堂，聘梁启超为中文总教习。其后卓有成就的人物，如蔡锷，如范源濂，均尝受业其间，真可谓集一时之盛。而在当时，那许多新政设施和社会活动中，辟园公盖都直接间接参预的。例如，兴办新式教育，则受任学务处文案；兴办工矿实业，则受任矿务局文案（后升任提调）。一身兼数职，职位不高，而事属首创，多所擘画。其先受知于陈公宝箴，而其后任俞廉三、赵尔巽两公亦复加倚畀之故。1900年，八国联军入北京，国几不国。谋国者群趋于出洋考察留学一途，公则建议于省当局，就乡试落第许多试卷中选拔其间可造人才，派赴日本留学。此事既为当局采纳实行，即嘱公经理其事，任为留日学生监督，率同所选拔诸生东渡，时为1902年①其后，公赋诗曾有"四载浪游三去国"之句，此应是第一次去国。

公此次所率同东渡者，计有杨昌济、陈天华、刘揆一、石陶钧、朱德裳等多人，而公胞弟焕均、焕廷一并同行。盖公昆仲五人：公居长，其次焕章，字端甫；三弟焕彝，字鼎甫；焕均其四，字和甫；

---

① 原版杂志注：据朱德裳（师晦）《癸卯日记》卷首载："光绪二十九年正月，为日本之行。"光绪二十九年正月，即1903年2月。

焕廷其五，字硕甫。诸弟以公之教诲提携，各有成就，而在事业上又是协同致力的。

当时，清廷为求人才以济时艰，有诏举办经济特科，湘省当局即荐公应征。公亟返国入京赴试。经录取后，命以特用江苏知县赴南京候补。于是，公携眷离湘移家南京。江苏省当局委任公为金陵火药局提调。今据公当时寄三弟鼎甫家书，颇叹息于官场之腐败。又自言："两目昏翳，寻丈之外，不复能辨认眉目，遍求中西医莫得收效。"公双目失明，盖肇始于此时矣。曾有意东渡求医，而阻于日俄海战（1904年事），一时未能成行。公自度对于夙昔所经手之学务和工矿实业，犹可从旁致力，遂即返湘。此后，公为病目而亟需求医东渡，又不能忘情湘中建设事业而留滞国外，约于1905年去国外求医，翌年夏，由日本返回长沙。此时，双目失明已是定局，而公之年，方三十九耳。

如众所知，当时国人激于国难严重，既有康、梁倾右的君主立宪一派，又有孙、黄倾左的暴力革命一派。两派活动，多集于日本东京。而公盖三度旅游其间，处此问题之态度如何乎？公昔日旅东言行，今无可考。然其在湘亦有几件行事，可资旁证：一是公尝因周道腴（震鳞）先生困于南洋某埠，即以二千元相资助。此一事1950年周老在北京曾亲口为笔者言之。又一事，1964年3月，笔者曾闻章行严（士钊）先生谈及，昔年公主持长沙实业学堂教务，聘张溥泉（继）等诸先生为教员，章本人亦在应聘中。公发现他年轻，劝他宜求学深造，不必当教员。他接纳忠言，遂即东渡求学云。于兹可注意者，周震鳞、张继，皆革命派著名人物。公既与之为缘矣，则公未尝倾右而拒左可知。

凡熟知清季汲汲奔走救国那许多人物事迹者，都晓得其间倾左倾右，初未尝判然两途。孙中山先生不曾上书李鸿章乎？不曾与梁任公交往洽谈合作乎？又如唐才常，既曾在长沙热心维新运动于前，卒乃以投身暴动而被杀于后。类此事例不胜举。当然，末后此两派是水火不相容的。但若认为根源在阶级立场各不同而来，则昧于中国社会之组织结构，不衷于事实之谈，终且无以自圆其说。

旧日中国，是"一人在上，万人在下"的局面。士、农、工、商四民，贫富贵贱，上下升沉不定；流转相通，阶级分化不明不强。

海通以来，资本与劳工两阶级，乃渐萌见于一些工矿企业间。其起因则洋务运动意在为国兴利，而落于剥削劳工遂无可免者。辟园公五兄弟，以经营华昌锑业公司起家致富于一时，即为此事例之一。其事未容殚述，却必扼举其要。于此，言其端要有三。

（一）1908 年，华昌锑业之跃然兴起，盖原于购得法国赫伦士米提炼纯锑的新技术，而此事则公之三弟鼎甫游学欧美寻访接洽以成者。公于双目失明后，一意培植诸弟学业，俾共成其业。诸弟资质个性不同，二弟端甫忠厚稳重，则以任板溪驻山经理，督饬工人群众；三弟鼎甫勤恳好学，则以出国求取技术新知；四弟和甫治事精干，才略不凡，则以任公司总经理；五弟硕甫年轻，通习英语，则以任驻美国办事处，掌握国际贸易情况（此职其后由姻亲李国钦继任）。

（二）价购法人炼锑新技术所需巨资，则全赖当时江南、河北、湖广、山东各省当局大力协助以成其事，而奔走联络其间者，则公之挚交杨皙子（度）。华昌既从国外购此项专利权，特呈请当时清廷立案予以保障。而其后业务发达，获利丰厚，则在清帝退位转入民国之时。但为报偿前此各省协助款项，特以 25 万元缴交中央农商部为调查各省地质经费。凡此用心行事，在官在商，皆有为国兴利之意存乎其间，不犹是当年维新运动之流风余韵乎！

（三）华昌公司走上西洋资本家经营企业之路，而好景不长，趋于衰败者，其内外原由复杂多端。锑价始因 1914 年欧战军需上升获利，公司方在投资大事扩充各项工程设备，而不料想战争息止，锑价遽跌，自陷于困境。又所委任之驻美经理，窃权巧图私利，而以跌价亏损归之公司。至于湖南适当南北交战要冲，其所受各方勒索、时局纷扰之累者，又不待言。辟园公昆仲，原是中国式的书生，不是西洋资本家一路人，其劳倦思退，有必然矣。

公病目失明后，行动不便，而时局颇多扰攘。1911 年（辛亥革命）曾避兵宁乡，迄于 1913 年始还长沙。1917 年，复以衡山北洋军溃退而避乱汉口市区，翌年即携眷北上，聚居在我家中。一年后，始还湘安居。又于 1928 年出游沪上，漱溟适亦因事从广州抵沪，幸得一聚。不意次年公游息庐山小天池，遽尔逝世，享年六十有一。遗嘱殓以僧人服装，盖公精神上皈依佛法非一朝夕。早在 1918 年京寓时，常嘱潄溟共诵读《楞严经》以为日课者，曾一月有余也。公配曾夫人，与公伉俪甚笃，先三年（1926）既故于长沙。夫人所生唯二女，长培肃，次培怿，皆聪明好学。顾未有子，1909年春，三弟鼎甫新举一子，公夫妇即引以为嗣，命名培伟，由夫人鞠育之（其后，鼎甫又有丧明之痛，遂由培伟兼祧）。今者，培伟既成立矣，其立身行事，不负先世令名。

梁鼎甫氏生平略历自述①

光绪二十四年（1898）戊戌，与湘潭曹氏成婚，时年二十三岁。二十五年（1899）己亥，赴上海入南洋工学中学班。是年君悟生。二十六年（1900）庚子，入杭州日文学校。二十七年（1901）辛丑，回湘，由湖南矿务局给官费赴日本，留学东京成城中学。三十年（1904）甲辰，在成城毕业归国。仍由湖南矿局派赴美国留学，时年二十九岁，为英历1904年。甲辰（1904），在旧金山卜忌利地方，入美国大学预备学校，名布恩司学校。1906年在该校毕业后，因调查研究纯锑炼法，由美赴欧，游历英、法、德、比各国。旋于伦敦入矿学专门学校。1908年，即光绪三十四年戊申，时年三十三岁。因在巴黎购得赫仑士米氏秘密纯锑炼法，遂在英法购就机器炼炉与王君宠佑并法国机械师一人同回长沙，创办华昌纯锑炼厂。

宣统元年（1909），君大生，即于本年出嗣长房。宣统二年（1910）庚戌，因云南护院沈方伯电聘，赴滇创办宝华公司纯锑炼厂。宣统三年（1911）由滇督李经羲氏坚留开发云南全省矿务并兼办工矿学校。前往美国调查铜矿，数月回滇，任个旧锡矿公司协理兼工矿学校校长、化验所所长。

民国二年（1913），请假回湘，时年三十八岁，任水口山矿务局长。民国四年（1915），奉农商部聘为赴美报聘实业团团员，赴美参观博览会，游历数月而归。时1915年，欧战正酣，时纯锑暴涨。遂辞水口山局长，专办华昌扩展西法采炼事宜，时年四十岁。民国五年（1916），侧室顾氏生女培缜。旋于民国十四年（1925），任湖南

---

①本文按辟垣公三弟梁焕彝（字鼎甫）手稿原件照片录入，原件由先父梁君大捐献湖南省博物馆，现为其馆藏资料。

建设厅工业化验所所长、劝业工场场长。其时不幸君悟殁于美国。民国二十四年（1935），任江西建设厅技士，开办泰和钨矿。旋改任资源委员会钨业管理处技士兼第十二事务所所长，开办虔南钨矿，时年六十岁。二十六年（1937），因有碍学佛，遂坚辞十二事务所所长，调充湖南钨业分处检锡机厂工程师。

二十八年（1939），机厂迁移解职，时年六十四岁。

余性鲁钝，对于中西之学皆困而学之，故成就甚鲜。湖南锑改生炼纯，岁入增加以数百万计。瑶岗钨矿实由余用化学干试法鉴定于始，李炳麟在美证明于后。华南一带始有钨矿之名。于是乃正式组织公司，立案开办。大庾钨矿系由瑶岗矿工散去始渐发展。湘赣钨矿今日竟为国际要品，溯本穷源，余所贡献于国家者，岂不伟哉！回忆余于1907年在英国宽瓦尔锡矿实习时，即见有德国式电气分析钨锡机，当时已知钨之可贵矣。曾著有《西法炼锡述要》一卷，宣统三年（1909）二次游美，曾著有《调查日美铜矿游记》一卷。今已时过境迁，纳入故纸堆中矣。

余自君悟去世，一时悲伤逾恒，遂从明印老和尚皈依佛法。旋在上海从特松法师学东密金胎两部大法，后在杭州晤白普仁尊者，在庐山晤谈那上师、贡嘎上师，均先后迎请来湘传法。于是湖南学藏密者实繁有徒。余近觉色身衰弱，已无即身成就之望。仍折衷禅宗净土，法门融合与一当合□□□。今幸得祖师西来，意则幸甚矣！

华昌公司史料

梁君焕彝演说中国锑矿历史[1]

梁焕彝

今日为云南锑矿公司董事局成立盛会，姑就中国锑矿历史与诸公言之。湖南矿产虽不及云南之富，然素以矿国著称。时戊戌[2]陈右铭中丞抚湘始提倡矿务。湖南矿产金银铜锡煤铁无所不备，其素著成效产额最旺者莫如煤铁，然陈中丞之所提倡而收效最巨者非煤铁也，其矿之名曰锑。中国人之知世界上有所谓锑矿者，盖自此始。

方其开采之初，湖南人既不知提炼，销路亦无从觅，旋由沪友绍介一粤人来湘，与湖南矿局立约，包为提炼生锑，运销外洋。初办数年，生锑每吨获价当不过一二百金，成本既轻，亦可获利。迨乙巳丙午年间，锑价陡涨，生锑每吨获价约四百余金，当是时，湘人营锑陡富至十余万或数十万金者不可胜数。迨近数年锑价暴落，湘中锑矿公司停办者几十之八九。

当时焕彝正在美国留学，闻而忧之，再四思维，欲图补救，非改炼纯锑，别无良策。美国矿产虽富，然独无锑矿，更何论炼厂，于是焕彝束装渡大西洋，偕王君宠佑，遍游英、法、德、比各国几半年，不得要领。焕彝仍返伦敦投入英京矿务大学堂肄业，王君则周流比、法，研究法语。未几，忽得巴黎赫氏会社来书，言有炼锑秘法出售，遂偕王君赴巴黎，与该会社商立契约，亲试炼法，订购机器。适杨京卿晢子在湘担任集股组织华昌炼矿公司，焕彝遂在巴黎签约，于戊申七月约王君带同法工程师两名并机器先后回湘。己酉正月，机器安设甫毕，试炼无讹，遂遣法工程师归去。及至夏间，

---

[1] 辑自《云南教育官报》第廿九期之，原题为《宝华公司董事局成立——华昌代表梁君焕彝演说中国锑矿历史》。
[2] 此处有误，当为乙未。

始出大批纯锑入市求售，乃湘汉各西商争相定购，几乎应接不暇。当时计算纯锑每吨砂本、炼费、运费约百金有奇，西商出价约二百金。默计去岁此时华昌所设炼锑机炉不过二座，所炼之砂不过由本公司自有益阳、安化两矿山所产而来，全年贸易当不过三十万金之谱耳。昨接湘电，知华昌已与西商立约，湖南所有锑砂概由华昌提炼，一手经售。本年华昌扩张，预计炼锑机炉当添至二十座，每岁商业当不下一二百万金矣，即此可见锑业之发达正未有艾。

回想十余年前湖南有何锑业之可言，乃迄今日此项岁入不下百余万金。向使锑价陡涨如前，纯锑每吨值价约千金，则湖南锑业岁入将千万。故湘人以锑为业者至今犹感戴陈中丞之盛德不衰。去年春，华昌甫成立，乃王夔生观察不惮险阻，跋涉来湘，闻其在洞庭湖中舟破，几乎遇险，华昌同人因感王君之为宝华公司而来出于至诚，遂慨允派员来滇相助。去年冬月，焕彝抵滇，遂往开化、广南产锑各处游览一周，见其锑矿较湘尤富，锑质较湘尤佳，将来产额日旺，驾湖南而上之实意中事。焕彝腊月二十六日始抵省，得见制军李公方伯、沈公及绅界陈、顾、李诸公，会商滇锑办法。乃不三日而大局遂定，扩股二十万元之多，官绅各负其责，现已派员分途举办，云南纯锑指日出现。数年之后，云南锑业之发达当不亚于湖南，其时滇人之感戴今日制军李公方伯、沈公、观察王公以及绅界陈、顾、李诸公提倡之盛德，必无以异乎今日湘人之感戴义宁陈公也。

湖南华昌炼矿公司经过略述[①]

梁培肃

谨按：湖南华昌炼矿公司为吾父兄弟一生精力所注。吾父自弱冠乡举后，即膺陈右铭中丞之聘，规划湘省矿务。以为今日为民兴利莫如采矿，然非有学术经验，不能成功。当创办之初，百端棘手，乃以二叔父端甫驻益阳板溪山中，躬先丁役，稍著成效。矿质虽丰，不能提炼，终为洋商所掯持。又以三叔父鼎甫、五叔父硕甫，先后

[①] 原载《湖南实业杂志》第178号，作者梁培肃系梁焕奎之长女，手稿原件由先父梁君大捐湖南省博物馆收藏。

留学欧美，专习矿科。至乙巳之岁，吾父以病目郊居，凡所经营矿业，悉由四叔父和甫主持。于是一门之中，思想言论皆属于矿。自己亥创办益阳久通公司，丁未戊申之间筹华昌炼矿公司，迄今将近三十年，屡起屡仆，卒至一蹶不可复振。虽曰人谋，抑亦时会使然。识者有言谓华昌若易地易时者，实为世界一可观事业。良由此种国际贸易，非有伟大之计划，精密之推测，难以图成；又必国家处处有相当之保障，社会处处有相当之援助，方足以免外人疲我误我之失败，而存在于激烈商战之场。今以世变日极，愈不可为，吾父兄弟亦大半以衰病不乐言前事。余偶因养疴多暇，承矿校友人垂询及此，辄觊缕述其颠末于次。

湘省发现锑矿情形

光绪二十二年，陈宝箴巡抚湖南，适其姻家刘君鹤龄出其田庄安化溆浦所产矿质相示，不知何名。时亨达利洋行在汉口有收买矿产标帜，乃令其化验，知为安的摩尼。即订约由该洋行代销。于是大举搜索，得新化、益阳、安化、沅陵锑矿数十处，兴工开采，设矿局长沙，是为吾父从事矿业之始。其中新化蕴藏最富，苗派显露，至今湘锑出产犹以锡矿山为最，占全省产额三分之二。益阳、沅陵等处矿质较低，幸苗路尚觉宽广。板溪初归官办，因久未获利，己亥年俞廉三抚湘，招商承办，乃有久通公司之设。其草创规划，盖出于吾父也。

久通公司采炼锑矿情形

板溪矿质虽低，然地腹所藏，实有满谷满坑之概，迭经东西洋矿师勘测，均谓非用西法不可。因资本不丰，先用土法。惟矿场距益阳县城近二百里。虽有溪流可通资水，然由桃花江至山尚有八九十里之遥。矿质既低，运道又远，难以获利。其时湘中仅能提炼生锑（即硫化锑），又只官局督同粤商大成公司在省城设炉，订约包炼。为久通计，非在山设炉提炼，别无良策。再三谋于当道，始辗转得达到目的，因就沾溪设立生锑炼厂。矿路渐深，运砂车水均感困难，于是酌购机器，改用西法。又计划铺设板溪至桃花江轻便铁道，以利转运。生锑虽已炼出，格于禁律，必由官局代运销，价值既低，极力经营仅能顾本。复以困苦商之当道，许为解放，得由商人直接交涉，自由运销。幸值丙午锑价顿涨，稍获余利，乃得渐次进行西法，为进一步提炼纯锑之谋。

华昌提炼纯锑情形

　　板溪矿质极低，由二成至三成不等。仅炼生锑殊不合算。家三叔在伦敦皇家物理大学毕业，闻法国赫伦士米炼厂有专炼低质锑砂成纯之炼法，甚为秘密，乃偕王宠佑博士前往巴黎访赫氏，叩其秘法，乃知与提炼板溪锑砂极为相宜。因其炉式用铁筒九折以风鼓动，就末端吸取磺烟，锑质经过筒中渐次成养，再入倒焰炉，便成精纯，实为唯一无二之妙法，大喜，以为非购之不可。请其价则大昂，非咄嗟所能办，急以函商之湘中。时吾父与家四叔正谋发展，适世叔杨君皙子（度）奉令入都到湘，知此事，谓此举实湘省大利，必不可错过。而赫氏秘法及其专利权非辇金十万不能到手，他商争购，约期迫切。计无所出，乃决计先电巴黎许之。由杨叔入鄂，请赵次珊制军垫银五万元，即日汇巴黎作定。道出江宁，过济南入都，于是得项城（袁世凯）在枢府及端午乔（端方）制军、袁海观（树勋）中丞三公之助，竟得购其秘法以归。乃改组为华昌炼矿公司，就长沙南门外大设炼厂。以此法并可提炼白铅、珠砂、雄黄等矿物，数矿皆湘中所产，其时方谋悉举而炼之故也。数月炉成，丝毫不假外人之手，所出纯锑运往欧美，由各国都会化验公所试验，成色在世界著名之英京廓克逊所炼纯锑之上。以后各国商报关于纯锑价值，均列华昌于廓克逊之前。

　　华昌既购得此项专利权，在前清时呈请商部奏准立案，在湖南专办十年，无论何国官商，不得在中国境内设立同样之炉座，亦不得在湖南境内设他样提纯之炉座。民国改元，呈经大总统批准继续有效。民国四年①，复经在京湘绅以此项权利关系湘省实业不小，呈准袁大总统延长专利权十五年，至民国二十一年止。华昌改组以来成效卓著，遂将所得余利偿还直隶、山东、江南、湖南、湖北五省补助之费二十五万元，悉交农商部，作各省调查地质经费，奉大

---

①原稿如此，经考证当为民国二年（1913）。

总统指令奖励通行有案。

先时廓克逊英商虑华昌出品过精,相形见绌,屡遣熟华情英人来湘,愿为垫价包销。时华昌以各国商埠无人经理,创办之初喜其便利,遂与订约。已而三、五诸叔父在外洋各埠销场,悉心考察,始知之奸谋,在各国市场均先出己货,将华昌押在其次。适欧战起,廓克逊延期不能交款,乃乘机与之废约。虽得圆满解决,然酬价损失所费已属不少。乃由家五叔就纽约特设华昌分庄,专办售销事宜。于各国要埠端口分设代销处,消息灵通,不似从前专受洋商操纵矣。惟国际贸易,中国向来无此经验,受人夺勒,时有所闻。国际邮船运货舱位,往往不能通融,无国际银行,则货到之时偶值价跌,则跟单押汇,难以延期,均为极大痛苦。华昌既直接与欧美厂家议价销货,感受此种困难,加入中国汽船公司股份,并与广东及上海商业银行妥筹国际信托汇兑之法。虽所谋未成,衰耗已见,然当日之苦心惨淡可概见矣。

华昌解放专利权情形

华昌得延长专办期,时本有对内均利、对外统一之宣言。然全省之锑矿产,岁得一万六千吨至二万吨,既负有专办之责,即不能禁人之不托我代炼,遂不得不建设大规模之炼厂。乃就长沙南门外购得三千数百方之地皮,设铁质养炉数十座,皆用塞门德筑地为之,所费不赀。新化锡矿山产锑最多,本地矿商以运砂来省就炼不便,与华昌商立新化分公司,用华昌双环商标,尚属尊重原案。及德商开炼多福等公司,略改炉式,在锡矿山大设炼厂,政府不能制止。各属矿商相率乘机仿造,改铁为砖,易电机为风鼓,费用省而效力不殊,风起云从,所在皆有。华昌以外人蓄意破坏,既难以力争,岂容对于本国同胞有所歧视。遂一切不问,唯运货出口时,仍由华昌发出凭单,换照报关,以符对外统一之旨,而长沙百数十万元之炼厂及码头轮拨等设备遂成废物矣。

华昌加股改组情形

民国五年(丙辰)当纯锑涨价之后,板溪矿场纯用西法,板桃铁路购地已经竣事,铁轨车头均已购齐,铺枕架轨工程亦已过半,由桃花江至资水游筏完全造就，沿资至省，均用铁驳小轮。每月可出锑砂千二三百吨，长沙炼厂亦将次工竣，规模大备，在商办矿业中实为稀有。矿场工程师为贵州谌君湛溪，炼厂工程师为江苏瞿君庚生，纽约经理为长沙李君国钦，皆一时妙选，中外官商来参观者极口赞之。不意丙辰因袁项城下世，公司经理及董事股东多与政局有关（按：此指杨度等人）牛恩李怨，风潮遂烈。当事者家四叔及姨丈谭君苌生，动受逼迫，有岌岌不可终日之势，又值锑价稍跌，货滞不销，支用过巨，掉运较难，建议改组加股，洁身引退，以图后劲。六年正月（1917）开股东大会，增原股九十万元为三百万元。其实公司产业虽属笨滞，估价当在三百万元以上。所以股额虽钜，一呼即满，拒退之数且达二十余万元。改组以后，章君勤济为坐办，汪君颂年为总理，大体虽仍旧贯，局势则非前日紧饬之比矣，未及一年，尚分红利。庚辛以还，欧战骤停，锑价遂日落千丈，乃无人过问。售得之美金，当事者视为必涨，存不变价，不意亦复日落一日，沪汉及长沙债务以拆息过高，积至百数十万，货之运至纽约者约二千余吨，所得售价，仅供关税保险水脚之用，数十万元之采炼成本，概归乌有，遂成不可收拾之势矣。

华昌停顿后板溪续采之情形

民国九年（1920），锑价仍无起色，债台高筑，寸步难行，遂将山厂工作完全停顿。十年（1921）开股东大会，加股不可，募债难行，决议完全收束，设清理处，变卖产业，陆续筹偿各处债务。长沙债团为数最多，除尽数偿还外，蒂欠四十余万元。债团以矿山弃置可惜，议由彼等另行集股，缩小范围，继续兴工。议定所获余利分作十成，与华昌各得其半，定约以十五年为期，华昌即以所得五成余利摊还各处债款。民国十三年，起即由债团组织工厂。初因窿路积水过深，用机器车戽，历久始干，闻所费约八万元有奇。现在厂工情形与前大同小异，每日约工人千余名，每月约可出砂千吨有奇，就山设立炼炉，系由长沙炼厂移去，每锑砂七吨可炼纯锑一吨。窿路向分四厂，系以东西二厂合为一厂，前中厂亦合为一厂，深者约八十余丈，浅者三十余丈。苗分两线，前厂宽约丈余，东厂稍狭。前厂至东厂相距约一里许，窿内有长峒相通，可二百数十丈，窿外辖地横三里有奇，纵达十里。机器安在前厂，均用本橐以风力鼓送，数递至东厂，时复借溪水冲动之，现在所用马力仅三百匹。运货出山至望山洲二十里，又至沾溪三十里，均有铁道，用摇车往来，再至桃花江水次约三十里，因铁轨尚未完成，暂用水运，由桃花江用竹牌送至益阳县城，溪流六十里，以后即入资江，可用轮运矣。当初经营板溪之意，原欲使供求相应，山本减轻，可以操纵外洋市价，与欧美锑业争一日之胜。不意人事天时均不如愿，遂至今日残局亦难支持，满腔心血，尽付诸江楼烟雨中，良可惜也。

今日者国民崛起，与世界帝国主义奋斗，其武器在商品，不仅在军械，尽人所知也。即以锑业而言，自湘省出产益繁，世界之著名大锑矿如英属之澳洲，美属之波利文，皆以产费过巨，不能支持，于是矿主有向政府谋加重进口税以资抵制之举。幸厂商用价本有相当之对付，尚未致加最高程度。查锑质关于公用之必需者，每岁在二万吨左右，若遇军事发生，则争先购置以裕军储需要，即不可数计，价值陡增，率由于此。锑矿之产于中国者，以吾湘为最，每岁收入价额多达千万元，少亦三四百万元。近十余年来工商业之凋敝，已达极点，加以水旱兵疫，奇灾踵接，而民间不致十分困苦，未始不恃此外来之财源，有以救济于无形。彼帝国主义者百方摧挫之不暇，则正瞠目嫉视，以待吾之自毙。若湘省锑业不联合一致，急图改良，当此百物腾贵，生活程度骤然加高之时，成本必不易于减轻。一旦我之成本与彼不甚悬殊，则不必加重进口税率，而澳洲、波利文及其它数十处矿山皆可重整旗鼓，出奇制胜，彼时吾湘锑业必蹈丝茶覆辙，更难望其有复睹天日之机会。乃益叹吾父兄弟竭力减轻山本与帝国主义者争旦夕之命，不汲汲图目前小利为有先见之明也。幸后之从事锑业者鉴诸。

我国锑矿开发的先驱者[①]
——梁焕奎五兄弟与华昌炼矿公司

梁漱溟

1938年1月我初访延安，第一次会晤毛泽东主席时，他曾问我：

[①] 本文发表于1987年第四期《人物》；东方出版中心1998年第一版《末代硕儒——名人笔下的梁漱溟梁漱溟笔下的名人》。

"据闻你是广西人,怎么又和湖南湘潭梁姓是一家呢?"这里所说"湘潭梁姓",就是指我的族兄梁焕奎兄弟一家。焕奎兄字璧元,是杨昌济(怀中)老先生的恩师。杨老先生当时与我同在北大哲学系任教,常去看望那时(1918年)暂住于我家(崇文门外缆子胡同)的焕奎兄,而此时毛公又借住于杨老先生寓所(鼓楼豆腐池胡同),想必是因此有所耳闻,遂产生以上疑问。

焕奎五兄弟与我

我原名焕鼎,和焕奎五兄弟为同高祖的同族兄弟。我们祖上世居广西桂林。1851年举家北移,焕奎兄的曾祖在湖南湘潭落户,于是成为湖南人;而我的曾祖则宦游北方,先在桂林得中举人(当时录取举人按省分配名额),后在北京中进士,但仍沿袭为广西桂林籍。北京、湘潭相距虽远,但两家来往联系未曾中断。

1917年7月,我与沈衡老(钧儒)在司法部同任秘书后,曾有机会去湖南长沙看望他们一家。这时焕奎兄已年届50,而我24岁。焕奎兄一家当时住长沙浏阳门(东门)外自置的名为"青郊"的别墅内。别墅占地不小,内有楼,名"平远楼",可远眺长沙城南;楼后为小山丘,上有橘林;有荷花池;有桂花两大株,当时正逢盛开时节,香溢满园。我在此逗留了三个多月之久。10月初,直系军阀段祺瑞以"出师剿灭"护法军为名,进军湖南,至衡山一带后,因内部矛盾,部队将领王汝贤、范国璋通电停战,主动北撤,从此湖南政局不稳,治安混乱,人心浮动,为了避难,焕奎兄一家先去汉口,又迁北京,借住在我家一年多。我也于此时返回北京。于是我又常得与焕奎兄时时晤谈,因而得知不少有关他们兄弟五人——焕奎(璧元)、焕章(端甫)、焕彝(鼎甫)、焕均(和甫)、焕廷(硕甫)从事湘省锑矿开发事业的事迹。

湖南锑矿的发现
久通公司的建立

我国锑矿蕴藏丰富,居世界前列,而湖南锑矿储量在国内又首屈一指。据焕奎兄之长女培肃所写的《湖南华昌锑矿公司经过事略》(《湖南实业杂志》178号)记载:1896年(光绪二十二年)湖南巡抚陈宝箴姻家刘鹤龄，以他在安化、溆浦一带田庄所产不知名矿石出示，后送汉口外商亨达利洋行化验，确认为锑矿，并从此由该行收购。随后又发现新化、益阳、安化、沅陵等县境内锑矿数十处。当时（即甲午中日之战的1894年）巡抚陈宝箴正热心于维新运动，积极推行兴办实业和设学堂等新政，于是决定在长沙设矿务局，任命焕奎兄为该局"文案"（秘书）。这时焕奎兄25岁，正当他中举后一年。不久又升为"提调"（秘书长），负责筹划全省矿业开发事宜。可以说这是焕奎五兄弟参与湘省采矿事业的开端。

当时已查明的锑矿中以新化蕴藏量为最多，品位也高，而在新化境内各矿又以锡矿山（地名）为最多，约占当时全省已探明储量的三分之二。益阳、沅陵等地矿砂品位则较低，其中益阳境内官办板溪矿开发较早，因久未获利，于1899年（光绪二十五年，即义和团"庚子之乱"前一年）招商承办。焕奎兄弟于是接办了益阳板溪矿，创立久通公司，由二弟焕章为驻矿经理，从事管理工作。这是焕奎兄弟直接经营锑矿业的开始，它为日后创建华昌炼矿公司打下了基础。

板溪矿距益阳县城约200里，矿砂品位不高，含锑20%～30%，但储量大。当时为了降低运输成本，久通公司在距矿山50里的沾溪设厂，用土法冶炼后外运。土法只能将矿砂炼成"生锑"（硫化锑），"生锑"按规定又由官方统一收购。再加开采愈久，矿场距炼厂愈远，运输成本不断增加，所以当时久通公司利润有限，无力扩大再生产。至1906年，锑价开始上涨，利润增加，焕奎兄弟于是有改用新法炼锑的打算。

杨度支持购得法国专利
久通改组为华昌炼矿公司

焕奎兄在从事矿业多年之后认识到："国家富源在尽地利，而地利在矿，开采矿利在得人，非先作育人才，无以阐发地藏。"（见为梁焕奎所作之《哀启》）他在参与湖南实业学堂工作的同时，注意培养他的几个弟弟，使他们能从事矿业开发工作。三弟焕彝、五弟焕廷先后送往国外学习。1902年焕彝先去日本、美国，1906年又转至英国，进入伦敦矿业专门学校，在该校学习期间得知法国有一名为赫伦米士的冶炼厂,采用一种炼锑新法,于是偕王宠佑博士前往巴黎,了解到此法对冶炼低品位锑矿砂最相宜,是当时最好冶炼方法,如久通益阳矿能采用之,生产定可改观。但专利要价极高,非出重金,不能到手。焕彝急忙将此消息函告国内,要求尽快作出决断。焕奎兄及其四弟焕均虽然极想购得此项专利,但限于久通公司的财力,无法实现采用新法冶炼的计划。

恰好杨度先生此时由北京回到湖南。杨度为湖南湘潭人,与焕奎兄同乡,又是挚交,关系不同一般。记得焕奎兄1918年来京借住我家时,杨度先生即曾来我家看望过他,而焕彝来京时,又常借住于杨度寓所。当杨度先生从焕奎兄处听到购买专利的种种情况后,认为此机会不可错过,如能获得此专利,不仅有利于久通公司,而且将对湖南省经济发展甚为有利,因此表示愿全力支持。杨度首先向湖北总督赵次珊借得银圆五万,先汇往巴黎作购专利预付款,随后又向军机大臣袁世凯、直隶总督端方和山东巡抚袁树勋等,筹得11万,部分用于补足购买专利款,部分供按专利设厂之用。久通既获得了专利,又增加了资金,生产规模势必扩大,于是决定将原来的久通公司扩大,改组为华昌炼锑公司,而从此时(1908年)焕奎兄弟所从事的锑矿开发事业也开始进入了一个大发展时期。华昌之创建得杨度之助实多,因此以干股5万元赠杨度,后来杨又陆续投资,共拥有股金20万,成为华昌一大股东了。

焕彝购得专利后,又在英、法采购机械设备和冶炼炉等,然后与王君宠佑及一法国机械师回长沙,在南门外西湖桥按专利建厂,设备种冶炼炉数十座。从此,三弟焕彝就成为公司技术方面的领导者。为探矿,他常奔走于深山穷谷之中。益阳境内矿产采掘工程全部机械设计,更由他朝夕指导,建设而成。后来铺设由板溪至桃花江的轻便铁道,也全在其主持下进行。还应附带提及,焕彝曾深入湖南宜章发现安源之锡矿,又跟踪向东,发现瑶岗之钨矿,更沿五岭山脉至江西境,于大庾发现丰富钨矿。据他所著《生平略历自述》中记载:"瑶岗钨矿实由余用化学干试法鉴定于始,李炳麟(即李国钦)在美证明于后,华南一带始有钨矿之名。"可见我国首先发现钨矿者,当推焕彝为第一人。至1935年他曾受聘于当时国民政府之资源委员会,协助大规模开采钨矿的工作。

华昌公司创建后，因技术改进，业务发展，在长沙设立总公司事物所，下设冶炼、化验、水电、修理、翻砂、航运各部，机构复杂、组织庞大，全部员工达数万人。焕奎兄因早自1905年即患眼疾，至1908年华昌创建时，眼疾更加重，于是公司总经理一职由四弟焕均出任，负责领导全公司事务。为了便于焕均出入官府，代表公司进行联系交涉，我曾听说他们向清廷吏部纳银万两，为他捐得一个二品衔候补道（二品衔方可带红顶子）。

1914年欧战爆发
华昌公司大发展

长沙建成之华昌新冶炼厂竣工后，益阳板溪矿所产矿砂全部运长沙用新法冶炼，从此不再以生锑出口，而且所炼纯锑质量一流，在国际市场上颇有竞争力。同时华昌在购得法国专利后，向清廷商部奏准立案，自1909年起十年内任何外商、官商及私商均不得采用此项专利设厂，从而取得独家新法冶炼全省纯锑的特权。当时省内小公司甚多，锡矿山一地即有采矿公司百余家，炼锑（生锑）厂三十余家。这类厂家所产生锑均由华昌炼为纯锑。辛亥革命后，湖南实业司呈请工商部，欲取消华昌此特权。1913年杨度曾就此事至电工商部说："……度于华昌宗旨，求统一不求垄断。若不统一，必如曩年散漫相倾，为外人所乘，……唯有由部责令华昌，包炼全省锑砂成纯……"（转引自《杨度集》，原载《大中华民国日报》，1913年1月16日）于是又得延长此项特权。由于华昌拥有当时最好冶炼技术，规模最大，又享有此项特权，公司在湘省矿业界地位最高。1912年在天津成立中华矿务联合会，参加者有六大公司，其中即有华昌（其余五家为开滦、汉冶萍、临城、井陉、中兴，见《杨度集》）。

1914年第一次世界大战爆发，因为当时军火生产及军需储备的需要，欧美各交战国争相购进，锑价扶摇直上。次年锑价更暴涨，华昌盈利随之猛增。而且在此之前，因外销全由英商廓克逊代理，利润落入外人之手不少。待大战起，华昌借口英商难于如期付款，废除了其包办外销合同，改在纽约设立分公司，由曾留学国外之五弟焕廷出任经理（后由其姻亲李国钦继任；李由华昌资助于1910年送英国学习矿业，1914年毕业后即在华昌任职）。同时又在欧洲各国设代销处，从此外销大权全部自理。由于上述种种有利条件，华昌业务繁荣兴旺，盛极一时，可以说进入了它发展的颠峰时期。1916年获纯利竟多达120万银元（见《湖南华昌公司报告》，转引自《湖南省志》第一卷）。当时之长沙城南一带，可以说是华昌的天下，"机声喧扰，烟囱林立，厂屋房舍，鳞次栉比，湘江沿岸，火轮电艇，络绎于途，无非皆华昌所有，景况之盛，规模之大，可见一斑"（引自《梁公鼎甫传略》）。华昌成立之初在领得清政府补助银款时曾奏明"俟营业发达再报效国家"，现在公司利润大增，于是在1916年7月将此款缴还民国之农商部，了清了杨度经手的公司一笔大债务。

1918年大战结束
华昌公司走向衰落

后来新化锡矿山所产矿砂量日多，当地矿商因远道运长沙冶炼不便，同时又有人创造了一种土法炼纯锑的技术，至1915年采用此法之小厂已达数百家之多，于是华昌不得不同意矿商就地自炼，只是规定所产纯锑仍用华昌双环商标出口。华昌原来独享之新法冶炼权从此开放。而待大战结束后，又有德商多福公司等设厂，在锡矿山用改进之新法冶炼。在此种形势下，华昌更是只有统办出口业务的权利了。

但直接影响华昌事业的重要原因是大战结束，国际上军需纯锑量锐减，锑价一跌再跌，而公司的开支反而增加。这是因为湖南绅商各界见华昌一度利润丰厚，均欲染指，纷纷要求入股，公司迫于压力，只好扩股（1916年由原来的96万扩至300万银元），公司机构随之膨胀，冗杂人员充塞，办事效率降低所至。再加住纽约经理李国钦及国内公司中有人监守自盗，均促使公司处境日窘。

又由于国内连年政局不稳，军阀混战，而湖南这一军事要冲，向为兵家必争之地，多次沦为南北之争的战场，产多业大的华昌在生产上既不能不时时受战事的影响，在经济上又难免成为征派勒索的对象。

由于上述种种原因，兴盛一时的华昌日趋衰落，锑产量由1917年的8200吨，骤减为1918年的4200吨。至1920年华昌炼矿公司已是债台高筑，寸步难行，矿场与冶炼厂全部停顿，次年经股东大会决定，不得不变卖部分产业，偿还债务。债主以长沙债团为最多，后即由他们另行集股，缩小范围，继续经营板溪矿，而华昌只能以部分产业入股，分得半数利润，用以偿还未了债务。至1927年，华昌终于因破产而倒闭。

华昌兴衰史的简略回顾

我国一些现代史的著述指出，中国民族工业在甲午之战以后有了初步发展。例如我国著名的轻工业的先驱者张謇，他所创建的南通大生纱厂即成立于1899年。而华昌之前身的久通公司也于是年开办。又例如，华昌炼矿公司创立之时（1908年），也正是盛宣怀向日本借款，将汉阳、大冶两铁厂与萍乡煤矿合并，成立著名的汉冶萍公司，并由官办改商办之日。这当然都不是一种巧合，而是由共同的历史背景造成的。

至一次世界大战期间（1914—1918），由于帝国主义忙于战争，放松了对我国的侵略和掠夺等原因，我民族工业获得空前发展，因此有人称之为是民族工业的"黄金时代"。及至大战结束，帝国主义卷土重来，以及我国国内政治动乱等影响，自1922年以后，民族工业转而陷入停滞、萎缩和危机之中。回顾焕奎五兄弟所经营的华昌炼矿公司，由创建（1908年）至倒闭（1927年），前后20年大体上也走过了这样的兴衰过程。它于创建之初，由于在资金上得到官府的支持，在技术上引进了国外先进专利，因而在湘省并在全国矿业界崭露头角。待一次大战爆发，华昌事业迅猛发展，仅两三年间即达到了它的巅峰时期。但好景不长。待大战结束，即转趋衰落，虽力图挽回颓势，仍终以破产倒闭作为华昌炼矿公司的最后归宿。

上述焕奎五兄弟从事我国锑矿业的种种情况，部分系我耳闻于他们兄弟，部分根据其亲属的回忆或记录，并参考了一些所能得到的资料，错误或遗漏之处在所难免，但其中所记述者或可有助于研究近代中国民族工业史人士的参考。有心于此的研究者，如能进而作些调查考证，加以核实、勘误和补充，将是一件有意义的事。另外，我曾写有《梁焕奎事略》一文，刊载在《湖南文史资料选辑》第18辑（1984年），可供参阅。

华昌炼锑公司及其创办人梁焕奎[①]

梁奇

三十多年前煊赫一时的华昌炼锑公司,为当时省内首要的民营矿业,这家公司是由先父梁焕奎一手创办的,它的成败,为当时民族资本主义事业的命运的一个典型例证。兹就我童年耳闻目见所及,做出一些简略回忆。

华昌公司的"黄金时代"

中国民族资本主义工业多集中于纺织业和面粉业。但是,就作为一个内地省区的湖南来说,由于地下蕴藏非常丰富,民族资本的发展就集中于矿业,而特别集中于与军事物资有关的锑矿和钨矿。华昌公司是专营锑矿采炼的,由于它企图摆脱洋商的操纵,并自行掌握营运销售,与国际商业市场有直接接触,故又带有商业的出口贸易性质。华昌公司后期的业务,包括采炼运销,并取得了制炼纯锑的专利权。特别在辛亥革命前后到第一次世界大战期间,它有着不可逼视的声势。

华昌公司坐落在长沙市的南门外,从碧湘街到西湖桥河边一带,占有约十余万平方米面积的建筑物,它的办公大楼紧靠着面临湘江的楚湘街,包括有自己经营的轮船码头、机械修理车间、仓库、工人宿舍、堆栈、化验室和一连串大型冶炼纯锑的设备与厂房,并附属有电力厂与自来水厂等,再加上耸立达数十丈之高的——在长沙各类工厂最高的——炼锑的烟囱和直接间接为华昌公司服务的各类大小商店,全体构成一幅资本主义的场景。至于组织方面,自"总公司事务所以下,分设冶炼、化验、水电、航运诸部,机构复杂,组织庞大,全部员工达数万余人。省垣城南一带,机声喧扰,烟囱林立,厂房屋舍,鳞次栉比,湘江沿岸,火轮电艇,络绎于途,无非皆华昌所有,规模之大,可见一斑"(三叔父梁焕奎传记)。此外在湘江、资水流域,以至于直达上海港,经常有华昌公司自己的轮船华运号和成千吨的五艘铁壳驳船及华运号浅水汽轮,往来行驶。

[①] 本文发表于《湖南历史资料》1959 年第 2 期,作者梁奇系辟园公之子梁君大笔名。

作为华昌公司的基地，则为益阳县的板溪（亦称滑板溪）锑矿场，并从板溪到桃花江的运距约四十余华里之间，自费修筑敷设了板桃铁路，拥有两个火车头和二十余列车厢。在矿场内部有全套的机械设备，以保证排水与通风和直井矿石的卷扬。坑道四通八达，自东至西贯通了整个苗脉，上下左右窿内走道有十余华里，深入地下有八十余丈，并在主要干线中，敷设轻便铁道，以利矿砂疏运。矿区范围内，包括采矿工、选砂工、窿内外运输工和机械工总数经常在三千人到五千人之间，最盛时竟达万人以上，板溪矿场当时在工程方面的设计是很有名的，公司聘任了国内最有声望的工程师湛湛溪驻山主持一切，力求赶上和超过当时采矿窿内设计的国际水平，投入了巨额资金，不但充分发挥了湛氏的学力，而且也反映了公司的魄力和雄心，从而大大提高了公司在国内外的地位。

当1914年第一次世界大战爆发，华昌所产纯锑，每吨以2240英镑计算，为上海银子一千七百余两，折合光洋二千二百余圆，售价达到最高峰。现在虽难以正确核算当时生产成本，但根据当时矿工工资的微薄（日计每工约二百文至四百文）和一般物价的低水平大体估算，每吨除直接成本约二百五十元，每吨纯锑产品实际达到了接近二千元的高额利润。且以资金足、产量高、周转快，而公司内部又发行一种工资票，且能流通于市面，以此辗转剥削，于是转瞬之间，公司资本的积累至为惊人，对湖南的金融市场有很大的影响，以致吸取了大部分游资专门来为公司服务。华昌公司虽然是有限公司，而实际上在资本运用方面是无限的。因此，华昌公司当日声威之盛已不限于公司本身，同时还囊括了全省的其他各类矿藏如瑶岗仙的钨矿、宜章安源的锡矿，以及各地煤铁诸矿。我听得先父生前闲谈时说过：华昌破产后，已无力缴纳矿区税款，因而自动申请撤销矿业权的即达一百余处。不过，华昌一直没有来得及经营煤、铁诸矿，但曾大力开采瑶岗仙的钨和安源羊牯町的锡，特别是曾经一次投资达六十余万两，企图垄断江西大庾岭的全部钨矿矿区。

至于华昌公司究有资金若干？这一直是一个谜。一般记载都说是300万元。公司成立伊始，招集商股原仅11万两，旋又扩股为90万元。最后于1917年再扩股增资，才达到300万元之数。但这些数字未必是真确的实数，因为华昌以益阳板溪矿场估价作股，可能高估了一些，除机械等以及厂房设备估价较为切实以外，也可能将矿区蕴藏量（以东西矿脉 1600 英尺，平均宽度为 0.6 米，北脉 2000 英尺，平均宽度为 3 米，两脉皆深 150 米，按此计算，总储量约 929250 吨，纯锑为 149800 吨）作为根据以估算矿业权的价值，这种价值想必也在一定程度上算作了股本，以虚拟的资金作为实际资本来加强了梁氏的股金份额的。据我所知，华昌创立阶段，基本上是梁氏一家人独资经营的，所谓商股股份极其零散，并且以股额少、资金微薄，一般都没有发言权，实质上是为梁氏所独占。此外，还由于一些所谓红股，并未投入现金，只因某人在政治上或其他方面必须拉拢，以便于经营，而赠送红股，使其既不费分文又享有实惠，这种红股大概也算进总投资实额里去了。因此所谓几百万的数字，未必是可靠的。

但是，即令华昌公司资金无法做出精确估计，它在当时由于拥有新式的设备、先进的技术，生产的纯锑在质量上都居于湖南民营矿业的重要地位，直到第一次世界大战结束之前，毕竟维持了它的"黄金时代"。

"矿业大王"之梦

华昌公司是由先父焕奎一手创办的。我家先世原籍广西桂林，在 1852 年太平军围攻桂林时，始由先曾祖母迁到湖南湘潭居住。先祖曾在朱亭厘卡做过小职员，逝世很早。当时先父年仅三岁①，家境贫困不堪。稍长，习为制艺，湖南学政陆宝忠对他勤苦力学极为奖许。1887 年考上了秀才，1893 年又中了举人。当时武冈诗人邓辅纶主讲文正书院，聘他评阅课卷，因而从邓氏学会了写诗。及至巡抚陈宝箴在省内大力倡办矿业，派他充当矿务总局文案，他受到当时维新思想很大的鼓舞，同情国内政治改革，力主"破迷信以开民智，办学堂以倡科学"，又坚持"官不夺民利"之说。稍后，复改充学务处文案，参与办理选拔湖南留日学生考试，并护送学生前往日本，充任湖南的留日学生监督，从而对日本明治维新以后的一切仿效西方资本主义的设施，特别是对民办矿业深感兴趣，认为中国

---

① 编者按：可能本文作者记忆有误，梁本荣逝世于 1896 年，梁焕奎时年 28 岁。

应该力起直追，以图富强。1901年清政府诏举经济特科，先父于1903年被荐试列二等，他非常高兴，以为从此可以发抒自己的志愿了。孰知竟分发他为江苏知县，为他始料所不及，正在焦急不胜，幸亏湖南方面奏留他主持矿务总局提调，嗣后，他便长留在湖南专一经营他所创办的锑矿。以上是先父一生事迹的梗概。

先是，远在1896年先父在矿务总局充当文案时，有一天，陈宝箴的姻亲刘鹤龄偶然带来安化、溆浦田庄上所拾得的矿砂，到省里拿给先父辨认，不知究系何名。这时正当英国亨达利洋行在汉口收买内地矿产，备有各种矿质的样品，乃托人前往化验，方知即为安的摩尼——锑矿，主要用途为冶炼合金，硬度高，是军需工业上及铸制活版铅字必要的一种原料。家父喜出望外，立刻派人到各州县四处搜索，竟发现新化、益阳、安化、沅陵等数十处地方都有这一矿种，而尤以新化锡矿山蕴藏最富，苗脉显露，几占全省产额三分之二，益阳、沅陵两地矿质较低，但是苗路广阔，遂决定由矿务总局在新化、益阳等地设立矿厂多处，但以官办矿厂人事复杂，管理腐败，迄未获利，尤以益阳亏累为甚。到了1899年，俞廉三对这益（阳）矿厂失去信心，决定招商接办，先父认为锑矿前途发展很大，凭着一时热情，变卖了我母亲所存的首饰细款，还多方设法借得一些钱，凑成数百元，便将那家锑厂顶替下来，改组为久通公司（即益阳板溪锑矿厂前身），这是先父投身民营锑矿的开始。

益阳板溪矿场距离县城约二百里，虽有溪流可通资水，然由矿山到桃花江仍有八九十里之遥。虽然地下蕴藏丰富，终因矿质过低、运输困难，经过先父再三设法，想要打开局面，仍旧没有起色。当时湖南由于锑矿是新发现的一种矿种，限于技术水平，仅能采用土法提炼生锑（即硫化锑），且须由矿务总局督同粤商大成公司，方能在省城设炉订约包炼。故为久通前途计，非在山内设炉提炼，并采用西法，提高技术，别无良策。先父有兄弟五人，因此，遂派遣二叔父端甫坐驻益阳，整顿山场，又于1901年资助三叔父鼎甫留学日本，1904年又去美国，四叔父和甫与五叔父硕甫分别留学日本和美国，一律学习矿冶。他自己又从矿务总局拨借基金一万六千余两，创办实业学堂，培养采冶、化验、机械等方面的人才。1906年，当局以矿务总局无所成就，奏定改为矿政调查局，多方鼓励和支持商办矿业,至此,先父乃酝酿组织华昌炼矿公司,至1908年,公司正式宣告成立,先父自任董事长,以四叔父和甫任总经理,二叔父端甫任驻山经理,三叔父鼎甫则以董事名义,奔走欧美,深造冶炼,以后并以五叔父硕甫任纽约经理处经理。布局既成,从此便从草创阶段,迅速进入发展的阶段了。

先父梦想的实现,关键在于1907年三叔父走遍英、美、法、德、比诸国,目的想要解决一个根本问题,即如何使益阳板溪所产矿砂炼成纯锑。因为当时板溪锑矿产量虽多,但其成分一般只在百分之二十左右,远低于新化锑矿的含锑量,故板溪砂总是赶不上新化砂的销路。如不解决提炼问题,就无法打开局面。

当时三叔父在伦敦皇家物理大学肄业,听得某教授云,只有法国专家赫伦士米氏(Herrenshmidt)在潜心研究冶炼低质锑砂成纯的方法。他偶然获得这一消息,不禁狂喜,急忙请假赶到法国巴黎,果然会见了赫氏。当时赫氏刚刚从原理上发明了这一方法,但是仍在试验期间,三叔父急于请他传授,这位专家却以为奇货可居,开口便索代价十万两,经过多少次磋商,方才以七万两初步谈妥。

先父在长沙接到三叔父的电报,一时紧张万分,因为决心要购买赫氏炼纯方法,但是那样一笔巨大的款项,实非一己力量所能办到。正在焦急不胜,适值杨度经军机大臣袁世凯、张之洞保举,应诏入京(后来委任为宪政编查馆提调)经过长沙,有意协助先父扩大经营矿业,以为自己政治上失败后预留退步,满口应允为先父筹措。先父立刻复电巴黎,告知三叔父决计购买。杨度请张之洞、袁世凯代向直、鲁、湘、鄂、苏五省筹拨补助16万两(后来连本带利还25万两),汇交先父,谓为"感于至交,以济知己之急",先父随即转汇三叔父。

三叔父在巴黎获得赫氏的秘密,如获至宝,乃与当时同往求教的工程师王宠佑,并偕聘另一法国机械师,遍访英、法各地绘图设计,定制炼炉设备一套,回国后,即在长沙南城外西湖桥东择地建厂试炼,但却不能投入大规模生产。三叔父焦灼万状,先父则多方安慰他,鼓舞他,使他苦心研究,反复改造,终于依据赫伦士米所示原理,重新设计,发生了效果,于是华昌公司才决定集股增资,正式开办华昌纯锑炼厂。并委托湘潭的谭长生姨丈(湘潭河东一鼎锅铸冶厂厂主）以土法铸制人字炉24座，反射烘砂炉15座，及反射提纯炉19座。全部落成后，又经请准专利十年，任何人不得仿造。自此以后，全省各地（包括新化锡矿山）锑砂均由华昌代炼，并由华昌集中出口，操纵了全省锑矿经营，并暂时阻遏了外商长期以来在湖南廉价收购锑砂的情况。

华昌自设厂自炼纯锑以来，每24小时平均可生产纯锑20至40吨，每年可生产纯锑1万吨左右。但据可靠统计，实际上只在1915年达到接近万吨水平，为7200吨，1916年又稍有增加，共8600余吨，至1917年降为8200吨，1918年又降为4200吨。1915年以前则徘徊于年产2300吨至1800吨上下。大约加上相等数量的生锑产品，每年出口总数才有一万四五千吨。当时纯锑价格每吨平均约为一千元（1917—1918），欧战既停以后，暴跌至七八百元，以至于四五百元或仅二百余元。因此，华昌最好的光景先后持续不过三年，即欧战开始以后的第二年（1915）到欧战停战前第一年（1917）。在这三年中，可谓为"矿业大王"之梦的黄金时代，以后就每况愈下，到了1918年冬（五四运动前夜），华昌终于以急剧没落的姿态宣告破产了。

华昌公司的失败

华昌公司迅速成长壮大，不到几年，又迅速没落崩溃。当先父"矿业大王"的美梦幻灭之后，受到了很大震动，因而他消极了，从此逃避到佛学中去。从他的一生，可以看出当时中国民族资产阶级的悲惨命运。

根据先父生前谈论：认为"办矿有三难：一曰洋人恃其国富、兵强、财产，对抗难；二曰山主、地头蛇恃人多势众、横蛮，讲理难；三曰军阀豪绅恃其权势，敲诈勒索，支应难"。因而他分析华昌公司之所以失败，着重归结为下列几个原因。

首先，华昌公司是在帝国主义侵略势力摧残之下方才垮台的。他曾说过："华昌之败，故败于洋人。"例如德国多福洋行的多来福、加利洋行的施来克、日本中日实业公司的山井，还有英国商人安利英、卜内门等，这些人都和华昌公司有过来往和交易关系，但是他们在华昌公司尚未设立以前，早就利用其丰厚的资本，任意垄购矿地的开采权,控制了湖南矿产的出口,任意贬抑矿产外销的价格。因为当时湖南还没有新式冶炼设备与技术,也没有化验机构。"但凭洋人眼力,随意估评砂色成分,以决定收购与否和价格高低""故洋人于一转手之间,多获暴利,每担青砂计百余斤,收价不过数百文耳……"即以官办板溪锑矿而论,开发最早,只因成色较低,往往在抛售矿砂时被拒于洋人,"每有矿砂运省,以洋行不受不收,非卡勒至最低价即无法推销,然售价低于成本,有所不能甘心,致宁废弃不卖者",终于板溪矿山被迫停办。及至华昌组成,"洋商始格于形势,渐告敛迹,另作经营,不敢闻问矿事矣"。其实,事情并不如此简单,当华昌经营最盛的时候,他们一只手与华昌保持密切联系,争相供应采冶设备,从机械到化验用品,从冶炼用碱到炸药,尽其所有,打着笑脸和华昌做生意;而另一只手则广泛结纳华昌以外的各地矿商,特别是与新化私商关系至为暧昧,阴谋篡夺华昌炼纯的专利权,并通过私商砂贩,伙通山主豪劣,破坏彼此之间的团结,制造混乱局面,以威胁逼迫华昌,"用心至险且毒",先父所特别痛心,尤以当华昌将巨额资金投入炼厂的基建工程以后,这些洋行忽串通新化各私商炼厂,纷纷仿效,并代为设计,略加更变炉式图纸,鼓动各厂自立门户,自炼自销,又低价供应各厂设备,暗中周济资金,使与华昌对抗,以利于各个击破。这样由于湖南矿商之间的盲目竞争,锑价竟抑勒贬降到每吨不过二三十元。结果湖南的矿商无不相互受到牵连,生产利润不能维持成本开支,一齐同归于尽。

其次与洋商的阴谋分不开的,是军阀政客的敲诈勒索。先父曾说:"自汤芗铭、傅良佐、张敬尧先后主湘政后,华昌即终日处于惶惶不宁之境,朝夕有军人政客派员前来,甚至携枪坐守不去,动辄非数万金不能餍其欲望。"关于这种情况,我印象极深。记得我从十岁以前略知人事之时起,就一直没有在家里安居过。常常听见有人向父亲报告:西花厅里坐着某某(我记得唐蟒即为其中一人),带着枪兵逼令报效军饷,父亲便率领全家老小匆匆忙忙从后门(靠南城墙根工人宿舍处)逃走,到公司码头搭华运号或华美号专轮去汉口避难。公司在汉口德租界碧秀里旁佃有一住宅,专供避难之用,一年往返多次,时而逃汉,时而返湘。又某年逃汉,未及休息,碧秀里后面的华兴街日本人四出放火,扬言要袭击我们的住宅,火焰冲天，枪声大作，我随父母及二姊深夜冒着大雨越窗而出，走避于法租界巡捕房附近，事后再返湘，先父乃在家宅后园（紧靠吉祥庵巷）建一洋楼，以重薪聘请一美国人叫麦克来的住在那里，并雇西餐厨师，专为洋人作餐点。大门口挂上了美商慎昌洋行的招牌和美国国旗，以后凡有军人政客来访，概请麦克来接见，以资抵挡。这样才稍能安定下来，不复经常去汉口了。先父曾愤慨地说："在自己的国土上生活，却要靠洋人保镖，实乃奇耻大辱。"半年后乃将麦克来解聘，轻装简从，避居宁乡、湘潭一带农村中。当军阀混战时，"南军北军交相向公司筹集饷银，华昌开支坐大，而各类钱票往往于一朝夕之间变成废纸，资金损耗至巨，营运益感艰难"。而同时，"私商、流痞、豪绅、土劣复相勾结，与矿区山主联成一气，辄乘轿十数来公司要地租山租，并借故索各类赔款，偶不如意即聚众捣毁坑道设备，以阻采、阻运相要挟，往往缠讼经年不能决"。公司派罗泽春专理这类纠纷，每年耗费数达十万元。至于正式或非正式的有定额的税捐尤不可胜数，如关税、内地税、堤工捐、学捐、码头捐、军事特捐、并捐以及各类各目的附加，都漫无限制，这样，华昌公司的开支和意外损失，一年比一年增多，有时甚至超过生产费用，愈到后来就愈不能维持了。

此外，华昌公司的失败，还有一个内部的原因，根据先父一辈谈及，那就是不该过分信任了李国钦。李国钦，字炳麟，他是四叔父的姨侄①，为人狡黠，因家贫失学，经华昌公司介绍入实业学堂学习矿冶，毕业后，又由公司津贴留学美国，后来继五叔父担任了华昌公司驻美销售处的经理人，鉴于华昌公司一向在美国纽约存放有大批待销的纯锑，原意把自己一手培养出来的亲戚，放在一个最重要位置上，是可靠的。可是，李国钦利用了他的地位和机会，当世界大战停战前，每天都从纽约拍发电报到湖南，甚至一日数报，说锑价看跌，造成了公司经营的紧张状态，于是公司开始还打算将湖南所产炼的纯锑大批囤积下来，以待善价。接着经过李一再继续不断报跌，并要求将日积月累的大批存货全部运美，以便掌握时机，在最有利的条件下抛出。先父辈竟信以为真，遂将所有存矿扫数运

---

① 编者按：原文如此，似为作者笔误，应为姨妹夫。

出,全权委托李负责推销,以利周转。可是李又表示乐观,主张应静待好转,不宜急于抛出。然而当湖南的纯锑陆续运到美国,他手里已经掌握了巨大数量的产品,他就忽然表示颓势已成,不能挽回了,积极主张以最低价格出售,公司见情况如此,不复可为,便断然复电批准售出。其实在大战尚未完全结束时,美国市场锑价仍在看涨,李故意隐瞒,只等公司批准以最低价格出售,他就以最低价格向公司结账,进行套购,完全据为自己所有了。及至锑价续涨,他才逐步变卖,获利至丰,一转手间,竟成为了天下巨富,华昌公司就从此一败涂地了。稍后,他又假窃华昌名义,改为华昌贸易公司,独立经营国内纯锑出口,生意愈做愈大,居留美国,一直不敢归来。三叔父的儿子梁君悟,当时正在美国留学,专攻矿业冶炼,看到李国钦各种卑劣可耻的行为,无法容忍,一再向他提出质问并加以揭露,决定回国一行,向先父辈面陈弊害,到了启程之前,竟被李雇用美国流氓将他枪杀了。华昌公司全体股东得知真象以后,极为愤慨,曾反复向当时高等法院控诉,无结果而罢。

李国钦由于华昌公司的培养,在纽约主持公司对美国的交易,他后来见利忘义,侵吞了运往美国的全部纯锑,趁着公司衰敝之余,给以致命的打击,甚至不顾亲戚关系,谋害我三叔父的儿子,这在资本主义社会原是一件习见不鲜的事情,没有什么奇怪。使人愤恨的是李国钦由于在纽约市场上混得很熟,他早就和华尔街的几个资本家勾结上了,他一切篡夺华昌公司的阴谋诡计,以及在资金方面,都是由纽约矿商在撑腰的,他后来竟靦面颜无耻地背叛了自己的祖国,入了美国国籍,并尽力拉拢美国资本家和国内官僚政客的关系,自己也成为一个有名的官僚资本家,国民党统治时期,他是中央银行的理事之一。

华昌公司的垮台,从表面上看是过分信任李国钦以至被他倾害,固然只是一个内部人事问题,实际上,美国帝国主义正是扼杀华昌公司的真正凶手,李国钦不过是一个内奸而已。

先父一辈远在华昌公司成立之时,未尝没有意识到帝国主义及其走狗——封建势力是自己的事业的很可怕的敌人,但他却始终无法摆脱和内外敌人的联系关系,加上湖南当时生产的纯锑,由于国内工业不发达,销路极为狭窄,必须依靠一心扩张军备的殖民主义者的美国来消纳,美国市场价格的涨落,决定着华昌公司的命运。先父兢兢业业想要发展自己的事业,不能不仰他人之鼻息,华昌结束后,地方上仍以为他是一个腰缠百万的巨富,他在湖南不能安身,只好长期寄居上海,其实生活已经很困难了。六十岁时,他在上海删定他待刊的《青郊六十自订稿》,曾喟然叹曰:"今于华昌事可作盖棺论定矣,非败于内,实败于外,人曰物必先腐而后虫生,以华昌失败论,则乃虫先生而物后腐。苟非洋商作祟与各方恶势力交相煎迫,内部问题之调整,固不难也。"他的诗凡属牵涉华昌公司的,有许多愤世嫉俗之词,因为与他这个时候的消极的人生观有抵触,均加删略,且谓:"洋商险毒,非我诗所能道其万一,毋使污我白纸。"故《青郊六十自订稿》流传于世,当时人多赞美他的辞藻格律,并不知道他诗中有一段伤心史。

湖南华昌炼矿公司的兴衰[①]
——中国民族资本生存困境之见证

李自强

湖南号称中国有色金属之乡,所出矿产,品种之多,数量之丰,皆令世界瞩目。在湖南有色冶金发展史上,梁焕奎兄弟经营的华昌炼锑公司(后改名为华昌炼矿公司),曾写下了浓墨重彩的一笔。与梁焕奎同时代的人曾对其评价:"湘矿藏所孕锑,犹甲环宇,炼锑以行远,自君始。"[②] 现在刊行的长沙中学生地方教材中,对当年梁焕奎在长沙经营华昌炼锑公司的业绩,都有专门章节介绍,以示后人,湖湘前人的勋业不可或忘。

华昌公司曾盛极一时,但历时二十余年后却破产了,它的历史,浓缩了20世纪初中国民族资产阶级在外商资本的挤压下,在国内官僚、军阀的盘剥下迅速衰败的历史,从中也见证了中国民族资产阶级在当时的历史条件下难以生存的困境。现将有关史料整理归纳成文,供各位对此段历史感兴趣者参考。

---

①作者系梁焕奎孙女婿,原文发表2008年3月《文史博览》。
②见徐桢立所撰"梁君辟园墓志铭",拓片原件由先父梁君大捐献给湖南省博物馆收藏。

一、锑矿的发现与久通公司

清光绪廿二年（1896），湖南巡抚陈宝箴为推行新政，在长沙设立矿务局，委梁焕奎为文案。一天，陈宝箴的姻亲刘鹤龄带了安化溆浦所产矿石来长沙，派人送至汉口，请亨达利洋行代为化验，知其为"安的摩尼"（锑矿石）。即与洋行签约，委其代销，并在长沙设立矿务局，旋派员大举搜寻，共找得新化、益阳、安化、沅陵矿场数十处，进行开采。当时因交通不便、不少矿山品位太低等故，致使开采费用过高，而矿砂卖价不高，造成长期亏损。到巡抚俞廉三抚湘时（1899），乃有招商承办之议。是为湖南有色冶金官督商办之始。

时任矿务局文案的梁焕奎，得知此信息后，即变卖家产，筹借资金购得益阳板溪锑矿的开采权，并成立了久通公司，派其二弟梁焕章坐山收砂。

久通成立之初，所有矿砂必须交由官局代办运销，并有禁例：只能由官督粤商大成公司在长沙设炉提炼生锑（硫化锑）。后经多方交涉，方同意久通公司在益阳沾溪设立生锑炼厂，然极力经营，也只仅能保本。梁焕奎认识到：若要谋求发展，必得另有开拓。

早在购得板溪锑矿之初，梁焕奎就认识到"国家富源，在尽地利，而地利在矿。开采矿利在得人，非先作育人材，无从阐发地藏"[①]。于是，他（1901）派自己三弟梁焕彝赴日本、美国学习采冶技术。后（1903）又向当局建言，在长沙设立实业学堂，自己培养冶金技术人材。当局采纳了此议，即于1903年冬从省矿务局拨借基金银1.6万两，创办了湖南实业学堂，并委梁焕奎为首任学堂监督（校长）。湖南实业学堂就是现在湖南大学的前身之一。他还建议从乡试落第备荐卷中选拔可造人才送往日本留学，此议亦为当局采纳，并任命他为留日学生监督，负责组织实施。于是，他亲率杨昌济、陈天华、刘揆一、朱德裳、杨钧及四弟焕均等三十多名湘人学子中的高材生赴日留学，并命自己的五弟梁焕廷自费随同前往学习。为日后湖南的有色金属工业发展作好准备。

[①] 见梁漱溟《衰启》，原件由先父梁君大捐献给湖南省博物馆收藏。

至 1906 年前后，锑价稍涨。梁焕奎乃要在美国学习的三弟梁焕彝游历欧美诸国，寻找提炼低品位锑矿的先进方法。梁焕彝遍历英、法、德、荷、比等国，访知法国赫伦士米德氏的纯锑炼制方法极宜提炼板溪等低品位锑矿砂。旋即通知国内其兄。提炼低品位锑矿砂的方法找到了，但购买赫氏专利及一应设备的款项却无从筹集。正在一筹莫展之际，适逢（1907 年）杨度（字晳子）从日本回国为其伯父奔丧，梁焕奎即将此事商之杨度。杨度极表赞同，谓："此举实湘省大利，必不可错过。"并表示愿意设法筹款。当时（1908 年 4 月）杨度正奉命赴京。杨即在进京途中道出湖北，过江宁，经济南，商得赵次珊制军、端午乔制军、袁树勋中丞和军机袁世凯、张之洞等人的赞助，共筹得白银十六万两①，久通公司终得以购回赫氏专利及一应设备。

二、华昌公司的成立及经营业绩

1908 年，梁焕奎在原久通公司的基础上，正式改组成立华昌炼锑公司。同年，梁焕彝购得赫氏炼锑法专利及一应专用设备，并聘请著名的矿冶专家王宠佑博士及一名法国机械师回长。梁氏兄弟在长沙南门外下碧湘街一带置地设厂，开始炼制纯锑。因当时购回的专利尚未达到实际应用的程度，不能投入大规模生产。但经梁焕彝艰辛刻苦的"潜心研究"，依据赫伦士米德氏所示原理，重新设计，反复改进，终于获得成功，不但降低了纯锑生产成本，还提高了产量和质量。

华昌公司在购得赫氏炼锑法专利后，即呈请清朝商部奏准立案，规定无论何国官商，不得在中国境内设立同样的炉座，也不得在湖南境内设立他样提纯之炉座。1912 年民国成立后，华昌就专办权进呈工商部，又获得继续在本省享有专办。工商部明文规定："无论何种机器、何种新法，概不准在湘设炉制炼。"

1913 年，外国商人为挤压华昌之兴起，明里暗中以资金和设备支持、怂恿地方矿商，屡次破坏华昌享有之专办权。湖南实业公司以湖南华昌似有"垄断"之嫌，请求工商部推翻原议。杨度代表华

---

① 参见何汉文、杜迈之著《杨度传》38 页。湖南人民出版社 1979 年。

昌明白宣示"华昌宗旨：求统一，不求垄断。若不统一，必如曩年散漫相倾，为外人所乘，湘矿前途无术挽救"。杨度与在京湘绅，以华昌炼锑专办权与湘省实业至关重要，报请当时执政的北洋政府，准予延长专利权十五年。

华昌炼厂内，设有炼氧炉（又称赫氏炉）二十四座（提炼成分过低之锑矿砂，使之氧化成三氧化二锑），反射烘砂炉十五座（使生锑中所含硫黄渐次逸去，成为四氧化二锑），反射提纯炉十九座（主要原料是三氧化二锑，配以碳酸钠及木炭末置炉中，历十二小时即得纯锑）。每日可出纯锑三四十吨。华昌公司所出的双环牌纯锑，经欧美各国化验所化验，其成色在当时世界著名冶炼企业——英国廓克逊厂产品之上。一时间，世界各国关于纯锑的行情报价，均将华昌产品列于廓克逊厂产品之前。①

因华昌产品成色高于英商廓克逊的产品，英商虑其挤占市场份额，便派员来湘商谈，愿为垫价包销。当时华昌创办之初，对外销售业务、市场运作方式均不熟悉，便乐其便利，与其签约。经过一段时间，始觉销量不长反低，遂派人进行调查。即发现廓克逊之奸谋：其在各国市场大力推销廓克逊产品，将华昌产品压在其后。而当时，正值一战初起，世界各地对锑的需求骤增，伦敦锑价又低于纽约甚远，外人争买时，华昌却不能违约销售。致使华昌坐困数月。②

为摆脱受制于人的被动局面，华昌不得不与廓克逊公司展开艰苦谈判。由于欧战（第一次世界大战）原因，廓克逊确也难保按时按约收购华昌纯锑，只得同意改约。"改为无论售与何人若干吨，皆与廓克逊以佣金。期限为一年，至1915年底止。"③

至此，华昌公司已拥有了一个充分发展的空间。此阶段华昌公司主要由梁氏兄弟经营，具体的分工为：老大梁焕奎任董事长；老二梁焕章驻益阳板溪矿场，主持山政；老三梁焕彝负责全面技术工作；老四梁焕均任总公司经理，主理财政，协调各方事务；老五梁焕廷主持纽约分公司对外销售工作。

---

①内容录自《湖南省矿业志》。
②见梁培肃《湖南华昌炼矿公司经过略述》。
③摘自《湖南省志〈第一卷〉》311页，湖南人民出版社1957年出版。

因第一次世界大战之故，锑价飙升。1914年纯锑价年初每吨146元，年底则涨至1000余元。为扩大生产，华昌公司扩充商股白银至九十六万两。1916年中，华昌公司自筹资金修筑的板桃铁路也已竣工，由资水至省城的铁驳船也投入运营，总之，华昌公司为自身发展作好了充分准备。

时人评曰：华昌公司"长沙总公司事务所以下，分设冶炼、化验、水电修理、翻砂、航运诸部。机构复杂，组织庞大。全部员工达数万余人。省垣城南一带，机声喧扰，烟囱林立，厂房屋舍，鳞次栉比；湘江沿岸，火轮电艇，络绎于途。无非皆华昌所有。情况之盛，规模之大，可见一斑。"① 通过1912年至1917年间，华昌公司年产量和出口量的统计②，也可看出华昌公司的经营进入飞速发展的全盛时期。

表1 华昌公司产量统计

年度	生锑产量（吨）	纯锑产量（吨）
1912年	5,947	2,307
1913年	1,387	2,659
1914年	357	1,888
1915年	7,895	7,200
1916年	未详	8,600
1917年	未详	8,200

表2 长沙锑出口量统计

年度	生锑出口量（吨）	纯锑出口量（吨）
1914年	14,738	2,735
1915年	14,729	5,812
1916年	12,731	6.328
1917年	19,047	13,218

华昌公司1916年5月所发表之营业账目称："去年第八届营业，获利甚丰。若专以营业所入计算，其数达长平银三佰余万两。唯以

---

①摘自佚名著《梁公鼎甫传略》，原件由先父梁君大捐献给湖南省博物馆收藏。
②表内数据录自《湖南省矿业志》。

公司义务所关,暨不可避之损失以及经营应办事宜,保固根本办法,所耗经费,其数甚多。兹将各事实理由分述如下:一、……用于采矿经费及财产用款者,其数为长纹银四十二万余两……二、本公司成立之初,领有政府补助款银十六万两,……锑价涨后,政府责令报效,公司乃于七月将原补助款十六万两缴还农商部……三、……与支那公司(廊克逊)改约,归还前约欠款,合计损失,占去汇水银六万三千二百余两;及全年佣金并贴水银二十八万六千四百余两,二项共为三十五万九千余两……四、……五、……兹特于营业余利中除去此等数目二百零八万两外,实获净纯利银一百二十万两……①

为适应公司业务发展,便利海上运输,华昌公司还曾在中国汽船公司中投入资金,占有股份。并与广东、上海的商业银行商讨合作经营国际汇兑业务。此实为华昌公司的鼎盛时期。

三、华昌公司的破产

因锑矿利润日见丰厚,引起了社会各种势力的激烈的争夺。这种争夺的激烈、复杂程度,是经营机制、经营策略远未成熟的民族工业、家族式企业——华昌公司难以应对的。华昌公司在短短19年间,即由鼎盛巅峰跌落到破产深渊,实为"湘省大利"之惨重损失,纵观当时国际国内的政治、经济形势,究其原因,直接或间接,诸如以下几点:

1. 内战不断,时局混乱

袁世凯倒台之后,南北对峙,军阀混战。湖南地处要冲,是各方势力必争之地。汤芗铭、傅良佐、张敬尧先后主持湘政。时局混乱之极,岂能有工商经营之便利。他们动不动就将湖南的矿山抵押给外商,以扩充军饷。

华昌庭前,更是军人政客,携兵带枪,坐守不去,摊捐派款,动辄非数万金,不能餍其欲望。梁宅后门,常备车船,供梁氏家人仓皇出逃。后实出无奈,只得以重金聘一洋人麦克来,并门挂美国慎昌洋行招牌及美国旗,以支应付。另外,各路私商、流痞、土豪劣绅,矿区山主,不时来府骚扰,勒索各类赔款,偶不如意,即聚

---

① 摘录自1916年出版的《实业杂志》。

众捣毁坑道设备,以阻运、阻采相要挟,往往缠讼经年。华昌公司频频应付名目繁多的捐税摊派和经年诉讼,耗费时时大于生产经营必须之资,愈到后来愈不能维持了。①

2. 被迫扩股

1916年6月,袁世凯倒台,"因公司股东及经理人员(按此指杨度等人)多与政局有关,牛恩李怨,风潮遂烈。当事者家四叔及姨丈谭君芰生动受逼迫,有岌岌不可终日之势"②。社会各类人等借杨度曾拥戴袁世凯称帝之口实,挟迫梁氏集团扩股分权。梁氏无奈,乃于1917年正月召开股东大会,决议改组加股,由原股九十六万两增至三百万两。梁氏兄弟退出主办地位,改为由章勤济任主办、汪颂年为总理、李国钦为驻纽约经理。至此,冗员充斥,管理混乱,办事效率大为降低。

3. 专利权丧失

公司成立之初,华昌炼矿公司呈请农工商部奏准立案:十年之内,"无论何国官商,不得在中国境内设同样之炉座,亦不得在湖南境内设他样提纯之炉座",期满后,还可酌情延续15年。华昌炼矿公司遂获得了应用赫氏纯锑炼制专利在全国专办十年的特权。为此,华昌曾有过对内均利,对外统一的承诺,也就是说,华昌公司有要代为其他商矿提炼纯锑的义务和责任。华昌为此耗费巨资,购置设备。但为了谋取提炼之利,各方矿商明争暗夺。有新化矿商以其地产矿砂量大,运砂来长不便为由,与华昌商议,要求在新化设立分公司,建厂设炉,许诺以华昌公司双环商标出口并交纳专利费用。德国多福公司等外国洋行,则极力鼓动各私商炼厂略加变更图纸,仿造提纯炼炉,官府不能禁止;洋行还以低价供应炼厂设备,暗中周济资金等手段,使之与华昌抗衡。最终,湘省各矿商盲目竞争,相互倾轧,当时民国政府无能也无法实行专利保护,后来还将华昌专办权保护的要求,推交给"湖南省都督府转咨省议会核议",等于放弃之前已同意华昌在湘专办的意见。华昌公司自身则更是无力抵制专利侵权,只能坐视设备日日开工不满,专利寸寸丧失。结果是,

---

① 参见《华昌炼锑公司及其创办人梁焕奎》,原文载《湖南历史资料》1959年第2期。
② 摘录自梁培肃《湖南华昌炼矿公司经过略述》,手稿原件由先父梁君大捐湖南省博物馆收藏。

国内矿商两败俱伤，外商洋行则坐收渔利。

4. 锑价暴跌

1918 年底，第一次世界大战因苏俄十月革命爆发而停止，国际市场对锑的需求骤减。"1918 年上半年，长沙纯锑每吨市价九百元，1919 年春，长沙纯锑每吨降至九十元以下，尚无人问津。"①

5. 内部人员监守自盗和私自撤股

锑价下跌，华昌公司大批存美待价而沽之纯锑，又被公司驻美销售经理李国钦监守自盗②，损失惨重。

华昌公司派往纽约协助梁焕廷工作的李国钦，了解华昌内部管理的要害，一到美国便开始其篡夺的行径。他四处奔走，多方联络，结识了不少洋人。他了解美国法律后，利用国内华昌对自己的信任，由洋人担保，以自己名义，注册了"华昌贸易公司"（当时外资在美注册成立公司，须由当地人担保③），有意混淆与国内华昌公司的隶属关系，为其侵占华昌公司资产玩尽了花招。其监守自盗的手段大致有以下几种：

①利用计量标准的差异，大肆侵吞"湖南华昌炼矿公司"资产。当时美国计量有"长吨"（合英制 2240 磅）和"短吨"（合美制 2000 磅）之分。李对国内用"长吨"收货，用"短吨"的价格与国内结算。仅此，李每吨即私吞 240 磅。④

②欧战将终，李向国内建议抛售存美纯锑，华昌炼矿公司在国内对战局后果不敏感，未允其议。李利用华昌公司此失策，自行抛售。当锑价暴跌后，华昌公司迫于国内债权人的催逼，令其出售存美纯锑二千余吨，李即用最低价与国内结账。华昌公司所得售价，仅够关税、保险、运费之用，数十万元采炼成本全部亏蚀。而所售纯锑之价差，则被其悉数私吞。

③虚报行情。当时锑价下跌，国内惜售，大量纯锑积压于上海。李即向国内谎报锑价回升，有时一日数报，骗取国内发货。待其收

---

①摘自《湖南省志〈第一卷〉》322 页，湖南人民出版社 1957 年出版。
②参见何汉文、杜迈之著《杨度传》39 页注 1，湖南人民出版社 1957 年出版。
③见章执中著《双重国籍的李国钦》，原文藏省政协文史办。
④见邓负安《我所知华昌公司的一点内幕》，原件藏省政协文史办，邓毕业于实业学堂，曾任《实业杂志》主编。

到国内发货电报后,又向国内报跌。有时甚至将远期锑也抛出。李操纵市场,压低锑价,将国内纯锑套购到手,据为己有,然后勾结美商,造成优势,获取暴利。

李国钦利用华昌公司赋予其职务之便利,采取各种卑劣手段,监守自盗,大肆侵吞公司财产,成了垄断美国五金矿产市场的巨头。之后又与一华侨巨商之女结婚,将财产过户到太太名下,自己申请加入美国国籍,以躲避国内华昌股东的追究①。多年后,在自己晚辈面前,他对自己行径的正当性也难以自圆其说,只敢说在法律上自己无错。更暴露了他利用华昌股东困守国内,对他毫无防备的心理,早就做足了手脚的猫腻。

在公司经营困难之际,原来部分并无振兴民族工业之雄心,只为在华昌分一杯羹,挤进华昌的股东,面对华昌颓势,人心浮动,更有股东釜底抽薪,利用自己经办为华昌公司向交通银行借款之便利,擅自撤走自己的股金,令举步维艰的华昌公司更是雪上加霜。②

6. 外商资本的倾轧

从久通公司成立之初,外商资本就开始了对中国自办的有色金属工业的挤压。当时"国内还没有新式冶炼设备与技术,也没有化验机构。但凭洋人眼力,随意评估砂色成分,以决定收购与否或价格高低。以久通板溪矿砂,因成色较低,往往被拒于洋人。每有矿砂运省,洋行以不受不收,非卡勒至最低价,即无法推销……故洋人一转手间,多获暴利"③。……德国多福洋行、加利洋行、日本中日实业公司、英国商人安利英、卜内门等,他们利用其雄厚的资本,任意垄购矿地的开采权,控制湘省矿产品出口权,任意贬抑矿产品外销价格。

在国际货运舱位、银行汇兑诸方面,洋商也是处处设卡盘剥。如前文所述,洋行外商制造混乱,扶植私商,篡夺专利,收买内奸,监守自盗,种种劣行,令刚刚起步的民族工业——湖南有色金属工业举步维艰,难以为继。

1919年9月,华昌公司经营已陷极端困境,"股东杨度、周扶九

---

① 见章执中著《双重国籍的李国钦》,原文藏省政协文史办。
② 见邓负安《我所知华昌公司的一点内幕》,原件藏省政协文史办。
③ 摘自《华昌炼锑公司及其创办人梁焕奎》,原文载《湖南历史资料》1959年第2期。

等，不得不向上海银行借款一百万元维持，并将在美国所设之推销代办处概行取消，出口美国锑砂，只可委托中美贸易公司代销，并接纳该贸易公司投资五十万两，以出口锑砂作价抵缴，始得每年脱销纯锑一万吨，暂时维持残局"①。至1920年底，锑价仍无起色，矿山工厂工作完全停顿。1921年，召开股东大会，加股不成，募债难行，决议收束。设清理处，变卖产业，清偿债务。债团以矿山弃置可惜，议由彼等另行集股开办。1924年由债团组织工厂恢复生产，华昌公司以产权入股，对半分利，以所得之红利摊还各处债款②。如此之状况一直维持到1927年，再无起色，乃宣告彻底破产。

梁焕奎先生事后感叹："华昌之败，固败于洋人。""今于华昌事可作盖棺论定矣。非败于内，实败于外。人曰物必先腐而后虫生。以华昌失败论，则乃虫先生而物后腐。苟非洋商作祟，与各方恶势力交相煎迫，内部问题之调整，固不难也。"③

四、华昌公司股东及部分主要职员简况

除梁氏兄弟外，华昌公司股东及部分主要职员简况如下：

股东杨度，字皙子（1874—1932）。与梁焕奎同为文坛耆宿王闿运的学生。因其游说当局，筹得政府补助款银十六万两，使华昌公司得以购回赫氏炼锑法专利。梁焕奎为表感谢，赠其干股五万元。后其陆续投资，最后拥有华昌股本二十万元，成为华昌公司大股东之一。1918年，华昌公司已呈险象，公司总协理汪颂年辞职，杨度曾临危受命，出任总理，收拾残局。梁焕奎在贺杨度四十寿辰诗中是这样评价他们之间的关系的："一别四千里，相知二十年"。

股东蔡锷，字松坡（1882—1916）。"1913年，蔡锷时任云南都督，他家却无一椽之屋，无立锥之地。其母寄居在邵阳乡间，依靠一个姓何的亲戚生活。真可算得上廉洁奉公了。蔡锷的朋友，当时长沙华昌公司总经理梁和甫，是经营新化锡矿山矿业的民族资本家，并在新化设有分公司。他见蔡氏如此情状，十分敬佩，乃拿出五千银元以借贷的方式赠送给蔡锷，且声明此款已投入华昌公司新化分

---

① 参见《湖南省志〈第一卷〉》388页，湖南人民出版社1957年出版。
② 参见《湖南省志〈第一卷〉》388页，湖南人民出版社1957年出版。
③ 摘自《华昌炼锑公司及其创办人梁焕奎》，原文载《湖南历史资料》1959年第2期。

公司，作为蔡氏股份。1916年1月，护国战争爆发后，袁世凯密令邵阳县知事陈继良查抄蔡锷的家产。消息被谢邦干和曾叔式获悉，谢、曾二人亦为蔡锷挚友，他们一口气跑到梁和甫家里，把听到的消息告诉梁和甫。梁氏得讯后，非常着急，为了保全蔡锷在华昌的股份不被没收，他考虑只有请杨度出面。要杨度'表面承认此项股份归杨出名式顶，以抵制政府查抄。'对于梁和甫的这个要求，杨度满口答应，而且，事实说明行之有效。"① 此外，蔡锷还曾从云南财政借款，通过曾广栻（华昌公司新化分公司经理）陆续向华昌公司增投股本。

股东谭延闿，字组安，（1880—1930），湖南茶陵人。光绪三十七年进士。立宪派人物。宣统元年任湖南咨议局局长。辛亥革命后任湖南参议院议长。立宪派政变，被推为都督。袁世凯死后，被任命为湖南省长兼督军，还兼湘军总司令。后又任过代理武汉国民政府主席、国民政府行政院长等职。其参股具体情况不详，但其与梁焕奎过从甚密，梁焕奎所著《青郊六十自定稿》上，有不少与他的唱和诗作。

股东谭泽闿，谭延闿的弟弟，其他情况不详。

股东熊希龄，字秉三，（1870—1937），湖南凤凰人，光绪进士。光绪二十三年，任长沙时务学堂提调。民国初年曾出任北洋政府国务总理兼财务总长。后历任全国赈务委员会委员。中华红十字会会长等职，著名的北京香山双清别墅即是其私邸。（毛泽东1948年进入北京前即居于此处）。其参股具体情况不详，但其与梁焕奎也是过从甚密，梁焕奎所著《青郊六十自定稿》上，有不少与他的唱和诗作。

股东谭苌生，梁焕奎的连襟，湖南湘潭人，本是湘潭一铸锅厂的老板，因华昌公司成立后，所需设备铸造件甚多，遂邀其入股，共同经营。

股东周扶九，江西吉安人，著名资本家，盐商，经营绸布、粮油、日杂、钱庄等。在上海、武汉、南京、济南等地开有分号。1919年曾与杨度一道参与华昌筹款事宜。

---

① 见王启山著《蔡锷与杨度》，原文载1982年10月5日《长沙晚报》。

股东薛大可，在京津一带办报，与梁焕奎、杨度私交甚好。其参股具体情况不详。

股东左崇澍，字霖苍，（1881—1964）长沙人。曾出任过前清度支部库藏司长、湖南民政司总务科长、长沙商务总会会长等职。主办过光华电灯公司、第一纺织厂。其参股具体情况不详。解放后曾任江苏省政协委员。

股东章勤济，字克恭，著名民族资本家范旭东的连襟。曾出任华昌公司总经理。其子章执中先生，曾任湖南省工商联执委、中国信托投资公司湖南分公司董事，他写有《双重国籍的李国钦》一文，揭露李国钦卖身投靠帝国主义的事实。①

股东史春霆，又名史镒，长沙人，以直言正事著称，具体参股情况不明。

股东袁思亮，字伯葵，为曾任山东巡抚、两广总督袁树勋之子，湖南湘潭人。民国藏书家。民国初年，曾任工商部秘书。具体参股情况不详。

另有股东杨心白，其生平和参股情况不详

另外，还有黄修园、杨叔纯曾为久通公司股东，他们于1906年退股，久通公司遂为梁氏兄弟独资经营。

重要职员有：王宠佑博士，英国皇家矿冶学院毕业，曾为华昌公司纯锑炼厂工程师。

江苏瞿庚生，曾任炼厂工程师。

贵州谌湛溪，贵州平远人，美国哥伦比亚大学矿冶系博士毕业。1909年回国，先后曾任板溪锑矿和湖南华昌炼矿公司工程师。

其中必须提到的是李国钦：李国钦，湖南宁乡人，1904年前后考入梁焕奎倡办的湖南高等实业学堂学习，1908年毕业，因成绩优秀，取列最优等，被奏准奖给拔贡。梁焕奎重其才干，将其四弟焕均的妻妹罗氏介绍与他为妻，并出资送他到英国皇家矿冶学院深造。1914年回国，安排在华昌公司工作。1915年公司加派李国钦赴美，协助华昌公司驻纽约的经理梁焕廷打开局面，后由其申请成立华昌贸易公司，并由其出任经理。在国内华昌公司破产后，他还曾投资

---

①《双重国籍的李国钦》文稿存湖南省政协文史委员会资料室。

瑶岗仙钨矿的经营。由于钨是重要的战略资源，国内销美的钨砂几乎全被其掌握，遂使其红极一时，二战期间甚至被任命为美国总统的资源顾问。他还曾资助过一些国内学子赴美留学，"如侯德榜等人"，以慈善的面孔，粉饰掩盖其篡产的丑行。

华昌公司破产后，在30年代，梁焕彝还曾与章勤济、曹典球、王季范、李国钦等人合股经营过瑶岗仙钨矿。由李国钦在美国负责销售，后因战争缘故钨矿停办。一直到解放前夕，梁氏家人还持有自行报停的矿山开采权状一百余份。

后记

整理华昌炼矿公司经营兴衰的资料，作为国内企业兴办之镜鉴，是先岳父梁君大先生（梁焕奎先生之子）的遗愿。岳父生前，我们夫妻与先岳父母同住时间较长，因其他兄弟姐妹都忙于工作和学习，我比较得闲，且对近代史比较有兴趣，岳父与我就华昌公司的史料作了多次交谈，派我代他参加相关的一些会议，接触和访问知情人士，核对落实资料。先岳父嘱我一定要将华昌公司的资料整理好，不能让历史因时间久远或人为原因，失去其真实性。先岳父每每谈及华昌公司，国恨家仇总令他激奋难平。每当我有文稿呈上，他老人家必仔细批阅、订正，提出详尽之修改意见。他老人家灯下改稿之影像，时常萦绕在我们心头。实因本人自幼驽钝，生性懒散，资料整理工作时断时续，延至今日方得以完成此稿，竭力不负先人之托。

二十年前，华昌公司当事人均已作古，华昌股东子女多为耄耋老者，有关资料也都散存于各处，查找收集、整理落实都确非易事。幸得各方人士鼎力相助，令我获益匪浅。梁漱溟先生以九十高龄，仍多次允与接见深谈，并多次赐函和赐跋；章执中先生（华昌公司股东章勤济之子）、罗武子（李国钦的内侄，李氏华昌集团泰国公司总裁）、杨云慧（华昌公司股东杨度之女）、陈芸田（全国政协委员，湖南省信托投资公司董事长，解放前曾任湖南省商会会长）、黄曾甫（曾任湖南省工商联执委）、毛注青（原湖南省政协文史委负责人）、李鳌（原湖南省政协文史委负责人）、范丁凡（原湖南省政协文史委资料室工作人员）、刘晴波（原湖南省社科院院长）、赵志超（湘潭市文联主席）、傅白芦（原湖南日报编委）、肖栋梁（省社科院研究员）都不吝赐教，多次赐函，以澄清史实；湖南省博物馆资料室、湖南省冶金局修志办都曾给予帮助和支持，在此一并表示感谢。

各位兄弟姐妹时时鼓励、鞭策与期待，实亦为我完成此文稿的动力。谨以此文答谢各位。

李自强　2004 年 12 月 12 日

修订说明：

此文成于十余年前，近年梁氏后人为写《梁焕奎年谱》尽力搜集与考证历史资料，因此，特对原文中表达不够确切处，作了修改和补充，以成此修订稿。

李自强　2015 年 8 月 22 日

后记

我们的爷爷

儿时,好羡慕同学有爷爷奶奶的压岁红包。爸爸妈妈对我们兄弟姐妹,几乎从不提及他们的长辈。那年月,谁敢亲近"资本家"呀。近年,为了要证明我们是爸爸的女儿,爷爷的孙女,请湖南博物馆领导帮忙调阅了爸爸①的档案,爸爸填的表格里,竟无爷爷的一点信息。饶是这样,在那段极"左"的岁月,作为梁焕奎的后人,无论怎样努力工作、学习,即便曾在腥风血雨的地下党时期提着脑袋干革命的爸爸妈妈,"阶级异己分子""资产阶级孝子贤孙"的帽子,也总是如影相随。虽然我们兄弟姐妹八人,都没见过爷爷奶奶。但我们也长期背负剥削阶级出身的骂名。

二十世纪八十年代,历史恢复了他本来的面目。已故著名历史学家谭其骧曾赞誉说:"清末以来,湖南人才辈出,功业之盛,举世无出其右。"拨乱反正,史学界有关部门对那些在近代历史各个领域都曾做出过杰出贡献的人物,对他们的事迹进行了抢救性挖掘。省志办、省社科院多次走访动员,爸爸才打开记忆的铁门,向我们讲述了爷爷的故事。也要我们帮他走访了省文史办,参加会议,写下爷爷业绩、传记,供相关部门采用。这时候,我们才对爷爷有了一个印象:哦,一位做大事的爷爷。

二十世纪九十年代,爷爷的长孙,我们的建雄哥哥退休后,承担了整理爷爷文献的工作。退休方开始学用电脑的他,在《湖湘文库》,在网上发表了爷爷的年谱和传记故事。我们兄弟姐妹一起,各展其能,通力合作,将家里的老照片整理,编辑了《我们的家》相册、《美篇·祖父梁焕奎相关的文字和影像史料辑要》,向相关文史机构,向朋友们介绍我们的爷爷——一位从湘潭街头走来的清末举人,竟然晓得引进国外专利,兴办了当时赶超世界先进水平的冶金

---

① 父亲梁君大在湖南省博物馆工作多年,直至退休。

企业。要多大的气魄，多高的眼界啊。我们为有这样的爷爷而骄傲！

近年，我们拜访请教刘泱泱、陈先枢等老专家、老前辈。他们热情引导我们走进了关注历史的圈子，我们结识了好多热心博学的朋友、长辈，没有他们的帮助，我们的这本书是整理不出来的。要叩谢的人太多了：岳麓书院吴仰湘院长、辛亥志士石陶钧的后人石书宸、矿业先驱廖树蘅的后人廖忠敏（廖先生帮我们搜集材料并赠送了宝贵的历史文献），还有沈小丁、任大猛先生，特别要感谢杨锡贵老师，是他帮我们审阅全部书稿。我们对各位师友的热情支持和无私帮助，感激涕零！是你们让我们完成了多年的心愿——记录下爷爷不平凡的一生。爷爷在湖南工业史尤其是采矿领域的贡献是巨大的。整理编辑文辑的日子里，我们时时沐浴青郊的春风，耳边仿佛时时能听到爷爷与朋友赋诗豪饮的笑声。啊，为国为家有担当的爷爷，我们至亲至敬的爷爷！

在整理爷爷的年谱过程中，我们狠补清末民初的历史知识。看名人传记，听历史讲座，真的好为湖湘历史上"霸得蛮、耐得烦"的一代精英感动，曾国藩、郭嵩焘、陈宝箴、谭嗣同、蔡锷这些人早已名垂青史。还有一些像我爷爷这样在某个领域做出了杰出贡献的湖南人，书写了令人骄傲的湖湘文化。

衷心感谢湖南省文史馆湘学研究中心，打造了这样一个展现湘学文化的平台。衷心感谢李跃龙馆长和陈书良先生指导与提携，让我们能将此辑呈上这个平台。

感谢湖南省博物馆、湖南图书馆对我们检索和复制文献提供的帮助。

感谢王凌峰、刘薇、罗辑对文献搜集、录入方面做的贡献！

此辑，我们虽诚惶诚恐，竭尽全力，但才疏学浅，错谬恐多，还拜各位读者方家匡正。

梁晓新
2018 年 7 月 16 日